中国档案学会
2024年度学术论文集

—— 档案编研开发篇、档案整理鉴定篇

中国档案学会档案文献编纂学术委员会
中国档案学会档案整理鉴定学术委员会 ◎编

中国文史出版社

图书在版编目（CIP）数据

中国档案学会2024年度学术论文集.档案编研开发篇、档案整理鉴定篇 / 中国档案学会档案文献编纂学术委员会，中国档案学会档案整理鉴定学术委员会编 .

-- 北京 : 中国文史出版社，2024.8.

-- ISBN 978-7-5205-4760-4

Ⅰ . G270-53

中国国家版本馆 CIP 数据核字第 2024JX7727 号

出　品　人：彭远国
责任编辑：戴小璇　詹红旗

出版发行：中国文史出版社
社　　　址：北京市海淀区西八里庄路 69 号院　　邮编：100142
电　　　话：010-81136606　81136602　81136603（发行部）
传　　　真：010-81136655
印　　　装：北京中科印刷有限公司
经　　　销：全国新华书店
开　　　本：787×1092　1/16
印　　　张：132　　字数：2400 千字
版　　　次：2024 年 11 月北京第 1 版
印　　　次：2024 年 11 月第 1 次印刷
定　　　价：398.00 元（全 6 册）

出版说明

　　为鼓励档案工作者广泛参与学术交流，共享学术研究成果，中国档案学会档案文献编纂学术委员会和中国档案学会档案整理鉴定学术委员会分别组织开展了主题征文活动。中国档案学会档案文献编纂学术委员会征文主题为"数智时代档案编研开发的实践与展望"，中国档案学会档案整理鉴定学术委员会征文主题为"高质量推进档案整理鉴定工作，服务中国式现代化"。各地档案工作者积极响应，结合工作实践进行经验总结和理论探讨，踊跃提交论文。经评议遴选，结集汇编为《中国档案学会2024年度学术论文集——档案编研开发篇、档案整理鉴定篇》。本书分为两部分，第一部分"档案编研开发篇"主要涵盖档案编研开发成效、档案资政服务的实践与探索、数字人文对档案利用开发的驱动及影响等内容；第二部分"档案整理鉴定篇"主要涵盖档案整理鉴定理论研究、档案数字化整理实践、档案开放审核、档案分级鉴定等内容。

目 录

档案编研开发篇

档案整理鉴定篇

档案编研开发篇

浅论数字人文视域下
清代宫中官员履历档案知识图谱构建

姜珊

中国第一历史档案馆

摘要： 在数字中国的浪潮下，档案领域以数字人文为引领，开展了丰富的知识图谱研究与实践探索，形成了学术前沿热点、理论实证研究、技术应用实践全面覆盖的丰硕成果。本文在此基础上，聚焦清代宫中官员履历档案，梳理档案数据资源、明晰知识图谱构建路径，并提出了清代宫中官员履历档案知识图谱应用场景迭代设想，以期更好地支撑数据深层次开发与智能化利用。

关键词： 数字人文；清代官员；履历档案；知识图谱

0 引言

党的二十大报告提出建设"数字中国"目标，促进数字经济和实体经济深度融合，打造具有国际竞争力的数字产业集群。2023 年印发的《数字中国建设整体布局规划》明确了打造自信繁荣的数字文化，建设国家文化大数据体系，形成中华文化数据库等建设方向。随着近年"云大物移智链边"等先进数字科学技术的发展，尤其是以 ChatGPT 为代表的人工智能大模型跃迁式变革，引领数字人文逐渐成为人文领域热点。

《"十四五"全国档案事业发展规划》也要求，提升档案利用服务能力，积极探索知识管理、人工智能、数字人文等技术在档案信息深层加工和利用中的应用。本文将知识图谱与清代官员履历档案相结合，在明晰档案域知识图谱应用现状的基础上，阐释知识图谱设计阶段的需求分析、数据处理和功能规划环节，以期明确清代官员履历档案知识图谱的构建路径，支撑数据深层次开发与智能化利用。

1 档案领域基于知识图谱的数字人文研究与建设现状

数字人文，是借助计算机、数据科学等方法和手段进行的人文研究，将数字技术运用于人文阐释，是由媒介变革引发的知识生产范式的一次转型。[1] 相较于传统人文研究，数字人文的显著差异在于运用计算性方法查找、获取、运用数据，并通过可视化等手段赋能数据价值挖掘。

知识图谱是人工智能的一大底层技术，作为一种描绘实体之间关系的语义网络，通过将复杂的知识以"实体—关系—属性"的三元组集合形式表达，从而辅助推理判断、决策分析。档案数据以非结构化、海量多源的文本型数据为主，而知识图谱则以其结构化、强映射、可视化等特点，对处理档案数据具有天然优势，提供了从关系的角度分析数据的能力。

近年来，档案领域基于知识图谱的数字人文研究与建设呈现爆发式增长，主要集中在三个研究方向上：

1.1 应用知识图谱理论，开展前瞻性实证研究

这是目前研究成果最为丰硕的方向，学者们关注具体档案对象，围绕知识图谱开发的策略方法、模型构建、实施路径、应用模式等开展相关研究，涉及的历史档案涵盖明清档案、红色档案、中国革命史档案、口述史档案等，现行档案以高校档案、自然资源档案为主。通过一系列实证研究，证明了知识图谱技术在档案领域的可应用性且具备极高的应用价值，将有效助力档案资源的智能化利用。

其中，将视角聚焦于明清历史档案，中国第一历史档案馆的郭琪和彭晖，分别从明清档案应用知识图谱的价值[2]和明清档案知识图谱结构及平台的构建路径[3]进行阐释，奠定了此次研究的应用理论基础。

1.2 使用知识图谱软件，开展综述性量化分析

现在可见的研究多以中国知网期刊全文数据库为主要数据来源，借助CiteSpace、VosViewer、Protégé 等文献可视化分析工具，选取所需的主题词、数据时段等，构建知识图谱，辅助分析学术研究前沿热点。此类论著不仅在研究方法上使用了数字化手段，在研究方向上也以关注档案信息化、档案数字人文、数字档案馆等新兴数字化实践为主，如宋雪雁等发表的《近三年档案资源语义化开发研究热点与前沿探测》总结出 2019—2022 年国内外的"档案知识图谱构建与智慧转型研究"等 9 个热点研究主题[4]，对我们开展清代

档案知识图谱构建很有参考价值。

1.3 借助知识图谱技术，开展实践性平台构建

在实践探索方面，上海走在了前列，涌现出"跟着档案观上海""历史人文大数据平台"等优秀项目。其中，"跟着档案观上海"数字人文平台由上海市档案馆于 2023 年推出，首期呈现了 50 余座城市地标、逾千件数字档案，以档案知识图谱和 TGIS 系统、流媒体有机融合为亮点，为用户提供感知城、事、人之间内在联结的可视化渠道。[5] 以"历史人文大数据平台""宋庆龄文献数据中心平台"等为代表的综合数据库，运用数据挖掘等技术整合档案、古籍、图书、报刊、图片等多类型资源，构建起以人物为主视角的知识图谱。[6]

综上所述，参考现有知识图谱在档案领域的应用，对我们开展清代宫中官员履历档案知识图谱构建很有启发，如综合利用档案数据资源，丰富知识图谱内容等。

2 以清代宫中官员履历为中心的知识图谱构建

2.1 档案数据资源梳理

中国第一历史档案馆馆藏五万多件清代官员履历档案，按档案形制和使用场景不同，分为清代官员履历引见折、宫中官员履历单、宫中官员履历片三部分。[7] 这些档案制作了文件级目录，形成了缩微胶片，并出版了 30 册的《中国第一历史档案馆馆藏清代官员履历档案全编》，均开放对外利用。

文件级目录包括档号、题名（官员姓名）、籍贯、任职职官、原纪年、文种、备注 7 个字段。档案内容为非结构化的文本型数据，相对固化的内容为官员的姓名、时龄、籍贯、出身、从官经历、官缺等，除此之外，履历单和履历片中还有大量朱批、圈点、贴黄等批注，手写体中常见草书、异体字以及满文。

2.2 知识图谱构建路径

构建知识图谱有六大关键技术步骤，包括知识建模、知识获取、知识融合、知识存储、知识推理和知识应用（见图 1）。需要明确的是，知识图谱是

一项由业务驱动的技术手段，即算法模型和训练开发固然重要，但前提是基于对知识内容的深度理解后开展知识图谱设计，这直接影响到知识图谱的可用性和实用性。在上述六大关键领域已有大量前沿技术性研究的情况下，本章节重点对以清代宫中官员履历为中心的知识图谱设计阶段进行论述。

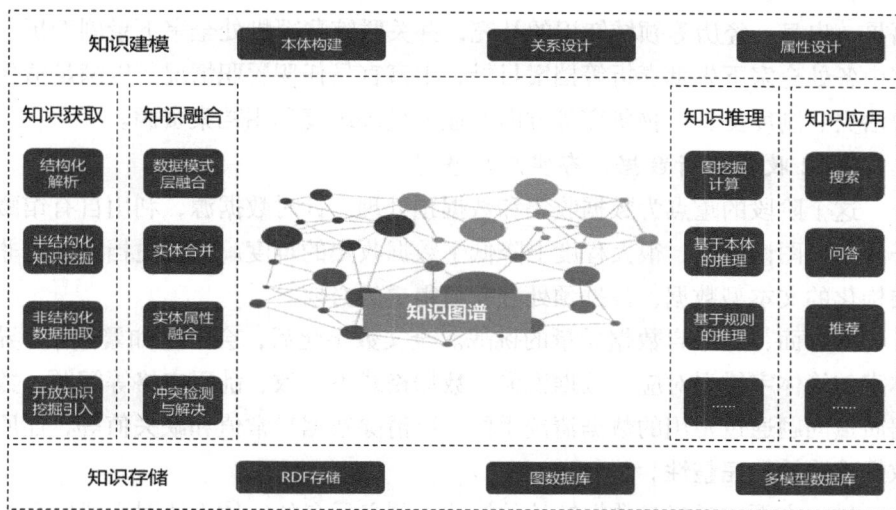

图 1　知识图谱技术视图

2.2.1 开展需求调研，研究利用场景

冯尔康先生曾提出清代官员履历档案是研究中下级官员传记的珍贵素材，至少可以获知履历主人的生年、籍贯、出身、经历四项要素，有的还能提供传主的家庭史、家族史和社会关系史，对研究中下级文武官员、旗人官员等都是十分重要的材料。[8]

围绕清代宫中官员履历档案，研究设计通过知识图谱，响应用户可视化展示需求，以人物、籍贯（区域）、共同任职、同年选任等核心节点直观展示实体关系；响应用户关联性检索需求，支持以同近义词、相关人物等提供推荐检索结果，拓展用户搜索边界；探索响应用户问答式查询需求，满足用户以自然语言问询，提供专家式智能对话答复的解决方案，建立快速直接的人机交互方式。

通过用户需求分析，结合前述清代宫中官员履历档案的数据情况，适合构建一个以清代宫中官员履历档案为中心、面向清代职官选任领域、服务于行业内人员利用的专业型知识图谱。

区别于通用型知识图谱强调知识广度和结构化的可读性，专业型知识图谱侧重知识深度和基于语义技术的知识挖掘。因此，数据资源还计划纳入地图类工具书如《清代政区沿革综表》《中国古今地名对照表》等，人物类工具书如《清代进士题名录》等，职官类工具书如《清代职官年表》《清代典章制度辞典》《清季中外使领年表》《清代各地将军都统大臣年表》等，作为籍贯、出身、经历等领域知识的补充，并关联馆藏军机处全宗下录副奏折、宫中各处全宗下朱批奏折等档案目录，丰富官员任职履职情况，以满足清代政治史、制度史、人物研究等方向专业人员多维度利用档案资源。

2.2.2 收集分析数据，夯实应用基础

这个阶段的重点为数据收集和数据预处理。针对数据源，利用自有馆藏开展知识图谱构建，很大程度上降低了数据收集的难度。但历史档案属于非结构化的文本型数据，数据预处理就显得更为必要。

一方面，是来自数据质量的挑战。全文数字化后，会产生如繁体字 / 异体字与简体字错误对应、数据丢失、数据格式不一致、乱码空格等问题。数据质量问题通过常用的数据清洗手段，可清除数据异常值和缺失值等，还原数据准确性和完整性。

另一方面，是来自数据链接的挑战。同义异名的实体无法对齐或同名异义的实体没有消歧，如缩写 / 扩写、模糊命名、非规范命名等，会导致知识图谱中出现知识冗余或缺失。这类数据预处理高度依赖业务输入，需要业务专家提供业务规则、参与数据标注等，协助高精度分词的实现。以"宫中官员履历单"的"籍贯"和"职官"字段为例：

对于籍贯，汉人官员的记录在"省、道、府、州、县"五级的任一层颗粒度上，旗人官员记录相对简单，以旗籍为主，部分记有所属佐领。为检索结果有更好的归并展示效果，提升实体间关联性，在分词阶段将汉人以"省"、旗人以"满 / 蒙 / 汉旗籍"分词，即"湖北汉阳府孝感县人"→"湖北 / 汉阳府孝感县"、"正蓝旗满洲富伸佐领下人"→"正蓝旗满洲 / 富伸佐领下人"，则同为"湖北"省籍的汉人官员、"正蓝旗满洲"旗籍的满人官员可被关联。

对于职官，将模糊、非规范的命名归并，如"山西冀宁道员""候补道员""南河补用道员"等职官均归并至"道员"下；归并官制变革导致的职官名称变化，如归并"按察使""提法使"等，将有效减少知识关联的缺失。

2.2.3 系统功能设计，科学规划架构

知识图谱的建设需要以明确的场景为导向，越简单具体的应用，越容易落地产生价值。功能设计时，遵循一切从业务逻辑出发原则；架构设计时，遵循小而轻的存储载体原则，使知识图谱整体轻量灵活。

设计知识管理模块，实现知识在库内进行层次化、多维度管理和维护功能；设计知识库质检模块，自动识别知识库中的潜在问题，提示管理员开展知识优化；设计多轮配置模块，提供多轮对话训练和配置工具，辅助问答对话生成；设计多维报表模块，自动分析热点词句、热点问题等，为系统运营提供数据支撑。

最后，基于数据收集和处理结果，由数据科学家开展算法模型的训练学习。选择并应用与业务匹配程度较高的深度神经网络算法模型作为基础，培育清代官员履历档案知识图谱的智能核心。

3 清代宫中官员履历知识图谱应用场景迭代设想

如前文所述，在知识图谱从 0 到 1 的建设阶段，单一清晰的业务场景使知识图谱更容易落地产生价值。未来，清代宫中官员履历知识图谱应用场景可以往边界拓宽和做深做透两个方向发展，持续迭代场景的广度与深度。

一方面，通过清代宫中官员履历知识图谱构建，对知识图谱的认知与需求被唤醒，基于明清档案的知识图谱的应用边界拓宽。可将此次建设过程中积累的标注知识与规则等泛化到相关档案的知识图谱构建中，如对"题名（姓名）"的数据清洗方法适用于馆藏全宗的"责任者"字段梳理，对"职官"的归并规则同样广泛适用于馆藏全宗的"官职爵位"字段梳理。在此基础上，多应用场景复合叠加，如官员履历与内阁全宗、军机处全宗、宫中档案全宗内容关联紧密，打通"职务→任职官员→供职事件"链条，并以时间和空间双维串联，构建立体的清代官员任职情报网络。

另一方面，随着清代宫中官员履历知识图谱应用的深入，技术与业务的结合愈发细化精准，图谱逐步从关系展示、搜索推荐向智能式问答深化。用户的检索结果将作为知识库迭代的输入沉淀下来，随着使用的不断积累，系统提供热点知识统计分析、常用检索规则等结果，为后续知识库优化提供依据。构建自然语言对话方式的智能问答式检索，形成"行业专家对话"模式，帮助用户从计算机机制的规则式检索中解放出来，以更符合人脑机制的对话式检索赋能档案数据深度利用。

注释及参考文献

[1] 发刊词 [J]. 数字人文 ,2020(0):5.

[2] 郭琪 . 大数据背景下明清档案数据库应用模式的选择——以中国第一历史档案馆明清档案为例 [J]. 管理 ,2020(8):47-52.

[3] 彭晖 . 明清档案知识图谱的构建探索 [J]. 历史档案，2022(3):134-141.

[4] 宋雪雁，张祥青，张伟民 . 近三年档案资源语义化开发研究热点与前沿探测 [J]. 档案管理 ,2023(4):19-25.

[5] 李颖，沈保栋 . 数字人文视域下的历史档案开发路径——以 "跟着档案观上海" 为例 [J]. 档案与建设 ,2024(3):56-62.

[6] 韩春磊, 徐卓韵 . 知识图谱赋能下的历史人物数据平台构建实践——以宋庆龄文献数据中心平台建设为例 [J]. 图书馆杂志 ,2024(6):114-123,93.

[7] 秦国经 . 中国第一历史档案馆馆藏清代官员履历档案全编绪言 [M]. 上海 : 华东师范大学出版社 ,1997:5-21.

[8] 冯尔康 . 清代引见履历档案的史料价值——以雍正朝为例 [J]. 故宫博物院院刊 ,1996(4):25-27.

基于 SWOT 分析方法的
航天档案编研工作高质量发展策略研究

汪泽　庞泽宇　郝京辉　刘桂荣

北京航天动力研究所

摘要：结合实际工作经验及发现的问题，利用 SWOT 分析方法尽可能全面地分析推动航天档案编研工作发展的有利因素与短板，尝试探索推动航天档案编研工作高质量发展的路径与策略。

关键词：档案编研；SWOT 分析法；发展策略；航天档案

0 引言

随着全球经济与数字技术的不断发展，国际竞争日趋激烈。世界百年未有之大变局愈演愈烈，中国迎来了民族伟大复兴的关键期。面对如此局势，思想文化建设在形成国家认同、民族认同等方面的重要作用日益凸显，该项工作早已成为我党治国理政的重要内容。2023 年 10 月 7 日至 8 日，在北京召开了全国宣传思想文化工作会议，会议最重要成果就是首次提出了习近平文化思想[1]。该思想是习近平新时代中国特色社会主义思想的重要内容之一，它明确了新时代文化建设的使命与方向。习近平文化思想为中国思想文化建设指明了道路和方向。

档案作为国家、组织机构及个人在实践过程中形成的具有保存价值的原始性记录，是我国开展中国特色思想文化建设的重要着力点。早在 2021 年，习近平总书记就曾对档案工作作出重要批示，档案工作存史资政育人，是一项利国利民、惠及千秋万代的崇高事业。[2] 新时代下档案工作被提到了前所未有的高度。要想更好地实现档案工作存史资政育人的作用，其关键就在于档案资源的利用，而开展档案编研是主动提供档案资源利用的重要途径之一。档案编研工作要想真正实现高质量发展就必须要以"需求"为导向、推出"精品"成果为目标开展相应工作，这与我国开展文化建设的部分内涵不谋而合。习近平文化思想为档案编研工作提供了重要的指导方向，强调了档案工作的文化使命与价值。该思想要求的"九个坚持"同样对推动档案编研工作高质量发展方面具有重大意义。航天档案工作作为我国档案工作的重要组成部分，因其档案资源的特殊性等原因，也给其档案编研工作高质量发展带来了一定问题，本文拟在习近平文化思想及问题导向意识指引下，结合自身工作实践，基于 SWOT 分析模型，有针对性地从内外部环境分析当前航天档案编研工作高质量发展的优势、劣势、机会及风险，从而提出实现航天档案编研工作高质量发展的路径与策略。

1 SWOT 分析法

SWOT 分析法 [3] 是依据内部及外部竞争环境及条件进行态势分析的方法。该方法是由哈佛商学院的肯尼斯·安德鲁斯 (Kenneth R.Andrews) 教授在 1971 年提出的一个战略分析的框架，后续在 20 世纪 80 年代由美国旧金山大学的海因茨·韦里克（H.Weihrich）教授进一步完善形成了研究方法。该方法可将内部环境涉及的优势 (Strengths) 及劣势 (Weaknesses) 因素与外部条件囊括的机会（Opportunities）及威胁（Threats）因素进行矩阵排列组合，从而从系统角度寻求相应的优化战略及困境突破口（如图 1 所示）。

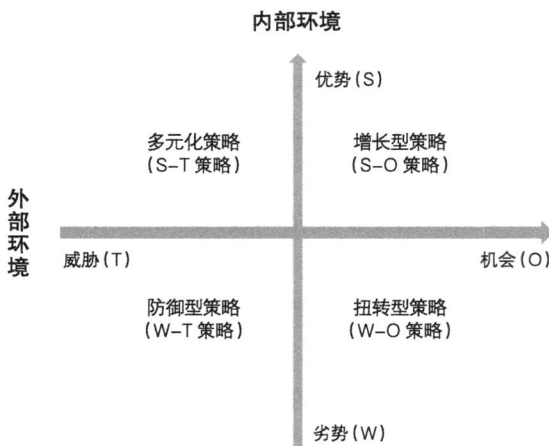

图 1　SWOT 分析法矩阵示意图

2 本研究中 SWOT 分析矩阵应用的可行性

在习近平文化思想指导下，各航天院所在注重国防科技研究的同时，也逐步将档案工作发展提到了较为重要的地位。为更好地开发和利用具有航天特色的档案资源，各单位均紧抓档案编研这一重要工作，不断推出有价值、有情怀、有故事的编研成果，为形成具有中国特色的航天记忆与认同而努力。高速发展的信息技术、数字化技术早已对传统的档案编研手段、方法造成了冲击，旧有简单、单一的档案编研手段与成果与多层级、多元化的用户需求与期望的矛盾也日益突出，各种内部、外部因素对航天档案编研工作的发展均造成了影响。同时笔者通过开展航天档案编研实践工作深深体会到了完成高质量编研成果的不易，而如何推动编研工作的高质量发展也成了档案工作业务水平提升的重要一环。借助 SWOT 分析方法可以尽可能全面地分析推动航天档案编研工作发展的有利因素与短板，由此才能有的放矢，通过高效的措施及手段，促进航天档案编研成果向更高水平、更符合用户需求的目标迈进，从而为航天及其他领域档案编研工作者提供相应参考与借鉴。

3 当前航天档案编研工作发展的 SWOT 分析

3.1 优势因素分析 (Strengths)

3.1.1 航天企业各科研院所拥有丰富档案资源

航天企业起步时间早，历史悠久，其型号及民用产品为国家航天事业及部分民用领域做出了重要贡献，其间形成的档案更是浩如烟海，且极具航天特色及价值。丰富的档案资源是实现档案编研工作高质量发展的基础条件，是中国航天事业发展的重要见证[4]。航天档案资源囊括了大量科技档案、文书档案及固定资产档案，记录了航天系统内各单位在航天科技、生产试验能力等方面的整个发展过程，也是国家航天水平提升与发展的原始性记录，这是国家文化基础的重要方面之一，对树立国家文化自信、推动文化建设具有一定意义。

3.1.2 航天企业信息化及档案数字化水平也在不断提高

航天各科研院所在档案事业"十四五"规划的指引下，不断推动存量档案数字化、增量档案电子化工作，为数字档案馆（室）建设及利用数字化资源开展编研打下了重要基础。同时航天系统通过瀚海等内部专门的档案管理系统，促使档案资源更加集中化、系统化，为档案编研工作人员开展档案检索提供了便利，从而有利于围绕相应产品及型号开展专题档案编研。另外，各厂所内部建设与使用的信息化系统（如 OA 系统等）也越来越成为档案编研成果传播与宣传的主要渠道。

3.1.3 部分科研院所已开展了档案编研工作制度规范的制定

航天各科研院所在不断推进科研能力高效益、高质量发展的同时，逐步认识到档案工作的重要性。在航天档案馆牵头下，各科研院所分别对自身所属单位开展了档案制度完善和档案工作评价，以促进档案业务能力的整体提升与发展。其中，一些科研院所更是制定了专门的档案编研工作制度，对档案编研工作开展、课题申请等内容进行了相应规范，充分利用了"前端控制"的管理思想，在开题阶段就对编研课题的内容及申请人员进行审定，一定程度上保证了档案编研成果的质量和水平，这对航天档案编研工作的进一步发展大有裨益。例如中国航天科技集团第六研究院就制定了相应的《档案编研工作管理办法》用以指导院相关部门及下属各厂所的档案编研工作。

3.2 劣势因素分析 (Weaknesses)

3.2.1 档案信息化管理水平及保密等因素一定程度限制了编研工作发展

目前，大多航天企业基本均有在用的档案管理系统，但也呈现出了信息化程度不平衡特点。这一特点一方面表现在系统管理的颗粒度存在一定差异性，有的厂所已然实现了档案电子文件的挂接及在线借阅与查询，实现了真正的文件级管理；但有的厂所系统依旧停留在对目录、条目的管理。另一方面表现在系统功能及系统版本上还存在不平衡，有的单位系统管理软件版本较为陈旧，与新上的系统功能全面性等方面存在较大的距离。另外，各厂所档案管理系统尚不具备共享性、互通性，体现了一定信息孤岛的特性，这不仅限制了档案资源的共享利用，也造成了一些档案编研成果的局限性，不利于档案编研成果质量的提升。比如，近年航天各单位纷纷开展发展史编纂专项工作，但在一些单位编纂工作中确实存在跨院、跨所查阅相关档案文件的情况，往往需要相关编研人员亲自前往对应档案馆（室）查询，严重影响档案编研工作的效率。除此之外，由于保密安全等因素，航天各单位需要对档案按照密级进行严格控制与管理，这也使部分编研人员束手束脚，限制一些档案编研课题的开展，对编研成果的传播与使用造成了一定困扰和阻碍。

3.2.2 编研手段、方法单一且编研人员在人手与素质上存在不足

笔者在开展航天档案编研实践工作中，诸多信息来源均为档案库房的纸质文件，仅有少量可用文件来自单位内网可获得的电子文件，许多时候均需要查阅已归档项目的实质性文件并以人工手段开展相应编研工作，缺乏有用且高效的信息化编研手段与方式。在档案编研人员方面确实存在人手不足的问题，航天档案编研人员多为兼职人员，在关注繁重主业工作的同时，还需要花费大量时间和精力收集编研所需档案资源、梳理档案材料的内在逻辑并开展成果编纂工作。另外，航天档案编研工作涉及大量专业性的档案文件及内容，这对档案编研人员素质提出了更高要求[5]。相关人员不仅需要对档案编研工作流程及编研方法、技巧足够熟悉，还需要对编研对象的相关技术、成果及产品有相应的理解和认识，形成高质量成果的难度不言而喻。

3.2.3 档案编研工作意识、认识上仍存在误区

在航天档案工作中，部分档案工作人员及其他人员仍然存在重"管理"轻"编研利用"的思想。档案管理固然重要，没有良好的档案管理基础，档案编研也确实会成为无源之水、无本之木，但忽视档案编研和利用必将无法充分发挥航天档案资源的内在价值。另外，航天系统内部多以航天技术产业的发展为重点，档案工作扮演着支持决策和保管技术材料的角色。随着国家及航天系统内部对各单位相关科研项目、固定资产项目等审计及工作规范性的要求，相关项目及产品的归档工作已嵌入科研生产流程中，其重要程度逐步凸显。有的技术部门人员虽然认识到了档案管理的重要性，但还未认识到档案编研工作对保护技术资料及开发利用方面的重要作用和价值。这也让档案编研成果容易被一些技术人员忽视，严重影响档案编研工作的开展以及编研成果传播的广度和深度，同样限制了航天档案编研工作的良性发展。

3.3 机会因素分析 (Opportunities)

3.3.1 文化建设及档案工作日益受到国家重视

自十八大以来，以习近平同志为核心的党中央在治国理政中已经把文化建设摆在了极其重要的位置，更是提出了相应文化思想，用以指导国家文化建设和发展的方向。档案工作作为文化建设的组成部分，也引起了国家、社会、组织机构的重视。习近平总书记曾指出，经验得以总结，规律得以认识，历史得以延续，各项事业的发展，都离不开档案。档案在文化建设中的重要性显而易见。如此背景下，要促使档案资源发挥最大价值，那么档案编研在档案利用中的作用就显得尤为重要。档案编研不是对档案资源进行的简单编辑，

而是通过将其中具有研究价值和实用价值的内容进行系统化聚合与整理,并将其按照能满足用户需求的形式传递给用户。高质量的档案编研成果无疑会在国家文化建设、塑造国家记忆、提升国民认同等诸多方面大放异彩。

3.3.2 信息技术及数字人文研究为档案编研发展提供了技术支持

大数据、云计算、AI 技术等新兴技术不断融入政治、经济、文化等领域中。这些技术手段为人们生活、工作提供了便利,同时也为档案编研及其他档案工作带来了发展机遇与挑战。早在 2020 年,安徽大学档案馆联合中国人民大学信息资源管理学院利用数字化技术及数字人文的一些方法,共同开展了高校历史照片档案智能编研系统的研究,并取得了一定的成果。同时以中国人民大学、武汉大学、南京大学、吉林大学等为代表的高校围绕档案资源开发与利用开展了数字人文相关的理论、技术及应用研究 [6],特别是中国人民大学设立了数字人文专业和期刊,为该研究方向在中国的发展提供了一片"沃土"。同时数字人文的理念和方法,对档案编研工作手段、方法的优化与丰富提供了参考和借鉴,为实现档案编研工作的高质量高效益发展提供了思路。

3.4 威胁因素分析 (Threats)

3.4.1 信息安全问题逐步凸显

随着数字化技术的广泛应用和档案工作逐渐转向网络化,信息安全问题日益凸显。随之而来的是对档案信息安全的关注程度不断提升,因为数字化档案的存储、传输和管理更加容易受到网络攻击和数据泄露的威胁。这种情况加剧了对档案系统的保护需求,需要采取更加严密和全面的安全措施来确保敏感信息不被非法获取或篡改。档案编研工作涉及大量敏感信息和重要数据,如果未能妥善保护,可能会导致泄露、篡改或丢失。网络攻击、黑客入侵和内部人员的不当操作都可能对档案信息安全构成威胁 [7]。

3.4.2 国家层面的相关法律法规还在不断完善

目前我国新修订的《档案法》《档案法实施条例》在促使档案工作向着更为规范化、标准化的方向迈进,但尚未有统一的档案编研工作制度与标准。在档案编研工作中,法律法规的不完善可能导致制度执行的不严谨或不到位,进而带来一系列潜在问题。缺乏相关的法律保障和明确的规范可能会为档案工作带来不确定性和风险,因为在法律框架不明确的情况下,工作人员可能面临执行规定时的困惑或存在误解。此外,随着技术和社会的不断发展,现行法律法规可能无法及时跟上新形势、新问题的变化,这也会给档案编研等相关档案工作带来挑战,因为档案工作需要与时俱进,适应新的技术和社会环境。

3.4.3 "快餐文化"的价值观仍在持续影响当前文化氛围

"快餐文化"是指现代社会中快节奏、即时性强、碎片化的文化现象。这种文化倾向强调迅速获取信息、享受瞬时快乐，但往往忽略了深度思考、历史传承和文化积淀。快餐文化常表现为对知识的表面化了解，对传统价值观的快速消解，以及对深度阅读、深入思考的缺失。它通常与大众传媒、快速消费、网络社交等因素密切相关，对社会的价值观念、文化传承和人们的生活方式产生深远影响[8]。

"快餐文化"所倡导的即时满足和短期利益导向的价值取向，可能会对档案编研工作的质量和深度产生负面影响。在这样的文化氛围下，人们更容易追求快速成果和表面功效，而忽视对历史、文化的深入思考和研究。这可能导致档案编研工作的表面化和功利化，从而影响其长期的价值和影响力。

4 推动航天档案编研工作高质量发展策略研究

笔者依据 SWOT 态势分析法，结合自身实际及航天档案编研工作的内部、外部环境条件，对当前航天档案编研工作发展优势、劣势、机会、威胁 (Threats) 因素进行细致分析，通过将不同因素组合探索了基于习近平文化思想推动航天档案编研工作高质量发展的有用策略，并形成了相应的增长型、多元化、扭转型、防御型四类策略（如图 2 所示）。

内部环境 / 外部环境	优势 [Strengths] ● 航天企业各科研院所拥有丰富档案资源 ● 航天企业信息化及档案数字化水平也在不断提高 ● 部分科研院所已开展了档案编研工作制度规范的制定	劣势 [Weaknesses] ● 档案信息化管理水平及保密等因素一定程度限制了编研工作发展 ● 编研手段、方法单一且编研人员在人手与素质上存在不足 ● 档案编研工作意识、认识上仍存在误区
机会 [Opportunities] ● 文化建设及档案工作日益受到国家重视 ● 信息技术及数字人文研究为档案编研发展提供了技术支持	S-O 策略 ● 开展丰富多样的档案编研工作 ● 通过多方式、多手段推动档案编研工作的开展	W-O 策略 ● 加大档案宣传工作力度 ● 加强高校与企业的档案交流，重视档案编研人员专业培训
威胁 [Threats] ● 信息安全问题逐步凸显 ● 国家层面的相关法律法规还在不断完善 ● "快餐文化"的价值观仍在持续影响当前文化氛围	S-T 策略 ● 建立档案编研工作的需求导向意识 ● 守正创新，在档案编研成果的内容上下工夫	W-T 策略 ● 加强相关部门及上下级机关合作，消弭不利因素 ● 强化信息安全防护措施，防患于未然

图 2 基于习近平文化思想推动航天档案编研工作高质量发展的 SWOT 矩阵

4.1 优势—机会策略（S–O 增长型策略）

4.1.1 开展丰富多样的档案编研工作

习近平文化思想的"九个坚持"提到要坚持讲好中国故事、传播好中国声音。对于航天档案工作来说，就应充分借助其档案资源，积极发挥主观能动性，通过档案编研工作讲好具有中国特色的航天故事，塑造好航天记忆，为航天乃至为国家提供源源不断的精神动力。通过推出不同型号、产品、技术及不同形式的编研成果，一定程度上可以提升其趣味性，可以更好地发掘档案资源的价值，真正有助于实现档案库房内"死档案"的"活化"；在为相关技术人员提供档案服务的同时，还可以增强航天员工的自豪感和认同感，赓续好航天精神。

4.1.2 通过多方式、多手段推动档案编研工作的开展

充分发挥信息技术和数字技术的作用，尝试在符合国家、航天企业相关法律法规的框架下，利用好新型的技术手段和方法。比如借助 OCR 识别、自动采集等手段及技术，推动档案资源的高度数字化、电子化[9]，借助数据库等在信息资源组织与开发、信息传递上的优越性，不断提升航天档案编研工作的效率和效益。

4.2 优势—威胁策略（S–T 多元化策略）

4.2.1 建立档案编研工作的需求导向意识

"坚持以人民为中心的创造导向"是习总书记所提及文化建设与发展的重要内容。能否适应用户需求是档案编研工作质量的重要标准，唯有做好档案编研的需求调研与分析，才能目标明确，完成好喜闻乐见、真正符合用户价值导向和需要的优秀编研成果。树立好、培养好航天档案编研人员的需求导向意识，明确档案编研的目标群体及需要，是完成好、发展好航天档案编研工作的出发点和落脚点。

4.2.2 守正创新，在档案编研成果的内容上下工夫

习总书记的文化思想强调我们要坚持文化自信，但只坚持"继承"优秀文化只能固步自封，唯有与"创新"精神相结合，才能让文化建设永葆生机和活力。对于航天档案编研工作的发展来说同样如此，推出的编研成果越创新才越能经得起考验，才能真正在众多的编研成果中脱颖而出，并摆脱"快餐文化"等现象及风气的不利影响。而紧抓编研成果的内容就是抓住了其灵魂，档案编研的推陈出新不是"换盘炒冷饭"，而是要就档案资源本身从不同的角度进行更为深入的汇编和撰写，从而更好地满足用户信息需求。

4.3 劣势—机会策略（W-O 扭转型策略）

4.3.1 加大档案宣传工作力度

习近平文化思想不仅提及了"九个坚持"，还提出了"十四个强调"。这十四项内容对我国文化建设的重点进行了细化，其中同样提到了对"提高新闻舆论传播力引导力影响力公信力"的相关内容。可见在新形势下，新闻宣传工作在引导社会文化价值观形成及舆论方面的重要作用。加大包含档案编研工作在内的档案宣传，有助于唤起航天企业人员档案意识。借助单位内网、门户网站、公众号等多种信道开展定期、丰富的档案宣传，有助于对相关人员产生潜移默化的影响，从而能为档案编研工作的高质量发展营造良好氛围。

4.3.2 加强高校与企业的档案交流，重视档案编研人员专业培训

推动中国特色社会主义文化建设与我们息息相关，促进档案事业的发展也一样离不开各高校、企业及个人等文化主体的支撑。航天各厂所可以在符合相关规定的情况下，加强与高校的合作与交流，尝试通过档案实践基地或业务经验交流等形式，互利互惠，推动档案学术前沿理论、方法与档案实践的碰撞与交融，从而在合作中寻求航天档案编研工作的高质量发展。另外，航天各厂所应加强对档案编研人员的专业能力培养力度，通过专家讲座、高校慕课、部门交流等多种方式培养复合型人才，以适应航天档案编研工作高质量发展的需求。如在本单位发展史编纂工程中通过上级单位邀请专家航天档案馆专家汪仁保开展了相关培训，为单位发展史的编纂工作指明了方向和思路，同时切实提升了编研人员应对发展史编纂工作的能力。

4.4 劣势—威胁策略（W-T 防御型策略）

4.4.1 加强相关部门及上下级机关合作，消弭不利因素

加强部门间协同，建立专门的编研小组，可以促使专业技术人员与档案编研工作人员以合作方式开展编研，有助于弱化部门之间的信息孤岛现象，在一定程度上有助于编研质量和水平的提升。例如，本单位在实践过程中联合各部门力量完成了《建所 60 周年画册》等编研成果，并受到好评。另外，通过由上而下的方式对档案编研工作予以指导、规范，加大对编研工作的政策和资金支持力度，重视档案编研成果在发挥档案价值方面的宣传，优化相关工作人员的激励制度和待遇，能从内部改善相关人员对编研工作的看法和态度，为航天档案编研高质量的发展提供有利条件。

4.4.2 强化信息安全防护措施，防患于未然

习近平文化思想从其本质而言是为了更好地实现中华民族伟大复兴和保证国家安全的目标，文化建设水平的提升有助于民众国家认同感的培养和良性成长。该思想与贯彻总体国家安全观相辅相成，互相促进。2023 年，我国国家安全部门破获了多起间谍案，可见国家安全形势极其紧迫。在此情境下，航天档案资源由于涉及大量有关国家安全的资料，应当在信息安全方面引起足够重视。在推动档案编研工作高质量发展的同时，要严守保密这条"红线"，要把握好编研成果传播与信息安全的平衡点，并加强对编研流程中失泄密风险的控制。针对信息系统应进一步加强软、硬件防护，在确认安全的情况下，推广使用高效率的档案编研手段和工具，预防抵御潜在威胁因素，以为航天档案编研工作高质量发展奠定安全之基。

5 结语

新时代下，习近平文化思想及问题导向意识为新时代的档案编研工作提供了科学的理论指导，不仅明确了档案工作的文化使命和价值，还为推动档案编研工作高质量发展提供了具体的方向和路径。通过深入学习贯彻习近平文化思想，航天档案编研工作将更好地服务于中国特色社会主义文化建设，实现高质量发展。该思想的内涵博大精深，有关其对档案编研工作的理论和实践意义还需进一步探索。本文中笔者借助 SWOT 分析方法，结合自身工作实践及发现问题，在习近平新时代中国特色社会主义思想的指引下提出了航天档案编研工作高质量发展的路径策略，得到的结论主要通过定性研究的方式获取，后续可以尝试借助定量方法进一步开展相应研究。

注释及参考文献

[1] 新华网.《第一观察丨习近平文化思想首次提出》[EB/OL].[2024-04-15].http://www.legaldaily.com.cn/index_article/content/2023-10/09/content_8910092.html.

[2] 中国国家档案局. 国家档案局印发《通知》要求认真学习贯彻习近平总书记对档案工作重要批示 [EB/OL].[2024-04-17].https://www.saac.gov.cn/daj/yaow/202107/4447a48629a74bfba6ae8585fc133162.shtml.

[3] 赵跃 , 马晓玥 , 张佳欣 . 中国计算档案学发展的 SWOT 分析与策略研究 [J]. 图书情报工作 ,2022(4):56-66.

[4] 田红 , 何正文 , 杨琴茹 . 航天企业数字档案资源建设的问题与对策研究 [J]. 北京档案 ,2020(12):25-27.

[5] 林艳艳 . 数字中国背景下提高航天企业档案编研水平的策略研究——以《八院组织机构沿革》为例 [J]. 兰台内外 ,2024(10):7-9.

[6] 宋雪雁 , 张祥青 , 张伟民 . 近三年档案资源语义化开发研究热点与前沿探测 [J]. 档案管理 ,2023(4):19-26.

[7] 彭插三 . 档案编研信息化及管理体系构建 [J]. 档案学研究 ,2017(S2):27-32.

[8] 王晓容 , 贾彦峰 . 网络快餐文化对青少年价值观的消极影响及其矫治 [J]. 青少年学刊 ,2024(1):12-20.

[9] 王鲤颖 . 信息技术在档案编研中的应用研究 [J]. 兰台内外 ,2024(3):21-23.

数智化编研的理念重塑与创新实践

——以北京市档案馆红色档案资源开发为例

宋鑫娜

北京市档案馆

摘要：随着信息科技的迭代更新，人工智能已成为引领科技进步与产业变革的关键力量。在科技力量的驱使推动下，各行各业由信息化、数字化阶段加速步入"数字化＋智能化"的数智化时代。2024年政府工作报告中有两个关键词与数智化密切相关，一个是"新质生产力"，一个是"人工智能＋包括人工智能在内的新一代信息技术"。在档案数智化背景下，档案编研工作也面临着机遇和挑战，如何摆脱传统思维定式，重塑数智编研理念，加快档案编研工作数智化转型，将是新时代档案人面对和解决的新课题。本文试图通过北京市档案馆红色资源挖掘研究工作，探究数智时代下红色档案编研开发的新思维新路径。

关键词：数智时代；红色档案编研；新质生产力；理念重塑；创新实践

1 红色档案编研理念的转型与重塑

2021年中国第一历史档案馆新馆开馆，习近平总书记作出重要批示，要把蕴含党的初心使命的红色档案保管好、利用好。同年，中办国办印发《关于推进实施国家文化数字化战略的意见》，为红色档案资源数字开发利用提供了目标和导向，也为档案资源数字化向数据化转型提供了指引和遵循。面对新环境新课题，档案馆作为施动主体，要积极应对，培育和强化新时代编研理念的重塑和具体实践，实现档案编研工作的数智化转型。

1.1 增强底层逻辑理念和思维，搭建红色"基因库"

数据库是实现红色档案编研工作数智化转型的基石和重要保障。如果这项基础性工作夯不实、打不牢，红色档案数智化转型就成了无源之水，无本之木。以北京市档案馆为例，目前，已初步完成了汇集"五四运动""李大钊被捕与牺牲""中共北平（京）党组织活动纪实"和"北平和平解放"四个红色主题相关档案数据库的搭建和转录工作，并以此为基础，对红色档案进行了资源整合、文本分析、细粒度标引、关键字段提取、关联挖掘以及视觉呈现等数智化工作，丰富和延展了红色编研成果二次开发的形式和路径。数据库建设是一个系统工程，需久久为功，不断丰富和完善。目前，馆藏红色征集档案的目录和全文正在系统梳理中，为下一步数据导入做好主题对接和意识形态核验。后期，还会在研究挖掘的基础上，不断增补和充实不同载体、不同主题的档案资源，打造结构优化、性能高效、功能强大的首都红色档案"基因库"。

与此同时，在推进红色资源地方性法规制定的过程中，北京市档案馆将开展红色档案资源专项调查，建设打通覆盖全市的红色档案资源数据资源平台，逐步实现对红色档案资源的科学统一管理和有效开发利用。为进一步实现红色档案资源保护利用和数智一体化建设探索出新路径。

1.2 秉承开放性理念和思维，积极对接优质资源

档案馆拥有丰富的馆藏和良好的硬件资源，是各大高校档案专业师生进行学术研究、开展交流合作、培养学生实践的理想场所。2023 年 3 月，北京市档案馆与北京联合大学在长期合作的基础上，正式签署未来五年战略合作框架协议，为双方开展深度合作提供了制度保障。北京联合大学近年来在档案数字化研发方面进行了有益探索，先后建立了三山五园数字体验馆、国家级文科综合实验教学示范中心、国家级文化遗产传承虚拟仿真实验教学示范中心，具有较强的科研能力和运用新技术的实践经验。面对新时代对档案数智化转型的迫切要求，北京市档案馆积极寻求合作，聚焦红色档案资源的技术赋能和深层次开发，与联合大学应用文理学院的数字人文团队达成合作意向，利用档案馆的资源优势，对接高校的智库资源，实现强强联合和优势互补。通过"理论＋实践"的论证、分析、设计和转化，实现红色档案资源存储和传播形态的数据化、可视化。[1]

1.3 突破传统理念，构建立体多元的开发模式

随着大数据、人工智能、物联网技术的普及应用，红色档案资源逐渐由数字态向数据态转变，档案信息与档案载体剥离，人们将关注度更多聚焦于

档案内容的深度挖掘和建立信息逻辑关联的技术实现上。

1.3.1 以底层逻辑推进数据管理

目前，北京市档案馆红色档案文件级著录和全文数字化扫描等基础性工作尚待完善。特别是现有红色档案数字化的转录和标注工作亟待寻求经济有效的方式得以解决。从全球看，"众包"是相关档案部门和文化机构普遍采用的数字化开发形式。目前，国内做得相对成熟的是上海市图书馆历史文献众包中心开展的盛宣怀档案抄录项目。基于众包项目三要素即档案机构、网络平台、社会大众的构成，以及相互间内在关联，北京市档案馆可以现有的北京档案信息网为基础平台，从中开发并嵌入档案众包相关网页，发布红色档案抄录众包项目，公开邀约社会公众参与红色档案的转录、标记、注释和评论等众包活动。由于考虑到转录和标记工作的专业性和档案信息的安全性，众包主体可以在高校档案专业学生中进行选择，以保证档案数字化完成的质量和水平。通过搭建数字档案信息资源众包平台，让更多的高校学生和社会公众参与到档案数据信息的管理过程中，进而提升档案工作的亲和力和社会影响力。

1.3.2 用结构化叙事思维构建文本关联

"数智时代"催生下的红色档案资源的数字开发场景，如果还仅仅对传统载体档案进行数字化扫描，建立档案目录数据库和全文数据库已无法满足社会公众的现实需求。在这一背景下，档案馆数字开发人员要学会运用档案叙事和事件追踪的方法，建立和挖掘文本的内在关联和逻辑关系。在叙事的历时性和共时性的时空交错中，清晰梳理和把握每个档案背后故事人物关系和事件的发展脉络。在大脑中先形成档案历史知识的思维导图，进而在技术的辅助下进行可视化呈现和趣味性表达。

1.3.3 用系统思维强化数智赋能

在新技术的应用下，红色档案资源的数智化开发方式立体而多元。除了利用档案本体进行信息符号重构、再现知识图谱，实现红色档案叙事的可视化呈现外，还可以在红色档案的数据管理和应用的基础上，全方位融入数字技术、网络技术、移动终端等，突破时空限制，开发阅读工具和讲述红色故事、档案微党课等应用小程序，探索打造移动型、在线型、交互性的服务场景，不断提升静态红色档案的表现力和感染力。[2]

2 数智化红色编研的创新实践

党的二十大报告提出了全面建成社会主义现代化强国的目标要求。中共中央办公厅、国务院办公厅印发《"十四五"全国档案事业发展规划》中强调，新一代信息技术广泛应用，档案工作环境、对象、内容发生巨大变化，迫切要求创新档案工作理念、方法、模式，加快全面数字转型和智能升级。由此可见，新时代信息技术的发展对档案工作提出了新任务、新要求。

2.1 开展数智化红色编研的必要性

编研是档案馆一项传统的文化职能，是档案馆较高层次的文化生产和输出方式，也是档案文化资源开发利用服务社会的重要方面。从新质生产力的层次辨析，编研工作属于精神生产力的范畴。随着科学技术的进步和信息技术的飞速发展，编研工作的内容和服务方式也发生了新的变化。从传统的史料摘录到叙事性文本的构建，知识图谱作为揭示事物之间关系的语义网络和数据合成工具，也成为史料编研实现数智化转型的有力抓手。

从全国范围看，已有部分省市档案馆开展了知识图谱在档案编研中的研究与应用。如：上海市档案馆于 2023 年开展了"跟着档案看上海"数字人文项目，这个项目以红色档案编研成果为基础，综合应用时空地理、知识图谱、人工智能等技术，在 PC 端、移动端打造了开放式、互动性的面向公众的档案信息共享平台。该平台综合运用了人工智能、人机交互、知识图谱、数据库等技术，将档案知识图谱和时空地理信息系统、流媒体故事系统等有机融合，打造成一个独具海派特色的红色档案文化传播和档案查询平台。公众可利用 PC 端、手机移动端等载体，通过该平台读档学史，形象直观地了解上海城市红色地标和相关红色故事。[3]

北京是中国共产党的主要孕育地之一，是马克思主义在中国早期传播的主阵地。北京市档案馆藏 1000 余个全宗，290 余万卷（件）档案，其中民国时期档案近 98 万卷册，革命历史档案 4480 卷册。这些档案记载了中共北京（平）党组织领导北京及周边地区的工人、学生和各界群众进行革命斗争的历史，特别是有党的创始人陈独秀、李大钊等革命先驱在北京从事革命活动的档案，以及在全国具有重大政治和历史意义的北平和平解放的档案。围绕这些档案史料的挖掘研究，形成了北京市档案馆红色档案编研的优良传统。从 20 世纪 80 年代，围绕"北平和平解放"开展了革命历史档案史料的挖掘整理工作，先后编辑出版《北平和平解放前后》《北平的和平接管》《北平解放》《北平新生》等红色编研成果；围绕中心工作，结合重大活动、重要纪念日，编辑出版了《档案中的北京五四》《档案中的北京党史与党建》《档案中的北平抗战》等以红色档案为主题的史料研究专辑；近年来，又编辑出版《五四运动档案史料选编》《北平地区抗日活动档案汇编》《中国共产党北京（平）党组织活动纪实》《北京市档案馆红色档案图录》等红色档案史料丛书。以上丰富的编研成果为新技术赋能编研工作提供了专题数据和资源保障。综上所述，无论是科技发展趋势，还是北京作为中国共产党孕育地的重要定位，以及红色档案资源挖掘研究的丰硕成果，都为开展数智化红色档案编研提供了基础和条件。

2.2 红色声像档案知识图谱的创新实践

2023 年，在全面梳理和挖掘馆藏红色档案资源的基础上，依托现有编研成果，北京市档案馆对馆藏红色声像档案，通过选取主题，运用自动化处理和分析技术，提取关键语义文本，构建了红色档案事件知识图谱领域模型。通过构建模型，实现对关键历史事件和人物的自动标注，并借助可视化技术，提供了一个直观、全面的红色知识谱系。

2.2.1 以动态档案作为知识图谱构建的文本资源

目前北京市档案馆现存音频、视频条目总数约为 27.8 万条，其中音频 22 万多条，视频 5 万多条。为了使知识图谱得以更生动更直观地呈现，课题组从 5 万多条视频中，按照主题、年代和关键词筛选出 233 条红色声像档案条目，作为构建知识图谱的语料和素材。主要研究对象是红色声像档案中的事件，依托现有红色编研成果，聚焦于中共中央华北局城工部从 1941 年开始至 1948 年冬完成其历史任务期间的相关事件。这些音视频档案多为亲历者和亲历者的后人，以专题采访、纪录片、访谈的形式拍摄而成。由于地域分布和性格特点的不同，人物的语言神态呈现出生动鲜活的特征，增强了事件讲述的多元视角和史实印证的开放性选择。为了更加真实和丰富地还原历史事实，编研人员调研了北京市档案馆馆藏纸质红色档案资源的情况和红色声像档案资源情况，依次梳理目录和条目，最后选定选题和数据信息。把动态档案作为事件知识图谱的研究对象，可以最大限度运用人工智能技术，通过分析红色档案内容，建立结构化的索引体系，提高档案的可视化检索，激活试听元素，为更好发挥档案资政育人作用提供强有力的生动表达。

2.2.2 以立体化编研思维指导技术实践

研究核心在于构建红色声像档案的事件知识图谱。在整个研究过程中，采取了档案立体化编研的思维方法，编研人员深入挖掘档案内容及其相关的历史背景、社会背景和人物关系，通过建立多维的思维导图和应用知识图谱可视化技术，对研究成果进行了直观的可视化展示，实现了档案信息资源的全方位开发与利用，增强了档案信息的可理解性和可访问性。立体化编研思维充分体现了档案数智化编研的跨学科特性，将历史学、档案学、信息科学等多学科知识有机结合，为红色声像档案的研究提供了全面的理论支撑和技术保障。研究成果不仅展现了中共中央华北局城工部自1941年至1948年冬完成历史任务期间的人物关系网和事件关系网，而且通过知识图谱的构建，揭示了历史事件之间和人物之间的内在联系和影响，为深化中共党史研究提供了新的视角和方法。

2.2.3 基于结构主义叙事学的图谱模型构建

结构主义叙事学强调事物的整体性，对于组成部分来说，整体在逻辑上存在优先的关键性，各个组成部分只有放到统一的整体框架中，才能进行有意义的阐述。具体到数智化编研工作实际，首先要确立档案知识图谱的主题，每一份档案的人物和事件联系，均需围绕图谱的主题层层展开，在丰富整体逻辑叙事结构的基础上，逐一过渡，微观到宏观，情节到事件，逐渐强化叙述的生动性，让鲜活的历史事件借技术得到更直观的呈现，从而达到最有效的信息互动和传播。以中共中央华北局城工部知识图谱项目为例，编研人员首先对华北局城工部的历史沿革这一历时性线索进行了梳理。在这条既定的线索中，从红色档案数据资源中，按照重要时间节点、重要人物，构建重要事件的前后历史逻辑关系，通过建立红色档案事件知识图谱标注平台，完成资源挑选、系统部署、文本校正标注、模型训练及自动标注等任务（见图1）。与此同时，不能忽略共时性内容的建构，即在历史时间线索中充实深化各个组成部分之间的逻辑关联与故事性的营造，通过情节结构模式的建立揭示出叙事体深层结构所显示的意义，实现声像档案数据的高效利用和语义层面的深度链接，从而丰富和多维度呈现知识图谱可视化、知识化和趣味化的特点。[4]

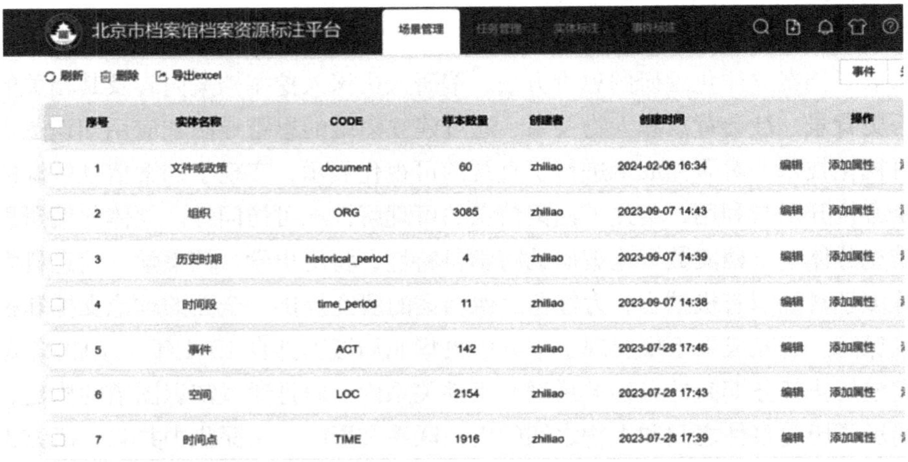

序号	实体名称	CODE	样本数量	创建者	创建时间	操作	
1	文件或政策	document	60	zhiliao	2024-02-06 16:34	编辑	添加属性
2	组织	ORG	3065	zhiliao	2023-09-07 14:43	编辑	添加属性
3	历史时期	historical_period	4	zhiliao	2023-09-07 14:39	编辑	添加属性
4	时间段	time_period	11	zhiliao	2023-09-07 14:38	编辑	添加属性
5	事件	ACT	142	zhiliao	2023-07-28 17:46	编辑	添加属性
6	空间	LOC	2154	zhiliao	2023-07-28 17:43	编辑	添加属性
7	时间点	TIME	1916	zhiliao	2023-07-28 17:39	编辑	添加属性

图 1　北京市档案馆档案资源标注平台

注释及参考文献

[1] 宋帆帆，苏君华．数智驱动下档案公共服务价值共创：价值、模式与路径 [J]. 档案学研究，2024(2):30–37.

[2] 任越，袁蕾涵．新发展格局下数智赋能档案资源开发利用的实践方向探析 [C]// 中国档案学会．2023 年全国青年档案学术论坛论文集．北京：中国文史出版社，2018:235–236.

[3] 陈海玉，向前，赵冉，等．红色基因传承下馆藏红色文献知识库构建探究 [J]. 北京档案，2022(2):29–30.

[4] 李倩倩，洪佳惠，闫浩．双中心模式：数智环境下红色档案治理模式探析 [J]. 北京档案，2024(3):29–31.

数字人文赋能档案信息资源开发的两个维度

邓晋芝

深圳大学档案馆

摘要：数字人文被广泛应用于人文研究领域，也给档案信息资源开发带来全新的血液和动力。从理念维度，数字人文赋能档案信息资源开发更加现代化、多方位合作、全过程管理；从技术维度看，推动档案服务向智能化、现代化方向发展是需要数字化加工和管理技术、数据分析技术、可视化技术、人工智能技术等构成的档案信息资源开发的重要技术体系做支撑。

关键词：数字人文；档案数据；资源开发；理念；技术

《"十四五"全国档案事业发展规划》提出，积极探索知识管理、人工智能、数字人文等技术在档案信息深层加工和利用中的应用。[1]。利用数字人文技术进行档案信息资源开发不是单纯的技术开发工程，而是一种面向人工智能时代档案服务体系转型的战略框架，意味着档案服务工作需要从为用户提供简单的文档支持到根据用户需求给予精准化、智能化的回应，从粗粒度的档案文档服务模式转变为细粒度、智能化的档案数据服务模式。

1 数字人文概述

数字人文（Digital Humanities, DH）是将计算机技术应用于人文研究的前沿学科，是在计算机技术、网络技术、多媒体技术等新兴技术支撑下开展人文研究而形成的新兴跨学科研究领域[2]。一般认为，最早的数字人文来自1949年意大利神学家罗伯托·布萨与IBM创始人托马斯·J.沃森共同为托马斯·阿奎那的著作制作索引。关于"数字人文"，每一种定义和解释都受到历史或当下的社会实践与思维的影响，尚未形成统一的概念界定。

在档案学领域，学者们以数字化人文为基础，探讨了不同的档案信息资源开发模式，提出了以档案馆、数字人文研究团队和社会公众为主体，根据档案材料的多重脉络解读，揭示社会记忆建构为目标的合作开发模式 [3]；提出了多样化资源采集、细粒度语义描述、可视化知识展示等数字人文背景下的档案组织策略 [4]，还有针对地方特色档案、高校档案、名人档案等特色资源的开发和档案文化产品开发与服务模型提出的思路和建议。

2 当前档案信息资源开发面临的问题

2.1 开发主体相对单一

广义上指的档案信息资源开发主体是指所有从事开发档案信息工作的人员，狭义上则包括了各类档案机构，如档案馆（室）、文件中心、研究机构等。当前开发主体基本以档案馆、档案室为主，文件中心、各类研究机构、社会公众参与程度较弱，且各机构开展资源开发利用工作各有侧重。在网络时代，借助于通信网络运行的网站、新媒体等产生的数字资源铺天盖地，信息资源开发主体迫切需要具有信息化、数字化的特征。

2.2 资源结构布局不够合理

巧妇难为无米之炊，档案信息资源建设是档案信息资源开发的基础，从载体形式上看，当前各类档案信息资源开发内容多以纸质档案为主。2022年，全国各级综合档案馆馆藏电子档案 2372.9TB，其中数码照片 220.0TB，数字录音、数字录像 1040.0TB，馆藏档案数字化成果 28069.0TB[5]，数码照片等电子档案容量仅为所有档案数字化成果的不足十分之一。在新兴技术的影响下，人们逐渐改变了资料收集、组织、检索和利用的习惯，广泛收集、获取、分析和展示数字化、网络化的人文资料，对信息的广泛性、多样性提出更高要求。

2.3 开发深度和精准度不足

档案信息化和数字化仅改变了档案资源的存在形态与保存场所，未充分实现档案内容和价值的深度挖掘。就纸质档案而言，档案数字化工作包括档案数字化副本转化、专题档案数据、档案目录等，较多档案馆以档案全宗、目录指南、政府信息公开文件为资源开发的主体，停留在简单地利用计算机进行信息采集和编目的开发方式远远不够。

2.4 开发共享和整合度有待加强

虽然各公共档案馆均建有独立的档案数据库或信息库，但在重合度较高的资源方面交流渠道并不是十分畅通，影响档案信息资源的整合力度和共享程度，包括内部协调、外部合作。以高校为例，学校业务系统涵盖教学、科研、人事、财务、招生、设备等职能业务部门，这些系统互相独立，并拥有不同的管理权限和角色，数据标准和规范不一，不同行业之间的类似信息系统相互独立的"数据孤岛"现象难免发生。既有的数字档案资源如果能够通过某一平台得到整合与集中，那么数字档案资源利用也将得到极大的发挥[6]。

3 数字人文赋能档案信息资源开发的理念维度

以数据思维解决人文问题是数字人文研究的核心理念，重视对人文研究中各类型数据资源的细粒度开发、资源管理水平的综合提升以及数字环境的打造[7]，给档案信息资源开发带来了新的理念和方向。

3.1 强化协同合作

跨区域、跨时间的知识分布将当前社会环境下知识生产方式由独立创作向多人合作转变，并打破了核心人员掌控的话语圈，档案信息资源开发的主体也发生了重要变化。国内外对数字人文的合作研究大多以项目为中心，根据国际数字人文组织联盟（The Alliance of Digital Humanities Organizations，ADHO）统计，目前全球有超过 183 个"数字人文"的机构或项目正在运行[8]，国内有中国人民大学数字人文研究院、武汉大学数字人文研究中心等。这些项目合作有不同类别，包括档案机构内部和外部跨行业、跨区域的合作，档案馆、数字人文研究团队、高校、社会公众等之间的合作，如在 2012 年威尼斯卡福斯卡里大学和瑞士洛桑联邦理工学院利用数字化手段共同推出的威尼斯时光机项目，建立了蕴藏威尼斯 1000 多年历史文化遗产的开放数字档案馆，再现这座城市历史和文化。构建多元主体参与、多模式协同的"档案数据生态"显得尤为重要。

3.2 强调全过程

数字人文项目工作流程一般从数据收集、创建开始，在数据加工处理的同时获取数据成果的反馈信息，再次进行数据发布和分析，最终形成数字人文研究结果。这是一项需要进行反复的数据收集和分析的工作。数字人文建立在数据的基础上，数据量的丰富度、广泛度直接对分析结果产生影响。档案信息资源开发同样要具备一定的规模和体系，特别是在前端业务环节中尽可能保证结构化、半结构化数据的完整，将前端和后台打通，通过关联、融合推演社会系统中的规律和联系，确保档案信息资源解读的客观与准确，在归档价值判定方面需要更为广泛的审视[9]，解决海量档案文档内容信息"碎片化"问题。

3.3 突出现代化

传统档案管理利用内容包括全宗指南、目录、案卷信息等，只给利用者提供了十分单一和有限的浏览与查询线索，大部分档案馆门户网站结构也大致如此，不只对利用者，对不熟悉档案内容、档案系统的用户而言都比较难快速地找到所需材料。数字人文研究领域将技术融合专业学术研究，如地理信息系统（GIS）、虚拟现实（VR）等，为历史学、图书馆学、社会学等多方面得到应用。这些数字工具和平台也能帮助档案工作者们处理低水平重复工作，将其从低脑力活动中抽离出来，集中精力研究更加深入的问题[10]。运用信息技术手段进行数据挖掘和知识加工，向用户提供可视化、生态化的利用和展示服务，指引了档案工作走向更加智能、更加现代化。

3.4 探索开放共享

重视档案用户对档案信息开发的意义，在开发成果充分开放的基础上实现开发者和用户之间、用户之间的互相帮助和启发，形成一个"双向奔赴"的局面[11]。如构建一站式的区域性档案管理系统和更加开放、更加人性化的档案服务数字人文平台，借助网络新媒体吸引更多用户参与信息交流和知识共享，深化档案工作的合作性、共享性、开放性。如荷兰阿姆斯特丹档案馆和 Picturae 的 VeleHanden 项目，对每一个项目的进度进行可视化展示，方便公众快速了解项目完成度，同时吸引公众参与其中。

4 数字人文赋能档案信息资源开发的技术维度

数字人文研究的本质是利用计算机技术和数字化手段对人文领域的文本、图像、音视频等信息进行挖掘、分析和呈现[12]。欧洲学者将数字人文活动具有的特性规范为五个基本原语：发现、收集、比较、发布和协作。档案信息资源开发将这个过程与档案的全生命周期相结合，搭建基于数字人文的档案信息资源技术体系，实现档案开发成果的图像化和动态化展示。

4.1 数字化加工技术：搭建基础资源库

超越单纯文本式的数字化层面，对不同领域、不同类型档案信息资源的内容和背景信息进行重点挖掘和深度关联，进而贴合档案工作发展趋势和档案用户群体的多样性、集成化需求。除完成原有传统纸质档案材料的数字化和数据化，要利用OCR、语音识别、人脸识别和视觉场景与物体识别等手段，增强档案信息与档案材料的结构化、关联性，优化信息的细粒度。如《跟着档案观上海》数字人文平台，它是由上海市档案馆历时一年多设计研发的，以1.7亿件海量数字化馆藏档案资源为依托，讲述八一三淞沪会战期间上海的城市状况[13]。

4.2 数据管理和分析技术：重构管理服务平台

档案数字化只是智慧档案服务的第一步，有了基础的数据库，运用多媒体搜索、语义搜索、数据库搭建、文本编码等技术实现档案数据的"收集""发现""协作"，必须要有一个完整的系统和平台来操作和运行。深度开发档案资源，对新知识和新内容的加工，意味着将档案信息挖掘的粒度从文件级深化为数据级，将信息单元转为知识节点从而完成数字化的进一步延伸与拓展，实现智慧档案馆和数据档案馆[14]。文本分析技术、聚类分析、主题分析、内容挖掘、地理空间分析等技术能够使档案工作者们对档案内容、档案用户形成更加清晰的画像和具象。

4.3 数字可视化技术：提供全新场景再现

可视化技术为档案信息资源的呈现提供了更为生动、直观、形象的技术支撑。GIS技术将事物的空间数据和属性数据结合起来提供给用户，构建开放、动态、延续、真实、立体的档案共享平台，进行良性的知识互动与传播。例如杜克大学的"A Portrait of Venice"用 7 分 13 秒的视频将威尼斯这座城市的整体面貌从数字艺术的角度呈现出来，让参观者有一种身临其境的感觉[15]。

4.4 交互技术：开发全新用户体验

虚拟现实技术（VR）、增强现实技术（AR）、MR（混合现实）、全景技术在人工智能设备的加持下为档案用户提供超越时空的非凡体验。如中国科学院计算机研究所支持的"数字敦煌"。

4.5 人工智能技术：实现智慧档案服务

ChapGPT 技术通过大规模的语料库训练进行自动化文本分析和研究，在分类、机器翻译摘要、精准服务等方面承担任务，为档案服务提供新的思路。如根据用户提供的信息模拟任务对话可以生成自然语言文本，提供互动性更强的信息服务。Chapter 在档案行业的使用要坚持人工审核为原则，在充分利用的同时，时刻关注档案数据服务和利用过程中的用户隐私和安全、知识产权伦理等问题。

5 结语

基于数字人文的档案信息资源开发依然需要可持续的保障体系，包括建立统一技术标准、拓宽资金来源、开发与应用的管理与支持、搭建人才培养教育体系等。特别是人才培养方面，在数字人文研究中，数字编码、处理、系统、技术和项目等一直以来都是关注的焦点，档案工作者应该具备一些基本的数字技术能力与素养，参与到系统的搭建、部署、测试、应用、评估等全过程，才能提供更加智慧、精准的档案服务，实现档案现代化发展的最终闭环。

注释及参考文献

[1][5] 国家档案局.《2022 年度全国档案主管部门和档案馆基本情况摘要（二）》[EB/OL].[2024-01-15].https://www.saac.gov.cn/daj/zhdt/202308/0396ea569aa648f1befd5c49bac87e6f.shtml.

[2] 刘炜,叶鹰.数字人文的技术体系与理论结构探讨 [J].中国图书馆学报,2017(5):32-41.

[3][14] 杨千.数字人文视域下我国档案资源合作开发模式研究 [J].档案与建设,2019(10):8-12.

[4] 尚奋宇,任文文.面向数字人文的高校开放档案组织策略及利用模式研究 [J].山西档案,2020(2):101-108.

[6] 云雅,黄东霞,张泉海.基于 Hadoop 系统的数字档案资源集成平台构建及实现 [J].北京档案,2017(6):31-33.

[7] 周欣然.基于数字人文视角的高校档案馆档案服务体系构建 [J].档案与建设,2021(1):24-30.

[8] 郭英剑.数字人文:概念、历史、现状及其在文学研究中的应用 [J].江海学刊,2018(3):190-197,239.

[9] 周林兴,邓晋芝.错位的价值判定应该被纠正——对档案鉴定及销毁的历史视域考量 [J].档案学通讯,2015(2):38-42.

[10] 李少建.ChatGPT 对数字人文研究的影响刍议 [J].浙江档案,2023(7):48-51.

[11] 詹逸珂.数字人文项目前端历史档案资源众包探析:特征、风险及其控制 [J].山西档案,2020(2):77-84.

[12] 张婉莹.图书馆和档案馆数字人文研究比较分析与互鉴 [J].档案管理,2023(4):76-77,85.

[13] "跟着档案观上海" 数字人文平台上线 [J].城市党报研究,2023(7):70.

[15] 邓君,孙绍丹,王阮,等.美国 29 所高校数字人文项目研究内容解析 [J].情报资料工作,2020(3):31-40.

"两翼理论"视域下的科技档案资源编研

霍敏

南方科技大学档案校史馆

摘要：面对欧美国家开发利用科技档案资源的成功先例，以及我国科技档案资源编研的结构性难题，应遵循资源在科技创新体系中流转的内在逻辑，以"两翼理论"为宏观指引，积极挖潜科技档案资源的信息价值，具体来说需要创新三种工作机制；搭建三类交流平台；畅顺三个层级传播流程，以及创设五种类型档案知库，从而推动科技档案资源走出档案圈、走向科研圈，走入公众圈，实现科技档案资源编研的结构性破圈与系统性创新，助力构建符合中国特色和时代特点的科普体系。

关键词：两翼理论；科技档案；科普体系

0 引言

新时代发展背景下，科学普及被提升至与科技创新同等重要的历史新高度；同时也面临资源匮乏、形式单一、后劲不足等时代新命题。两者之间的现实张力不仅成为践行"两翼理论"的难题，也制约了人类文明新形态的创造力。而科技档案资源被认为可以在其中发挥关键性的桥梁作用[1]。有研究显示，英、美等世界科技强国均曾充分发掘、利用科技档案资源，使其在科技创新和科学普及中发挥作用，进而推动了国家崛起。我国在中国式现代化进程中也积累了大量科技档案资源。然而，囿于我国科技档案资源在形态认定中的变动不居以及体制机制中各自规划、各自为政[2]等问题，长期以来限制了其开发利用[3]。有鉴于此，本文从科技档案资源的形态梳理入手，通过分析科技档案资源与科学普及对接的内在动因，试图为科技档案资源的开发利用找寻新的突破口。相信这不仅有利于实现新时代科技档案资源的跨越式发展，对其他形态档案资源的开发利用也有一定镜鉴作用。

1 科技档案资源：内涵及形态特点

档案，是人类文明传承的重要载体和各类社会进程的关键记忆；也是最真实、最可靠、最具权威性与凭证性的原生信息资源[4]。与情报、资料、图书等信息载体不同，档案通常强调其形成的直接性，是指相关机构或个人在其自身活动过程中所形成的原始记录。具体到科技档案资源，则主要指科技机构或从事科技活动的个人在科技创新过程中形成的原始记录。研究显示，世界各国，尤其是世界科技强国在各自发展过程中均形成并保存了大量的科技档案资源。有些国家虽然没有明确冠之以"科技档案"的名称，但却实践了科技档案的功能，尤其是科技档案的信息交流功能。如美国政府的"四大科技报告"，欧洲的"灰色文献"等。

我国也一直注重科技档案资源的保存，并对科技档案的内涵予以界定。自1959年首次明确提出"科学技术档案"的概念后，随着社会经济的发展，科技档案的内涵也随之更新调整。最新的定义见于2020年底颁布实施的《科学技术研究档案管理规定》，它强调了科研档案形成的领域为科研项目开展的全过程；丰富了归档的载体，除此前提到的具有保存价值的文字、图表、数据、图像、音频、视频等载体类型的档案外，还增加了标本、样本等实物类科研档案。此外，随着学者们呼吁将科学数据[5]、科技名人档案等与科研档案协同管理[6]，又进一步拓宽了我国科技档案资源的内涵。

总体而言，科技档案资源因科技创新这一形成主体的自然特性，以及政府机构这一管理主体的社会特征，呈现出内容上的延展特征和形式上的解释弹性。归纳起来，科技档案资源大致包括这样几种类型：文本类科技档案资源，如科技报告等；数据类科技档案资源，如科学数据；实物类科技档案资源，如科研样本、标本、手稿、仪器设备等；声像类科技档案资源，如科研过程中形成和保存的图片、音频、视频等；人物类科技档案资源，如科技名人档案等。

2 科技档案资源对接"两翼理论"的内在动因

2016年的"科技三会"上，习近平总书记系统阐述了"两翼理论"。他指出，科技创新、科学普及是实现创新发展的两翼，要把科学普及放在与科技创新同等重要的位置。这一方面体现了新时代科技思想系统创新的意义[7]；

另一方面也为我国应对新一轮历史性变革提出了时代命题 [8]。综合来看，其关键点在于如何在科技资源的形成、转化、利用之间形成有机关联，从而使其符合科技创新规律的内在逻辑 [9]。

2.1 世界科技先行国家具有实现两者对接的成功先例

历史资料显示，科技创新和科学普及始终贯穿于人类现代文明的发展进程，且在其中发挥了重要作用。例如 19 世纪末英国的维多利亚时期，达尔文、赫胥黎等著名科学家积极开展科学普及，有效提升了社会公众的阅读兴趣，推动了科学出版，并最终推动了社会发展和工业进步。[10] 再比如 20 世纪中期的美国，以"四大科技报告"为主要载体的科学传播助推了基础研究的发展，为美国战后的快速崛起起到了重要作用；这些在基础研究中取得重要进展的科研机构又积极参与 STEM（Science、Technology、Engineering、Mathematics）科普计划，从而推动了美国全民科学素质的提升。这其中，起到重要作用的"四大政府科技报告"就是我国通常所称的科技档案 [11]。

2.2 科技档案资源与"两翼理论"有对接的内在逻辑

如果科技创新、科技档案资源与科学普及之间的协同仅有少数成功先例，还可归结于偶然。但从 19 世纪至今，英、美等国已反复验证则预示其潜藏有一定的内在逻辑。研究显示，其共同点则在于，科技档案资源的形成机构同时也是开展科学普及的主要承担者。具体表现为以科技资源从科技创新成果积累到科技档案资源开发利用，再到科学普及呈现的全过程流转及管理。这些机构利用自身形成的科技档案资源开展面向社会多个层面开展科学传播，塑造了自身的科研形象，也形成了各自的科普体系。还是以美国为例。战后，美国专门成立"美国科学基金会"（NSF）从资金、资源、人员等方面对科学普及予以统筹考虑，架设起以美国国防部、国家航空航天局、能源部、商业部等四大政府机构为组织基础，以政府四大科技报告为基本内容，面向机构之间以及面向社会公众的科学普及体系。这一科普体系推动了战后美国科技信息资源的快速传播，同时也加速了美国基础研究的进展和国家的崛起。

2.3 我国科技档案资源与"两翼理论"协同的结构难题

我国始终重视科技创新，并将其上升至创新驱动发展的国家战略层面；同时，自新中国成立伊始便确立了自上而下的科普体系。不仅如此，我国科技档案资源的积累也卓有成效，科技创新成果在数量上已跃居世界前列[12]。然而，对比英、美等科技先行国家，我国在科技档案资源和科技创新、科学普及之间的贯通工作却有明显差距。从科技档案资源的角度看，存在收集归档难度大、开发利用程度低、资源整合共享困难、组织机构不健全、人才队伍无保障等一系列问题[13]；从科技创新和科学普及的角度看，"科普资源匮乏""科普资源利用效率低""科技创新资源转化难"等问题一直难以破解。

近年来，陆续有学者关注到欧美国家的先进做法，并从科技档案资源与科学数据关联[14]、科技档案资源的知识价值挖掘[15]等方面进行了探讨；还有学者关注到科技档案展览[16]在科技档案资源开发利用中的重要作用。这些研究从一定程度上为两者之间的协同思考提供了契机。

3 "两翼理论"视域下科技档案资源的编研路径

为缓冲我国科技档案资源"数量大、类型多、价值大"与"开发少、利用少、显示度小"之间的现实张力；破解各自为政带来的科技信息资源分散[17]、科技档案价值难以彰显[18]等结构性难题，有必要以"跨领域、跨学科、跨机构"为发展导向[19]，将科技档案资源的开发利用置于"两翼理论"的宏观视域下予以考察。具体来说包括"确立三项工作机制""畅顺三级传播流程""搭建三类中转平台""构建五类资源知库"等举措。

3.1 确立三项工作机制

英、美等国家科技发展和科学普及的历史昭示，科研机构不仅是科技档案资源的形成单位，同时也是利用科技档案资源开展科学普及的责任主体单位。以 NASA 为例，它不仅承担了大量科技创新的战略任务、沉淀了数目甚巨的科技档案资源，位列美国四大科技报告之首。同时它还编制有年报、年刊等常规性的科普读物，并常年设置科普展览、科普图片和科普视频源等，从而为美国 STEM 科普体系的构建提供了重要支撑。有鉴于此，要在我国实现科技档案资源与科学普及之间的对接，有必要首先从机制层面捋顺科研机构、科研项目、科研人员与科学普及之间的相互关系，明确它们之间运行的工作机制。具体包括：科研机构在科普体系中的核心动力机制；科学普及之于科研项目的任务机制；科研人员在科学普及中的主体责任机制。

3.2 畅顺三级传播流程

档案是证据价值和信息价值的双元结合体。[20] 相比较而言，我国更强调科技档案的证据属性，长期以保存为主；美国等则更加注重科技档案资源的信息属性，以交流传播为主。因此，我国通常先将科技档案资源存放进档案室，达到开放年限后再进入开发利用环节；而美国则是先经判断使科技档案资源进入交流传播环节，达到一定年限后再进入档案馆予以保存。因此，要实现科技档案资源与科学普及之间的对接，在贯通"三项机制"的基础上，还需要结合我国科技档案资源界的实际情况，在科研项目、科研机构、大众传媒之间搭建三级传播流程，以促使我国科技档案资源走出档案圈、走出科研圈、走向公众圈。

3.3 搭建三类中转平台

通过搭建三个层级的传播流程，可以从框架上解决科技档案资源与科学普及的对接问题。然而，科学研究、科学普及、大众传播均属不同领域，职业特点的不同使三者之间具有天然的专业势差。这种势差一方面造成资源流向的内在动力，另一方面也不可避免地在相互间造成外在屏障。要完成三个层级间的顺利贯通，还需要顺应科技档案资源的流转走向，在各环节之间搭建相应的过渡平台，以期实现专业技能的提升、信息资源的汇通，以及专业圈子的创建。具体到各层级的传播主体，从科研人员、科研机构到大众传播媒介，需要搭建三类平台，具体包括：专业技能培训平台；信息交流转换平台；各类团体交流平台。三类平台的建设互为平行，相互补位，协同完成三个层级之间的流通及转换，进而实现科技档案资源从科研项目到科研机构再到社会公众的顺利转换及完整呈现。

3.4 构建五类资源知库

科技档案资源的核心价值在于其信息的丰富性、专业性以及佐证性。因此，除了经过三个层级的转化以科学普及的形式呈现外，还应重视科技档案资源本体的重要价值，通过引入信息资源管理（IRM，Information Resources Management）的理念和知识管理（KM，，Knowledge Management）的体系，对科技档案资源进行有机梳理和整合，推动我国科技档案资源从现有的"资料库"向"知识库""智囊库""故事库"的转变，构建基于科技档案资源的多维度知库，为中国自主的知识体系和中国式现代化的道路提供支撑和保障。

具体来讲，可结合科技档案资源的形态和科学普及的特点，从以下五个方面进行建设：人物类资源知库、项目类资源知库、主题类资源知库、器物类资源知库，以及声像类资源知库等。

注释及参考文献

[1][9] 霍敏，罗以澄 . 论新时代科普体系的结构性破局与系统性重构 [J]. 山东师范大学学报 (社会科学版),2023(3):149-156.

[2][13][17] 徐拥军，张斌 . 我国科技档案管理体制机制的现存问题 [J]. 档案学研究，2016(2):14-21.

[3][11][18] 加小双，张斌 . 欧美科技档案管理的经验借鉴 [J]. 档案学研究，2016(1):25-31.

[4] 冯惠玲，张辑哲 . 档案学概论 [M]. 北京 : 中国人民大学出版社 ,2006.

[5] 蔡盈芳 . 推进科学数据与科研档案的协同管理 [J]. 中国档案，2021(9):60-61.

[6] 蔡盈芳，陈怡 . 加强科技名人档案的管理工作的思考 [J]. 中国档案，2021（12）：70-71.

[7] 张明伟 . 科技创新与科学普及协同发展的问题与对策 [J]. 中国行政管理，2022（12）:144-146.

[8] 全国政协科普课题组 . 深刻认识习近平总书记关于科技创新与科学普及"两翼理论"的重大意义 [N]. 人民政协报，2021-12-15(12).

[10] 维多利亚时代的英国人是如何进行科普的？ [EB/OL].[2021-05-14].https://www.sohu.com/a/466429830_99945587

[12] 龚六堂，吴立元 . 技术距离、研发投入结构与中国经济增长 [J]. 改革，2023(11):38-54.

[14] 王芳，卜昊昊 . 科学数据管理政策发展比较研究 [J]. 中国图书馆学报，2022（6）:77-96.

[15] 孙晓燕，侯智洋 . 英美法三国科技档案管理的特点及对我国海洋科技档案工作的启示 [J]. 档案学研究，2018(5):51-54.

[16] 张斌，杨文 . 吴宝康科技档案管理思想研究 [J]. 档案学通讯，2017(6):4-8.

[19] 潘亚男 . 新时期科技档案工作的新变化与新问题——基于中国科学院科技档案实践的思考 [J]. 图书情报工作，2022(1):106-111.

[20] 覃兆刿 . 档案双元价值论谈 [M]. 北京：科学出版社，2015.

数智时代的档案编研工作：嬗变逻辑与保障机制

郑慧[1]　李家和[2]

1 广西民族大学研究生院

2 广西民族大学管理学院

摘要：随着国家大数据发展战略和"数字中国"建设规划的推进，档案编研工作迎来新契机和新要求。面对档案编研工作主体多元化、对象数据化、手段智能化、成品立体化和成果传播双向化的新变化，数智时代的档案编研工作应与时俱进，通过多元主体协同、归集共享资源、数智技术支撑和全媒体赋能来打通编研流程，满足用户需求；扩大收集范围，提高编研效率；优化编研方式，丰富编研成品；改变传播形式，传播档案文化，以期推动档案编研工作转型发展。

关键词：数智技术；档案编研；档案信息资源

0　引言

2021 年 6 月印发的《"十四五"全国档案事业发展规划》要求加快实现档案工作数字化、智慧化转型升级，满足新兴信息技术普遍应用背景下我国档案工作内容、对象和环境变化的新要求，改变档案工作理念、方法和模式[1]。因此，如何在新时代背景下提高档案编研工作现代化水平，提升档案影响力，传播优秀档案文化，激发档案馆公共文化服务效能，是数智时代档案工作者和理论研究者需要探讨解决的一个重要问题。

聚焦档案编研主题，通过对相关文献的检索筛选和梳理分析，可见近年来我国档案编研工作所进行的研究主要体现在以下三个方面：一是档案编研工作的意义，包括满足社会信息需求、加强公众认同和传承历史文化等[2][3][4]。二是提升档案编研工作的路径，包含聚焦数字化转型、深挖馆藏资源、优化编研结构和汇聚编研力量[5][6][7]。三是信息时代档案编研工作的创新发展，要着重关注档案编研的资源、对象、制度、过程管理和新媒体传播特点等内容，促使传统编研的数字化跃升，实现档案工作的跨越式发展 [8][9][10]。在国际上档案编研工作的相关成果主要围绕档案开发利用的创新策略展开，例如：档案开发利用应在满足用户需求的基础上，传播档案的文化价值 [11]；档案工作者应该与艺术家进行合作，深挖档案隐藏的艺术之美 [12]；档案馆可以与图书馆、博物馆进行联合开发，整合文化资源，实现合作共赢 [13]。

纵观现有的文献资料可知，诸多学者围绕档案编研工作展开了研究，但少有文章依据新时代新要求新技术，具体分析档案编研工作主体、对象、手段、成品和成果传播的发展过程和变化趋势。有鉴于此，本文站在前人的基础上，从新时代档案编研工作的新变化出发，以数智时代档案编研工作的新要求为契机，探寻当下档案编研工作应如何顺应各要素变化的趋势，建立全方位的保障机制，以期实现更深层次的创新探索和深入研究。

1 数智时代档案编研工作的嬗变逻辑

数智时代，电子档案、数字档案和数据档案大量生成，直接导致档案编研工作中的各要素发生根本性转变，包括档案编研主体、对象、手段、成品和成果传播等 [14]，具体表现为"从单一到多元""从文字到数据""从手工到智能""从平面到立体""从单向到双向"。

1.1 档案编研主体：从"单一"到"多元"

数智时代参与档案编研工作的主体不再局限于传统的国家档案机构或专门的档案编研机构，而是涵盖政府、学术界、社会组织以及公众等多个参与方，这种多元化的转变源于档案立法、管理理念的更新以及信息技术的发展。首先，国家档案机构在新时代仍然发挥着重要的作用，协调、规划和统筹全国范围内的档案工作，推动档案编研的发展。除此之外，其他相关部门也逐渐参与到档案编研工作中，例如文化、教育、科研等部门。其次，学界与科研机构逐渐意识到档案的重要性，将档案作为重要的研究对象，进行专业研究和学术交流，深入挖掘各种档案资料的价值，丰富档案编研的内容和深度。此外，非营利性的档案学会、档案研究中心等社会组织也积极参与档案编研活动，推动档案工作在社会层面的发展。最后，社会大众也成为档案编研的参与者。他们积极利用社交媒体和互联网，参与档案编研活动，丰富档案编研内容，传播档案多元价值，增强了档案编研的可信度和可读性。

1.2 档案编研对象：从"文字"到"数字""数据"

档案编研对象逐渐从"纸质档案"向"数字档案"再向"数据档案"的转变[15]，反映出信息技术的进步和档案管理方式的演变，也折射出档案编研工作的发展趋势。首先，传统档案编研主要以纸质档案中的文字为对象，查找和整理信息需要耗费大量的人力资源和时间成本，尤其是当需要查找特定信息或进行跨文档检索时，局限性会更加明显。加之纸质档案的耐久性有限，长期保存会面临纸张老化、腐蚀和破坏的风险，对信息的长期保存和可持续利用造成挑战。其次，随着信息技术的发展，数字档案中的"数字"逐渐取代纸质档案中的"文字"成为主要编研对象，届时档案编研工作拥有了更多的便利性、安全性和可持续性。数字档案可以体现为更多种类的信息，包括文字、图片和音视频等，这种多媒体的特点使得档案编研可以更加全面地展示历史事件和事实，让研究者和公众更直观地认识历史。最后，伴随着大数据时代的到来，档案编研的对象从数字档案中的"数字"向数据档案中的"数据"转变[16]，强调利用大数据技术对数据进行存储、管理和分析，涉及更广泛的数据源和数据类型，以发现更广阔的研究领域和研究问题。

1.3 档案编研手段：从"手工"到"智能"

传统的档案编研工作主要依赖于人工操作，需要档案员手动进行档案资料的整理、分类、检索和组织，存在工作量大、效率低下、容易出错等问题，信息技术的快速发展使得越来越多的智能工具和软件应用于档案编研。其一，信息采集和整理由手工转向智能化。传统的档案采集和整理工作需要消耗大量的人力和时间，而智能化的信息采集工具，如光学字符识别技术可以将纸质档案快速准确地转换为数字形式，提高整理效率。同时，智能化的分类和索引系统，可以根据文档内容自动归类、检索和提取关键信息，减轻人力操作负担。其次，档案的研究分析也由手工转向智能化。过去档案编研的研究和分析主要依赖于人工的筛选和梳理，现在大数据和人工智能技术的应用使得研究和分析工作更加高效准确，凭借智能化的数据挖掘和分析工具，可以减少人为因素的干扰，提高编研的准确性。最后，档案编研过程中智能化软件和工具的应用也使得各方协作更加便利。传统的档案编研工作在多人合作方面存在着信息传递和沟通的困难，而智能化的协同工具和平台，如云端存储和协作软件，使得更多人可以同时参与档案的编辑、讨论和共享，大大提高团队的协作效率。

1.4 档案编研成品：从"平面"到"立体"

数智时代档案编研成品经历了从传统纸质文献汇编到数字化多媒体展示，再到网络出版物形式的演进，该过程使档案成品更具多样性、访问性和互动性，满足不同用户的需求，促进档案资料的广泛利用和传播。传统档案编研成品主要以纸质形式展示，包括年鉴、名录、全宗、大事记、组织沿革和档案馆指南等，表现为实体的纸质书籍或文献集，展示效果平面化。随着三维建模、虚拟现实和增强现实技术的进步，档案编研成品迎来新生，载体形式丰富多样，数字化成品利用数字技术将多种媒体信息交织融合，形成图文声像并茂的新组合，增强立体化效果。一方面，表现为电子产品形式，如独立存储于光盘的电子介质、多媒体技术制作的音像制品等，体积小，容量大，便于携带。另一方面，表现为网络出版物形式。档案成品直接在互联网上发布，时间获取和空间访问不再受限。既可以减少生产环节，降低编研成本，缩短出版周期，又能够满足网络用户需求喜好，加速档案信息传播，例如档案目录数据库、档案全文数据库以及专门的档案网站等。

1.5 档案编研成果传播：从"单向"到"双向"

由于科学技术的发展和通信手段的改变，档案编研成果在传播效果和传播速度上取得质的飞跃。传统档案编研成果的传播主要依赖于纸质出版物和线下宣传，存在着时空范围的限制和信息传递的滞后。如今在信息技术的助推下，档案编研成果的传播实现从单向传递向双向互动的转变，更具及时性、互动性和多样性。第一，数字化平台重塑档案编研成果的传播方式，实现全球范围内的即时传播，用户可以凭借搜索引擎、学术平台和在线数据库等途径快速获取和分享编研成果。第二，社交媒体的兴起促使档案编研成果的迅速传播。借助在线社区和学术论坛，学者可以通过发布研究摘要、学术观点和论文链接等方式快速传播自己的成果，并与关注者进行实时互动和讨论，促进知识的分享和碰撞，加速档案编研成果的传播和利用。第三，数字技术的应用使得档案编研成果的可视化和互动性更强。利用数据可视化工具，档案编研成果可以图表、虚拟实境、地理信息系统等形式展示，增强成果的可视化效果，丰富成果的呈现方式，加深成果的传播效果，也使得公众更容易理解和参与到档案编研工作中。

2 数智时代档案编研工作的保障机制

推动档案编研工作与新技术新要求同频共振和深度融合，应秉持平衡观，注重各资源态别空间内档案主体、对象和技术等要素一致性的观念[17]，希冀实现多元主体协同、归集共享资源、数智技术支撑和全媒体赋能，促使数智时代档案编研工作更高效、更协同、更专业，充分发挥档案资源的价值，推动档案事业的发展。

2.1 多元主体协同打通编研流程，满足用户需求

传统档案编研是基于档案馆馆藏资源寻找档案素材，经海量查寻、甄别遴选、考证辨伪、编排校对，最终形成编研成果。因编研资源有限，导致其成果针对性、准确性和及时性大打折扣。新兴信息技术广泛应用的新时代为我们提供了多元主体协同的编研新模式，即"中央厨房"生产编研模式或大众互动式编研模式。首先，应建立协同工作机制，设立跨部门档案编研协调机构，确保各相关部门协同合作。档案管理机构、研究机构、文化遗产保护机构、图书馆等可以形成合作网络，共同参与档案编研项目，通过共享资源、信息和专业知识打通编研流程。不同机构可以共同策划档案数字化项目，共享数字化工具和技术，以及共同制定编研标准和指南，从而提高档案编研的效率和质量。如吉林省档案馆先后与吉林省图书馆、吉林大学东北亚研究院、韩国东北亚历史财团签署《战略合作协议》并开展共同研究[18]。其次，档案馆可以与专家学者合作。档案编研工作涉及多个学科领域，例如历史学、考古学、社会学、艺术史等，跨学科合作可以使不同领域的专家共同参与档案编研，提供各自独特视角，深层剖析隐性知识，揭示事物本质属性，以增加对档案材料的深层次理解和多方面分析，进而提高档案编研成果的可读性、可用性和知识性。例如江西省莲花县统筹社会公共资源，整合全县热衷档案工作和本地历史文化研究的学者专家、各类人才 10 余名，组建档案编研队伍，发挥个人专长，撰写相关文稿，为推出优秀档案编研成果奠定基础[19]。最后，档案馆可以与社会公众合作。社会服务是档案编研永恒的主题，公众的参与可以使编研成果更加具有针对性，能够实现以用户需求为导向和以馆藏资源为基石的两相结合的档案信息资源开发[20]，满足不同用户的信息需求，体现"以人为本"的服务理念，进而解决供需矛盾，实现精准服务，发挥档案的价值意义。

2.2 归集共享资源扩大收集范围，提高编研效率

档案编研工作需要广泛收集各个机构、组织和个人所拥有的档案资源，与不同机构和个人的合作，可以实现档案资源的互通共享，这种合作共享包括建立联合档案编研项目、共享数据库和档案目录等。共享资源可以促使档案编研工作扩大收集范围，获取更多档案材料，丰富档案编研成果。一方面，要加快数字化步伐，提质扩面。将纸质档案转化为数字格式，便于共享和检索；另一方面，应梳理完善已有数据资源，归集上传，建立统一的档案资源标准和规范，确保不同来源的档案信息有效整合和利用。其一，实施跨机构数据整合，对不同机构提供的档案数据进行整合、清理和标准化，保证数据的一致性和可比性，打破馆室馆际信息壁垒，高效整合档案资源，提高档案利用效率。其二，建设公共档案资源数据库，集中存储各个机构和个人提供的档案数据和电子文件，研究者和公众可以借助高效的数据上传、搜索和下载功能，促进档案资源的广泛获取和使用，实现档案编研选材从内部挖掘到全社会存取。例如：成都市档案馆积极深挖本馆红色档案资源，借助全市电子档案在线管理平台，构建红色档案编研专题数据库，以保障编研项目信息资源的可靠性和准确性，实现编研项目信息共享、高效检索、深度开发和广泛利用[21]。其三，建立档案编研成果共享平台。将编研成果数据归集到档案数据共享中心平台，联接全国档案查询利用服务平台，推进档案公共服务体系化、均等化和便捷化。

2.3 数智技术支撑优化编研方式，丰富编研成品

数智技术可以帮助编研人员高效处理和分析档案数据，实现海量档案信息资源的深度挖掘、分析、研究和传播。一方面，数据挖掘技术可以从庞大的档案数据中发现隐藏的模式、关联和趋势，帮助研究人员提炼有价值的信息，深挖档案背后的故事和意义。同时，数智技术还可以提供可视化和交互性的工具，助力研究人员更好地理解和解释档案数据，优化编研方式。另一方面，人工智能的应用正在改变档案编研工作方式。例如，文本挖掘和语义分析可以实现对档案文本的自动化分类、关键词提取和主题分析，减轻研究人员工作负担；机器学习技术可以用于自动化的档案整理和数字化过程，提高编研的效率和准确性；图像识别技术使得扫描或摄影的文档和照片更容易进行数字化处理，可以用于恢复或增强老照片的质量以及提取文档中的手写文字。数智技术支持下的档案编研工作不再局限于传统的纸质文献形式，而

是拥抱数字化技术、多媒体技术和增强现实技术，改变成品呈现形式。数字化技术可以使档案以电子形式存储、展示和传播，实现远程访问、共享和利用。图文音视频是当前信息呈现的主流形式，档案编研工作要灵活利用多媒体技术观赏性强、信息量大、可读性高、传播范围广和速度快等优点，深化编研成品，强化展示效果，提高受众认知。例如嘉兴市档案局以改革开放的历史档案为素材，与主流媒体合作推出"让档案说话"新媒体系列栏目，运用 H5、动画、影音等多媒体手段，呈现嘉兴市的旧貌新颜[22]。增强现实技术可以将数字化的档案内容与现实场景相结合，以视觉化和沉浸式的方式呈现给大众，使编研成品更具多样性和互动性，提供更好的用户体验。

2.4 全媒体赋能改变传播形式，传播档案文化

全媒体时代为档案编研成果的传播提供了更广阔的机遇。多样化的传播形式、社交媒体平台的利用、开放数据和开放访问、网络协作与众包传播、数据分析和评估等策略的应用，可以实现档案价值的传递和档案文化的传播。首先，全媒体时代数字化和多媒体技术的应用使档案编研成果的传播形式变得更加多样化，可以通过电子书、短视频、在线博客和虚拟展览等形式进行传播，提供更生动、互动和多维的呈现方式，从而吸引更广泛的受众。其次，应充分利用各种社交媒体平台，如微博、微信、抖音、知乎等，将档案编研成果推送给更广泛的受众。通过发表摘要、亮点或引人入胜的故事，吸引受众的关注，引起点击、评论和分享，提高档案编研成果的影响力和传播力。开放数据和开放访问是全媒体时代档案编研成果传播的重要方式之一。档案编研机构和研究者可以将档案数据和研究成果以开放数据的形式发布在互联网上，供所有人免费访问和使用，扩大受众范围，促进知识分享，提高档案编研成果的可用性和可访问性。再次，网络协作和众包传播是全媒体时代档案编研成果传播的新趋势。在互联网上的协作平台，人们可以共同创作和评议档案编研成果，促进智慧融合和知识共享，激发创新思维和互动交流，扩大编研成果传播的参与度。最后，全媒体时代强调数据分析和评估的重要性，有利于推动档案编研成果的双向传播。可以通过分析用户的互动和反馈数据，了解受众对档案编研成果的兴趣、需求和反应，以便优化传播策略，改进呈现方式，吸引更多人了解、参与和分享档案编研成果，促进档案文化的发展和传承。例如"上虞特藏"系列编研作品，通过多方协同、资源积累、社会参与、专家把脉和数智加持，编写《上虞特藏故事》，拍摄档案故事专题片，获得群众一致好评[23]。

3 结语

新时代档案编研工作的发展与创新是一个复杂而多元的过程，其核心动力在于数智技术的发展和应用。只有不断积极探索、创新与合作，才能推动档案编研工作迈上新高度，更好地满足社会发展与知识需求，为人类文明的传承与发展做出新贡献。

本文系广西研究生教育创新计划项目"数智时代档案开发利用创新研究"（YCSW2024289）的阶段性研究成果。

注释及参考文献

[1] 中办国办印发《"十四五"全国档案事业发展规划》[N]. 中国档案报，2021-06-09(要闻).

[2] 李青 . 浅析档案编研与档案文化建设 [J]. 档案与建设 ,2013(S1):39-40.

[3] 罗军 , 朱莉 . 档案编研工作参与城市文化建设的实现路径 [J]. 档案学通讯 ,2017(6):49-52.

[4] 杨韫 , 陈鑫 , 吴芳 , 等 . 在青少年心中播下档案的种子——"档案伴我成长系列丛书"编写工作的实践与思考 [J]. 档案与建设 ,2019(6):43-46,70.

[5] 李成凤 . 网络环境下档案编研工作的思考 [J]. 档案与建设 ,2016(11):79-80,86.

[6] 吉星昇 . 对综合档案馆档案编研工作"编"多"研"少的新认识 [J]. 档案与建设 ,2017(7):24-26.

[7] 留晞 . 推进档案编研工作的实践与思考 [J]. 浙江档案 ,2021(1):53-55.

[8] 彭插三 . 档案编研信息化及管理体系构建 [J]. 档案学研究 ,2017(S2):27-32.

[9] 方乐莺 . 档案文化编研产品的全民共享——以新媒体为平台的档案文化产品展示新路径 [J]. 兰台世界 ,2020(7):97-100.

[10] 牛力 , 曾静怡 . 数字编研：一种全新的档案业务模式 [J]. 中国档案 ,2022(1):70-71.

[11]Lajos Kormendy. Changes in archives'philosophy and functions at the turn of the 20th /21st centuries[J].Archival Science,2007(7):167-177.

[12]Yvon Lemay, Marie-Pierre Boucher. L'émotion ou la face cachée de l'archive[J]. Archives,2015(2):39-52.

[13]Jennifer Novia. Library, Archival and Museum (LAM) Collaboration: Driving Forces and

Recent Trends[J].The Journal of the New Members Round Table,2012(1):1-10.

[14] 黄夏基，梁艳 . 信息时代档案编研的"恒"与"变"[J]. 档案学通讯 ,2016(4):39-44.

[15] 钱毅 . 技术变迁环境下档案对象管理空间演化初探[J]. 档案学通讯 ,2018(2):10-14.

[16] 祁天娇，王强，郭德洪 . 面向知识赋能的档案数据化编研：新逻辑及其实现 [J]. 档案学通讯 ,2022(1):45-52.

[17] 钱毅 . 基于 U 型曲线重新审视档案信息化工作 [J]. 档案与建设 ,2023(4):4-8.

[18] 刘岩 . 优势互补合作共赢——吉林省档案馆与吉林省社会科学院达成合作研究协议 [J]. 兰台内外 ,2019(9):1.

[19] 国家档案局中央档案馆 . 江西莲花"三融合"模式构建档案编研工作新格局 [EB/OL].[2023-10-12].https://daj.fuzhou.gov.cn/zz/daxw/yjdt/202303/t20230322_4556979.htm.

[20] 陈忠海，常大伟 . 档案馆在档案信息资源开发中的主体地位质疑——兼论用户在档案信息资源开发中的主体地位 [J]. 档案管理 ,2015(2):4-7.

[21] 国家档案局中央档案馆 . 成都市档案馆建立红色档案编研专题数据库 [EB/OL].[2023-10-12].https://www.saac.gov.cn/daj/xwdt/202112/a47b29da4b394d03868efe573b459f09.shtml.

[22] 符慧芳，慈波 . 档案编研工作转型发展路径探析 [J]. 浙江档案 ,2019(3):60-61.

[23] 朱宝生，倪佳丽 . 新时代上虞档案编研开发的实践与思考——以"上虞特藏"系列编研作品为例 [J]. 浙江档案 ,2022(10):21-23.

档案资政服务的时效性策略浅析

韩峰

黑龙江省档案馆

摘要： 由于档案资政服务路径过于陈旧、固化，影响目标问题的解决，我们亟须探索提高其时效性的方法。首先，要找准档案与现实的链接点，挖掘不同时代档案资料中的层级关系。其次，选取地区发展急需解决的问题、社会热点问题、重大事件等，突出问题导向，建言献策也是提高资政服务时效性的策略。再次，寻找新的国民增长点、着眼于贯彻执行上级文件，以发挥历史档案的镜像作用，进而增强时效性。此外，建立档案资政服务良性机制，同时加入其他设施、设备及技术手段，建立资政服务网络和智慧化档案资政服务系统，从技术层面提高时效性。

关键词： 档案资政服务；时效性；策略

0 引言

档案资政服务是以档案馆为主体，配有其他机构共同参与的咨询服务过程，其目的是为党政机关等部门提供公共决策参考，以预防决策偏差或失灵，提高公共决策的民主性、科学性和时效性，为健全国家治理体系、提升治理能力赋能。

档案资政服务的核心资源是馆藏档案，这种资源属性决定了档案资政服务路径具有陈旧、固化的特点，咨询材料与目标问题呈现两层皮。近年来，我们加入其他设施、设备及技术手段，捕捉实时、动态的信息资源，以提升服务资源的广泛性和流动性，进而增强了档案资政服务的时效性。本文就提升档案资政服务时效性的一些现实策略进行分析，对相关学者的研究起到抛砖引玉的作用。

1 找准档案与现实的链接点，挖掘不同时代档案资料中的层级关系

历史档案因其保存时代久远，且具有原始记录性、不可再生性特点，成为档案部门相较于其他部门提供资政服务的重要特色资源，利用好馆藏历史档案是档案资政服务工作义不容辞的责任。但是，由于历史档案形成年代早，其与现实的关联性较为隐晦，不易迅速找准链接入口，只能就史论史，降低了档案资政服务的时效性，这就需要报告撰写人员拥有更多专业知识和业务积累，保持对历史档案资料与现实社会需求的高度敏感。此外，对档案馆而言，提供就事论事的单一层面的资料，而把卷帙浩繁的馆藏资源束之高阁，这种资政服务方式并不能充分利用档案馆自身优势，不能明显区分于其他部门提供的资政服务模式。我们可以充分利用馆藏资源，根据目标需求寻找跨越不同年代的更广阔时间维度的材料资源，充分分析与目标需求相关的不同年代不同材料所述策略的相关性和差异性，进而为党政机关的公共决策找到最优解。

1.1 从历史上与目标事件相同的历次事件中获取相关经验

从历史档案中寻找不同年代里与目标事件相同的历次事件，并进行比较分析，进而获取经验，这种方法是追寻档案与现实链接点最基本的方法。如：湖南省于 2021 年召开第十二次党代会之际编报了《中共湖南历代党代会基本情况及经验启示》[1]，又于 2023 年湖南省两会召开前夕编报《湖南省人民代表大会历届一次会议基本情况与经验启示》《政协湖南省委员会历届一次会议基本情况及经验启示》[2]，为会议的组织、召开、决策提供参考。这种与目标需求相同的一连串事件的链接点找寻方式适合应对重要会议、重大活动的策划，以确保资政服务的针对性和时效性。

1.2 在一定时期一定地域内选取多个事件从中获取经验

将同一时期同一地域的多个事件作为档案资政服务参考材料，这种链接方法具有丰富、全面、针对性强、时效性高的特点，有利于决策制定者在资料充分的前提下开拓新角度、提出新思考、形成新观点。如：湖南省《新中国成立以来产生重要影响的湖南经验》[3]一文，从海量馆藏档案中发掘出湖南人民在党中央和湖南省委的领导下，在多个领域取得丰硕成果的宝贵经验，介绍了"解决住房问题的'三三一'经验""大寨式先进典型'毛田经验'"

等九个方面的经验。[4]这种聚焦某一时期某一地域的多个事件类型的链接方式需要编研工作者具有开阔的视野，拥有善于联想的发散型思维方式，以做到言之有物、言之有序、言之有理。这种链接方式适用于提出某一地区具体问题的解决方案，其时效性与地域性相融合。

1.3 从某一地域某种事物的演变过程中获取经验

针对某一地域具体的某种事物，可以通过搜寻相关档案，聚焦其不同时期的演变历程，根据其沿革特点，以提出推动该事物现今发展策略。如辽宁省本溪市围绕地区特色资源，先后编写了《本溪农业新品种演变》《清末以来我市耕地面积变化概述》[5]等，为相关部门规划地区经济发展起到参考作用。这种从某种事物演变过程寻求连接的链接方式适用于拥有特色资源的区域，在发展中搜寻策略，于演变中突出时效。

2 突出问题导向，以建言献策为突破口挖掘档案资源

解决现实问题是突出档案资政服务时效性的重要体现。始终把服务中心大局作为档案资政服务的出发点和落脚点，跳出传统思维定式，将档案资料围绕决策问题有序铺开，站在大档案高度，根据具体问题需要，一手挖掘档案，一手展开调研。

2.1 选取地区发展急需解决的问题

地区当下发展问题最具有时效性特征，做好这一类资政选题及时弥补了档案资政服务时效性差的缺点，这就要求全面挖掘馆藏档案，同时做好档案征集工作，丰富相关素材，从档案视角审视问题、总结经验、提出对策建议。[6]如：湖南省档案馆编报《"江华奇迹"是如何创造的——偏远山区的"五好"园区涅槃之路》[7]一文，选取永州市江华瑶族自治县"五好"园区作为典型样本，总结江华工业园区建设经验；辽宁省档案馆为加强辽宁省金矿资源勘查开发工作以实现经济发展问题编发《辽东半岛金矿调查报告》，详述庄河、普兰店等地30处金矿分布及地质构造[8]，为进一步开发金矿资源提供参考。

2.2 选取社会关注热点

坚持以人民为中心，关注百姓急难愁盼问题，下大力气挖掘群众关注度

高、需求强烈的问题，用心用情做好档案资政服务工作。这类题目自带时效，且极具挖掘价值，既需要研究馆藏，又需要深入百姓生活，充分做好调研工作。如：辽宁省本溪市档案馆编写的《关于开辟本溪中药材市场与解决下岗职工再就业问题的建议》《关于建立拉动东北中药材市场的龙头企业，重振本溪第三制药厂的建议》《关于构筑本溪天然植物园的建议》[9] 等，从下岗职工再就业需求、人民群众对于天然植物园的需求等问题出发，结合档案资源与调研结果，研究问题解决机制，同时带动地区经济发展。

2.3 以应对重大事件为契机

重大事件是指全球范围内最新发生的引起广泛关注的事件，包括资源短缺、经济危机、疫情、战争等重大难题，具有极高的时效性。以此为契机，及时从馆藏档案资源中寻找问题解决的突破口，为决策部门提供参考。如：湖南省岳阳市档案馆编写的《17 年前岳阳抗击非典回顾与启示——对我市当前疫情防控的一点思考》[10] 调研报告，以疫情需求为导向，开发利用"非典"防疫档案资源，从公共决策需求出发，提供精准度高和知识化程度高的服务产品。[11] 此类资政服务主要面向时政中急需解决问题而又缺少经验和借鉴的情况，决策正在酝酿中，决策者又犹豫不定，难以决策。此类服务也适用于某些重要决策需要提供事实、数据依据等现实情况。这就需要报告撰写者时刻保持对时政的高度关注，并能够从错综复杂的现实需求中迅速找准服务切入点，快速组织编研力量撰写报告并提供服务。[12]

3 发挥档案的镜像作用

历史是现实的一面镜子，只要善于发现，我们就可以从尘封的历史档案中窥探到现实的影子，为现实问题出谋划策。习近平总书记在论述档案工作的资政价值时指出，治理国家和社会，今天遇到的很多事情都可以在历史上找到影子，历史上发生过的很多事情也都可以作为今天的镜鉴。[13]

3.1 寻找新的国民经济增长点

伴随国民经济稳步提升，人民群众从单纯的物质追求过渡到对文化产品的精神享受，文化旅游作为一股新兴经济迅速占领市场，发展为新的国民经济增长点，成为第三产业中最具活力、发展最快的产业之一。档案资料的文化资源属性，与文化旅游具有不可分割的联系，抓住这一重要增长期，既能满足人民群众对于文化产品的渴望，又能促进国民经济增长。如：辽宁省档案馆根据辽宁省温泉旅游资源丰富的特点，围绕辽宁省政府确定的"打造中国温泉旅游第一大省"的目标，从馆藏档案中选取省内25处温泉资源的调查材料，整理、编译《日伪时期辽宁地区温泉调查》[14]，为相关部门进一步发掘温泉旅游资源，了解25处温泉的具体信息提供参考。此类资政材料走在地区经济发展前沿，拥有向前看的视野和谋略，极具时效性。写好此类资政报告的关键是紧跟国民经济发展走势，细致梳理馆藏相关资料，并配合实地调研，广泛征集材料，挖掘馆藏资料与资源建设同步进行。

3.2 着眼于对上级文件的贯彻执行

档案资政服务是档案编研的高级形式，其直接目的是为公共决策部门提供参考材料。与此同时，帮助地区党政机关更好地贯彻执行上级决策也是档案资政服务的重要职责。例如：2011年中央一号文件《关于加快水利改革发展的决定》下发后，辽宁省委、省政府高度重视，并印发了贯彻实施意见。辽宁省档案馆及时查阅馆藏档案，详细梳理涉及辽宁省主要河流、水文、水灾、水利设施等情况，先后编译《日伪时期辽河水文状况调查》《辽河流域防洪护岸工程修建记事》《辽河干流沿岸文化旅游资源档案文摘》《大凌河防洪护岸工程修建记事》《历史上辽河水系的治理》[15]等资政材料，为省委、省政府贯彻执行中央政策部署提供借鉴。此类资政材料从上级文件出发，将需要本地区实施部署的具体策略作为咨询目标，时效性强，需要极强的政策执行力及对馆藏档案的细致了解和精准把握。

4 建立良性机制，完善信息化配套设备，通过提供增值服务增强时效性

档案资政服务除利用馆藏既有档案资源，还需要实时捕捉、整合外部信息，以更好地提高服务资源的时效性和针对性。这就需要加入其他设备、设施及技术手段，配以专业技术人才，并与其他机构协调合作。

4.1 建立档案资政服务良性机制

档案资政服务关涉公众决策的可行性与完善性，如何更好地让档案资源参与公共决策过程，需要探索制定出具体的服务机制。建立中央与地方各级国家档案馆之间纵向层级式联动关系，及跨省域与跨市、区的国家档案馆之间的横向多元协调关系。[16]其次，建立与其他机构协作共赢的合作机制，增加资政服务主体，以降低服务成本。也可以加入拥有数据资源的民营机构，采取政府购买服务的合作机制。

4.2 通过建立资政服务网络和智慧化档案资政服务系统提供增值服务

从"授人以鱼"到"授人以渔"，通过数字技术对海量信息数据进行智能处理，进而帮助公共决策机构充实其决策过程赖以实现的信息资源储备与知识转化技术方法体系[17]，以更好地提高服务资源的时效性和针对性。这就需要加入其他设备、设施及技术手段，配以专业技术人才。

自 2020 年以来，国家档案局、中共中央办公厅和国务院办公厅分别发布了《重大活动和突发事件档案管理办法》《关于加强重特大事件档案工作的通知》两个国家级制度政策文件。以此为契机，全国重特大事件档案数据库应运而生，共分三个层次，分别是中央档案馆承担的国家数据总库、相关责任部门承担的专门数据库和省市县承担的地区级数据库。[18]同年，四川省成都市档案馆推行档案资政服务参考专刊周报制度，编辑《成都市疫情防控工作实录》特色资政专刊。[19]此后，档案机构的着力点开始由传统的过程性规范管理转向突发性开发利用的全过程管理，呈现出"从事后走向事前"的档案数据治理逻辑，在应对重特大事件时，档案工作必须全程介入应对准备、应急处置及总结评估等全过程。[20]以此为发端，根据具体服务内容建立涵盖各个主题的档案资政数据库，利用语义构建不同资源之间的关系，形成资政服务网络，进而建立智慧化档案资政服务系统。

注释及参考文献

[1][2][3][4][6][7][8][10]沈岳.“档案库”变“思想库”扎实开展湖南档案资政参考工作[J]. 中国档案,2024(3):28-29.

[5][9]孙诚，赵喜红.档案资政如何可能——以辽宁本溪市为例[J]. 中国档案,2010(3):18-19.

[11] 归吉官，田晓青. 档案资政服务样态及路径优化 [J]. 档案管理，2023（3）：66-70.

[12] 姚景灿，吕梅. 如何撰写档案资政报告 [J]. 中国档案，2014(7):52-53.

[13] 封盛龙. 存史与资政: 中国共产党领导下的档案工作职能研究 [D]. 长春: 吉林大学，2020:23.

[14][15][16] 石路，冯贤杰. 档案资政：服务决策的重要方式 [J]. 中国档案，2012(4): 28-29.

[17][20] 归吉官，李卓南. DBO 理论下的档案资政服务机制研究 [J]. 档案管理，2024(1):43-53.

[18] 蔡盈芳. 科学推进重特大事件档案数据库建设：《关于加强重特大事件档案工作的通知》解读之四 [J]. 中国档案，2023(4):14-15.

[19] 徐拥军，嘎拉森. 中国特色新型档案智库：类型、特点与建设路径 [J]. 档案学刊，2022(1):1-6，25.

数智时代档案资源开发全生命周期安全策略初探

杨璐铭

黑龙江省大庆油田档案馆

摘要：大数据和人工智能为档案资源的开发带来了新的机遇和挑战，档案资源开发的安全问题逐步上升为档案管理工作最为关键的一环。因此，本文将分析大数据和人工智能背景下，档案资源开发面临的风险点，对现有安全策略进行分析，并结合大数据和人工智能技术，提出新的安全策略，以期为相关实践提供有益的参考。

关键词：大数据；人工智能；档案资源开发；安全策略

0 引言

在大数据和人工智能的背景下，档案资源的开发利用不再是简单的文献查阅和信息传递，而是涉及数据挖掘、知识发现、智能推荐等多方面的复杂过程。然而，随着档案资源开发利用的深入，安全问题也日益凸显。2021 年《"十四五"全国档案事业发展规划》明确提出要着力"提升档案数字资源安全管理能力"[1]，并从基础设施设备、软硬件系统、安全保密防护、网络监测预警与应急处置、数字资源备份等方面对数字档案资源安全提出了具体要求。[2] 在确保档案资源安全的前提下，如何有效地进行开发利用，成为一个亟待解决的问题。

1 大数据与人工智能在档案资源开发中的应用

随着时代的发展和技术的进步，档案资源的形态逐渐实现了从实体向数据的演变，极大地增强了档案资源开发利用的便捷性，加速了档案资源从分散利用向共享集成利用和跨时空利用的变革过程，拓展了档案资源价值的发

挥空间 [3]。近年，随着大数据和人工智能技术的不断发展，其在档案资源开发中的应用也日益广泛。这些技术的应用不仅改变了档案资源的处理和利用方式，更在数据挖掘、知识发现和智能化服务等方面发挥了巨大作用。

1.1 数据挖掘与档案资源开发

传统的档案资源开发主要依赖人工分类、整理和编目，这种方式效率低下且容易出错。而大数据技术的应用，使得我们可以利用数据挖掘技术对海量的档案数据进行自动化的分类、聚类和关联规则分析，从而快速地发现数据中的潜在价值。例如，上海市档案馆综合运用人工智能、知识图谱等技术，打造"跟着档案观上海"数字人文平台，将建筑、历史事件以及身处其中的人有机融合，为了解城市文脉与历史记忆提供档案数据支撑。通过对档案数据的挖掘，可以发现不同档案之间的关联关系，进而构建知识图谱或知识网络，为用户提供更加智能化的服务。

1.2 人工智能在档案分类、检索和推荐中的应用

传统的档案分类主要依赖于人工分类和关键词检索，这种方式无法满足用户对快速、准确检索的需求。而人工智能技术的应用，使得我们可以利用机器学习算法对档案数据进行自动分类和标注，提高检索的准确性和效率。例如，国网江苏电力利用人工智能技术开发了第一代智能档案机器人。机器人工作精准度达到 0.1 毫米，最高识别速度 500 件 / 秒，比人工快 200 倍以上，提高了档案查阅和盘库工作的效率。同时，通过自然语言处理技术，可以实现对档案内容的自动摘要和关键词提取，进一步提高了检索的准确率。此外，人工智能技术还可以应用于档案资源的个性化推荐。通过对用户行为数据的挖掘和分析，可以了解用户的需求和兴趣，进而为其推荐相关的档案资源。

2 档案资源开发中的安全风险及现有安全策略分析

2.1 档案资源开发中的安全风险

2.1.1 数据隐私泄露风险

档案资源中往往包含大量个人隐私信息，如个人信息、健康记录等。在开发过程中，如果缺乏有效的隐私保护措施，这些敏感信息可能会被非法获

取和使用，导致个人隐私泄露。这不仅侵犯了个人权益，还可能引发社会信任危机。

2.1.2 网络安全威胁

随着网络技术的不断发展，网络安全威胁也日益严重。黑客攻击、恶意软件入侵等网络威胁可能会对档案资源开发造成严重危害，如数据篡改、数据丢失等。此外，网络钓鱼等手段也可能导致敏感信息的泄露。

2.1.3 数据误用与伦理风险

在档案资源开发过程中，档案可能在存储、传输和处理过程中被篡改或损坏，导致信息失真或丢失。如果缺乏对数据的准确理解和合理利用，可能会导致数据误用。例如，基于不准确数据的决策可能导致错误的决策和行动。此外，在某些情况下，对档案资源的开发利用可能引发道德伦理争议，如侵犯知识产权、损害民族文化尊严等，对大数据时代的"数字利维坦"现象时刻保持戒备。

2.1.4 法律法规与合规性问题

档案资源的开发利用需要遵守一系列法律法规和政策规定。例如，涉及个人隐私的信息处理需要符合相关隐私法律法规的要求；涉及知识产权的信息利用需要遵守知识产权法律法规的规定；涉及敏感信息、组织内部决策、商业机密、技术参数、国家机密等，这些信息如果泄露可能会对组织或国家造成负面影响。

2.1.5 档案原件损坏风险

受到档案原件数字化覆盖率和数字化准确率的客观因素制约，在档案资源开发过程中，频繁使用档案原件，会缩短原件的使用寿命，存在损坏和丢失的风险。一些利用人员甚至为了减轻处理负担，直接在档案原件上进行标记，这些都可能给档案原件带来一定的危险。[4]

2.2 现有档案资源开发安全策略分析

2.2.1 加密技术与数据保护

加密技术是保护档案数据安全的重要手段。通过采用对称加密或非对称加密算法，对档案数据进行加密处理，以确保档案数据在传输和存储过程中机密性和完整性。此外，数据备份和恢复策略也是确保数据安全的重要措施，可以防止数据丢失或损坏。

2.2.2 访问控制与权限管理

访问控制和权限管理是防止未经授权的访问和数据泄露的关键措施。通过设定严格的访问控制策略，对不同用户设定不同的访问权限，确保只有经过授权的用户才能访问相关档案数据。同时，对数据的操作也需要进行权限控制，防止非法修改或删除数据。

2.2.3 审计与监控机制

建立有效的审计和监控机制，对档案资源的开发利用过程进行全面的记录和监控。通过审计日志的分析，可以及时发现异常行为和潜在的安全风险，为及时处置和防范提供依据。同时，监控机制还可以实时监测系统的运行状态和数据的流动情况，确保系统的正常运行和数据的合法流动。

2.2.4 风险评估与安全管理措施

进行全面的风险评估是制定有效的安全策略的前提。通过识别和分析档案资源开发中的各种安全风险，确定风险的等级和影响范围，为制定相应的安全措施提供依据。同时，制定完善的安全管理措施，包括安全培训、安全漏洞扫描和修复等，提高整个系统的安全性和可靠性。建立风险应急预案，针对可能出现的档案损坏或丢失情况，制定相应的应急处理方案，以尽快恢复档案的完整性。

2.2.5 加强档案安全教育和宣传

加强档案管理人员的培训和教育，确保他们了解档案的重要性，以及如何妥善保管和正确处理档案。提高档案资源开发人员对档案保护的意识，减少人为因素对档案原件的损坏或丢失风险。在正确认识档案资源保密安全与开放利用之间关系与妥善处理保密安全与开放利用之间矛盾的基础上，通过理论辅导、技术指导以及案例警示等方式，不断强化档案工作者保密意识与保密素养。[5]

现有的档案资源开发安全策略主要从以上方面入手，构建一个多层次、全方位的安全防护体系。然而，随着技术的不断发展和安全威胁的不断演变，现有的安全策略仍需不断更新和完善，以应对日益复杂的安全挑战。

3 基于大数据和人工智能的档案资源开发全生命周期安全模型架构及安全策略设计

如图1所示，在基于大数据和人工智能的档案资源开发中，PADIMEE模型架构通过整合关键要素，为档案部门提供了一个档案资源开发全生命周期的安全框架，有助于确保档案资源的机密性、完整性和可用性。

3.1 PADIMEE 安全模型架构

基于大数据和人工智能的档案资源开发全生命周期 PADIMEE 安全模型架构主要包括以下几个部分：

（1）策略制定（Policy）：这是整个安全模型的核心，它规定了组织在档案资源开发方面的总体安全目标和原则。它确定了数据分类、访问控制和其他关键安全措施。

（2）安全评估（Assessment）：这部分涉及对档案资源的安全性进行全面评估。这包括数据泄露风险评估、系统脆弱性评估以及威胁情报分析等。

（3）方案设计（Design）：在明确了安全策略和评估结果后，设计阶段主要关注如何将这些安全要求和标准整合到档案资源开发过程中。这涉及数据存储、处理和访问流程的设计，以及相应的安全控制措施。

（4）方案实施（Implementation）：在这个阶段，档案部门会根据设计阶段的计划来实施安全措施。这包括安装和配置安全设备、开发安全数据管理系统、实施访问控制等。

（5）运行管理（Management）：主要关注对档案资源开发过程的持续监控和维护。这包括审计、日志分析、应急响应、定期的安全复查等。

（6）紧急响应（Emergency Response）：在出现安全事件或事故时，紧急响应机制会迅速启动，以减轻潜在的损害并恢复正常的档案资源开发工作。

（7）安全教育（Education）：这一部分涉及提供培训和指导，确保所有员工都了解和理解他们在档案资源开发中的安全责任。

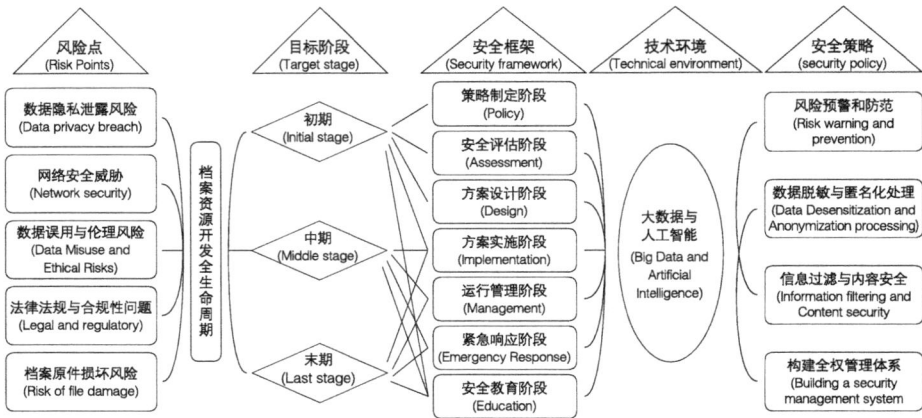

图 1　档案资源开发全生命周期 PADIMEE 安全模型

3.2 基于大数据和人工智能的档案资源开发安全策略设计

在大数据和人工智能的背景下，档案资源开发的安全策略设计需要充分考虑这两大技术的特点和应用，以实现更高效、智能的安全防护。同时，还需要不断更新和完善安全策略，以应对不断变化的安全威胁和技术挑战。

3.2.1 利用人工智能进行安全风险预警和防范（Risk warning and prevention）

人工智能技术可以对海量的档案数据进行实时监控和分析，及时发现异常行为和潜在的安全风险。通过构建智能化的安全预警系统，可以实现对异常数据的自动识别、分类和报警，为安全管理人员提供及时、准确的预警信息。同时，利用人工智能技术还可以进行攻击源的智能识别和防御，有效防范网络攻击和数据泄露等安全风险。

3.2.2 数据脱敏与匿名化处理（Data Desensitization and Anonymization processing）

在档案资源开发过程中，需要对敏感数据进行脱敏和匿名化处理，以保护个人隐私和敏感信息的安全。通过数据脱敏技术，可以去除或掩盖敏感数据中的个人信息和其他关键信息，确保数据的安全性。同时，利用匿名化技术，可以将个人信息和其他敏感数据进行匿名处理，使得数据在发布和使用过程中无法被追溯到个人身份，进一步保护个人隐私和数据安全。

3.2.3 基于深度学习的信息过滤与内容安全（Information filtering and Content security）

深度学习技术可以用于信息过滤和内容安全，确保档案资源中的信息合法、合规和安全。通过构建基于深度学习的过滤模型，可以实现对不良信息和违规内容的自动识别和过滤，防止敏感信息的传播和滥用。同时，深度学习技术还可以用于文本挖掘和分析，对档案内容进行智能化的分类、摘要和关键词提取，提高档案资源的可读性和安全性。

3.2.4 构建全面的安全管理体系（Building a security management system）

基于大数据和人工智能的档案资源开发安全策略需要构建一个全面的安全管理体系，包括组织管理、制度建设和人员培训等方面。组织管理方面需要建立专门的安全管理机构或团队，负责制定和执行安全策略、监控安全风险和处置安全事件。制度建设方面需要制定完善的安全管理制度和规范，明确各级人员的安全职责和操作规程。人员培训方面需要加强安全意识教育和技能培训，提高人员的安全意识和应对能力。

4 结论

在大数据和人工智能背景下，档案资源开发安全的重要性不容忽视。基于大数据和人工智能的档案资源开发安全策略必将成为未来档案管理工作的重要方向。必须采取有效措施，确保档案资源的安全开发利用。

注释及参考文献

[1] 中办国办印发《"十四五"全国档案事业发展规划》[J]. 中国档案 ,2021(6):18-23.

[2][5] 倪代川 , 薛玥 . 数字档案资源生态安全体系论纲 [J]. 山西档案 ,2022(3):58-67.

[3] 杨文 , 王强 . 数字时代国有企业档案资源开发利用的内在机理与实践路径 [J]. 档案学研究 ,2022(3):76-83.

[4] 吴娇 . 档案资源开发利用工作中的安全保障问题研究 [J]. 卷宗 ,2019(30):50.

浅析"以档资政"的实践与思考

——以黑龙江省安达市为例

张艳丹

安达市档案馆

摘要：随着社会的不断发展，档案工作的重要性越发凸显。档案资政服务不仅有助于满足人民群众的知情权需求，助力政府优化治理体系，提高政府服务效率，还能为社会经济持续健康发展提供有力保障。近年来，安达市档案及史志部门将资政的探索付诸实践，努力把"档案库"转变为"思想库"，本文结合具体实例，从以下三个方面进行探索和思考。

关键词：档案资政服务；实践探索；档案馆

0 引言

在这个瞬息万变的时代，档案作为珍贵的史料，已成为政府决策的重要参考依据。通过档案资政服务，我们可以更好地了解历史，传承文化，预测未来，为现代国家治理提供智慧和经验。近些年，各地、各行业的档案信息化建设、档案数字化建设进程日益加快，档案资源得到了整合共享，资政服务更加高效、便捷。当然，档案资政服务仍然存在一些问题。经过多年的实践，安达市史志档案部门更加注重档案资源、数字化、开发利用和宣传教育等方面的建设，为我市的加快发展做出贡献。

1 档案资政服务的概念与意义

档案资政服务是指利用档案资源，为政府决策、社会管理和公共服务提供依据和支持。它不仅是一项重要的政治任务，也是档案部门的重要职责。

张斌[1]教授指出，把档案馆建成"思想库"具有很强的现实意义。档案资政已成为档案服务能力的核心组成。

1.1 档案资政服务对于维护国家安全和稳定具有重要意义

档案部门收集、整理和保管着丰富的民族文化遗产、历史文物、重要会议材料等，这些都是国家宝贵的财富。在当前风云变幻的国际形势下，档案资源的凭证价值和情报价值是档案存在的重要意义。通过研究档案，可以为国家的政治、经济、文化和社会稳定提供有力支持。

1.2 档案资政服务对于提高政府服务水平具有重要意义

政府服务水平的高低，直接关系到人民群众的生活质量和满意度。档案部门通过收集、整理、保护和利用档案资料，为政府决策、执行和监督提供科学依据，促进政府职能的转变，提高了政府工作效率。正如牛力[2]等人认为，"档案信息资源的开发对于政府部门行政效率的提高以及决策的科学化等方面具有重要意义"。

1.3 档案资政服务对于推动历史传承与研究具有重要意义

档案是民族文化的重要载体，也是国家文化传承的重要资源。一方面通过对档案的整理、研究和保护，可以更好地传承和发扬中华民族优秀传统文化，增强人民的文化自信。档案资政服务还可以促进国际文化交流，让中国文化在世界范围内传播开来。一方面通过深挖掘档案资源，提供可靠的史实依据，可以促进学术研究，推动历史学、政治学、社会学等学科的发展，为社会提供有价值的参考依据。另一方面档案资政服务还可以促进文化产业的发展，推动文化创意产业的繁荣，为经济发展注入新的动力。

2 档案资政服务的实践与探索

2.1 优化档案资源体系建设，夯实档案资政服务基础

优化档案资源建设是提升档案服务能力的根本保障。安达市档案馆一直在寻求优化之道。张斌[3]教授对于转型期的档案部门提出了"优化馆藏和完善研究方法"的参考性意见，提出要把档案部门建设成为领导的智囊机构作

为目标,为新形势下资政服务指明方向。

2.1.1 推进档案资源的数字化转型

随着科技的飞速发展,档案数字化转型已成为时代的必然需求,也是提高档案的管理效率、利用效率及安全性的重要途径。安达市委、市政府对档案数字化工作高度重视,成立了档案信息化建设领导小组和推进专班,进行任务分解,按阶段形成时间表和路线图推进。截至 2024 年 4 月,我市已完成馆藏应数字化档案任务的 67%。数字化档案将为安达经济建设和社会发展提供有力支持。

2.1.2 加强档案资源的征集与整理

档案资源是历史的见证,是民族的瑰宝。安达档案馆一是主动深入居民家中征集珍贵照片资料,规范化填写捐赠档案交接文据,并对捐赠者颁发荣誉证书。其中将一张 50 年代"黑龙江省第一届人民体育代表大会安达县体育运动员合影"及时接收进馆,避免了珍贵资料的流失。二是加大专项档案接收力度,共接收农村土地确权、脱贫攻坚、疫情防控等专项档案 103430 件,照片 3660 张。三是逐份对文件进行鉴定,合理确定保管期限,组件后的档案类目更加科学清晰,为提供利用打下扎实基础。

2.1.3 加大档案资源的开放力度

安达市档案馆认真贯彻实施《国家档案馆档案开放办法》,着力提升馆藏档案开放率,有效提高档案开放审核力度,丰富档案信息供给内容。2023年依法向社会开放馆藏档案目录 402 条,此批开放档案为馆藏民国时期部分档案,形成时间为 1914 年至 1928 年,主要内容涉及民国时期政府各类政务往来文件。对开展历史研究和科学决策具有重要的参考价值。

2.1.4 提升档案法治宣传水平

档案,作为珍藏一个国家、一个社会、一个民族历史和文化的重要载体,其安全性、完整性和可靠性至关重要。近年来,安达档案部门积极探索,以"6·9 国际档案日"为契机,先后开展了以"档案话百年""喜迎二十大·档案颂辉煌""奋进新征程,兰台谱新篇"为主题的国际档案日宣传活动,通过设立宣传站点、悬挂宣传条幅、发放宣传单和宣传袋、利用市中心区域电子屏、商户 LED 显示屏播放宣传片和宣传标语等形式,向群众讲解"依法治档"的重要性,营造了"档案工作与每个人都息息相关"的社会氛围。近三年,发放宣传资料 1700 余份,现场解答群众咨询 150 余次。档案法治宣传活动深入人心,为保障档案的完整与安全、确保国家历史文化的传承与繁荣筑牢坚实根基。

2.2 加强档案资源开发利用，提高档案资政服务水平

档案编研是对档案内容的深度开发，也是资政的首要参考。牛力[4] 等人指出，编研要有针对性、时效性，要具有战略意义。近年来，安达史志档案部门不断强化服务意识，深挖馆藏资源，编研成果极具地域特点和参考价值，资政服务亮点纷呈。

2.2.1 强化"宣传"意识，创编《安达方志信息》

立足于弘扬丰厚壮阔的安达历史文化，从独特的视角助推牛城超越发展、跨越发展，我市方志部门深挖馆藏，创办了《安达方志信息》。开设了工作动态、建言献策、历史回声、安达第一、轶事钩沉、图说安达、历史维度、历史名人等 10 余个专栏，已编印 20 期，登载各类信息 167 条，约 3.8 万字。其中有 5 条信息被中国龙志网、黑龙江省在线修志网、《黑龙江方志信息》刊载。

2.2.2 强化"参谋"意识，创办《领导决策参考》

我市方志部门创编了《领导决策参考》，切实为市委、市政府当好"千里眼"和"顺风耳"。《领导决策参考》既涉及党的思想、组织、作风建设和干部队伍建设的内容，又涉及国家行政体制改革、转变政府工作职能方面的内容；既涉及全面深化经济体制改革的内容，又涉及民生和社会发展的内容；既涉及重大社会管理的内容，又涉及生态环保方面的内容。为市委、市政府领导及时掌握上情，准确把握和处理下情提供了强有力的决策参考。共编发《领导决策参考》13 期，约 8.5 万字。已成为我市重要部门领导案头的"参考书"。

2.2.3 强化"特色"意识，创编《安达历史文化三字歌》

立足于开发一部具有安达特色的地情丛书，立足于为市委市政府推进经济和社会事业发展提供一部决策参考书，立足于全面展示和宣传安达丰厚壮阔的历史文化，安达方志部门编写了极具特色的《安达历史文化三字歌》。此书正文以三字经的形式来表述，以资源概貌、历史演变、地域文化、优秀人物、行业发展、社会风俗、极端气象、方言俗语、乡镇风采、重要企业为基本篇目，全面涵盖了安达的自然、历史、人物、经济、民生和社会事业等综合内容。此书一经发放，就引起了社会各界的一致好评。

2.2.4 强化"保护"意识，创编《安达市省级非遗项目辑录》

安达建制百年，积淀了厚重的历史文化，也孕育了亟待保护和传承的一批非物质文化遗产。我市方志部门先后对吴似江的"满族小调"，孙秀英的"剪纸、刺绣"，蒙德英的"古籍修复"，满树田的"描金柜"等省级非遗项目的源起、发展过程、传承谱系、方法流程、主要成就、濒危状况进行了深

入挖掘，搜集了大量珍贵的纸质、口述和图片资料，经过5个轮回的精雕细刻，反复研磨，编辑了《安达遗韵》一书，总计3万余字，照片246张。

2.2.5 强化"教化"意识，编印《安达历史知识252问》

档案是教育的资源，通过档案我们可以向公众普及历史知识，增强民族自豪感和认同感。本着通俗易懂、简明扼要的原则，翻阅大量档案资料及文献，把人们迫切希望了解和掌握的安达历史抽出来，以一问一答的形式编写成题，编印成书，提供给领导、发放到学校、社区，从而在更大的范围让群众了解安达历史，掌握安达的发展脉络，增强文化自信。

2.2.6 强化"精品"意识，编纂史志鉴系列书籍

通过读史，可以为我们提供宝贵的借鉴和启示。安达史志工作者潜心研究，精益求精，旨在打造出经得起历史检验的精品佳作。2019年，150万字的《安达市志》（1985—2005）出版问世；已连续出版7部《安达年鉴》，并面向全市122家单位发放，成为领导决策的重要参考依据。《中共安达市组织史资料》（第七卷）的编纂工作也在稳步推进。

2.3 推进档案资源开放共享，提升档案资政服务功能

2.3.1 提供档案资料，助力文化宣传事业

安达档案部门围绕市委、市政府中心工作，挖掘整理出不同历史时期、各种文化主题的馆藏档案，助力我市文化事业健康发展。比如一是旅游部门设计旅游发展规划，查阅档案资料后整理出5000多字；二是市政府部署开展新一轮地名普查时，30多个部门确定档案信息100多条；三是火车站区域历史文化街区建设项目可行性研究查阅了大量历史档案；四是开展寒地黑土文化记忆主题活动，查阅了相关档案资料；五是央视《魅力中国城》节目录播，安达市通过查找档案资料，提供了本地历史名人、安达传说、民俗民情等内容，约5万字；六是查阅档案史料，为城区街道命名提出了思路；七是按照市委、市政府关于建立太平庄知青博物馆的分工要求，深入挖掘安达知青文化，多部门联动，查阅馆藏档案300余件，梳理出有用信息近10万字，初步形成了《安达知青历史概要》文字稿。

2.3.2 提供档案素材，打造历史文化展墙

展墙是长期宣传安达、展示历史的好窗口。我市档案部门整理出400余幅有代表性的历史图片和近3万字的文字说明，先后打造了人民活动中心，新兴、安虹、东城街道和烈士陵园5处独具特色的历史文化展墙供市民参观学习，受到了广大市民的一致赞誉。

3 几点思考

笔者结合工作实际，分析思考后发现，档案部门在做好资政服务基础工作的同时，对下述问题还有待加强。

3.1 制定档案资政服务规划

秉承以人民为中心的发展思想，紧紧围绕本市政治、经济、文化和社会发展的重大问题，建立健全服务机制，制定清晰的服务规划，规划的目标应明确、具体，能够为档案资政服务提供方向和指引。李玲玲 [5] 提出做好档案规划，提高档案资政服务的预见性和指向性的建议，为资政服务精准赋能。

3.2 提高档案资政服务意识

档案工作不仅是记录历史、传承文化的重要手段，更是服务于国家治理现代化、助力经济社会发展的重要力量。何彬彬 [6] 认为，基层档案馆对于档案资政服务重要性的认识和主动服务意识不强，不利于实现档案价值。档案部门必须转变观念，高度认识，将自己视为国家治理体系中不可或缺的一部分。

3.3 加快馆藏资源的摸底清源

档案工作者应充分熟悉、了解馆藏档案的数量、内容、存址，熟悉每一个全宗和全宗之间的有机联系，对馆藏资源做到心中有数，手到擒来。可以在档案的整理、鉴定和保管等日常工作中加强熟悉档案，也可以有目的性地主动翻阅查找一些档案。只有对"家底"了如指掌，才能及时、准确、有效地提供资政服务。

3.4 加强决策部门的信息需求分析

档案工作者要加强学习，及时掌握国家的大政方针和社会的发展状况，了解政府机构使用档案的目的，研究对档案需求的规律、共性问题。吕红苹 [7] 提出档案部门应该从挖掘信息需求等三个方面进行研究。档案工作者只有在工作中反复锤炼摸索，总结经验，才能更好地发挥档案资政的作用。

注释及参考文献

[1][3] 许岩.以资政理念提升档案服务能力——访中国人民大学信息资源管理学院副院长张斌 [J]. 中国档案 ,2012(4):30–31.

[2][4] 牛力,王钰涵.面向政府的档案信息资源开发利用研究综述 [J]. 档案学研究,2016(2):60–66.

[5] 李玲玲.新《档案法》背景下档案工作资政服务能力探析 [J]. 黑龙江档案,2023(5):16–18.

[6] 何彬彬.论档案资政服务的现实作用、存在问题及优化路径 [J]. 兰台世界,2024(2):75–78.

[7] 吕红苹.档案机构档案资政服务模式研究 [J]. 档案天地,2023(1):58–62,46.

地方特色档案建设及开发路径研究

——以汨罗江档案建设与开发为例

余友安　汪慧文　刘庆莉

岳阳市档案馆

摘要：地方特色档案的建设与开发对于提升档案管理水平，保护地方文化、服务经济发展、满足社会需求以及增强地方认同感和凝聚力等方面，都具有重要意义。本文以汨罗江档案建设与开发为例，分析了地方特色档案建设的必要性，提炼总结了汨罗江档案建设开发过程中突出的四个价值、把握的四个原则、探索的四条路径，创造性地提出了地方特色档案建设开发的"四借"路径模型，以期为地方特色档案建设与开发提供经验借鉴。

关键词：地方特色档案；汨罗江档案；建设开发路径

地方特色档案是指记录和反映某一地区历史、文化、经济、社会等方面状况的档案资料，不仅记录着历史变迁、经济前行、社会发展，还承载着思想光芒与文化底蕴，是地方文化传承发展的重要载体。建设与开发地方特色档案，深入挖掘其独特价值和潜在优势，对于弘扬地方文化、增强文化自信具有重大与深远的意义[1]。

岳阳滨洞庭、临长江，江湖交汇、通江达海，"水"情是岳阳最大特色。岳阳市档案馆坚持以习近平总书记关于档案工作重要批示为指导，立足汨罗江流域特色，深挖地方传统文化，联合平江县、岳阳县、湘阴县、汨罗市、屈原管理区档案馆等开展汨罗江档案建设。历时2年，归集纸质档案资料5000多件，电子档案260G，建设汨罗江档案文献专题数据库，建立汨罗江档案专档，布陈"汨罗江流域非遗档案展"等展览，开展"忧乐精神"等课题研究，编纂《中国有条汨罗江》书籍，全方位推进汨罗江档案保护、传承与开发，探索了地方特色档案建设开发路径，积累了经验，提供了示范。

1 汨罗江档案特性及建设开发必要性

地方特色档案既具有档案的一般属性，又具有档案的特殊属性，如独特性、多样性、分散性和动态性等。汨罗江因屈原闻名于世，是一条历史、文化和思想之江，被余光中誉为"蓝墨水的上游"，其流域的档案资料也具有着特殊价值。汨罗江档案建设与开发，可以全面留存汨罗江流域历史、文化、经济、社会、生态等各类档案，实现档案资源的共享利用，永久留存和充分展示汨罗江悠久历史、璀璨文化、独特风情，对推动文化创新、促进文化交流，传承地方特色文化都具有重要意义。

1.1 内容上具有独特性

地方特色档案反映了特定地区的独特历史、文化、社会和经济状况，具有该地区独特的文化标识和历史记忆。汨罗江因屈原而闻名于世，成为端午习俗发源地，也成为中国文化和历史上的一处重要地标。汨罗江也是文化名人和历史伟人的摇篮，从诗祖屈原、诗圣杜甫、诗宗黄庭坚"一江三圣"，到近代的左宗棠、郭嵩焘……现代的任弼时、傅秋涛……再到当代的韩少功、熊育群等，形成了独具特色的汨罗江人文现象。这些富有地方特色的历史文化、民风民俗、人文风情等，会聚成了汨罗江流域独一无二、源远流长的文化特征与特质，使得汨罗江档案具有高度的独特性与不可替代性。

1.2 形式上具有多样性

地方特色档案涵盖一个地区历史、文化、经济、社会发展的各方面档案资料，内容、形式和载体丰富多样[2]，是该地方文献资料的有机构成和有益补充。汨罗江档案记载了汨罗江及其流域发展情况，内容丰富多样，涵括了汨罗江发展变迁、历史沿革、革命历史、生态环境、经济发展、文化遗存、宗族姓氏、文学艺术、风俗习惯、民间文艺、方言、宗教、教育、科技等各领域各方面档案资料。形式上，以档案为主，还包括珍贵的古籍、族谱、文物、资料等多种形式辅助资料。载体上，除纸质档案资料外，实物、录音、录像、照片、光盘等各种载体形式的档案更引人注目。

1.3 保管上具有分散性

地方特色档案丰富多样，档案资料的形成、保管主体各不相同，分散保存在不同部门、机构、个人手中，具有散逸、损毁、消失的自然和人为风险。汨罗江档案就处于自然分散的状态。地域方面，分散保存在平江县、岳阳县、汨罗市、湘阴县、屈原管理区辖区内。形成、保管主体方面，各类别档案的来源、去向各不相同[3]，如历史资料、红色文化档案等散存于档案馆、纪念馆，古迹遗址、民俗文化等档案存放于旅游、文化部门，生态环境、河流治理等档案存放在水文、水务部门等。甚至同一类别档案，也可能有多个形成、保管主体。如非遗档案，据调查，73% 由各县市区档案馆、文化馆（非遗中心）、传承人等保管，27% 由研究院所、群艺馆、企业等保管。此外，还有些地方特色档案散存于民间，分布地点都不甚明确。

1.4 发展上具有动态性

地方社会的变迁和发展是不断更新和完善的[4]，新档案资料时刻在产生，地方特色档案的收集不仅要发掘过去，还要延伸未来。从古至今，汨罗江的生态、环境、水质等方面都在持续变化，使得相关档案资料需要不断更新和补充，例如因气候变化和人类活动影响，汨罗江的水位、流量、水质等水文指标都在不断变化，这些变化都需即时记录补充到档案中。汨罗江流域的社会经济文化也在不断发展，如流域内的考古发掘、经济发展、人口分布、文化传承等方面都在接连更新。这些档案都要动态追踪，及时收集归档。

2 汨罗江档案建设与开发实践探索

2.1 突出四个价值，挖掘文化底蕴

作为独具特色的地方档案，汨罗江档案具有历史凭证、文化研究、旅游开发[5]、教育传承等多重价值，需要在建设与开发过程中，深入挖掘其丰富的文化内涵，充分发挥其"存史、资政、育人"作用。

2.1.1 历史凭证价值

档案是人类活动的记录和载体，也是真实的历史记录。漫漫历史长河中形成的汨罗江档案资料，记载了汨罗江流域有人类活动以来的社会发展、人文思想、民风民俗等各方面状况，是研究汨罗江流域历史进程、经济发展、社会变革等最真实的历史凭证。汨罗江档案建设面向汨罗江流域各有关部门开展广泛档案收集，不仅收集了考古发掘、史志研究、经济发展、社会变革等档案资料，还征集了 1500 多册族谱、300 多册地方作家作品等资料，为研

究汨罗江流域宗族源流和历史发展研究积累了丰厚的原始素材。在档案开发利用过程中，依托档案资料，对汨罗江流域古代史、发展史、革命史等进行深入研究，理清汨罗江流域远古以来直到近现代的发展历程，填补了汨罗江流域历史研究的系列空白。

2.1.2 文化研究价值

"缘水而居，不耕不稼"，作为自然重要组成部分的水，从古至今一直影响着人类活动，与人类文化有着必然渊源。汨罗江边的430处古遗址、7处古城址、75处古窑址、257处古墓葬、75处古窑址等历史遗迹，是研究汨罗江文化历史起源、文化发展的重要依据。历代文人骚客留下的辞赋诗篇，江畔115项非遗文化，口耳相传的民间歌谣、谚语、故事等民间文艺，都是汨罗江畔宝贵的文化遗产。汨罗江档案建设与开发，全面归集这些档案资料，整理出版《中国有条汨罗江》《历代吟诵屈原诗词歌赋选编》《汨罗江流域民间信仰》等书籍，可以充分挖掘文化内涵，推进汨罗江流域文化传承和创新转化，以文化之力铸发展之魂。

2.1.3 旅游开发价值

水，是旅游业的重要资源，既有自然属性，又有文化属性，具备崇拜景仰、人文景观、风俗时尚、文体游乐等多类旅游功能。汨罗江流域既有幕阜山、福寿山等风景秀丽的生态景观，也有屈子祠、杜甫墓等历史厚重的人文景观，还有平江起义纪念馆、任弼时故居、陈毅安故居等一批红色纪念地。旅游资源开发离不开对档案资源的利用。汨罗江档案建设与开发，一方面，为进一步开发现有旅游资源、串联旅游景点、打造旅游品牌提供了丰富的档案资源，给山水自然资源赋予了文化属性；另一方面，围绕纪念屈原逝世2300周年、任弼时诞辰120周年等系列重大活动，可以主动资政襄政，编纂书籍，举办展览，助推当地旅游产业发展，为地方经济发展注入强大活力。

2.1.4 教育传承价值

本土历史文化与人们的日常生活、价值观念和行为习惯密切相关，因此更具传承性、包容性与亲和力。汨罗江档案真实、生动地记录了汨罗江流域的革命史、改革开放史，是进行爱国、爱乡教育最具感染力和说服力的原始材料。汨罗江档案建设与开发，通过举办"岳阳记忆""档案记录红色历史""非遗档案处展览"等一系列展览，生动展示汨罗江畔优美风景、璀璨文化、革命故事和奋斗历程，致力培养岳阳市民爱国爱乡意识以及民族自尊心、荣誉感。积极开展"忧乐文化"等课题研究、举办"汨罗历史文化"讲座，为宣传与传承汨罗江流域孕育形成的求索精神、爱国精神、骆驼精神和平江起义革命精神等岳阳精神贡献档案力量。

2.2 把握四个原则，确保工作成效

汨罗江档案的价值发挥最大化，需要对汨罗江档案资源进行广泛地收集以及深入地挖掘、开发和利用。这就要求在汨罗江档案建设与开发中把握以下四个原则：

2.2.1 全面与系统原则

汨罗江档案建设与开发过程中，岳阳市档案馆注重全面收集整理汨罗江流域政治、经济、文化、社会各个方面的纸质、声像、实物、科技等档案，确保档案内容丰富、形式多样、载体齐全。针对汨罗江档案的分散性，在收集过程中将收集触角延伸到各部门、各机构、开发区、风景区、乡镇、村和个人，力求将分散的档案收集起来，科学整理，集中保管，建立专档。突出汨罗江档案的系统性，进行统筹谋划、系统开发，先后推出书籍编研、档案展览、研究文章等一系列成果，形成系统开发的品牌效应。

2.2.2 抢救与保护原则

档案建设过程，也就是一个档案资料抢救与保护的过程。在汨罗江档案建设与开发过程中，岳阳市档案馆注重档案资料的抢救保护，对散存于民间的民俗文化档案资料及时收集与整理归档；对出现损毁现象的字画、史志、宗谱、文献著作等珍贵档案及时进行抢救保护；因历史原因，档案已经遗失或损坏的，多方查找收集相关的佐证资料，如地方史志、文史资料、研究文章、族谱、地方作家作品等辅助性档案资料，确保汨罗江档案得到完全完整保存。

2.2.3 合作与共享原则

汨罗江档案建设不是一个孤立的过程，而是需要各方共同合作和努力的。汨罗江档案建设与开发过程中，岳阳市档案馆注重整合汨罗江流域各县市区、各部门、各机构力量，并借助高校、地方专家学者的研究能力，汇集了丰富的资源和信息，提高了档案建设的质量和效率，对汨罗江档案进行全面收集和系统开发。以岳阳市档案馆为主，建立起汨罗江档案文献专题库和目录数据库，便于检索和使用，实现档案资源共建共享。

2.2.4 动态与可持续原则

社会是不断发展的，档案也是持续增加的，汨罗江档案建设不是短期工作，而是长期的系统工作。在建设与开发过程中，岳阳市档案馆密切关注汨罗江流域的生态环境、社会经济、考古发掘、科学研究等方面的变化，

开展罗江溯源、现场征集、跟踪归集等活动，将最新档案内容、研究成果及时收集、整理，并应用于编研开发。适应信息化发展要求，利用数字化技术简便收集程序，制定收集与开发方案，确保汨罗江档案建设与开发工作可持续开展。

2.3 探索四条路径，多措并举推进

在汨罗江档案建设与开发过程中，岳阳市档案馆积极争取党委政府重视，联合县市区档案部门，广泛借助社会力量，实施项目化运作，以编研促收集，着力打造档案品牌。如图1所示。

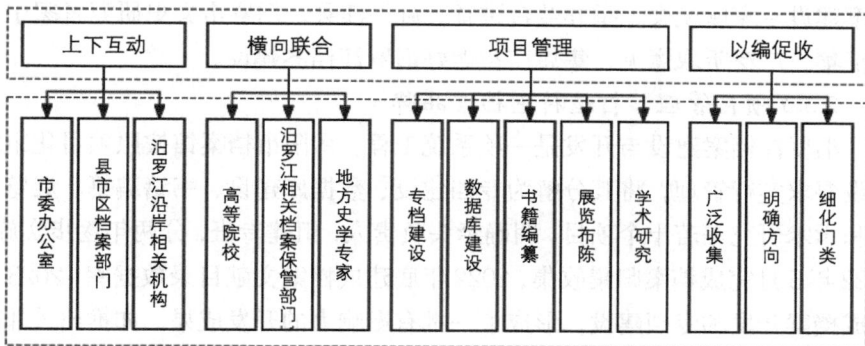

图 1　岳阳市档案馆档案品牌建设路径图

2.3.1 上下互动，形成市县联动机制

汨罗江档案建设启动之初，岳阳市档案馆积极向市委主要领导汇报争取支持，成立了以市委常委、市委秘书长为组长的岳阳市委办公室汨罗江档案建设领导小组，并以市委办名义下发通知，明确岳阳市档案馆及沿江5县市区档案馆的工作任务，要求沿江各县市区委办公室协调配合，为汨罗江档案建设提供必要的工作、经费支持，同时要求市直有关部门也积极配合支持。通知下发后，岳阳县、平江县、屈原管理区委办公室等先后召开汨罗江档案建设工作会，并发文细化分工，明确时间节点，要求各相关县直单位、开发区、风景区、企业、乡镇在规定时间内向档案馆报送档案资料。作为档案收集的主体，岳阳市档案馆坚持每月一调度，各市县区档案馆积极开展现场督导和收集指导。在市县党委办有力推动，市县档案馆联动推进下，汨罗江档案收集工作顺利推进，按计划完成。

2.3.2 横向联合，增强开发主体力量

汨罗江档案建设工作任务重，难度大，岳阳市档案馆广泛发动社会力量，共同开展档案建设与开发。一是与高等院校合作。岳阳市档案馆与湖南理工学院共建科研与实践教学基地，共同开展罗江溯源和汨罗江流域语言文化研究。湖南理工学院中文系学生每年有 30—40 名学生到我馆开展为期 2 个月的实习，积极参与汨罗江档案资料收集、整理、书籍编纂等工作。二是与市直单位合作。岳阳市档案馆与岳阳市水文局、市文广新局、市党史研究室、任弼时纪念馆等汨罗江生态档案、非遗档案、红色档案保管单位深度合作，共享档案信息资源，联合开发汨罗江档案资源。三是与地方史专家学者合作。邀请潘刚强、陈砚发等一批本土文史作家、学者为顾问，召开汨罗江档案建设专家座谈会，举办兰台讲堂，赴平江县、汨罗市文史研究者家中现场征集，广泛听取意见，集思广益做好汨罗江档案建设。

2.3.3 项目管理，打造特色档案品牌

汨罗江档案建设与开发是一项系统工程，岳阳市档案馆按照项目化组织建设要求实行管理，将其分解为专档建设、数据库建设、书籍编纂、展览布陈和学术研究等若干个项目，明确牵头负责人，组建专班，分两年逐步实施：2022 年 5 月完成档案归集收集，2022 年底建成档案文献目录数据库，2023 年完成档案开发和专档建设，形成了一批有影响力的开发成果。如推出《非遗流韵 蓝墨增辉——汨罗江"非遗"档案》展览，以档案为媒，以汨罗江流域为界，精心展出 20 个最具代表性的非遗项目，充分展现汨罗江流域"非遗"文化的鲜明特色与艺术魅力。2024 年重点开展《中国有条汨罗江——汨罗江档案记忆》编纂，分"铜色之江""蓝色之江""绿色之江""红色之江""金色之江"五个部分，全面展示汨罗江流域历史、文化、经济、社会成果，致力打造继《洞庭湖 200 档案》之后的又一地方特色档案成果。在推进中严格项目化管理，明确各项目的目标任务、工作进度、完成时限等，并将推进情况纳入市档案馆党员干部积分管理和项目化管理，奖优罚劣。

2.3.4 以编促收，丰富馆藏档案资源

汨罗江档案内容丰富，门类繁多，虽然确定了全面收集应收尽收原则，但在具体收集中缺乏指导性、针对性。岳阳市档案馆根据《中国有条汨罗江》书刊编纂思路，在赴平江县、汨罗市深入调研基础上，制定档案资料收集方案，细化收集内容，明确收集档案资料范围和类型，确定了档案收藏者和地域范围，为汨罗江档案收集指明了方向，理清了思路。平江县、汨罗市等县市区档案馆根据收集方案进行了细致的任务分解，开展了针对性收集指导，

确保收集工作高效开展。在广泛收集基础上，岳阳市档案馆根据编研工作需要，针对性开展非遗档案、族谱、地方文史资料、地方作家作品等档案资料征集，定期举办捐赠活动，不断丰富档案内容。如根据"汨罗江流域非遗档案展览"需要，进一步面向文化机构、非遗传承人等开展非遗档案征集，特别是对市级、县级非遗补充征集，丰富完善了馆藏非遗档案。

3 地方特色档案建设与开发路径思考和启示

实践出真知，实践长才干。汨罗江档案建设与开发探索，不仅为汨罗江流域档案建设注入了强劲动力，而且为地方特色档案建设提供了有益借鉴。但其中也面临一些问题及难点，如档案收集存在空缺、档案建设工作影响不够广泛、档案建设形式较为局限等。加强地方特色档案资源开发，加快构建协调开发机制势在必行。因此，有必要构建地方特色档案建设与开发"四借"路径，以此推进地方特色档案建设的主体协同与过程协同[6]，最终实现目标协同。如图2所示。

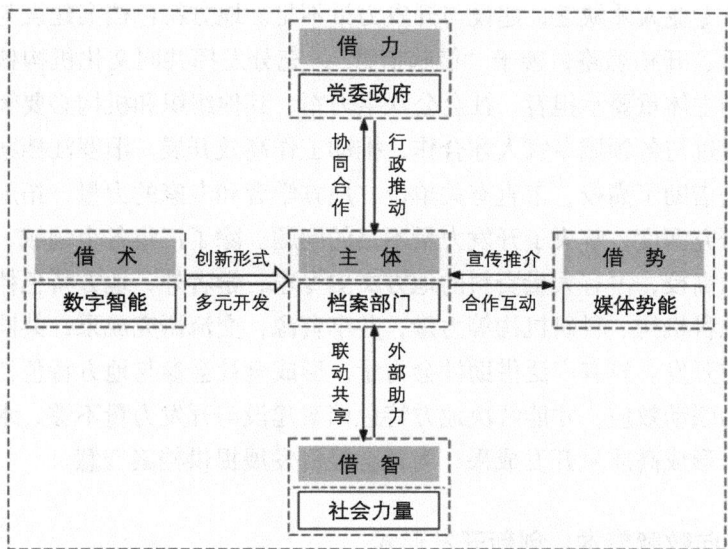

图2 地方特色档案建设与开发"四借"路径图

3.1 向党政借力，实现协同合作

党委政府作为社会管理的核心机构，可以为地方特色档案建设与开发提供必要的行政推动力。地方政府既不是大包大揽的"管家"角色，也是自由放任的"守夜人"角色，而是介于二者之间承担制度设计和提出远景目标的元治理角色。与地方特色档案相关的地方党委政府机关，既有档案资源，又有专业人才，是地方特色档案建设与开发必须联合的力量。档案部门作为地方特色档案建设与开发具体任务承担单位，须在地方特色档案建设与开发过程中占据主体地位，其中档案主管部门是地方政府宏观调控的执行者，档案保管机构是业务的践行者，在地方特色档案资源协同开发，二者各有分工和侧重，但都是重要的驱动力和牵引力。汨罗江档案建设与开发，正是以岳阳市及沿江县市区档案馆为主体，在市、县区委办主导下，各相关部门、机构、乡镇共同推进，协同合作完成工作任务。地方特色档案建设与开发必须建立党委政府主导，以档案部门为主体，多部门共同推动的协同合作工作机制，才能为地方特色档案建设提供有力保障，确保工作实效。

3.2 向社会借智，形成联动效应

地方特色档案建设与开发需要各方面技术人才和研究人员。档案馆工作人员少，专业人才缺乏，建设与开发力量不足。地方特色档案建设与开发要解放思想、开拓思路，善于"借脑借智"，充分发挥共同文化机构核心合作者、市场主体重要承担者、社会公众生力军、其他组织和机构必要辅导者的作用，通过与各领域专家人才合作，推动工作高效开展。汨罗江档案建设与开发正是借助了高校、市直有关单位、地方学者和专家的力量，拓展了开发思路和研究深度，解决了开发力量不足的问题。除了汇集各个领域、各个专业学者的高校，占有大量资料的地方文史专家、学者外，地方特色档案还可以借助社科机构、科研机构等力量，共享资源，交流研究成果，共同开展档案研究与开发。只有广泛借助社会力量，形成全社会参与地方特色档案建设与开发的联动效应，才能解决地方特色档案建设与开发力量不够、水平不高的问题，形成高质量开发成果，为社会经济发展提供档案智慧。

3.3 向数智借术，创新开发形式

信息化高速发展，数字技术日新月异。地方特色档案建设与开发如果局限于传统纸质书籍、实体展览等成果形式，无法满足新形势下社会各界

对档案信息的需求。汨罗江档案建设与开发过程中，利用数字技术建立了汨罗江档案文献目录数据库，应用声、光、电技术布陈了专题展览，但是新技术应用不多，成果形式也还不丰富。地方特色档案建设只有借助数字技术，多层次、多形式、多载体地建设和开发地方特色档案资源，才能满足不同层面的需求 [7]。一是通过数字化手段，建立地方特色档案资源数据库，实现资源共建共享。二是推动传统编研成果数字化转化，制作电子书籍，利用 VR、AR、全息投影及可视化等技术布陈展览，全景式、立体式、延伸式展示宣传地方特色档案。三是迎合新媒体时代广大受众的信息获取习惯，制作短视频、微展览，撰写公众号文章，利用各种现代手段，短平快地传播地方特色档案文化。

3.4 向媒体借势，拓宽宣传渠道

地方特色档案要提升认知度和重视程度，必然要拓宽宣传渠道，提升公众知悉率。在新媒体环境下，档案宣传不仅要继续利用报纸、杂志、广播、电视等传统媒体，更要利用数字技术、网络技术、移动技术等现代手段，创建大 V 号，扩大宣传范围，提升档案影响力。汨罗江档案建设与开发过程中，注重借助报纸、电视等主流媒体开展了一定的新闻宣传，在馆网站、公众号上不定时发布了宣传报道，并向档案系列报刊进行了推广。但没有持续开展宣传，单项工作宣传多，缺少整体性宣传，没有形成持续和广泛影响力。地方特色档案建设要扩大影响，必须借助主流媒体、新媒体和文化宣传机构的力量。一是与电视台、广播电台、报纸、杂志等主流媒体建立合作关系，开辟专栏、专题，定期提供新闻素材和故事，形成持续性宣传影响。二是利用微信、抖音、快手、视频号等社交媒体平台，创建官方账号，实时发布相关资讯、图片、视频等内容，与网友互动，增加曝光度和关注度。三是聘请专门的文化宣传机构，签订合作协议，设计吸引人的文案、图像和视频，多种渠道宣传，全方位推介。在此基础上，当地媒体也可利用档案资源这一优势发掘特色，与档案馆形成长效合作互动模式。

地方特色档案的建设与开发对于提升档案管理水平，保护地方文化、服务经济发展、满足社会需求以及增强地方认同感和凝聚力等方面，都具有重要意义。档案部门应积极谋划，争取党委政府支持，向社会借智借脑，多元化开发地方特色档案，并借助媒体力量扩大宣传，推动地方特色档案建设与开发，保护和传承地方文化，助力经济社会发展。

注释及参考文献

[1] 归吉官, 张慧, 岳泽慧. 文化软实力视阈下地方特色档案资源整合与开发 : 作用与路径 [J]. 档案与建设 ,2020(1):34-37,8.

[2] 张小年. 沂蒙地方文化特色档案资源建设研究 [D]. 济南 : 山东大学 ,2020.

[3] 张笑玮, 于元元, 张国民. 地域特色档案资源开发策略研究 [J]. 山西档案, 2022(3):133-141.

[4] 张轩炜. 新郑市地方特色档案开发研究 [D]. 南宁 : 广西民族大学 ,2023.

[5] 卢丹丹, 聂云霞. 数字人文视角下地方特色档案资源开发路径 [J]. 山西档案, 2020(4):29-33.

[6] 归吉官, 潘奕冰. 地方特色档案资源开发机制：一个协同治理的分析框架 [J]. 档案管理 ,2022(3):29-33.

[7] 罗宝勇, 魏珣, 杨文南. 社交媒体视域下地方特色档案资源开发策略研究 [J]. 四川档案 ,2021(4):28-30.

档案赋能工业遗产活化利用路径研究

龚哲

南京城墙保护管理中心南京城墙研究会

摘要：随着我国工业化进程加快，工业遗产活化利用成为城市发展的新课题，存在着研究视角单一、文化属性不强、文化教育功能不足等问题。本文着重分析工业遗产档案价值，结合实际案例和实践经验，提出工业遗产档案赋能工业遗产活化利用路径，以期充分开发档案资源，发挥其存史资政育人的功能，赋能工业遗产活化利用，促进文化经济高质量发展。

关键词：档案；工业遗产；活化利用

1 工业遗产概述

我国工业化进程快，在过去的几十年里经历了迭代升级。工业建筑物初建时大多位于城市非核心区域，但随着城市的生长和发展，原本的非核心区域逐渐成为主城区，出于产业升级、环境保护等目的，工厂向外搬迁，留下厂房建筑和工业设备，形成了"工业遗产"。

2006年，中国首部关于工业遗产保护的宪章性文件《无锡建议》诞生，对经济建设与工业遗产的协调保护具有指导意义。《无锡建议》中对"工业遗产"作出了比较权威和明确的定义："具有历史学、社会学、建筑学和科技、审美价值的工业文化遗存。包括工厂、车间、磨坊、仓库、店铺等工业建筑物，矿山、相关加工冶炼场地，能源生产和传输及使用场所、交通设施、工业生产相关的社会活动场所，相关工业设备，以及工艺流程、数据记录、企业档案等物质和非物质文化遗存。"

我国自21世纪开始逐渐面临后工业时代工业遗产的再开发利用问题。各地结合当地地域发展状况和发展定位对工业遗产进行开发，主要有博物馆、文化创意产业园、城市休闲公园、综合开发等多种模式。将工业遗产作为城市优质的产业与文化资源，融入城市建设，有利于实现工业遗产与新时期城市经济社会发展协调发展。

2 工业遗产档案概述

工业遗产档案是在工业生产活动以及后期的工业遗产调查、保护和开发利用中形成的，包括文书、音频、视频、实物等，其形式不限。

我国高度重视对工业遗产档案的保存和保护。《国家工业遗产管理暂行办法》规定，国家工业遗产所有权人应当建立完备的遗产档案，记录国家工业遗产的核心物项保护、遗存收集、维护修缮、发展利用、资助支持等情况，收藏相关资料并存档。2021 年发布的《"十四五"全国档案事业发展规划》中，国家重点档案与保护开发工程囊括了"工业遗产保护"专题档案开发，标志着工业遗产档案正式成为全国档案部门当前及未来工作重点，引导全国各地档案部门展开相关实践探索。

3 工业遗产档案赋能活化利用的优势分析

3.1 补充多学科研究视角

当前，我国仍处于工业化和后工业化交替阶段，工业遗产相对较少，相关研究不多，视角较为单一，还未形成系统的理论支撑。据相关文献研究显示，国内工业遗产旅游的研究者相对较少，对于工业遗产开发和旅游的研究主要集中在"工业"和"旅游"领域，认识和重视不足，其他相关学科的研究关注度较少[1]。

各类法规和规划都将档案视为工业遗产文化遗存的有机组成部分，因此，档案学也应融入工业遗产活化利用的课题，不仅能在理论方面补充学科知识、增加研究视角，而且在实践中可以以工业遗产档案为纽带，将工业建筑物、加工冶炼场地设施、生产活动、工艺流程等有机串联融合起来，进一步盘活工业遗产。

3.2 增加文化性和归属感

近年来，工业遗产的旅游属性和经济价值逐渐受到重视。工业和信息化部公布了三批国家工业遗产名单，文化和旅游部亦公布了国家工业旅游示范基地名单，工业遗产旅游发展如火如荼，为工业企业转型升级、扩大区域影响提供了新发展路径。但是，相较于旅游经济价值，工业遗产的文化价值属性受到的关注不足，导致了对工业遗产的开发模式较为类似，对各工业遗产特有的社会价值属性和文化价值属性研究、开发和彰显不足。

档案是记录和储存工业遗产遗传信息的载体。解码这些遗传信息，利用多种形式，将其内在的特色文化表达出来、将工业精神弘扬出来，将充分体现工业遗产的文化底色，避免出现"千城一面""千景一面"的情况。提升工业遗产的文化属性，不仅可以促进老城区复兴和区域经济发展，还可以增强当地居民的文化归属感，为广大市民游客获取知识、感受美好生活增添内容。

3.3 彰显遗产的文化教育功能

遗产保护的核心在于价值解说[2]。对工业遗产的评估，目前仍采取以建筑为主体的评价标准，工业遗产保护对象的确定主要依据历史建筑的价值[3]。以改造利用工业建筑作为产业园区为主要的活化利用模式，只能保留其建筑的形体，难以留存其精神的内核，遗产的文化教育功能没有得到发挥。

工业遗产见证了我国工业文明的发展足迹，现在陈旧的设备仪器也曾经承载着富有时代特色的先进技术，更重要的是，工厂和设备烙印着几代人为工业化发展前仆后继的足迹和历程。部分工业遗产已被评为爱国主义教育基地、社会思政课堂，工业遗产也已是广义文化遗产的一部分，应突出文化教育功能，充分开发档案资源，发挥其存史资政育人的功能，展现工艺流程，讲述社会发展故事，传承和弘扬工业精神，描绘中国式现代化图景，让工业遗产从"静态遗产"走向"活态遗产"。

4 档案赋能工业遗产活化利用发展路径初探

4.1 系统整理和数字化保存工业遗产档案

工业遗产档案是保护工业遗产、开发旅游资源的基础，因此要系统整理工业遗产档案，及时接收关停企业档案，加大海内外档案征集力度，夯实遗产档案基础。

然而，工业遗产档案存在资源分散的客观情况。一方面，工业遗产地分布较为分散，如《中国工业遗址保护名录》中的轮船招商局，其主要遗存分布在上海市黄浦区和浦东新区、青岛市市北区、南京市鼓楼区等不同行政区域；另一方面，工业遗产档案储存较为分散，如成立于 1913 年的和记洋行，其档案大多分散于上海市档案馆、南京市档案馆、中国第二历史档案馆和中央档案馆等，还有少部分流失在英国以及中国台湾地区。数字化具有超越时空界限的特性，不仅能让各类档案信息得到更好保存，还能实现更广泛、更便利地传播，令工业遗产档案"活"起来，在数字世界焕发新的生机。

由此，建立数据库、数字化整理和保存工业遗产档案是必要之举。档案数据库的建设，需要明确和统一各环节标准，以便实现数据的整合和分析。在数据库建设过程中，从框架搭建到软硬件平台建设，从数据收集录入文献标引和维护，都必须规范操作。另外，还不断建立健全档案管理机制，使工业遗产的数字化档案体系的建立符合档案管理规定和基本工作需要，维护数据安全，促进信息检索等合理化使用。

4.2 在工业遗产地建设专题展馆

《国家工业遗产管理暂行办法》支持有条件的地区和企业依托国家工业遗产建设工业博物馆，发掘整理各类遗存，完善工业博物馆的收藏、保护、研究、展示和教育功能。

建设专题展馆有利于系统保护工业遗产档案。部分大型工业企业已采取在原址建立博物馆的方式，储存工业遗产档案。如在作为中国式现代化脊梁的钢铁行业中，鞍钢集团、南钢集团等基于工业遗迹建有专题博物馆，以陈列馆、纪念馆等形式记录企业发展历程、展示英模事迹，弘扬其行业发展蕴含的艰苦奋斗、自强不息、敢为人先等多重价值内涵，并以工业旅游区的形式对具有重要价值的厂房、高炉等炼钢设施设备进行系统保护。

建设专题展馆也有利于借助展陈转译、阐释档案内涵，将富有工业文化底蕴的工业遗产档案资源塑造成区域特色文化。在江西景德镇陶溪川园区内的景德镇陶瓷工业遗产博物馆，全国首家具有影响力和示范作用的陶瓷工业遗产专题博物馆，大幅提升了工业园区的文化底蕴。博物馆打捞历史文献档案资料，收集并展示了 391 名陶瓷工人口述史、6.9 万名瓷工"身份档案"，呈现了景德镇陶瓷工业的沧桑变革和灿烂辉煌。展陈语言赋予展品更多深邃的意蕴和内涵，尘封在福尔马林罐子里的劳动合同，被拆解的如同标本切片的自行车、黄包车，无一不是震撼人心的隐喻，留给观众想象和回味的空间。

4.3 策划工业遗产档案类展览

基于工业遗产档案，策划特色展览，是提升社会公众对工业遗产档案的认知度和记忆度的有效措施之一。

上海玻璃博物馆园区，其前身是曾经的上海玻璃仪器一厂。博物馆基本陈列展以玻璃艺术为媒介，探索城市文脉和未来的各种可能；2023 年推出的临展《再见，长江西路 301 号》则扎根工业遗产档案，以上海玻璃仪器一厂前工厂员工和老厂长作为访录对象，结合图文资料和相关老旧物件展示有关城市工业文化的集体记忆。展览未进行单元划分，仅使用大幅色块区分不同受访人的讲述空间，通过六位受访人的口述史影像、受访人的相关旧物、工厂曾经的旧机器组成不同的模块。展厅宽敞明亮，洁白的墙面，彩色的字体，巨大的玻璃窗外树荫浓密，走进展厅的观众可以通过阅读文字、观看视频、端详老物件等多种方式，了解过去的故事，掀开被尘封的岁月。

工业遗产档案类展览不仅能让历史亲历者因展览找到共同的话题和重聚的机会，而且引起当下年轻人的怀旧情感，产生跨时代的话题交流。《再见，长江西路 301 号》展览期间，专业人士从口述史、老龄化问题、上海在地历史、本土方言等不同侧面入手，对该展览和展览所代表的时代背景进行解读阐释。此外，展览结束后，展览内容还可以被重新编辑、整理，固化为博物馆基本陈列的一部分，融入工业遗产地文化旅游项目，还可以借助数字化、新媒体等渠道和介质，实现更加灵活地展示和使用。

4.4 组织研学教育活动

工业遗产包括工业记忆、口传、民俗中的非物质文化遗产，以及工业传承、遗留的精神文明。工业遗产特别是近现代工业遗产，是开展爱国主义教育的优质载体。

依托工业遗产组织开展科普、社教、研学等活动，把蕴含其中的工匠精神、劳模精神和企业家精神传播出来，寓教于乐，融学于趣，化教于心。青岛啤酒博物馆利用原有建筑及生产流水线建成，基于档案资料中对工艺技术、作业环境的记载，通过现代先进工艺技术和装备的展示，再现真实的车间环境，还原工作场景和流程，体现制作工艺的演进，并辅以详细说明，介绍讲解知识。建于原上海申新纺织第九厂旧址的上海纺织博物馆，开发材料包，让观众亲身体验纺织和刺绣技术，并举办"国潮文化中国心，一针一线绣党旗"活动，加强爱国主义教育。

互联网、大数据、云计算等高科技手段，让工业遗产的研学教育有了新颖的形式和全新的体验。上海纺织博物馆还以"一家厂与一座城"为主题，运用区块链技术把档案实物转化为可以认购的数字藏品，已销售一空。科技手段给优质的工业遗产档案插上翅膀，呈现出数字文化新业态，把档案背后历史文化以更年轻化、更便捷的体验方式传递出来。

5 结语

随着产业升级国家战略的推进、城市区域经济的复兴和传统工业企业的转型，工业遗产的活化利用已是社会发展的必然趋势，成为文物保护的新兴课题。工业遗产档案是工业遗产的重要组成部分，具有重要的存史资政育人价值，应加大对反映地方工业文化、区域经济、社会发展等工业遗产档案的开发力度，借鉴成功经验，走精深加工之路，推出特色文化精品，激发工业建筑遗产活力，赋能工业遗产活化利用，实现工业遗产档案开发与区域文化的融合发展，充分彰显工业遗产特色内涵，促进文化旅游经济高质量发展。

注释及参考文献

[1] 费建梅 . 我国工业遗产档案研究综述 [J]. 档案天地 ,2022(4):25-30,59.

[2] 张文卓 , 韩锋 . 工业遗产保护的博物馆模式——以德国鲁尔区为例 [J]. 上海城市规划 ,2018(1):102-108.

[3] 赵彩彩 . 从"静态遗产"走向"活态遗产"：工业遗产科技价值实现路径探析 [J]. 兰台世界 ,2019(9):20-23,28,10.

医养结合下居民健康档案的开发和利用

孟翔

南京市顶山街道便民服务中心

摘要： 在应对日益严峻的人口老龄化挑战中，政府为缓解老年居民健康需求与居家看护、医疗条件不足之间的矛盾，积极推行医养结合政策。经过多年的实践，这些政策已取得显著成果。如今，老年居民无需离家，便能享受贴心的医疗保健服务，构建起了融合医疗与养老的居家照料体系。这一体系不仅提升了老年人的生活质量，也彰显了政府对民生福祉的深切关怀。

关键词： 居民健康档案；老年居民；居家养老

在医养结合的模式下，老年居民健康档案的开发与利用显得尤为关键。这份档案不仅是老年人健康状况和医疗服务需求的详尽记录，更是居家养老服务机构提供定制化服务的关键参照。本文将围绕医养结合背景，深入探讨老年居民健康档案的开发与运用之道，同时，分析其重要性、存在的挑战，并提出相应的应对策略，以期为老年居民提供更优质、更贴心的服务。

1 开发居民健康档案的重要意义

1.1 老年居民更好地了解自己的健康状况

在细致入微的审视下，居民健康档案俨然成为老年居民洞悉自我身体状况的窗口。这份详尽的档案不仅令他们实时把握健康状况的变迁，而且引领他们迈向更为健康的生活轨道。从合理调配膳食、稳步管理体重，到适量参与运动、维系心理平衡，再到优化睡眠质量、克制烟酒之瘾，每一项举措都源于对健康生活的深度追求。更何况，透过这些动态的健康数据，老年居民更能深切体会到健康档案的价值，从而更加珍视这份为其晚年生活护航的宝贵财富。

1.2 为社区老年居民健康服务提供决策

居民健康档案，宛如一本详尽的生活与健康图谱，精细记录了老年居民在居家养老机构的每一次体征变化。这份档案汇聚了基本信息、身高、体重、血压、血糖、服药等多元化数据，全面展现了他们的身体状况。同时，它更是老年居民生活方式的见证，营养、活动、心理、体检等细节一应俱全。这份全面而连续的健康资料，宛如时光的烙印，伴随着他们度过晚年的每一刻。

社区健康服务的重要性在于其通过居民健康档案提供信息支持，从而开展更有针对性的健康服务，如义诊、互助小组和志愿者上门服务。这些服务不仅可以提高老年居民对社会发展的综合满意度，还可以增强他们的健康获得感、社区归属感和生活幸福感。这种关怀和关注，为社区居民提供了更全面和个性化的健康服务，使他们感受到社区的温暖和关爱。

1.3 链接更多平台和资源

居民健康档案的利用主体应当多元化，包括居家养老机构、医疗健康服务机构、辖区共建单位、社区和居民等。建立共享平台，有效连接医护人员、居民和健康设备，实现健康数据的全面共享和采集。完善老年居民健康档案管理平台的机制和功能，为群众提供在线交流和意见反馈的渠道。通过这些措施，可以更好地利用健康档案，促进健康信息的流通和共享，提高健康管理的效率并增进居民对健康管理的参与度。

2 医养结合下老年居民健康档案的开发

2.1 健康信息采集与整理

居家养老机构在日常工作中需要全面、准确地采集老年居民的健康信息，包括基本信息、生活习惯、疾病史和用药情况等。这些信息构成老年居民健康档案的基础，为医疗和养老服务提供重要依据。采集到的健康信息需要经过整理和分类，以便医护人员和养老工作人员查阅和应用。整理健康信息时应遵循统一的标准和规范，以确保档案的完整性和准确性。建立居民健康档案的形成、保管和利用制度，以确保健康档案能够全面、准确地记录信息，最大限度地方便使用。通过建立规范的档案管理制度，能够为老年居民提供更加个性化和有效的健康服务。

2.2 档案建立与动态管理

为了满足高效开发利用老年居民健康档案的要求，需要对老年居民健康建立起完善的老年居民健康档案系统，档案进行标准化处理，实现老年居民档案信息共享。实现科学的动态管理，对居民健康档案数据及时更新和维护。档案的建立和更新需要依托信息技术手段，确保档案的及时性和便捷性。针对老年居民健康档案需要随时记录老年居民的健康信息，并针对存在的健康问题进行评价和采取有效的解决措施，开展动态追踪观察。特别是对于一些患有疑难杂症的老年居民，制定切实可行的居家养老服务方案。另外，还要跟踪检测社区老年居民的身体健康情况，及时对社区老年居民健康档案信息进行更新，更好地发挥社区老年居民健康档案的重要作用。

3 医养结合下老年居民健康档案的利用

3.1 健康生活引导

通过老年居民健康档案管理的开发和应用，通过丰富不断的科普活动，逐渐提升广大群众的健康意识，养成健康的生活习惯。在服务过程中以如何预防和治疗常见疾病为知识点，普及常见疾病预防，如高血压、糖尿病等慢性病的基本知识和相关预防保健常识，强调疾病早发现、早预防、早治疗的重要性，告诫居民要从日常生活中培养健康的生活方式，建议低盐低脂饮食、戒烟控酒、控制体重等多方面来综合有效地控制疾病的发生，保持良好的生活和卫生习惯，合理膳食、适量运动，以科学的方式保持自身健康，共享健康快乐的生活。

3.2 个性化健康服务

基于健康档案信息，居家养老机构能够为老年居民提供更加个性化和准确的居家养老服务。通过充分利用居民健康档案系统的分析功能，将老年居民的健康信息进行数字化分析，为他们提供个性化的健康服务。例如针对慢性病患者采取跟踪治疗方式，为亚健康群体提供健康服务。利用智能手环和手表监测居民的身体健康信息，并及时上传个人健康数据，使老年居民健康档案管理部门能够根据这些信息为他们提供个性化健康提示和制定健康作息计划，帮助他们更好地保健。通过这种个性化服务的开展，可以提升养老服务质量，促进老年居民的健康管理和生活质量的提升。

3.3 居家养老服务

养老机构可以根据老年居民的健康档案，提供更加贴合其健康需求的护理服务，涵盖饮食、康复训练和心理护理等方面。医养结合的居家养老机构健康管理内容涉及建立居民健康档案，定期测量老年居民的血压和血糖，并及时更新健康数据；根据智能设备采集的数据，为老年居民设计专门的健康管理计划；针对老年常见疾病展开特色项目，如老年性健忘和老年性关节疼痛项目；与社区及卫生服务机构合作，定期进行上门巡诊和关怀；组织健康教育，定期开展健康养生讲。通过以上举措，可以为老年居民提供更全面、贴心的养老服务，满足其身心健康需求，提高其生活质量和幸福感。

居家养老机构应当加强健康教育和健康知识的普及服务。可以设计和分发各种健康教育宣传资料，例如健康教育小册子、健康教育手册和健康提示等。这些资料内容涵盖但不限于合理膳食、控制体重、适度运动、心理平衡、改善睡眠、戒烟限酒、科学就医、合理用药等健康生活方式，以及可以干预危险因素的健康教育内容。在老年居民的公共活动区域设立健康教育宣传栏，并根据季节变化、疾病流行情况和老年居民的需求进行及时更新。定期举办老年居民健康知识讲座，引导他们学习健康知识，掌握疾病预防措施和必要的健康技能 [1]。通过这些健康教育措施，可以提升老年居民对健康的认识和管理能力，促进他们养成健康的生活方式，从而提高生活质量和幸福感。

3.4 健康管理与数据分享

通过健康档案信息的分析，可以实现对老年居民健康状况的动态管理和预警，及时发现健康问题并采取适当的干预措施。建立老年居民健康档案的最终目标是实现健康档案管理系统与卫生计生系统、民政系统等的互联互通，数据共享。这样，当老年居民就医时，医务人员可以通过查看健康档案信息了解老年居民的健康状况，包括病史、药物过敏、遗传病史和生活环境等，以便进行综合评估并采取相应的治疗措施。这不仅可以减少重复检查和用药，降低医疗费用，还能将诊疗信息录入老年居民健康档案，实现健康档案的动态更新，真正实现"活档"的概念。这种健康档案的管理方式能够提高医疗服务的效率和质量，为老年居民提供更加个性化和全面的健康管理服务[2]。

4 老年居民健康档案开发与利用存在的问题

4.1 老年居民参与度不高，专业人员水平不够

居民健康档案包含大量敏感个人信息，这导致一些老年居民不太愿意配合更新或录入电子健康档案的信息，甚至会因为担心涉及个人隐私而抵触。有些老年居民的健康意识相对较低，可能觉得自己不容易生病，也不觉得有必要建立电子健康档案，这直接影响了他们建档和随访的配合度，进而给健康档案的采集管理工作带来一定困难。加强老年居民对健康档案信息的意识和理解，提高他们对健康信息管理安全性的信心和配合度，对促进健康档案工作的顺利开展十分重要。

居家养老机构面临着日常工作量较大、人员流动较快的挑战，难以吸引更多具有专业技术水平的高素质人才。现有工作人员由于工作任务繁重，难以充分投入老年居民电子健康档案管理和服务工作中，从而影响了档案质量[3]。提升员工的意识和技能，以及加强专业培训，可以改善这些问题，确保老年居民的健康档案能够得到高质量的管理和服务。

4.2 社会化共享不够充分

老年居民健康档案建档率较高，但开放利用却相对滞后。医养结合需要实现医疗和居家养老机构之间健康信息的共享和互操作，然而由于技术标准和信息系统的差异，存在信息共享和互操作的困难。要解决数据壁垒、摆脱信息孤岛，从而推动养老机构成为基层医疗机构的桥梁。通过统一技术标准、建立开放平台，可以促进健康信息的交流与共享，实现医养结合的顺畅合作，提升养老机构在医疗服务中的作用和影响力[4]。

5 医养结合下老年居民健康档案的解决策略

5.1 加大宣传力度

老年居民需积极配合提供准确的健康信息，参与自身电子健康档案的建设；而建档人员则需要不断提升专业能力和职业道德修养。为了保证老年居民健康档案的广泛传播，需要扩大宣传范围，创新宣传形式，丰富宣传渠道，确保宣传广度和深度。同时，社区应组织各种形式的宣传活动，增进老年居民对居民健康档案的了解，争取更多群众的支持与认同。加大科普活动的举办频次，创新内容，激发群众对老年居民健康档案的兴趣，引导大众参与老年居民健康档案数字化转型工作，充分发挥数据收集和共享的作用。通过宣传教育，促进老年居民健康档案建设和管理工作的顺利进行，从而提升老年人的健康管理水平和社区服务质量。

为了不断提升社区老年居民健康档案管理水平，需要合理吸纳、引进和培养专业人才，通过不同形式和渠道培训专业人才，提升其业务技能。这有助于提高社区老年居民健康档案管理水平，并为养老工作人员的健康档案管理和利用提供保障。加强对养老工作人员的健康档案管理培训，提升他们的意识和能力，有助于提高整体服务质量，进一步推动社区老年人健康管理水平的持续提升。

5.2 搭建居民健康档案共享平台

为了促进老年居民健康档案的共建共享和开放利用，需要从平台建设和基层管理两个方面进行。一方面，应该建立统一的交互式健康档案平台，通过网络连接居家养老机构、社区和社区卫生服务中心的三级健康档案平台。这将横向促进老年居民健康信息和医疗保障信息的共享、互联互通以及业务协同，为老年居民提供分级、连续、安全、便捷的医疗健康服务信息平台[5]。另一方面，应优化健康档案管理。在依法保护个人隐私的前提下，进一步优化老年居民健康档案在线调阅和开放使用的服务渠道和交互方式，有效提高老年居民健康档案的利用率。通过这些措施，能够实现老年居民健康档案的共建共享和开放利用，提升医疗健康服务的效率和质量。

医养结合下老年居民健康档案的开发和利用对提高医疗和养老服务的质量和效益至关重要。在推动医养结合不断发展的同时，应重视老年居民健康档案的开发和应用，解决现存问题，推动相关政策和技术的创新，以确保老年居民健康档案在医养结合模式下充分发挥作用，为老年人的健康和生活质量提供更优质的服务。通过加强对健康档案管理的关注和促进优质医养结合服务的提供，可以进一步提升老年居民的幸福感和健康水平，实现医疗养老服务的良性互动，为老年群体的整体福祉作出更大贡献[6]。

注释及参考文献

[1] 国家卫健委办公厅 . 医养结合机构服务指南（试行）,2019-12-26.

[2] 宁民福 [2013]211 号 . 关于深化我市养老服务体系与基层医疗卫生体系衔接的意见 .

[3] 宁民福 [2017]198 号 . 关于开展社区居家养老综合护理中心建设试点的意见 .

[4] 徐静，王晓燕 . "互联网 +" 背景下居民健康档案管理数字化转型研究 [J]. 黑龙江档案 ,2022(6):46-48.

[5] 毕鑫宇，黄玲玲 . 我国居民电子健康档案建设现状与对策研究 [J]. 北京档案 ,2022(6):37-39.

[6] 吴锦霞 . 完善社区居民健康档案管理的若干思考 [J]. 黑龙江档案 ,2020(2):50.

新形势下城建档案利用的痛难点分析与对策探讨

——以南京为例

邵海霞

南京市城市建设档案馆

摘要：城建档案是"城市的记忆"，是真实记载、诠释、再现社会变迁历史的最佳载体。城建档案作为城市治理建设、群众社会生活的重要参考依据，进入新时代，档案利用呈现出新特征，因此与时俱进提供更高水平的档案利用服务至关重要。本文以南京市城市建设档案馆在档案利用服务工作中实际面临的痛点难点为切入点，借鉴 TOE 理论研究框架，从技术层面、组织层面、环境层面总结了背后的三大类原因，并针对性地提出可为之策。

关键词：城建档案；档案利用；TOE 理论

1 新时代城建档案利用服务工作的"应为之由"

1.1 城建档案的内涵

城建档案，是城市建设档案的简称，属于科学技术档案。是指在城市规划、建设及其管理活动中直接形成的对国家和社会具有保存价值的文字、图纸、图表、声像等各种载体的文件材料[1]。主要包括建设工程档案、业务管理和业务技术档案、基础资料档案。城建档案作为城市发展的见证，是城市形成、变迁和发展过程中具有留存价值的历史记录。

1.2 城建档案利用现状及特点

1.2.1 档案利用数量大幅增长

经过对南京馆2014—2023这10年间查档批次和调卷量的数据统计分析（见图1），随着城市建设的不断推进，房屋装修、消防申报、项目审批等场景对城建档案的利用需求逐渐增多，查档批次增长了2倍，年调阅量翻了两番多，档案利用人数大幅上升并稳定增长，档案的社会价值日益凸显，档案馆作为公共事业服务机构的地位逐步确立，档案利用工作一扫以往门庭冷落的状况，发展态势良好。2023年度再创新高，查档批次达6904次，调卷量达21818卷。

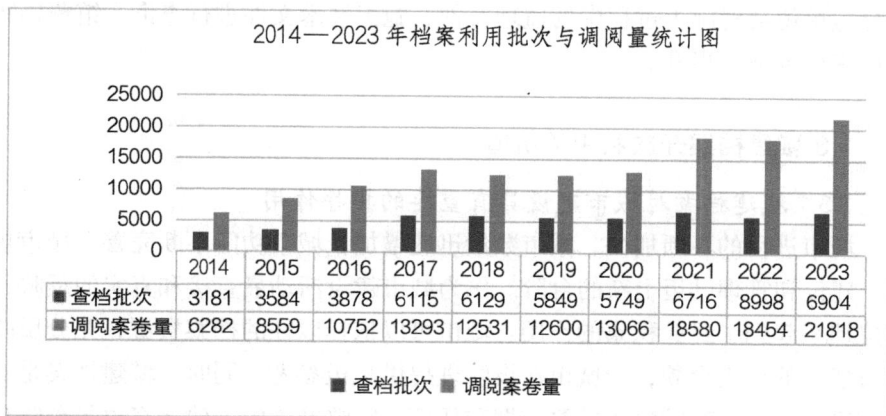

图 1 2014—2023 年档案利用批次与调阅量统计图

	2014	2015	2016	2017	2018	2019	2020	2021	2022	2023
查档批次	3181	3584	3878	6115	6129	5849	5749	6716	8998	6904
调阅案卷量	6282	8559	10752	13293	12531	12600	13066	18580	18454	21818

图 1 2014—2023 年档案利用批次与调阅量统计图

1.2.2 查档主体广泛化

"十三五"以前，档案利用对象主要是以单位为主，包括建设单位、产权单位、管理部门、律师中介等。"十三五"以来，随着城市建设的快速发展，群众档案意识的提高，以及工程项目建设、房屋更新改造、不动产登记方面等新政策的实施，城建档案逐渐进入大众生活，查档主体中也出现了愈来愈多的公民个体，包括产权人、使用人等，公民个体查档占比从25%上升到56%，占据了档案用户的半壁江山。

1.2.3 查档目的多元化

因以往查档主体多为单位组织，目的多为工程的建设、维护、改造以及工程规划审批材料的确认。近年来，随着"双证合一"、房屋装修安全、建设工程消防验收、既有住宅增设电梯、新区项目大规模建设、老旧小区出新改造等国家及地方政策的改革施行，群众查档目的更加丰富，涵盖15大类，具体分为办理产权、竣工验收、确认工程状况、装修改造、工程规划设计、市政工程建设维护改造、解决纠纷、留档备查、日照分析及地基影响、学术研究、评优评先、加装电梯、行政执法、申报消防以及其他。

1.2.4 查档内容多样化

南京馆馆藏城建档案 46 万余卷，主要包括但不限于建筑工程竣工验收类档案和规划审批类档案。查档人查档目的的多元化也使得查档内容的范围逐步扩大，其中调阅频次最高的包括规划许可证及附图、竣工图纸、竣工备案文件、前期文件。除此之外，部分查档主体如司法机关、五方责任主体以及分包单位会对施工过程中的监理文件、施工技术文件进行查询。馆藏档案利用率得到极大提升。

1.3 城建档案开放利用的价值

1.3.1 城建档案对城市建设具有重要的指导作用

城市进程的不断加快，城市数量迅速增加，城市功能不断完善。城市规划、建设和管理已迈上新的台阶。作为城市建设活动最直接和真实的反映，城建档案起到了经验积累的作用。城市可以依托以往的档案资源，充分反映城市建设的历史全貌，为城市建设管理提供积极参考。同时，城建档案是对城市进行维护、改扩建的重要依据和凭证，完整准确的城建档案也是预防自然灾害、减少损失的重要信息资源。

1.3.2 城建档案是城市文化的重要载体

一方面，城建档案记载了城市在规划、建设和管理过程中丰富的文化要素，体现了城市的文化精神；另一方面，城建档案具有丰富的文化内涵，其本身就是丰富的文化资源，是城市历史文化遗产。城建档案传承城市历史文脉，是城市发展变化的"活化石"[2]，可以显示城市的过去、现在并预示城市发展的未来，是城市记忆工程的重要基础。

2 南京馆档案利用服务过程中的"难为之境"

2.1 档案利用服务过程中的痛难点表现

2.1.1 服务形式存在局限性

一方面群众来办事前获取信息渠道单一，以电话咨询为主，办事要件信息获取不及时不全面，导致多次跑腿情况时有发生。另一方面目前仅支持现场查档，单一的方式无法适应新时代"让数据多跑路、让群众少跑腿"的服务理念，与国家推行的"不见面服务""最多跑一次"等目标相差较远。

2.1.2 办事时间存在不可控性

因城建档案自身独有的门类多、内容杂、专业性强的特性，许多查档人首次查档，对自身需求不够明确，对城建专业领域也不够了解，工作人员解释答疑的时间加上办事时间，极大地受此影响，与普通流程化办事窗口相比办事时间无法掌控，容易造成排队久的场面，影响群众满意度。

2.1.3 历史档案检索存在困难性

由于时代的发展，地名地址出现变化更新，这种情况普遍存在于地址属性较强的城建档案中。因此会导致档案历史坐落地址与现公安门牌号信息无法匹配，从而造成档案检索困难、检索无果的局面。加之如今窗口人员队伍偏年轻化，对南京老地名、老建筑等信息无法透彻了解，导致检索耗时久、办事效率低。

2.1.4 查档主客体存在专业局限性

城建档案具有先天专业性强的特征，非专业出身的查档人容易看不懂、挑不全，从而出现查档耗时久、反复调阅等情况。加之窗口服务人员有限，且涉及多个专业背景，无法对每位查档人做到一对一跟踪服务，也无法对所有工程档案做到透彻分析，无形中对档案服务的满意度造成了负面影响。

2.1.5 查档成果交付存在时限性

因馆藏档案未完全数字化，大部分群众需求档案需要排队扫描，收件等待周期为5—7个工作日，从前的调阅量较少，扫描室能够尽快地出图，发件周期可实现压缩至3天左右。现如今，调阅量急速增长，现有的扫描设备和人员已无法满足需要，扫描间时常出现档案积压的情况，发件周期延长，档案服务闭环慢。

2.1.6 档案信息公开流程存在模糊性

馆藏档案在尊重档案形成单位意见的前提下设置了密级权限，部分档案文件需依申请信息公开。但是信息公开回复主体为我馆主管部门，目前窗口人员对信息公开流程仍一知半解，并且仅依靠口头指引服务对象，规范性不足。提供档案利用的主体和信息公开回复的主体不一致，两个主体间存在信息壁垒，容易造成群众多跑腿。

2.2 档案利用服务过程中的痛难点产生的原因

2.2.1 技术层面

一是"互联网+"行动深度不够，城建档案管理系统功能尚未完善，线上利用方式尚未开通，部门间缺乏数据集成和共享机制，容易出现"信息孤岛"

现象[3]。二是档案与地图未实现动态关联，历史档案与现状数据信息不一致，仍需耗费大量人工进行手工标注，数字转换效率较低，专题数据库尚未建设完成。三是数字档案馆谋划不足，馆藏档案未实现全部数字化，实际工作沿用传统的档案管理模式[4]，3D 智慧库房、数字城建档案馆建设任重道远。

2.2.2 组织层面

一是制度建设滞后。城建档案管理办法及档案利用规定等政策文件仍沿用历史老版本，尚未根据《档案法》《档案法实施条例》等上位法进行修订更新，已经不适应新形势，无法给档案服务提供法治化、制度化保障[5]。二是人才队伍建设有待加强。干部队伍较年轻化，全局意识、专业能力、管理水平等方面不足，老带新传帮带成效不明显，基层人员服务意识、业务能力等仍需提升。三是资金投入不足。

2.2.3 环境层面

一是部门间存在"信息壁垒"，数据资源整合度不够，部门间信息不对称，信息资源不畅通，业务系统自成一体，无法实现协调联动，共享共治。二是档案部门社会关注度较低，档案的专业性让普通群众望而却步，许多人对档案馆提供的档案资源和服务形式、流程等一知半解，信息来源渠道较为单一。

3 适应新形势档案利用服务的"可为之策"

3.1 技术层面

3.1.1 强化科技应用，创新服务形式

利用互联网、大数据等技术，探索"线上＋线下"利用模式，线上通过在江苏政务服务网、主管部门官网、"我的南京"App 等官方平台设置档案查询模块，实现提前预约、GIS 地图查询、在线办理等功能，推广不见面办事模式。线下在查档大厅设置自助查询机，借助 GIS 系统，通过直观、形象的城市活地图前置查档工作，减少排队等待时间的同时提高档案查询速度和准确率。

3.1.2 优化档案查询，建设智慧库房

将 GIS 技术应用于档案查询，实现在地图上"指尖查档"。将城建档案管理信息系统、"天地图"和网络技术集成应用在一起，建立"城建档案一

张图""城建档案资源管理与利用一屏览"为查档人员提供新的查询途径。打破档案和空间图形数据分开管理、相互独立的模式，实现图形数据与档案数据的联动[6]，通过地图数据快速检索档案文献，实现地图与档案的统一，有效提高档案检索效率。同时，在档案数字化基础上建立起 3D 库房，实现库房状态、调阅利用情况等信息"一屏览"，为前端档案利用提供坚实支撑。

3.1.3 简化利用流程，提升服务效能

加快推进"一网通办"，以"互联网＋政务服务"思路为指导，争取公安、房产、住建等部门的数据联通，运用"人脸识别认证"技术，实现数据共享调用，减少办事实体要件的核验，压缩办事时限，为群众提供"刷脸即办""无证办理"的服务新体验。优化窗口设置，修订完善窗口服务指南。倡导主动服务、前置服务，综合考虑与查询内容权益相关性[7]，为困难群众开辟绿色通道，依托线上邮箱、线下邮寄等方式接收要件，查询档案。积极推行延时办、微笑办、上门办，不断优化业务流程再造。

3.2 组织层面

3.2.1 健全制度体系，保障双方权益

城建档案应当根据利用者与项目的关系，划分不同的利用权限，在保证利用人的合法权益的同时也保证他人权益不受侵犯。因此，档案馆应紧跟时代潮流，下到基层、贴近民生、倾听民意，从利用需求及目的入手，开展广泛调研，结合国家档案法及江苏省档案相关法律规定及城建领域"放管服改革"[8]，不断完善城建档案的调阅利用规定。在守住档案利用安全红线的同时尽可能地扩大档案的利用范围，最大程度便民利民。

3.2.2 强化人才培养，提升服务效能

持续推进"人才强档"工程，吸纳多学科、多专业、多层次人才，充分运用各类学习平台，提升新兴技术在城建档案培训中的比例，促进传统业务与新技术交叉融合，培养高素质复合型人才。制定"青蓝工程"人才培养计划，通过指派经验丰富的老员工与年轻同志结对，发挥传帮带作用，帮助年轻人才锤炼作风、提升本领。制定窗口岗位规范，定期开展例会，总结经验查找不足，针对业务受理中遇到的各类问题，进行分析研判，及时处理难点问题。设立"党员先锋岗"，强化窗口服务为民宗旨意识，以点带面，打造"优质、高效、便捷、利民"的五星服务窗口。

3.2.3 争取资金保障，夯实利用基础

数字化建设是城建档案利用服务进步的基础。随着馆藏档案数量的增

加，传统的人工调卷方式耗时耗力，已无法满足日益增长的调阅需求，库房数字化建设势在必行。因此，要将馆藏档案数字化工作作为重点工作，在做好日常经费支出的前提下，做好馆藏档案 100% 数字化远期工作计划及具体实施方案，有理有据积极争取财政资金支持，推动档案工作与数字政府、数字社会建设深度融合，实现档案工作数字转型。

3.3 环境层面

3.3.1 加强部门沟通，优化办事流程

一是加强部门联动，争取获得公安、大数据局、房产局等多部门数据支持，减少身份认证程序，增加查档检索选项，强化数据整合，缩减办事流程，释放城建档案数据资源红利 [9]。二是加强内部协调，与主管部门及其下属单位协调联动，实现系统、数据共享，着力打通"最后一公里"。档案信息公开范围与依法申请公开流程与主管部门达成一致并制作成指南，清晰告知群众。

3.3.2 创新宣传方式，提升公共服务能力

要加大档案宣传力度，创造形式多样的档案宣传手段，变被动为主动，让档案走出去，实现城建档案的社会效益最大化。利用专题展览陈列、编研出版图书、拍摄宣传片等传统媒介以及微信、抖音等新媒体平台，不断推出档案文化精品，营造传承宣扬档案的氛围。以"6·9 国际档案日"等主题活动为契机，带着档案"进社区、进校园、进企业"，宣传查询利用知识，聚焦群众需求，现场为群众解读政策，打通服务"最后一公里"，提升群众档案保护意识以及合法规范利用档案的能力。

4 结语

本文运用 TOE 理论框架探讨了城建档案利用的困境成因，并提出了相应的路径建议，希望为城建档案利用服务更加完善提供一定的参考借鉴。本文主要是基于大厅窗口一线服务人员及查档群众的工作实践进行调研后展开分析，所述的困境仅代表南京馆，所述的对策为针对性意见，需要根据各家不同具体情况具体分析。

注释及参考文献

[1] 江伟琴 . 以数字化建设促城建档案工作 [J]. 档案天地 ,2010(6):57–58.

[2] 陈梅 , 潘尚上 . 城建档案在城市记忆工程建设中的作用 [J]. 城建档案 ,2011(7):34–36.

[3] 王金金 . 大数据时代与时俱进地开展城建档案管理工作探析 [J]. 兰台内外 , 2023(11):22–24.

[4] 王倩 . 数字化城市建设档案馆建设初探 [J]. 山东档案 ,2023(10):49–50.

[5] 李玉霞 . 新时代城建档案收集和开发的路径研究 [J]. 兰台内外 ,2023(3):63–67.

[6] 鞠红旗 , 谭淑红 , 王玲超 , 等 . 基于"一张图"的智慧城建档案信息管理平台研究及应用 [J]. 城建档案 ,2019(5):11–15.

[7] 蒙艳姿 , 赖丽娟 . 提升城市建设档案利用服务能力浅论 [J]. 四川建筑 ,2023(3): 292–294.

[8] 赵梓吟 . 中国式现代化背景下城建档案利用服务的时代使命、现实痛点与建设路径 [J]. 档案与建设 ,2024(3):98–103.

[9] 杨智勇 , 桑梦瑶 . 数字化转型背景下数据治理能力的演进和展望 [J]. 档案与建设 , 2023(5):31–34.

红色档案融入高校思政教育的"三性"分析

王玮

河海大学档案馆

摘要：结合新时代高校思政教育改革创新实践，从可行性、必要性、实践性三个维度分析红色档案融入高校思政教育的理论缘由、现实呼唤与实施进路，为高校思政育人建设发展提供档案智慧，为用足用好用活红色档案制定思政方案。

关键词：红色档案；思政教育；可行性；必要性；实践性

随着中国特色社会主义新时代的开启，高校思想政治教育也迈入新征程。"课程思政""三全育人""大思政课"等一系列新理念、新主张相继提出运用，思政教育的运行发展和整体生态得到根本性转变，教育领域不断拓展，教育力量明显加强，思政引领和导向功能显著提升，高校铸魂育人的立身之本愈加坚实。红色档案集中展现中国共产党领导人民在革命、建设、改革和新时代各历史时期的奋斗征途与辉煌成就，是高校思政教育最鲜活生动、最富感染力的教学资源。深入挖掘盘活用好红色档案，把红色传统发扬好、把红色基因传承好，是推进新时代高校思政教育高质量发展的必然之举，具有不可替代的时代价值。

1 可行性：红色档案融入高校思政教育的理论缘由

1.1 红色档案在高校思政教育中的价值呈现

红色档案作为诸多红色资源中最原始、最客观的历史凭证，其内容丰富、客观可靠具备无可比拟的真实性，能够补史之缺、参史之错、详史之略、续史之无[1]。红色档案兼具"红色"基因属性，这是中国共产党的血液因子、中国人民的精神烙印、中华民族的独特标识[2]，也使得红色档案蕴含的价值立场和意识形态具有鲜明的政治导向。因此，红色档案在高校思政教育中呈现出历史凭证、文化导向和情感力量价值。

1.1.1 历史凭证价值

红色档案承载着新中国革命、建设和发展的艰辛历史，它通过翔实的文字、直观的图片、鲜活的影像等多种形式溯源历史真貌，佐证事实观点，补充隐含细节，有力抵制历史虚无主义的编排、捏造、丑化和诋毁。一件件档案、一幕幕记忆、一个个片段，汇集了中国共产党百年征程，见证了中国共产党诞生、成长、奋斗印迹，具有独一无二的历史凭证价值。

1.1.2 文化导向价值

红色档案集中体现了党领导人民在谋求国家独立、民族解放和民主自由中凝结而成的顽强意志和光荣传统，彰显着共产党人的优良作风和优秀品德，荟集了共产党丰硕的思想精髓和文化基因，是传承中华优秀传统文化、革命文化和社会主义先进文化的物质载体[3]。红色档案的强烈政治属性和主流意识形态，使其从内容到形式都蕴含着鲜明的文化导向，传递着正向积极、拼搏进取的价值观。

1.1.3 情感力量价值

一枚勋章、一封家书、一件遗物，每一件红色档案都叙述着一段峥嵘往事，透过具象的载体形态彰显着有血有肉、有勇有谋的共产党人坚守理想、忠贞为国的情怀担当。红色档案看似"沉默不语"，实则迸发出强大的情感冲击，将故纸堆中涌动的爱国热情和民族精神映现得淋漓尽致，以睹物思人、触景生情的形式传递着情感力量激发内心共鸣。

1.2 红色档案融入高校思政教育的逻辑依据

在中国共产党成立和发展的百年来，许多高校积极参与革命、建设和改革事业，形成了独有的校史红色档案，它既是书写教育事业在党的领导下日新月著蓬勃发展的回忆录，也是荟集学校精神底蕴实现文化传承和激励师生前行的思想库。2022年，教育部等十部门印发《全面推进"大思政课"建设的工作方案》，要求各地各校围绕新时代的伟大实践，充分挖掘地方红色文化、校史资源，将伟大的建党精神、科学家精神等生动鲜活的实践成就及英雄模范的先进事迹引入课堂。红色档案之所以能够融入高校思政教育，源于二者内在的一致性。

1.2.1 内容同源

当前，我国高校思政教育重点在于引导学生了解党史、新中国史、改革开放史、社会主义发展史，认识世情、国情、党情，深刻领会历史和人民选择马克思主义、选择中国共产党、选择社会主义道路、选择改革开放的必然性。红色档案是中国革命、建设、改革各个历史时期的档案集合，记载着马克思主义中国化的历史进程，见证了中国共产党百年的筚路蓝缕发展史，展示着中华民族从站起来、富起来到强起来的波澜壮阔征途。高校要培育德智体美劳全面发展、堪当民族复兴大任的时代新人，就必须回望历史追根溯源，让历史说话，用史实发言。红色档案从多角度展现百年党史，于细微处彰显初心使命，是学习党史、新中国史、改革开放史和社会主义发展史最生动直接、最有说服力的教材，是高校思政教育不可或缺的内容源泉。

1.2.2 目标同向

高校是意识形态工作的前沿阵地，肩负着培养中国特色社会主义事业合格建设者和可靠接班人的重大使命，承担着立德树人和文化传承的重要任务。高校思政教育旨在帮助学生培育和践行社会主义核心价值观，这与红色档案价值功能切合，二者同向同行。红色档案蕴含着共产党人的红色基因和精神谱系，镌刻着共产党人的高尚品质和崇高精神，其内涵的红色文化是中国特色社会主义先进文化的重要组成部分。红色档案通过鲜活的人、事、物重构百年党史的主线与细节，弘扬党的初心和使命，传播党的信仰与宗旨，是批驳历史虚无主义的有力证据，可以正本清源固本培元，引导受众树立正确的历史观、国家观和民族观。在高校思政教育中用好、用活、用足红色档案，将红色文化进行重构与再输出，有助于青年学生塑造正向价值观，增强民族凝聚力。

1.2.3 形式同构

红色档案多元的载体形态和灵活的呈现形式契合了高校思政教育多样化的要求，二者在形式上具有同构性。《全面推进"大思政课"建设的工作方案》提出，要推动思政小课堂与社会大课堂相结合，坚持"第一课堂"与"第二课堂"互促互进，"学校小课堂"与"社会大课堂"融通融合。红色档案形态多种，物质类有纸质、音像、实物，非物质类有音乐、影视等红色艺术创作。新媒体环境下借助现代科技与艺术手段，将红色档案不同载体形态整合以立体化形式展现，用实景、实物、实例方式突破时空边界复刻历史场景、绘就人物真容，其展现的红色历史从筋骨到血肉更加丰富饱满。红色档案多样化的运用方式能够为高校思政教育提供沉浸式学习体验，避免育人形式的"假、大、空",相较其他传统、单一、静态的教育资源更具观赏性和感染力,增添思政教育的情感共振与思想共识。

2 必要性:红色档案融入高校思政教育的现实呼唤

2.1 不良社会思潮对大学生价值观侵蚀

随着中国融入全球化的程度日益加深,互联网信息技术迅猛发展,国民教育水平显著提高,我国思想领域呈现出多元并存、流派纷呈和彼此冲突转化、消长取代的文化景观[4]。一些社会思潮理论基础薄弱,观点偏颇极端,问题分析不精准,解决路径不合理,甚至于谬误[5]。这类思潮往往以社会热点进行炒作,或以学术话语、舆论话题形式出现,表述模糊暧昧甚至还带有文学色彩,在"学术研究"或"理论探讨"表面下隐藏着不可告人的政治诉求,对社会公众迷惑性较强。

高校是多种社会思潮传播最活跃的汇集地,青年学生正处于价值观形成与定型的关键时期,思辨力和意志力尚未成熟,对这些思潮本质并没有清晰的认知和判断,极易被不良社会思潮侵蚀。

2.2 档案资源保护利用的政策驱动

建党百年激发红色浪潮,教育界探索推进润心铸魂红色教育,各地加强爱国主义教育基地建设,红色研学实践活动层出不穷。档案界全面推进红色档案资源建设,通过全域收集、民间征集、口述采集多渠道归集红色档案,以抢救修复、技术保护、数字化管理多措并举保护红色档案,借助整理编研、多元开发、融合传播打造红色档案文化品牌。《"十四五"全国档案事业发展规划》强调,要深入挖掘红色档案资源,建立"四史"教育专题档案资料库,传承红色基因,充分发挥档案在理想信念教育中的重要作用。新时代档案工作迎来全新发展机遇期,在党和国家政策指引支持下,对红色档案的摸底调查、收集整理、保管保护、研究开发将持续深化,其存史资政育人作用也将愈加凸显。

2.3 高校思政教育中红色文化渗透不足

由于高校缺乏对红色档案的思想阐释和文化解析,加之思政育人过程中红色档案嵌入方式单一，使得红色文化在思政教育中的渗透不足。一方面，高校思政教育主体在解读红色档案时常停留在表面化叙述和刻板式理解，史料堆砌胜过逻辑分析，缺乏对红色档案内涵的学术性创新和哲理性凝练，使其隐含的红色精神诠释缺乏时代新意、红色内容展现欠缺青春元素，导致大学生对红色文化的理解浅显有余深度不足。另一方面，高校在思政教育活动开展过程中对红色档案运用存在时节性、局限性，大多在重大活动、重要时间节点，才借助红色档案开展爱国主义教育和理想信念教育，没有找到红色档案与思政教育的联结点，两者融合程度较低，难以发挥红色文化在塑造价值观、培育爱国情怀方面的引导力。

3 实践性：红色档案融入高校思政教育的实施进路

红色档案融入高校思政教育不仅是一种目标追求，也是一个动态过程[6]。本文从本体建设、技术开发、主体内化、矩阵联合四重维度构建红色档案育人生态系统，打通红色档案赋能高校思政教育的实践路径，形成资源链、产品链、融合链、应用链，为高校思政育人建设发展提供档案智慧，为用足用好用活红色档案制定思政方案。

3.1 资源链建设

资源链建设通过强化档案本体，为红色档案育人生态系统提供不可或缺的信息资源。红色档案资源形式多种、载体多样，包含红色档案及其相关的文献资料、各类出版物、实物等，以及在红色档案管理活动中形成的档案数字化成果、档案目录、数据信息、研究成果等的总和[7]。

3.1.1 汇聚红色档案资源库

高校档案馆应秉承"大档案"理念打破部门壁垒，将红色校史相关联的图书、期刊、报纸、手稿、文物、遗址等纳入红色档案范畴，扩充红色档案资源数量。要按照历史线索串联各类型红色档案，结合校史架构红色档案间的关系指引，构建红色档案层级结构。围绕资源总量和结构建设，形成以校史脉络为主线、校本档案为特色、门类齐全、内容丰富、载体多元、结构合理的红色档案资源库。

红色档案资源库建设，既要注重对现存馆藏红色档案的抢救、修复与管理,又要着眼于新近产生红色档案的发掘、更新与补进。对于现存的馆藏红色档案要全面排查质量状况,对于严重受损的红色档案要开展抢救修复。对于新近产生的红色档案,要加强系统归集,健全收集机制,拓宽收集渠道,明确收集范围,补充收集形式。加大红色档案的征集力度,分时期、分主题地面向师生校友、专家学者、社会群众等,征集反映红色校史的档案资料。开展红色档案采集,以档案人员、学生团队为支撑,通过寻根寻访活动、口述历史访谈抢救性采集老党员、老干部、老教师的相关实物、照片、书信、日记等。

3.1.2 建设红色档案数据库

高校档案馆要推进红色档案数据库建设,以减少原件使用,便于资源整合共享和编研开发。一要盘清家底,细致梳理馆藏红色档案的门类、数量、保存状况和数字化程度,做到底数清、情况明、台账全。二要做好红色档案数据采集,细化原有文件目录,尤其对时间、人物、事件、地点等关键要素进行扩充,提升目录数据质量。三要大力推进档案数字化,通过扫描、转录、翻拍、仿真复制、三维建模、虚拟现实等数字技术对红色档案进行转化,以数字模式完整再现档案原貌。在此基础上,依据数据类型(如文字、图片、音频、视频)、信息层次(如目录、全文、专题)或内容主题(如典型人物、历史事件、时间阶段)等线索整合建设多类型红色档案数据库,吸引学术界对红色档案深入研究,引导师生跨时空对话历史。

3.2 产品链建设

产品链建设重在挖掘红色档案的精髓要义,经凝练演绎后具象化,形成可视、可感、可知、可赏的多元档案文化产品,为红色档案育人生态系统提供源源不竭的素材产品。

3.2.1 凝炼红色档案精髓要义

红色档案蕴藏着超越时空限定的精神内涵,是研究、挖掘和弘扬红色文化的第一手资料。红色档案的文化精髓并不会因时代发展、社会进步就褪色消亡,而是经过历史积淀转化成中华民族宝贵精神财富。

高校档案馆要加强对红色档案文化内核的研究,通过追溯人物、时间、地域、思想等线索,探寻红色档案内在的要素关联,科学把握历史主线与本质,从中挖掘与时代同频共振的文化基因,用现实感性的方式解析悠远理性的红色历史,使红色档案的宏大叙事与微观表达贯通一体,激活红色档案的时代生命力。

高校档案馆要深化对红色档案精神特质的分析，结合新时代育人理念与要求，从中汲取符合当下时代语境和教育对象需求的红色精髓，将内蕴其中的思想观念、价值理念、思维方式逐层解构，运用红色文化教育话语[8]转换，从时空、理论和现实多维度诠释，以通俗易懂的语言解读复杂抽象的概念，增强红色文化的精神感召力。

3.2.2 创作红色档案文化精品

高校档案馆要立足馆藏开展红色档案"大编研"，既要横向扩展全方位开发相关红色资源，又要纵向延伸深度加工不同层次红色信息，以汇编、摘录、缩编、剪辑、分析、研究、归纳等方式对红色档案进行再生产，打造理论深刻、形式新颖、覆盖广泛的红色档案文化精品。

结合学校发展历史和办学特色编撰校本红色教材，将丰富的红色档案资源转变为思政育人辅读教材，融历史性、知识性、时代性于一体，解决不同学科专业课程思政言之无物的困境，发挥课堂育人主渠道作用。

利用学校平台优势开发红色文化微课堂，以红色故事、革命人物、历史物件为切入点，采用以小见大手法揭示大主题大道理。微课堂短小精悍、内容丰富、针对性强，有助于学生了解党史国情，增强对红色文化的认知感悟。

改变传统档案编研的呈现方式，将红色史料汇编、红色档案展览制作成不同主题系列的微视频、微纪录片，例如诵读红色经典、品读红色家书、探寻红色印记等等，让红色基因传承接地气，成为学生易理解、好吸收的营养剂。

3.3 融合链建设

融合链建设侧重于红色档案育人生态系统的主体内化，通过争做红人、沁润红心的方式，优化师生的红色内核力量，增强教师对红色文化的解读力，增进学生对红色文化的理解力，提升红色文化践行度。

3.3.1 提升教师红色文化素养

教师是引领红色文化融入思政教学的中坚力量，直接决定着立德树人的育人效果。提升教师的红色文化素养，关乎红色基因的传承和时代新人的培育。

要丰富教师的红色文化知识储备，通过组织理论学习和实践研修等方式，帮助教师扩充红色文化知识容量，优化红色文化知识结构，理解在立德树人实践中守护红色根脉的必然性，才能够将红色文化与学科知识有机结合，锤炼学科专业特色，提升课程思政育人实效。

要增强教师的红色档案应用技能，面向教师宣传红色档案，推广红色史料利用方法，培训档案语言转化能力，掌握红色语义表达方式，通过交流研讨加深教师对红色档案的价值认知和利用自觉，拓宽教师应用红色档案的学术视野。

要鼓励教师开展红色文化育人研究，通过划拨专项经费、设立科研项目的方式，支持教师围绕红色档案展开理论和实践研究，探寻红色文化与各专业的关联，激发教师应用红色档案育人的内驱力与自觉性，以研促学、以学促教形成育人合力。

3.3.2 培养学生红色研学兴趣

探索组建学生红色社团。红色社团在大学生思政教育中具有重要的枢纽和衔接作用 [9]。在思政育人过程中，要灵活运用"反客为主"方法，以社团为载体，通过组建各类红色社团开展形式多样的实践教学，促使学生由被动接受转为主动学习，把"学历史"和"育红心"结合起来，在学史知史中内化信仰之力。

组织开展红色社会实践。结合大学生寒暑假社会实践、"三下乡"公益活动、志愿者服务计划等推进红色研学，指引学生探寻红色足迹、访谈革命后代、宣讲红色历史，通过调研和实践深入了解红色历史、研究红色文化，以"看、听、思、悟"增强红色教育的鲜活性和体验感，让学生自觉成为红色文化的守护者、传播者、践行者。

营造校园生活红色氛围。举办红色主题读书角、分享会、情景剧、舞台剧等形式多样的校园文化活动，让红色文化融入学生生活，增添红色教育的亲和力和感染力，使学生在心得分享、角色扮演、情景再现中切身感悟红色精神，在感知中内化实现精神升华，达到知情意行的统一。

3.4 应用链建设

应用链建设通过传播矩阵与协同矩阵的联合，从时空场域和运作机制两个层面构筑红色档案育人生态系统应用平台，扩展红色教育的传播性和影响力，提高多方联动育人的协作性和配合力。

3.4.1 以智呈现拓展应用场域

高校要以互联网思维打造红色文化传播立体格局，充分利用新媒体、新技术、新平台，统筹线上线下联动，冲破时空界壁全方位、多角度传播，拓展红色档案的应用场域，让大学生在日常信息获取中感受红色文化的熏陶，深化对红色精神的理解与传承。

打造永不"闭馆"红色教育网络基地。以传统媒体为依托,以新兴媒体为平台,综合运用动画、直播、H5 等手段,将红色档案按照人物传、时间轴、故事集等多视角拆分和重构,转化成网络视听、在线阅读等生动、形象、直观的轻量化产品,在"报、刊、台、网、微、端、屏"全媒体渠道传播,实现可视化呈现、智能化推送、便捷化获取,满足学生群体碎片化、个性化、快速化的信息需求,开启全天候红色教育"云课堂"。

建设红色教育主题互动体验空间。借助现代技术与艺术手法,拓展红色档案展示空间,运用 VR、AR 和裸眼 3D 技术,摆脱平面限制再现红色岁月,通过背景解读、互动交流、虚拟现实体验,将视觉、听觉、触觉融合一体,使学生近距离重温红色历史。以红色校史为主题,设计建造人物雕像、文化长廊、纪念刻碑等饱含红色精神的校园景观,将红色文化物化到校园环境一角一落中,营造出"处处是课堂、时时受教育"的育人氛围。

3.4.2 协同共育合力思政育人

"大思政课"视域下,高校应建立多方联动模式,架起内外部联动育人桥梁,推动多元主体参与思政教育,能够避免各行其是通力合作,群策群力促进红色档案开发。

高校要强化校内各部门的协同配合,对红色档案资料、红色图书文献、红色数据信息等进行整合汇聚,形成"大档案"育人资源,充分发挥档案馆、校史馆、图书馆、学生处、教务处、校友办、宣传部等职能优势,通过资源协同、管理协同、育人协同打造红色档案育人新模式。

高校应重视校外单位的多方联动,与政府部门合作加强爱国主义教育基地建设,与档案管理部门合作拓展红色档案资源丰富性,与博物馆、纪念馆等红色教育基地的合作开辟育人实践场所,通过互通有无实现同向共赢,优化红色档案育人效果。

注释及参考文献

[1] 王雨亭 . 小议志书口碑资料 [J]. 中国地方志 ,2009(1):34-35.

[2] 刘建平 ,莫丹华 . 实然·必然·应然 : 中国共产党红色文化话语体系建构的三重逻辑 [J]. 求索 ,2021(6):29-36.

[3] 张谨 . "三种文化"融合发展的新时代审视 [J]. 学术研究 ,2021(11):1-6.

[4][5] 翟志强 . 防止不良社会思潮侵蚀青年学 [J]. 人民论坛 ,2018(33):118-119.

[6] 苗军. 红色档案融入高校思政的价值意蕴、内在逻辑与现实路径 [J]. 档案与建设，2020(12):61-63.

[7] 上海市档案局. 上海市红色档案资源管理办法 [EB/OL].[2022-11-25]. https://www.archives.sh.cn/tzgg/202302/P020230210277144132713.pdf.

[8] 马静. 红色文化教育话语转换的实践进路 [J]. 人民论坛,2019(26):136-137.

[9] 董艳. 红色社团在大学生思想政治教育中的作用及发展对策研究 [J]. 教育教学论坛,2019(48):49-50.

"非遗+"的传播路径探索与媒体科技展望

——基于金陵竹刻艺术博物馆档案的思考

谢逸凡[1]　张玲[2]　余丹[2]

1 墨尔本大学

2 南京市玄武区档案馆

摘要：本文立足南京本土优秀非物质文化遗产项目——金陵竹刻，利用相关档案挖掘传播路径，并对未来的媒体科技运用提出建议和展望。传播路径通过"非遗+"的视角，结合党团活动、研学活动和志愿服务探索三个建设性方案。根据调研相关实测和考察，归纳媒体科技三项技术推广，分别为三维数字化扫描、仿真实验室教学和VR虚拟现实技术。旨在丰富非物质文化遗产档案编研成果，推动非物质文化遗产传承与发展。

关键词：金陵竹刻；非物质文化遗产；传播路径；媒体；档案

0 引言

近些年来，非物质文化遗产（以下简称非遗）的发展受到学界和社会的广泛关注，恰好非遗也是笔者一直偏好的研究方向。2023年2月，文化和旅游部发布《关于推动非物质文化遗产与旅游深度融合发展的通知》[1]，在2024年两会期间，李强总理在政府工作报告中明确提出要"丰富人民群众精神文化生活"，"推进非物质文化遗产保护传承"。[2]非遗逐渐从学科初建走向研究热点和社会热点，再到国家战略，非遗越来越成为一种需要。当然，非遗本身也需要进一步深化研究，其在笔者的各类调研中也占主要地位。

关于"非遗+"，这也是笔者在研究中经常使用的概念，自"互联网+"的概念兴起之后，各类"+"概念频出，这个符号非常形象地概括了"融合"的意义，"非遗+"通俗地说就是非遗与各种手段融合发展，形成"1+1>2"的优质发展模式。本年度的调查研究，基于玄武区档案馆关于金陵竹刻的相关档案和资料，发掘"非遗 + 传播"的路径是值得探索的内容，由此出发的非遗与媒体科技的展望，将会在下文中进行阐述。

1 金陵竹刻艺术博物馆概况

金陵竹刻艺术博物馆原址位于南京市玄武区富贵山 4 号。2021 年 7 月，金陵竹刻艺术博物馆为拓展陈列面积、新建活动区域以及创建目标的要求，搬迁至南京市江宁区，现馆址位于南京市江宁区润发路 9 号，面积约 1000 平方米。目前馆内有五个展厅，刻意江南展厅；非遗展示厅；明清文房展示厅；当代竹家具展示厅以及临时展厅。

2021 年 6 月，金陵竹刻艺术博物馆更新设计《刻意江南——金陵竹刻艺术展》，根据展品数量和陈列区域，将展品按照时代划分成四个部分，分别为金陵竹刻技艺类、金陵竹刻代表性传承人作品；金陵竹刻历史名家作品；金陵竹刻当代名家作品以及当代金陵竹刻青年名家作品。可使观众更清晰地了解竹刻艺术与中国传统艺术之间的关系，亦便于展品的归类和展品的更换，在金陵竹刻艺术博物馆新址完善了陈列的格局。

金陵竹刻艺术博物馆与玄武区档案馆长期保持密切合作，玄武区档案馆为金陵竹刻相关传承人、研究学者和企业家建立名人档案，作为金陵竹刻项目的重要馆藏内容。区馆也在新时代精神的背景下，推动与金陵竹刻艺术博物馆之间的共建活动，包括但不限于党日活动、志愿实践等创新型党员教育活动。

金陵竹刻艺术博物馆成立的宗旨是立足民族文化传承的国家意识，全力保护和传承金陵竹刻艺术。目前，金陵竹刻艺术博物馆已被评为江苏省金陵竹刻非物质文化遗产保护单位、江苏省金陵竹刻非物质文化遗产保护传承基地（首批）。

2 玄武区档案馆竹刻名人档案概况

20 世纪 80 年代，玄武区档案馆伴随日常档案工作开始征集名人档案，2006 年南京市档案局出台《南京市著名人物档案管理暂行办法》[3]（以下简称办法）。2012 年为再度丰富区名人档案，根据办法，将金陵竹刻艺术博物馆馆长谷正宏同志的档案事迹等材料纳入馆藏范围。目前玄武区档案馆已征集进馆的个人档案共 131 件，按类别整理。其中个人简介材料 3 件，各类公务活动材料 14 件，作品材料 1 件，各类证书材料 44 件，照片材料 43 件，媒体宣传材料 16 件，各类文件 10 件。近两年继续加大征集力度，已向谷正宏本人征集了数码照片 496 张，容量 1.26GB；媒体宣传 16 条，容量 41.2MB；视频资料 4 条，容量 478MB。

此外，按照江苏省档案局的有关文件精神，开展"百村万户"口述历史采集工作。要求记录"三农"工作发展历程，玄武区属于南京市主城区，基本没有三农问题，故区档案馆经研究决定，与金陵竹刻艺术博物馆合作，征集制作在南京地区具有代表性的金陵竹刻名家的口述档案。记录包含谷正宏同志在内，以及成培新、龙双衡、陆晔共四名同志的口述史资料，涵盖了当代金陵竹刻传承、作品鉴赏、创新技艺和理论研究多个方面，总结文字材料总计超过 18000 字。相信未来区馆将在现有口述史材料基础上，丰富资料收集和整理，完善编研目标，对金陵竹刻口述史进行深入研究[4]。

3 "非遗 +"传播路径探索

以"非遗 +"作为研究视角，针对区馆馆藏非遗档案的研究利用尤为重要。档案人有句衷心之语：如果档案只管理却不加以利用，则档案本身将失去意义。所以我们回顾金陵竹刻的留存记录，以实例为基，以经验为鉴，从档案的一文一字深度探索非遗的传播路径，总结适合非遗及相关场馆的文化传播方法。从金陵竹刻的既有实践出发，为更广泛的非遗保护与传承提供建设性意见。

3.1 党团活动

"一代人有一代人的使命"，新时代的党员、团员和社会进步人士依然需要走在前列，贡献自己的先锋力量，体现进步性。在非遗项目普遍面临传承难、传播难、创收难等多种困境下，将非遗蕴含的优秀精神与党团学习相结合，摆脱"一提非遗，就看申报名录；一提发展，表示难以延续"的窘境，使非遗不再停留于"申报"的记录阶段。根据档案记载，金陵竹刻艺术博物馆曾与南京大学艺术学院、江苏省文化艺术研究院、南京农业大学人文与社会学院、江苏省文联第五和第九党支部、南京市玄武开放大学党组织、江都吴桥镇文化志愿者协会、南京旅游职业学院、江苏经贸职业技术学院文化旅游学院等多家单位的党团组织举行共建学习活动。"非遗＋党团活动"的形式，丰富了活动形式，拓展了活动内容，使党团活动从本单位"走出去"，通过非遗赋能组织活力。

3.2 研学活动

学生群体向来都是社会人口中最富活力的人群，在文化自信的时代背景下，无论是处于初级学习阶段的少年儿童，还是充满青春气息的青年学子，他们总会以自身的兴趣为基础，投身传统文化的传播与学习。甚至越来越多的高校相关专业学生，毅然决然地选择进入非遗行业，将大漆技艺、琉璃技艺等艰苦复杂的工艺传承下来，这类事例不断浮现在媒体的报道中，着实令笔者动容。

其实一次研学活动就是打开学生群体兴趣的最好方式之一，通过非遗的代表性传承人和传承基地，设计简单的研学课程，结合知识性和趣味性，扩大活动群体，首先让研学队伍感受到非遗的震撼和魅力，其次进行简单的实操体验，最后达成一定的目标，包括但不限于学生记者小报道、学生学者研究报告，以及在社交媒体、短视频媒体等新媒体平台进行创新形式的传播等，在学生完成兴趣需要的同时，扩大非遗宣传，运用群体效应加大同类影响力 [5]。

3.3 志愿服务

志愿服务类活动在近年来逐渐规范化，各地方机关和志愿者组织利用互联网开发出相关电子系统，使志愿者人数得到有效的统计，组织与个人的联系也更加便利，可以为期望参与到志愿服务活动的人群进行有效的信息筛选。非遗志愿者本质意义上就是文化志愿者的一种，和文博场所的志愿者类似。志愿服务活动既为各类文化场所减轻服务负担，扩大宣传面，也为志愿者自身的知识学习和能力培养起到极佳效果。

在调研过程中，笔者关注到多家南京本地优秀的志愿服务队伍，他们在文博场所的新时代服务中起到至关重要的作用，例如南京博物院"南博蓝"团队、南京六朝博物馆"六朝青"团队等。在场馆的引导服务、志愿讲解、应急操作等方面发挥较强能动性。金陵竹刻艺术博物馆也在志愿服务相关活动中进行探索，曾与东南大学社会实践小组、江苏省经贸学院大学生志愿者服务社团、江都吴桥镇文化志愿者协会等进行合作，扎根高校和基层团队，合理扩展受众。

4 "非遗 +"媒体科技展望

当前我国媒体技术的使用已经进入"全媒体"时代，固定端和移动端的配合，加上无处不在的数字技术，便捷公民的日常生活，也加速各类文化的传播。非遗文化具有较深的历史底蕴，但不代表非遗就应当与时代断联。在笔者既往的调查和研究中，探索出了部分媒体技术与非遗项目的结合。以金陵竹刻为例，分析以下三项技术的使用展望。

4.1 三维数字化扫描

三维数字化扫描已经广泛运用在博物馆的文物保护中，对于立体的文物，例如石窟壁画、建筑、器皿、兵器等，也包括带有装裱技术的书画卷轴、整体遗迹等。将物品数字化扫描后，进行三维建模，不仅可以将建模结果呈现在屏幕上，无死角观察和缩放，也拓宽了相关数据的存储备份途径。巴黎圣母院火灾事件后，我们看到了三维数字化扫描技术的实际应用，让人类的遗产不至于因为意外而付之东流，且毫无弥补之力，让建模而来的"数字档案"发挥至关重要的作用。笔者在对于非遗道具的记录上也曾使用过该技术。对不同角色使用的道具，以及创新前后的两代道具进行扫描，直观进行对比，建模后的数字模型甚至包括了细小的镂空和间隙。所以在金陵竹刻的作品上，三维成像可以放大留青和阴刻阳文手法，避免隔离展柜的反光，导致参观者难以观察欣赏作品的细节，同时也可以直接旋转三维图像，观察作品摆放的背面或底部。

近年来，三维扫描和建模也在商业娱乐领域使用，利用该技术对客户全身进行扫描，打印立体模型，深受大众喜爱。未来的"纪念时刻"不止停留于照片和录影，在视听感官之外增加触觉感受。同理，基于扫描数据，该技术可以为金陵竹刻等众多非遗项目产出文创商品，例如与 3D 打印相结合，由消费者自主选择素材库中的任意金陵竹刻作品，现场打印，甚至可进行个性化定制,留为参观纪念。另外,在互联网条件下,金陵竹刻作品的数字建模可以在程序中建立数字博物馆,实现"足不出户"的参观学习。加大传播的同时积极创收,推进非遗的创造性转化和创新性发展。

4.2 仿真实验室教学

虚拟仿真实验室是一项利用预先设定的计算机程序,辅导相关人员进行实验步骤培训的平台。它通过模拟真实的实验情境和过程,提供了一个经济、高效、安全的实验环境,主要通过反复操作,加强步骤记忆,避免现实实验出现低级事故。该技术运用于化学、药学、工程学等领域,在高校教学中广泛使用。

在笔者的调研中,目前未见虚拟仿真实验室在非遗相关领域使用,故在此提出技术展望。在非遗的多种类型中,都可以嫁接该技术,对青少年进行教学和科普传播,包括但不限于传统美术类、传统技艺类、传统医药类。以金陵竹刻制作步骤为例,将竹材处理(清洗、阴干、加入淡盐水、加入明矾,煮沸浸泡);整形;描图;修改;圈边;铲底;着色等具体流程添加背景和程序,形成交互界面,通过屏幕点击的方式仿真操作,了解金陵竹刻的工艺和技术。对以青少年为主的参观群体,简洁、有效完成科普人物,提升基于计算机技术的互动兴趣,尽可能地减少因器材使用带来的意外伤害。

4.3 VR 虚拟现实技术

国家工信部和其他四个重要部门机关联合发布《虚拟现实与行业应用融合发展行动计划(2022—2026 年)》[6],虚拟现实技术已经进入普及和融合发展阶段。该技术在电子商业领域有所尝试,用户可以直接通过传感设备进行远程体验,例如代替现场查看的购房体验,全屋定制装修选择等,进一步缩短用户前往实地的路程时间,提高选择效率,极大满足了当代消费用户的需求。

在非遗传播领域,进入相关场馆的参观游客,可以通过提供的虚拟现实设备,虚拟体验民间艺人的生产生活环境、古代名人名家的故居陈设、仪式节日的盛会场面等,不再需要特定时间和特定地点的条件,且节省场馆空间,将以往采用的实景布置替换为虚拟技术,加深游览互动,涵盖全年龄段的深度体验。

5 结语

　　2022 年至今，本文部分作者的论文成果大多围绕非物质文化遗产话题展开，本文是 2024 年的开年之作，再一次聚焦相关话题是笔者的荣幸。相信金陵竹刻艺术博物馆的运营经验经过总结研究后，能够为非物质文化遗产的发展带来指导性的意见，玄武区档案馆的编研成果也将继续从非物质文化遗产中获得启发。中华优秀文化的资源是取之不尽用之不竭的，"非遗 +"的传播路径绝不会是本文中提到的三点，未来科技媒体的传播方式也绝不会只有上述三种。"+"之前的词语是相对固定的，而跟在"+"后的想象是无穷的，基于非物质文化遗产的相关事业和产业是一片向荣的趋势，衷心期望在各方的努力下，非物质文化遗产项目能够摆脱自身的困境，实现新时代的社会价值且实现自足。

注释及参考文献

　　[1] 文化和旅游部 . 文化和旅游部关于推动非物质文化遗产与旅游深度融合发展的通知 [EB/OL].[2024-03-18].https://www.gov.cn/zhengce/zhengceku/2023-02/22/content_5742727. htm.

　　[2] 李强 . 十四届全国人大二次会议《政府工作报告》[EB/OL].[2024-03-18].https://www. gov.cn/yaowen/liebiao/202403/content_6939153.htm.

　　[3] 南京市档案局 . 关于印发《南京市著名人物档案管理暂行办法》的通知 [EB/OL]. [2024-03-27].https://www.docin.com/app/p/?id=388293814.

　　[4] 张玲 . 玄武口述档案做法与展望 [Z]. 玄武区档案馆 .2022.

　　[5] 袁成 . 同辈群体效应：以卓越成就卓越 [J]. 教育家 .2021(23):62-63.

　　[6] 工业和信息化部，教育部，文化和旅游部，等 . 关于印发《虚拟现实与行业应用融合发展行动计划（2022—2026 年）》的通知 [EB/OL].[2024-03-18].https://www.gov.cn/zhengce/zhengceku/2022-11/01/content_5723273.htm.

新时期地方红色档案资源的开发和利用研究

种翔

南京市博物总馆（梅园新村纪念馆）

摘要：新时期，新征程，新挑战。将红色文化作为区域建设的底色，能够切实突出地方发展特色，在文化浸润与精神支撑下统筹发展大局，兼顾服务细节。在建国七十五周年之际，结合新时期南京红色历史档案资源运用和发展情况，我们要充分弘扬红色精神，将红色档案作为推动区域红色文化平台建设的重要载体，将传承红色基因作为生动教材，进一步做好红色文化的宣传和引导工作，从红色档案资源管理、开发与利用角度分析如正在档案资源整合、利用中传承好红色基因，守护国史和地方红色历史，为推动区域建设发展起到积极促进作用。

关键词：红色档案；管理；开发；资源运用

红色档案主要是在中国共产党的思想传播和实践活动中所形成的记录，主要由文件、照片、历史影响、实物等原始性历史记录组成。对于党的建设发展和国家推进历史而言拥有极为重要的作用。红色档案所反映的是中国共产党从 1921 年嘉兴湖面红船开始带领各族人民从独立走向解放、探索中国式现代化道路的艰难历程。档案内容包含了中国共产党百余年心酸血泪、果敢争锋的奋斗史，揭示了共产党人不怕困难、不惧艰险、始终为人民服务的精神和宗旨。这些珍贵的历史记录对于党和国家发展事业而言具有极强的推动力，能够切实彰显中国共产党坚不可摧的理想信念和斗争精神，反映了国家成立和建设时期成就辉煌丰碑的精神密码。基于此，在新时期做好红色档案资源的开发、管理和利用对于推动中国式现代化发展进程，推动党和国家建设事业能够绘制新蓝图。

1 地方红色档案资源的开发方式

1.1 做好全面调研，注重红色档案资源的梳理

想要切实做好地方红色档案资源的开发就需要针对地方红色档案资源做好调研、排查和汇总。从南京红色档案资源排查情况来看，从党的十八大至今，经过十年的时间，南京始终贯彻党的决策部署，着重围绕红色资源的开发进行深度探究，做好地方红色文化资源的挖掘。南京有六朝古都、十朝都会的盛名，也有诸多红色文化资源，这些文化资源是从战斗年代保留下来的珍贵"记忆"[1]。现阶段，南京市已经整理出反映新民主主义革命时期革命事迹内涵的红色文化资源 165 处，所蕴含的红色档案内容值得留存，是研究新民主主义革命，探究南京红色历史的重要参考，是缅怀革命烈士、传承红色精神的重要依托。在推进红色档案资源梳理和排查工作中，相关部门针对红色文化建设形成了专项规划，博物馆、展馆等机构均围绕红色档案资源进行了汇总分析，确保能够针对红色档案资源进行全面的归纳总结，在数量、分类和分布等层面做好整理，为有效推进南京红色档案资源的梳理形成基础平台。

从 2021 年开始《南京市红色文化资源保护利用条例》开始实施，也标志着南京红色文化资源的保护进入了有法可依的新时代。针对红色档案资源的调研和整理工作也更为细致，确保能够在不断深挖红色家底中为推动南京红色历史文化的传承做充足准备。根据不完全统计，现阶段南京红色档案革命文物已超过 4337 套之多，雨花台烈士陵园启动"红星计划"史料征集，征集了红色史料 633 件。并且，南京日报和渡江胜利纪念馆联合发出了红色档案整理"征集令"，广泛征集解放战争、渡江战役历史进程和南京解放史料记载，目的就是为了能够真正围绕解放战争、渡江战役等重要历史进展去吸纳南京红色档案的珍贵文物藏品。同时，针对海外人士也积极展开了采访，力求征集到曾经在革命年代在南京本地工作过的人所记录的真实手记、照片等档案资料。在全面开展调研工作中南京红色档案资源在逐步走进博物馆、展馆，成为弘扬南京红色文化的重要组成部分[2]。

1.2 做好资源保护，注重红色档案资源的归档

红色档案资源想要被充分开发就需要积极做好保护和归档，单纯挖掘红色档案资源只是推动城市红色文化建设的一部分，想要真正通过红色文化彰显城市活力，需要针对红色档案资源进行归档和保护。调研、征集的的目的

就是为了能够进一步进行保护，避免因为时间久远一些正规的红色档案资源不复存在。所以，针对南京红色资源的开发一项重要的工作就是针对档案资源进行归档[3]。此项工作的开展主要是经由区域博物馆、历史文化展馆、红色文化教育基地、史料纪念馆等机构牵头做好整理和归类，确保能够在对标红色文化重点城市先进经验中，通过对档案的整理和归档进一步做好红色档案资源保护工作。南京目前所聚焦的就是延安等地区对于红色档案资源的保护，因为现阶段的延安地区逐步建立了"红色延安"的城市品牌，井冈山也构建了红色教育培训模式，这些都足够让南京在开发红色档案资源中借鉴和学习。在红色档案资源的保护和归档中要真正围绕南京本地城市建设情况进行分析，有效做好红色资源的有效应用，让城市红色文化可以形成新品牌。

1.3 培育发展铁军，注重档案管理人才的培养

红色档案资源的开发需要专业档案人员参与到工作中来。档案人才的培育工作非常重要。从现阶段地方博物馆、纪念馆针对档案人才的招录、培育和考核情况来看。各单位、机构已经逐步认识到档案人才的重要性。各个单位近年来针对档案人才的培养工作也逐步成了重点工作之一，一方面在招收应届毕业生的同时，适当调整招聘条件，向社会招收档案管理专业人才；一方面积极做好人才的"内生"工作，挑选原有博物馆工作人员朝着档案管理人员方面进行培养，做好内部培训作，为有效组建档案管理人才铁军做充足准备。通过这两种模式力求为夯实档案人才管理工作采取有效策略，充分发挥档案人才在红色档案资源的开发方面的作用，确保红色档案资源开发工作能够有效推进。

2 地方红色档案资源的利用方式

2.1 共建资源数据库，擦亮红色文化品牌

从南京红色档案资源的利用与发展来看，想要真正发挥红色档案资源的作用，就需要做好档案资源的充分利用。单一、分散的红色档案资源无法发挥作用，构不成体系，无法真正去突出南京本地红色文化的品牌。所以，只有采取档案资源整合、档案资源整体运用的方式才能够充分做好资源利用工作。通过档案资源的汇总来聚少成多，形成资源的联动性和互动性，让红色档

案资源可以形成一条线、一张网,让红色档案资源的运用可以形成一盘棋。如此,才能够真正为树立南京红色城市品牌,让红色文化成为南京建设与发展的底色。

从开展工作情况来分析,可以建立红色档案资源的数据库。在大数据支撑下建立红色档案资源的智能库,以分门别类。一方面可以通过地方各大档案馆、博物馆、纪念馆和教育基地的联合方式来积极沟通构建研究中心,针对大批重要红色档案内容进行集中研究,形成专项规模的课题,从课题研究入手,充分发挥红色档案资源的作用,对深挖南京红色文化内涵,彰显城市红色文化力量能够形成持久推动力量。在智能建设中红色档案资源是共用的,所以可以在联合行动中持续推出有深度、有分量的研究,将课题研究成果、研究的实践内容作为推动城市红色品牌建设的重要途径,以此为基础打造南京红色文化新阵地;另外一方面可以加强对红色精神的探索,形成更多红色档案综合利用的经验。比如,现阶段对"雨花英烈精神""渡江战役精神""南京长江大桥精神"进行充分的探索,可以进一步去提炼精神内容,展开较为丰富的研究,进一步做好精神的传递,让红色档案文化的利用体现得更好。

2.2 校园展馆共合作,筑牢思政教育平台

红色档案资源的利用可以通过档案馆、博物馆、纪念馆与学校的合作模式来推进。因为在校园与展馆进行合作中能够进一步推动思政课程的形成和拓展。现阶段,思政育人已经成为中小学、各大高校的重要组成部分,通过弘扬红色文化、赓续红色精神形成思政理论课程,让学生可以与"红色历史"面对面,以此为基础去丰富学生对红色历史的认知,厚植学生爱国情怀,让学生能够拥有历史认同、文化认同和民族认同感。所以,在红色档案资源的利用中进行校园与展馆合作是极为有效的模式。通过展馆与校园融合发展,能够为学生做好"红色档案资源包",让展馆教育成为学生在暑期、寒假综合实践的重要组成部分。目前,南京市中小学已经逐步在拓展红色展馆研学、游学行动,其目的就是为了充分做好思政教育工作,在根植爱国主义情怀中让学生可以不忘历史,牢记精神信仰。那么,在展馆与校园充分合作中可以形成模块教学和分类式教育。比如,展馆针对的某一段历史时期的红色档案资源进行整理后,可以形成这段历史时期的精品课程和动画讲解模式,通过多元化资源的开发和利用,设置"校外课堂",为学生呈现出更为精彩的红色档案资源,通过观看、聆听、解读和认同这一条线,让学生能够针对红色档案资源有更为深刻的认识,对历史事件、历史人物有更为深度的解读。这

样可以拓宽学生学习视野，让红色档案资源的利用更为直接、有效。

2.3 实现全媒体布局，构建资源传播矩阵

在红色档案资源的利用方面可以切实通过全媒体时代形成信息传播的新平台。在构建资源传播矩阵中不断做好资源优化工作，让红色档案的利用和开发发挥最大效用。我们必须认识到针对南京本地进行红色档案资源的开发主要是为了将城市红色历史保留住、将城市红色文化的品牌建设好，所以针对红色档案文化资源的利用和开发需要不断扩大影响面积，要能够积极构建资源传播矩阵，进一步做好平台建设工作。

如今，随着信息技术与传统媒体的深度融合，全媒体平台的作用不言而喻，在构建全媒体传播体系，重视红色档案资源中原创产品和精品作品的设计和开发，要能够在档案资源运用方面突出重点内容，彰显红色文化的特色，充分提升南京红色文化的影响力；另外一方面在媒体宣传过程中要掌握有效方法，要进一步建立红色档案资源运用宣传教育的新阵地，积极围绕红色档案资源的利用情况进行分析，拓展档案资源利用功能，来提高宣传工作质量，让红色档案资源的利用可以充分融入全媒体体系建设中来。

2.4 注重新产业建设，推进资源整合进程

在红色档案资源利用中要积极关注红色文创产业的建设情况，从目前南京建设情况来看文旅融合、商旅融合的产业结构模式已经形成了一定的规模，文创产业建设也崭露头角。所以，红色档案资源的利用可以借助于文创产业的建设，汇入区域总体建设中来，真正在提升红色资源影响力过程中让红色档案资源的利用体现出绝佳的效果。一方面，可以通过红色档案资源的利用去打造具有本地标志性产业，比如标语、图标、文创产品等。可以在带有红色档案资源的同时筑牢文化品牌建设标志，在机场、商超、景区等地点积极构建红色文化标志，将档案资源融入城市建设的街头巷尾，让红色档案资源的利用可以汇入城市建设的重要组成部分；另外一方面，要提升红色档案资源的宣传，可以形成文创产业链条，不断开发红色档案资源中蕴含的精神内容，让红色精神成为推动红色档案资源运用的引擎动力。比如，可以在文创产业发展中积极建立南京本地区纪念馆的研学路线，打通红色档案资源的推介形式，通过研学、游学路线、特色红色教育课程、特色红色旅游筹备等方式让文创产业与商旅产业融合，进一步推动红色档案资源有效应用，让红色档案资源可以成为推动地区经济发展的重要组成部分。

2.5 提出管理新建议，关注档案资源保护

利用与保护需要并驾齐驱，南京红色档案资源利用过程中要积极建立保护机制，发挥立法引领作用。在"保护为先"的基础上建立有效措施，切实在红色档案资源利用中筑牢档案保护防线，能够让红色档案资源在保护和留存上成为推动区域高质量发展的精神内核。一方面要积极做好红色档案资源保护修复工作，让专业人士可以进入档案资源利用中来，全过程重要监督管理，保证档案资源在运用中不会遭受不可逆的损坏；另外一方面则是要积极做好制度建设工作，要能够构建与红色档案资源利用相互匹配的问责机制。针对红色档案资源的利用形成新防线，确保能够在档案资源保护工作中发挥极强的推动作用。

3 结语

关注红色档案资源的开发和利用，注重红色档案资源对城市发展的推动作用。本文在探索南京红色档案资源利用的过程中从开发、管理和保障等工作入手，明确在档案资源利用过程中要注重突出红色档案资源的价值，做好多机构和多部门合作，建立红色档案资源开发新平台，打造以红色档案资源利用为基础的思政课程，形成文创产业的大力开发，确保能够让红色档案资源的利用融入南京建设各项工作中来，让红色档案资源的利用工作推动各项事业发展，不断夯实工作基础，发挥重要基础，为推动区域政治、经济和文化建设绘制新蓝图。

注释及参考文献

[1] 周丽娜. 论红色档案蕴含价值及开发利用——以广东核工业教育基地为例 [J]. 兰台内外, 2024(7):82–84.

[2] 颜丛. 高校产教融合背景下红色档案创新性开发利用途径探析 [J]. 福建开放大学学报, 2024(1):66–70.

[3] 边媛, 舒丽莎. 场景理论视域下红色档案资源开发利用优化路径 [J]. 中国档案, 2024(2):72–74.

数智时代档案资政服务的
现实困境与优化路径研究

姜珊[1]   赵绪帅[2]
1 辽宁大学信息资源管理学院
2 沈阳师范大学管理学院

摘要：资政服务是档案工作的一项重要内容，档案所具有的资政参考作用也在日益受到重视，各档案机构深挖馆藏资源，开展多元的档案资政服务模式，但在数字化、智能化的时代背景之下，仍存在着一定局限，据此提出了数智时代档案资政服务的优化路径。

关键词：档案资政服务；辅助决策；数智化；思想库

0 引言

作为管理要素，档案中蕴含的原生数据为政府管理提供了丰富的基础信息，为政府的决策、组织、协调等提供了参考。存史与资政是档案工作的重要作用。《"十四五"全国档案事业发展规划》将提升档案资政服务能力视为档案事业的一个重要发展目标。随着数字档案资源的数字化，档案工作的智能化发展，档案资政服务的模式与效果也有了新的发展条件，如何在这一时代背景之下，不断提高档案资政服务的效果，也是当前开展档案编研工作需要思考的一个重要议题。国家档案局部署 2024 年工作强调要强化档案资政服务，将主动服务党委、政府决策摆在更加突出位置。[1]

近年来，相关研究主要围绕档案资政服务的基础性问题、实践经验与创新发展等方面展开，归吉官及其团队理清了档案资政服务的机制、样态、内容与框架等基础性问题[2]，为开展多样研究奠定了研究基础。但未能面向新的时代特点，包括智能化、数字化的时代背景之下，档案资政服务如何深入挖掘档案内蕴含的知识与价值，向公共决策部门提供大量准确的数据与知识，以此提高决策的水平。基于此,本论文首先借助于实际案例梳理传统档案资政服务的模式,并结合数智时代对档案资政服务新的要求与实际困境提出新的优化路径,借此实现档案资政服务的创新发展。

1 传统档案资政服务的模式与实践

1.1 档案资政服务实践

档案资政服务正在当今社会发挥着日益重要的作用,各地档案馆(局)围绕党委、政府的中心工作,结合自身馆藏情况,深度挖掘档案资源,及时地编写各类档案资政参考,充分发挥档案资政作用的同时,为党委、政府建言献策。笔者通过中国档案报、国家档案局和地方各级档案馆官方网站,搜集整理了各省、自治区与直辖市档案馆的档案资政服务,整理如表 1 所示:

表 1　全国各档案机构档案资政服务内容

典型地区	单位	内容
内蒙古	内蒙古自治区档案馆	《内蒙古自治区档案信息化工作调研情况报告》和《内蒙古自治区鼠疫防治历程》
北京市	北京市档案馆	《北京市域区划变迁》《"梁陈方案"始末》
天津市	天津市档案馆	《天津市 2003 年"非典"后期疫情防控与恢复经济社会秩序综述》
广东省	广东省档案局(馆)	《省卫生厅向省抗非领导小组报送的我省防治非典型肺炎阶段性总结和下一步工作计划》等 6 期疫情防控档案资政参考
江苏省	江苏省档案馆	《江苏档案资政参考》
山东省	山东省档案馆	《档案资政参考》《反官僚主义"五多五少"的历城经验及启示》《红色档案里的革命统一战线》
四川省	成都市档案馆	《成都市委工作实录》《成都市疫情防控工作实录》,推行档案资政参考专刊周报制度
湖北省	湖北省档案馆	《"江华奇迹"是如何创造的——偏远山区的"五好"园区涅槃之路》

典型地区	单位	内容
江西省	江西省档案馆	《政府过紧日子 百姓过好日子——中央苏区时期的节省运动及其经验启示》
湖南省	湖南省档案馆	《党和国家领导人关心洞庭湖治理与开发实录》《湖南省人民代表大会历届一次会议基本情况与经验启示》《政协湖南省委员会历届一次会议基本情况与经验启示》
河北省	河北省档案馆	对 2003 年"非典"防控档案进行筛选，整理出 400 多件有参考价值的资政信息
辽宁省	辽宁省档案馆	《档案中"党纪学习教育"的历史经验与工作建议》《辽宁档案资政》
广西壮族自治区	广西壮族自治区档案馆	《档案里的平陆运河》
山西省	山西省档案馆	《档案资政参考》
云南省	云南省档案局(馆)	《云南近代工业发展历程、成就及贡献》
吉林省	吉林省档案馆	《档案资政参考》
黑龙江省	黑龙江省档案馆	《龙档资政》
甘肃省	甘肃省档案馆	《甘肃地震档案与新时代抗震救灾工作》

多数档案馆进行档案资政服务后能够进行宣传，扩大传播范围，凸显档案的资政参考作用。但仍有少数省级档案馆未能对其进行重视，因为未在网络上检索到相关服务的效果。对此，各省、市、区档案馆还应多多宣传，扩大档案在资政参考方面的影响力。

1.2 档案资政服务类型划分

1.2.1 以服务资源为依据

多数档案馆在编写档案资政参考时，以馆藏档案作为资政服务的依据，但同时也会广泛搜集相关史料，通过走访或调研等形式不断补充，如福建省南平市档案馆，为切实发挥档案资政功能，深入挖掘馆藏资源，走访茶企、食品企业、高校，翻阅资料，收集网络声音等方式，撰写调研文章，梳理闽北茶点（茶食）文化的历史脉络、现状以及产业发展情况，助力南平"三茶"统筹发展，调研结果得到了市委领导批示，组织相关部门开展研究，充分发挥了档案的存史资政作用。

1.2.2 以服务产品为依据

当前各档案馆的资政服务以编写以下产品为主：

（1）简报，简报是用来传达工作动态、反映情况，交流经验的内部文件，具有较强的针对性与指导性。如黑龙江省档案局（馆）利用馆藏档案，编写简报刊发于《龙档资政》，为黑龙江省的经济社会建设提供资助服务。

（2）档案信息参阅，是通过梳理、归纳与总结相关档案信息，为上级机关建言献策，为领导科学决策提供参考。云南省档案局馆自 2005 年创办《云南档案信息参阅》，围绕省委、省政府中心工作，总结历史经验，多次受省领导批示。

（3）专题档案摘编，是对档案内容进行摘录、整理、编辑形成的资政服务产品，更忠于档案原文。如 2016 年，广东省档案局（馆）深挖馆藏档案资源中省扶贫工作的相关记载，摘录编报的《改革开放后广东省扶贫工作发展情况摘编》。

（4）资政文章，通过借助档案撰写文章的形式，向党委、政府提出建设性意见。如天津市档案馆编写的资政文章《天津市 2003 年"非典"后期疫情防控与恢复经济社会秩序综述》，从"非典"后期防控措施与恢复经济社会秩序措施两大方面进行梳理，为当时抗击"新冠肺炎"提供历史借鉴。

2 数智时代档案资政服务的现实困境

2.1 传统档案资政服务缺少数字化技术应用

数智时代背景下传统档案资政服务发展面临诸多挑战，主要问题之一就是缺少数字化技术应用。这体现在两个方面：一是传统档案咨政服务数字化转型过程中缺少数字技术加持。根据搜集整理的各省市档案咨政服务应用成果可以发现，多数成果形式只是简单地将传统纸质版档案咨政服务以电子版形式呈现，这种转换方式虽然在一定程度上提高了信息的存储和传输效率，但并未真正利用数字化技术的潜力来增强服务效果。二是档案咨政服务成果形式单一，缺乏多样性。目前档案馆成果多以编纂咨政参考为主，尚未形成专业的"知识库"和"思想库"，这样便无法充分发挥数智时代数字技术的优势。

2.2 传统档案资政服务过分依赖人工参与

目前阶段档案资政服务在选题、定题、收集材料方面过分依赖人工参与，且大多数档案管理系统也停留在信息存储和简单检索的层面，缺少智能化技术应用，无法进行深度的数据挖掘和智能分析。在面对日益复杂的社会问题时，人工参与下的档案资政服务仅能解决少量问题，无法及时为政府决策提供智力支持，更无法准确、切实地预测政府对于档案的需求。

2.3 传统档案资政服务局限于本地馆藏资源，尚未充分发挥资源和政策优势

现代决策者需要的不仅是静态的信息，还需要通过动态的图表、交互式的报告和多维度的数据分析来获取全面的视角。数智时代为实现全面、科学的决策提供了可能。但现阶段传统档案资政服务与用户的需求不匹配，档案部门和业务部门缺乏合作，尚未充分地发挥档案部门的资源优势和业务部门的政策优势。这主要体现在两方面：一方面是缺乏档案部门之间的合作。档案部门之间的信息孤岛现象可能导致信息共享不畅，错失了合作机会，影响了档案服务的效率和质量。缺乏合作可能导致资源的孤立和重复建设，浪费了人力、物力和财力，同时也限制了档案资源的多样性和丰富性，影响了研究的全面性和深度。另一方面是缺乏和其他部门的合作。档案馆的资源优势与业务部门的政策优势、研究机构的专业优势未充分结合起来，其中的信息闭塞可能导致资源利用的局限性和效率低下，致使档案资源未能充分发挥其价值，无法为政策制定、学术研究等提供有效支持。

3 数智时代档案资政服务的优化路径

数智时代，档案部门在进行要想提升档案资政服务效果，需充分发挥"数智"在服务中的效用，集成档案资源，为国家与政府智能化的知识服务。

3.1 集成信息资源，提供持续服务

在数字化转型过程中，数据成为政府治理过程中，应对经济社会运行中的问题，优化政府的管理、服务和决策模式的关键要素。[3] 数据成为档案部门提供资政服务的重要来源。而档案资政服务高度依赖于档案数字资源的共

建与共享。档案部门虽在档案资源方面具有先天的优势，而单一馆藏资源，无法解决日益复杂的社会问题。还需结合他馆或部门保存的信息资源，借此提高服务的现实效用。在数智时代背景之下，档案部门在进行资政服务时，需广泛搜集，分专题、分领域统筹档案信息资源，发掘信息间的关联，使得为政府提供的资政服务能够建立在丰富且完整的数据基础之上，帮助政府部门应对各类应急突发事件。增强资政服务的持续性。

3.2 应用智能技术，提供知识服务

智能化技术包括自然语言处理、数据挖掘、机器学习等，在这些智能技术的加持下，可以实现自动化的选题分析、材料收集和整理，从而减轻人工负担，提高工作效率[4]。例如，利用自然语言处理技术，可以对大量档案资源进行快速的文本分析和主题提取，帮助确定选题方向；利用数据挖掘技术，可以从海量档案数据中发现关联性和规律性，辅助决策过程。智能化技术的应用，将为政府决策提供"颗粒度更细、层次更深的档案信息分析服务以及范围更广、智能手段更强的基于档案数智粒子级别的档案智能决策服务"。[5]

3.3 创新服务方式，提供精准服务

在数智时代，档案资政服务的重要性愈发凸显。这不仅仅局限于主动向政府部门提供资政建议，更涉及对咨询服务的统筹规划，致力于构建高效的智库服务。档案部门应致力于促进服务提供方—档案机构，与需求方—决策部门之间的深入交流，以理解并满足政府部门的特定需求。为了实现这一目标，档案部门需要提供定制化的档案信息服务，如专题报告、决策参考等，这些服务应紧密结合政府部门的实际工作需求，提供具有针对性和时效性的信息支持。同时，应用智能技术对政策文件进行文本分析，如关联引擎、增强智能、大规模机器学习和深度学习等高级算法和框架，可以深入挖掘政策文本的隐含信息[6]，为政府决策提供有力支持。此外，档案部门还应积极集成知识图谱，通过构建丰富的知识体系，揭示政策文本之间的内在联系和逻辑关系，为政府决策提供更加全面、深入的参考。这种主动融入党和国家发展战略，深入了解政府决策领导者的档案利用需求、所需的档案知识类型以及对档案知识库功能和性能的要求[7]，是档案资政服务的重要方向。

在数智时代背景下，档案资政服务面临着诸多现实困境，但也孕育着巨大的优化与发展机遇。通过集成信息资源、应用智能技术、创新服务方式，

档案部门能够提供更精准、高效的资政服务，为政府决策提供有力支持。展望未来，档案资政服务将不断焕发新的活力，为社会发展贡献力量。

注释及参考文献

[1] 中国网 . 国家档案局部署 2024 年工作：强化档案资政服务 提升多元化服务水平 [EB/OL].[2024-01-29].https://www.china-news-online.com/h5/index/newDetail?id=15466.

[2] 归吉官 , 郑雅馨 . 我国档案资政服务政策的演进与协同——"十五"以来档案事业发展规划文本分析 [J]. 档案与建设 ,2024(5):28-34.

[3] 归吉官 , 李卓南 .DBO 理论下的档案资政服务机制研究 [J]. 档案管理 ,2024(1):43-48,53. 归吉官 , 田晓青 . 档案资政服务样态及路径优化——基于多案例研究 [J]. 档案管理 ,2023(3):66-70. 归吉官 , 邵晓瑜 . 档案资政服务生态系统构成及运行机制研究 [J]. 浙江档案 ,2023(5):40-43. 归吉官 , 邵晓瑜 . 新时代我国档案资政服务体系：基本认知、内容框架及结构模型 [J]. 档案管理 ,2023(1):26-29.

[3] 孟庆国 . 数字化转型中政府治理的机遇与挑战 [N]. 光明日报 ,2020-09-21(16).

[4] 马亮 . 数字政府如何降低行政负担？ [J]. 行政管理改革 ,2022(9):4-12.

[5] 陈茜月 , 王强 . 论档案数智库的构建机理和实现路径——以纪检监察档案信息化提质赋能为例 [J]. 档案管理 ,2024(1):62.

[6] 任越 , 刘泽禹 . 以档资政：国家综合档案馆智库服务的功能定位及其实现研究 [J]. 档案与建设 ,2023(3):20.

[7] 张斌 . 构建档案思想库提升档案工作服务能力 [J]. 档案与建设 ,2013(1):4.

基于编撰工作实践的档案资政理论架构探索

——以《辽宁档案资政》编撰工作为例

由林鹏

辽宁省档案馆

摘要： 本文试从档案学基础理论出发，以具体编撰工作实践为基础，探索档案资政编撰理论，从档案探源、政策可视化效果与价值再生成三个方面，来架构成档案资政理论依据，以期用理论指导具体实践。

关键词： 档案探源；政策可视化效果；价值再生成

0 引言

档案资政编撰理论研究，目前在学术界还是少数，绝大部分是以工作业绩总结或资政选题要素为出发点，涉及理论性研究也屈指可数。其中，归吉官、李卓南以驱动档案资政服务的社会机制为研究对象，以揭示档案资政服务发生机制为研究目标，建构档案资政服务的履职型交往机制、发展型交流机制和价值共创型交融机制三类具体机制。[1] 湖南省档案馆的沈岳从突出政治性、精准性、精品性、长效性，努力推动档案资政参考工作高质量发展。[2] 归吉官、邵晓瑜指出档案资政服务体系的内容框架，包括中国特色档案资政理论研究服务体系、档案资政精品创作服务体系、档案资政知识传授服务体系、档案资政传播服务体系、组织内部的档案资政服务体系等基本内容。[3] 归吉官、田晓青提出资源建设型、要素整合型、需求探索型、理想初始型四种档案资政服务样态，并分析其发展路径。[4] 田晓青从目标指引、知识整合、知识智析、知识融合、成果服务五个方面阐述基于决策知识需求的档案资政服务实现流程。[5] 吕红苹对档案资政服务主体、服务对象、服务内容和服务策略等构成要素进行解构。[6] 这些研究成果在一定程度上推进了关于档案资政编撰理论的发展，拓展了档案资政编撰的理论视野，但对档案学科建设，还有一定的差距。档案资政是建立在档案学基本理论之上的，而现在多数的研究者则是强调它的资政功能，却忽视了档案理论的重要性，离开档案来谈资政，这就使得档案资政研究如同无源之水，无法从其本质探寻档案资政的规律，而是千篇一律地强调选材和贴近中心工作，这就造成资政工作的无序与资源的浪费。本文试从档案学基础理论出发，以《辽宁档案资政》（总第60期）、《档案中"党纪学习教育"的历史经验与工作建议》资政（以下简称"党纪学习教育"资政）编撰工作为例，探索档案资政编撰理论，并力争将其体系化进行尝试，以期用理论指导具体实践。

1 档案资政是坚持以来源原则为发端的档案探源

来源原则的基本含义可概括为：尊重来源，尊重全宗的完整性，尊重全宗内的原整理顺序。[7]档案资政也要基于来源原则，重视其原整理顺序，在系统内探寻档案内容的开端，并以此开端为源点，分析探索其档案价值与资政内容。

1.1 来源原则与档案探源

从档案资政的编撰角度来看，要在档案资政中体现出档案的因素，就需要查找与资政选题相关的档案。通常我们在查找档案的过程中，主要是通过查寻档案目录，以关键词搜索，来寻找与选题相关的档案，在通过调卷，查阅档案的内容，找到有实现价值的档案内容，为档案资政打好基础。但是我们在编撰工作实践中，往往这种选取方式，相对于我们想要贴近资政选题的档案，相差甚远，不能支撑资政选题的主题需求，这就使得档案资政做起来十分困难。而档案的来源原则便可以解决这方面的需求。一是从全宗的层面，以来源原则来分析资政选题所需的档案应该在哪个全宗里，这样就避免因档案目录信息不全致使所需档案无法查阅；二是从全宗内的层面，来源原则是编撰资政所需内容选取的重要依据。我们可以通过分析全宗内的原整理顺序，清晰地看到档案中哪些内容是关键核心，是我们所需要的部分，特别是文书类档案，其整理规范是以《文书档案案卷格式》（GB/T9705-2008）或者《归档文件整理规则》（DA/T22-2015）的要求进行的。我们可以看到其在原始的工作活动过程中，形成的最原始的历史记录，这便是档案的源头，这一查寻过程，可以称为档案探源。在编撰"党纪学习教育"资政时，最重要的是探寻辽宁党纪教育的缘起，我们通过查询档案，找到1933年2月1日中共满洲省委发布的《关于巩固党的组织提高阶级警惕性和秘密工作纪律的紧急通知》，档案中强调了党纪教育的重要性，这便是档案探源。

1.2 档案探源是档案类资政的特征

档案探源是档案资政的核心要义，这是档案类资政与其他类资政的本质区别。通在档案资政选题策划时，围绕重大事件、重要会议、重大活动等开展选题，社科资政的选题范围也是如此，这就很大程度上会发生档案资政与社科资政选题重合，进而所提出的对策建议也大同小异。档案资政是各级档案馆经过多年以来开发档案信息资源，服务现实工作的实践与探索，近年来提出的一种新型的、快捷的、针对性强的利用档案资源，服务党委、政府中心工作的模式。档案类资政是由各级档案机构主持，通过探寻相关问题的最初源头以及历史上的做法，来回答现实问题的历史依据。简而言之，档案类资政不可或缺的要素就是档案探源。作为资政参考的内参有很多种类，除档案类资政之外，还包括政策类资政和社科类资政等，其中政策类资政一般是由各级党委、政府的政策研究室主持，旨在解决当下和规划中亟待解决的问题；社科类资政一般则是由各级社科团体主持，通过调研与理论研究，旨在解决未来长远的发展问题。因此，档案类资政侧重于档案探源，政策类资政侧重于调查研究，社科类资政侧重于规律研究。

2 档案资政是实现文件生命周期再循环的政策可视化效果

文件生命周期理论意为文件具有一定的生命周期，现行文件从其产生到最终销毁或永久保管是一个完整的生命运动过程。[8] 特别是处于非现行阶段的保管期限为长期和永久的档案，服务对象也变成了整个社会，这就为档案资政提供了理论基础。档案资政于此基础上，形成文件生命周期的再循环。

2.1 政策可视化效果为档案资政提供可操作性

档案资政最明显的特点在于研究和比较各个历史时期政策异同。选取与政策相关档案，成为档案资政不可或缺的一部分。特别是政策的可视化效果成为档案资政的明显特征，即我们可以以现实的角度去审视过去制定过的政策的效果。通过政策的可视化效果，便能推测当下政策的几种预期。在编撰

"党纪学习教育"资政时，我们通过梳理各历史时期加强党纪教育的相关档案，可以看见当时制定党纪教育的政策在一定历史时期内的作用，这便是政策可视化效果。

2.2 政策可视化效果为文件生命周期再循环提供可能性

政策的可视化效果是档案资政的优势之一。通过历史上制定政策的文件归档，形成了非现行阶段的永久档案，作为历史记录而存在。随着时间的演变，当时的政策效果，如今已经明显可见，是起作用了，还是不起作用，均可看见。就档案而言，其中哪部分内容至今仍然发挥作用，就会显现出来了。通过档案资政的编撰，这些已经成为档案的文件，再变成资政材料，重新开始了新的文件生命周期，到最终销毁或永久保管又一个完整的生命运动过程，可称为文件生命周期再循环。而这种资政类的文件成为档案后，很大程度上会被后来的档案资政编撰工作人员重新利用，所以文件生命周期再循环可能不止一次。在编撰"党纪学习教育"资政时，选取的档案文件是当时集中性学习教育的成果，我们通过其中主要的档案内容再现，来实现文件生命周期的再循环。

2.3 政策可视化效果为档案资政提供可选择性

政策可视化效果可以分为几个方面，一是执行到位的政策，产生明显影响的社会功能，这类档案可作为优质材料入选资政内容范畴；二是执行不到位的政策，则可以分析其深层面的原因，可有选择地纳入资政内容范畴里；三是政策的连续性，可以看出政策的发展与演变，以及政策的发展方向，其源点与路径也是资政内容的重要选项；四是同类或相似政策的对比，其结果的差异，使得对政策的分析说明，也可以纳入资政的内容中去。这些方面为档案资政的内容选取提供了多条路径。在编撰"党纪学习教育"资政时，作为资政内容的选取，也是通过这次条路径来实现的，这就避免了方式方法的单一性。

3 档案资政是以不变的档案内容赋予新内涵的价值再生成

档案资政是唯一明确服务对象的主动性编研工作。现行的档案价值鉴定理论，将档案资政的可操作性变小，其中最符合档案资政编制工作的鉴定理论是档案利用价值，但也是笼统的概述。只是表述档案是可以利用，而利用之后的文件再生成档案也存在价值，那么利用之前档案的价值与再生成档案的价值之间的关系，是没有理论性的研究。

3.1 历时性考量为档案资政价值再生成提供编撰方法

这里就涉及一个概念，就是关系转换，此处的关系转换仅是指事物的缘起、发生、展开、积淀、提取、修整、优化、归本，等等。它体现了过程性，也可称为历时性考量事物的原创。在编制档案资政时，选取档案就是充分挖掘相关档案的价值，而这种价值与档案价值鉴定的标准本身是不一致的。作为档案，本身就应该发挥其当时的价值，而作为档案资政选取的档案，应具备相应档案价值鉴定以及有可预期的价值再生成，并能够反哺档案管理体系。在编撰"党纪学习教育"资政时，通过档案的查询找到了党纪教育辽宁地区的缘起，党纪教育在各时期的情况，党纪教育的总结与文件归档，编撰资政时再次挖掘档案，对档案的内容进行提炼与选择，最终生成新的资政材料。这一过程完成了党纪教育历时性的考量。

3.2 共时性档案内容为档案资政价值再生成奠定基础

档案资政是要将档案"昔为今用，以启未来"，要达到这个目标首先要选取档案，而选取档案的标准之一就是有可预期价值再生成的档案，这类档案的特征之一就是有跨越时间的逻辑一致性。文件生成时内容的逻辑与当时编辑档案资政时所需要的逻辑是一致的，这是选取其作为资政内容档案的关键。这类档案内容及其所呈现的价值不以时间的变化而彻底消亡，这也体现出档案价值再生成具有共时性的特征。在编撰"党纪学习教育"资政时，各时期关于党纪教育中，工作纪律、政治纪律、廉洁纪律、群众纪律、生活纪律、保密纪律、入城纪律，等等。这些内容都是能够积累的红色文化资源，也是党纪学习教育不变的内容，坚持了内容上的一贯性与逻辑上的一致性。

3.3 价值性判断为档案资政价值再生成提供目标

价值再生成是档案资政的最高评判标准。优秀的档案资政是将档案中不变的内容进行提取，再经过整理与逻辑分析，结合现实具体情况进行优化，并赋予其新的内涵，能够对现实有着指导意义，从而实现价值的再生成。比如：辽宁省领导对辽宁档案资政《档案中"党纪学习教育"的历史经验与工作建议》作出批示："在学习心得中，可引用相关素材。在日常工作中，注意积累相关红色文化资源，如鞍钢宪法、锦州苹果等，用以自励自勉，改进我们的作风。"[9]

总之，档案探源、政策可视化效果与价值再生成构成档案资政在档案学科建设中的理论依据。其中，来源原则为档案探源提供依据，政策可视化效果为档案资政提供可操作性和可选择性。与此同时，共时性档案内容是档案资政的基础，而历时性考量是档案资政的编撰方法，再以价值性判断档案资政的目标。这些构成了档案资政理论的基础架构，使得档案资政编撰工作可以在理论指导下事半功倍。

注释及参考文献

[1] 归吉官，李卓南.DBO 理论下的档案资政服务机制研究 [J]. 档案管理，2024(1): 43-48，53.

[2] 沈岳."档案库"变"思想库"，扎实开展湖南档案资政参考工作 [J]. 中国档案，2024(3):28-29.

[3] 归吉官，邵晓瑜.新时代我国档案资政服务体系：基本认知、内容框架及结构模型 [J]. 档案管理，2023(1):26-29.

[4] 归吉官，田晓青.档案资政服务样态及路径优化——基于多案例研究 [J].档案管理，2023(3):66-70.

[5] 田晓青.基于公共决策部门知识需求的档案资政服务研究：框架、流程及机制分析 [J]. 档案与建设，2023(6):19-22.

[6] 吕红苹.档案机构档案资政服务模式研究 [J]. 档案天地，2023(1):58-6246.

[7][8] 肖秋惠.档案管理概论 [M]. 武汉：武汉大学出版社，2009.

[9] 周璇.辽宁着力强化档案资政服务 [N].中国档案报，2024-05-06(1).

基于档案第二价值的综合档案馆
档案资政服务实践与路径探索

史亚洁　昝少阳　陈雨晴
包头市档案馆

摘要：档案第二价值是档案对非本单位，即国家、社会等的价值，是档案价值的扩大和升华，档案资政服务是档案第二价值的重要表现形式。本文以综合档案馆为例，从档案第二价值与档案资政服务的关系入手，回溯档案资政服务历史，分析现阶段资政工作开展现状，针对存在的对档案资政内容深度广度不足等问题，在学术探讨和工作实践基础上，创造性地提出依托各类检索工具找准档案第二价值，成体系构架馆藏档案资源建立档案资政智库中心，紧扣党委政府中心工作精准把脉明晰档案资政服务选题，采取务实管用的方式方法进行资政服务等措施，有效发挥档案资政服务的时代价值。

关键词：档案；价值；资政；探索

0 引言

存史资政育人是档案的重要作用。随着经济社会的发展，进入新时代，档案资政作用越来越被人们关注和重视，并且成为档案工作服务党和国家大局的重要有力举措。如何聚焦聚力中心工作，有效有为地做好档案资政服务，彰显档案资政作用，成为当前综合档案馆正在探寻和急需解决的一项重要课题。从档案第二价值出发，理论与实际结合，以全新的视角剖析探究综合档案馆档案资政服务的实践与路径，从而实现档案工作"两个服务"目标任务。

1 档案第二价值与档案资政服务

1.1 档案第二价值内涵

档案是人们在各类活动中直接形成的，是人类社会活动的真实记录，具有原始性、真实性、凭证性等独特作用，是党和国家的宝贵历史财富。档案第一价值是档案对于其形成者，即全宗单位的价值，是档案的首要价值，主要表现在原始记事、历史查考、凭证作用方面。档案第二价值是档案对非本单位，即国家、社会等方面的价值，是档案的再生价值，主要表现在参考作用、历史研究、经验借鉴方面。因此，档案首先是对其形成者有用，其次才是对国家、社会、个人有用。档案第二价值是伴随着经济社会的发展，人类在对既往生产、生活经验教训总结需求的基础上应运而生的，是档案价值的扩大和升华。

1.2 档案资政服务是档案第二价值的重要表现形式

回溯我国档案事业史，档案资政服务由来已久。在阶级社会，档案是国家统治者的利器，被藏于神庙、封于金匮、束之高阁，阶级性和机密性显著，但档案第二价值通过资政发挥明显。早在夏至西周，从中央到各诸侯，为教育和积累、传播知识的需要，存在大量档案文献编纂活动，这些活动由官府中相应的档案保管官员承担[1]，这是我国档案工作者开展档案资政服务的雏形阶段。到了大一统的汉代，汉承秦制，除重视档案典籍收藏外，政务活动中还大量开展档案利用工作，《史记》《汉书》两部巨著均是利用档案的典范，自此，资政服务进入大发展阶段。之后，唐代建立利用档案设馆修史制度，宋代重文轻武，设立架阁库，极大便利了利用档案开展各类史书编纂工作，历史著作《资治通鉴》作为统治阶级历史借鉴的史书，把档案资政服务推向顶峰。到了明清两代，中央集权制度进一步强化，档案资政服务作用更为凸显，经世实学、专治考据成为主流[2]。鸦片战争以来，国家动荡、民不聊生，档案资政服务一度出现断档。随着20世纪三四十年代我国档案学产生，五六十年代档案工作建立发展，八九十年代档案事业恢复整顿，档案工作开启新局面，编研成为档案工作的重要组成部分，档案资政服务又重新进入党和国家及社会各界视野，再获新生。

2 综合档案馆档案资政服务现状及不足

2.1 档案资政现状

2024 年 1 月 29 日，国家档案局在部署 2024 年工作时，明确强调要着力强化档案资政服务。要把主动服务党委、政府决策摆在更加突出的位置，积极发挥参谋助手作用。当前，档案资政服务已经成为档案工作中重要的一环，主要表现在：一是被动进行档案查阅利用，查考相关档案史料。各地档案馆均提供查档服务，根据公共决策部门实际需求，提供以往各方面管理活动中形成的档案，以便其分析和总结经验，了解当前状态及发展趋势，为当前决策施政提供参考。二是运用传统编研方式，汇集专题档案摘编。通过对档案资料进行收集、筛选、分类，将整理好的资料按照一定的逻辑顺序排列组合，形成专题档案摘编，以便查阅利用和研究。三是围绕重要时间节点，编写档案资政参考信息。选取有参考价值的历史事件，收集整合相关资料，理解档案资料背后的含义，在分析和解读的基础上编写资政参考信息以供领导决策参考。

2.2 短板和不足

在围绕中心、服务大局的档案资政服务方面，各综合档案馆一直积极探索、努力作为，取得了实实在在的成效，但面对新形势下党和国家的工作任务，档案部门在开展资政服务方面面临诸多挑战，并暴露出一些短板和不足。

2.2.1 疲于应付，对档案资政服务的重要性认识不够

综合档案馆资源虽然丰富，但由于受传统重保管、轻利用，重走进来、轻走出去思想的影响或出于保密方面的考虑[3]，部分档案工作者仍习惯于以档案固有业务工作为重点，对于资政热情不高、举措不多。部分档案工作者对档案资料所承载的资政价值认识不够，认为档案部门是边缘部门，离中心大局太远，历史档案不具有参考价值，没有认识到主动提供资政服务的重要性。部分单位仅为完成考核指标，将资政编研视为任务，是本职工作之外的附加，追求量而忽略质。

2.2.2 资政工作针对性、持续性、连贯性不足，成效不明显

传统的编研工作往往依赖现有的档案资料来进行选题，如某一时期特定主题的文件汇编、大事记等，常规编研材料多，彰显地方特色少，缺乏新意，没有针对性，无法做到契合时间任务节点、工作要点和领导关注重点。对于

编研方向缺乏系统谋划，缺乏地方特色，内容缺乏持续性和连贯性，对决策起参考作用的编研成果不多。

2.2.3 浅尝辄止，资政内容深度广度不足

部分档案馆囿于过去，多用老套路、老办法，在编研过程中只是单纯将相关信息收集整合，较少与相关部门交流合作，也较少深入实践，重"编"轻"研"，编研人员以产出成果为目标，满足于资政成果得到上级领导的签批、发表、出版等，忽视编研成果转化为政策方针的必要性和可行性，对被采纳的成果缺乏深层次研究，也很少对已经落地展开的成果进行跟踪服务，难以实际利用，无法最大限度发挥编研成果的价值，档案资政缺乏有高度、有深度、有厚度的精品成果。编研成果形式单一且传播范围狭窄，传播途径保守，运用新技术、新平台少，一般只限机关内部传阅，对于编研成果的宣传推介力度不够，难以拓宽服务广度。

2.2.4 人员力量薄弱，知识储备和能力水平有限

档案从业人员的专业能力是影响档案资政服务水平的关键因素，目前各地档案馆仍存在专业人才占比低、数量少的问题，档案专业知识不足，档案工作的专业化水平不高，对于如何围绕中心、服务大局路径不明、思路不清、举措不多，影响了档案资政服务的质量和效率。且编研人员配备不足，身担数个编研项目，不能全身心投入资政编研工作。

3 综合档案馆做好档案资政服务的路径探析

随着现代信息技术的不断发展，海量的馆藏档案的保管方式、管理方式、利用方式发生了根本性质的转变，档案数字化工作取得实质性进展，对发挥档案第二价值提出了更高的要求。如何做好新时代数字化馆藏档案资政服务成为新的时代课题。

3.1 依托各类检索工具，找准馆藏档案第二价值

如何在浩如烟海的档案资料中快速、准确地找到所需要的档案信息，作为联系档案资源和阅读使用者之间的纽带——检索工具发挥着至关重要的作用[4]。采用合适的检索工具，能够让阅读使用者更加便捷、高效的通往档案信息资源宝库。传统检索工具如全宗指南、案卷目录、卷内目录、归档文

件目录、主题目录、人名索引等，是档案行业工作人员利用档案的重要途径与方式。如今内容庞杂的档案资源库和依靠传统的检索工具，已在一定程度上限制了档案第二价值的发挥。数字档案馆建设日趋建成，为最大限度准备高效地满足社会各方面查档用档的需求，除依托传统检索工具外，急需优化档案管理系统算法技术，开发更加科学便捷有效的检索工具，能够从海量且多种媒体形态的档案中快速且精准地搜寻到所需信息，提高检索效率，有效发掘馆藏档案第二价值。

3.2 成体系构架馆藏档案资源，打造专题档案数据库

伴随着档案信息化技术的不断发展与突破，文字、图像、图形、动画等多媒体信息技术不断得到广泛应用[5]，为成体系构架馆藏档案资源、打造专题档案数据库提供了技术支持和保障。为了更好地保管、开发和利用日益增长的馆藏档案数据信息，要对馆藏档案进行科学分类、整理、鉴定，摸清馆藏家底，根据实际情况，围绕当下中心工作和社会关切重点热点问题，建立成体系的专题目录数据库、人名数据库、机构数据库、照片数据库、录音录像档案数据库等。成模块、成体系的各类型专题数据库不仅可以显著地提高档案的利用效率，也更加方便快捷地检索、调取、利用档案信息，更好地满足社会各界阅档使用者的需求，为档案资政奠定坚实的第一手资料基础。

3.3 有效调集高校、社会专家力量，建立档案资政智库中心

众人拾柴火焰高，档案资政作用的有效发挥，依赖社会各界人士的共同努力，其中有着深厚师资力量的高校学者和博闻强识、视野广博的社会专家是实现档案编研开发、资政服务的关键。种下梧桐树，引得凤凰来。综合档案馆要努力借脑引智、汇聚外力，加强与高校档案信息管理学院、历史文化学院等合作，搭建档案资政专家智库，充分发扬档案文化的独特魅力，吸引专家学者参与其中，借鉴社会专家独到的见解和高校学者独特的学科视角，全面拓宽档案工作思路，共同探索档案资政工作新思路新路径新角度，发挥综合档案馆档案资源优势，高校智库学术研究优势，社会专家本地通优势，三方合作共赢，共同助推档案资政服务高水平开展。

3.4 紧扣党委政府中心工作，精准把脉明晰档案资政服务选题

档案是历史的真实记录，是一座城市的宝贵财富。综合档案馆要成立工

作专班，及时跟进学习、牢牢把握"国之大者"，进行顶层设计和统筹谋划，集体探讨研究分析决策进行精准选题，确保选题的政治性、科学性、有效性。要紧扣地方党委政府中心工作，注重围绕中心、服务民生、服务发展的时代新功能精准把握资政服务选题，把具有重大政治意义、重要借鉴作用、重大激励能量的档案题材精选出来，深挖档案资源，谋划资政方向，精心编撰报送有价值、有思考、有深度操作性强的资政服务信息，为领导施政决策提供重要参考，让馆藏档案第二价值成果开发更具有吸引力。如，浙江编报《旧海关档案中的近代浙江对外贸易》，广西编报《档案里的平陆运河》等都获得良好效果。

3.5 突出档案元素，采取及时有效务实管用的方式方法进行资政服务

档案元素是档案资政的基本要素。综合档案馆要以馆藏文书、科技、音像、实物档案等为载体，以城市发展过程中各个历史时期的重大活动、重要事项、重点工程、重点学科、特色文化、名优产品等为主要内容，采用主动提供档案资政参考信息、开展档案专题编研、出版特色档案书籍等方式，提供来自历史的智慧和前人的经验，为领导决策提供及时有效、科学合理的资政服务。人才在档案资政服务工作开展中具有重要位置，没有高站位、高素质、高学识的编研人员，资政工作开展举步维艰。综合档案馆在人员调配方面，要注重考量综合素养、学识学养，坚持人岗相适，这样开展资政工作将事半功倍。

3.6 加强刚性要求，把档案资政工作纳入考核评价体系

把档案资政工作纳入综合档案馆业务建设评价体系在实践中已被证实是一种行之有效的做法。档案工作作为地方考核和被考核的一项指标，要充分发挥考核刚性要求和利剑作用，把档案资政工作纳入地方绩效考核评价体系中去，明确考核内容、量化考核内容，做好日常管理指导，从客观上督促综合档案馆开展档案资政服务。同时，要加强《中华人民共和国档案法》《中华人民共和国档案法实施条例》的宣贯工作，进一步建立健全综合档案馆资政服务工作机制，支持、鼓励、引导其深入挖掘档案资源，讲好中国故事、共产党故事、本地区故事，全面提升资政服务工作成效，努力推动各项档案工作再上新台阶。

注释及参考文献

[1] 刘耿生 . 档案文献编纂学 [M] 北京：中国人民大学出版社 ,2007:208,275-276.

[2] 周雪恒 . 中国档案事业史 [M] 北京：中国人民大学出版社 ,1997:129-136,217-219.

[3] 何彬彬 . 论档案资政服务的现实作用、存在问题及优化路径 [J]. 兰台世界 , 2024(2):75-78.

[4] 孙艺丹 . 高校档案管理工作目标定位与思考暨档案检索的内容及作用 [J]. 价值 工程 ,2018(13):42-43.

[5] 汪丹 . 新时代档案馆重特大事件档案专题数据库建设研究 [J]. 兰台内外 , 2024(15):18-19,22.

红色档案地理空间分布研究探析

陈曦亮

陕西省档案馆

摘要：红色档案作为传承红色基因、弘扬革命精神的重要媒介，是进行党史教育、继承和发扬红色传统的重要资源。本研究将地理信息技术应用于红色档案空间分布研究，探究红色档案的地理空间分布特征、空间变化特征、不同类型的红色档案空间分布、红色档案与区域经济发展，试图通过挖掘档案的空间分布特征，从宏观上揭示红色档案的形成规律，以期推动红色档案的有效管理与高效利用，促进红色基因的传承，赓续红色血脉。

关键词：红色档案；空间分布特征；开发利用

0 引言

红色档案是指中国共产党领导下，在新民主主义革命时期、社会主义革命和建设时期、改革开放和社会主义现代化建设新时期、中国特色社会主义新时代所形成的具有历史价值、教育意义、纪念意义的档案，是中国共产党在革命斗争、发展建设实践中形成的具有保存价值的文字、图像、声像等不同形式的原始记录[1][2]。习近平总书记指出，要把蕴含党的初心使命的红色档案保管好、利用好，把新时代党领导人民推进实现中华民族伟大复兴的奋斗历史记录好、留存好，更好地服务党和国家工作大局、服务人民群众。本研究将从宏观尺度的地理空间分析切入，对红色档案空间分布特征研究内容进行探讨，并从地理空间维度对红色档案开发利用进行展望，以期从宏观层面整合红色档案的地理空间分布特征，为揭示红色档案的空间规律、有效管理、高效利用提出路径。

1 研究背景

1.1 红色档案研究

红色档案是档案的重要组成部分，具有极高的开发和保存价值，当前学界对红色档案的研究集中在红色档案的理论内涵、开发利用以及提升策略三方面开展，通过思辨多重路径，充分开发红色档案，赋予红色档案新的时代价值[3][4][5]。

1.2 档案空间研究

档案空间研究可分为城建档案空间研究、网络空间档案管理研究、历史档案空间分布差异研究三部分。城建档案空间研究认为，GIS（地理信息系统）技术的应用促进了城建档案管理向可视化管理转变，为城建档案的信息化管理提供了突破性意义[6]。通过以地理坐标索引为主和时间序列为辅的整理方式，对城市规划档案进行空间化，可以形成空间化的规划档案数据库，实现"以图查档"的可视化功能，有利于探索空间化规划档案数据的查询、利用与分析，提高档案服务、利用水平[7]。在网络空间档案管理研究中，周文泓等发现目前面向网络空间的计算档案学研究在网络空间的档案馆拓展、基于网络技术的电子文件管理变革、融合于网络空间的档案理论与方法重构三方面取得较大进展，认为未来档案学需及时跟进数字转型进程，建设面向网络空间的计算档案学系统[8]。基于使用元宇宙理念，可以将其应用于网络档案空间或数字档案馆建设，探索构建全景档案空间的可能性和新途径[9]。在历史档案空间分布差异研究中，何庄从历史档案资源空间分布的整体状况、空间分布格局、空间分布载体特征以及空间分布类型特点四方面进行了讨论，认为历史档案的空间分布特点及其成因复杂，涉及历史、文化、地理、政治等多方面因素[10]。陈惠琼通过探究不同地点存放纸质档案的破损程度，发现不同储存空间有害真菌群落组成存在差异，影响纸质档案的保存[11]。

1.3 红色档案空间研究

当前红色档案空间研究主要集中在红色档案的展示空间构筑与利用，其研究尺度以红色档案资源陈列的展示、利用为主。张芸从空间视角研究红色档案开发利用的内在机理和建构路径，认为空间既是理解红色档案开发利用的重要维度，也是延伸红色档案生命力的基本向度[12]。马双双等探索了构建红色档案文化空间的路径，认为红色档案文化空间是包含物质空间、精神空间和社会空间的有机系统[13]。

可以看出，当前档案空间研究主要集中在理论建构与探讨，较少探索档案空间分异与形成机制的路径研究，红色档案空间研究主要以档案展示的微观空间探索为主。

2 红色档案空间特征研究

红色档案的空间分布特征研究涉及档案在地理空间上的分布及其变化规律的分析，通过对红色档案空间分布特征的研究，可以全面了解中国共产党在各个历史时期的革命活动区域与影响范围，揭示党在革命、建设、改革中的空间战略和布局，为档案研究、政策制定和区域发展提供重要参考。具体来说，红色档案空间特征研究包括以下几个主要内容：

2.1 红色档案的地理空间分布特征

红色档案地理空间分布特征可分为区域性分布特征和城乡分布特征两方面，其中区域型分布主要研究党中央档案和地方档案的空间分布以及互动关系。此外，可以依据档案形成的数量和位置，通过井冈山、延安、瑞金等革命根据地红色档案的地理空间分布特征，研究这些地区在革命斗争中的地位和作用。

红色档案的地理空间分布研究也可以根据城乡二元结构进行分类。城市红色档案以各个大城市为研究区，通过档案研究城市中的革命活动、工人运动以及党的城市工作的空间分布特征。农村档案的研究内容为土地革命、农村合作化运动等形成于农村地区红色档案的空间分布特征，了解中国共产党在农村的革命策略和实践。

2.2 红色档案的空间变化特征

红色档案空间变化特征分析是以某一历史革命事件为主题，且该事件在一定时期内档案的形成地由多个部分组成。如革命战争时期的长征档案，其研究对象为红军长征沿途各地形成的档案，分析长征经过的省份、主要战役地点和战略转移的空间分布特征。抗日战争时期形成红色档案的研究内容是抗日根据地的空间分布，包括华北、华中、华南等地的根据地建设和抗战活动。

社会主义建设时期形成的诸多红色档案也可进行空间变化特征分析。如分析"一五"期间 156 项重点建设工程的档案，研究这些项目在全国的空间布局，挖掘社会主义工业化探索之路所形成的伟大精神。三线建设涉及我国内地多个省份，研究三线建设时期档案的空间变化特征，分析我国内地工业、军事建设的空间分布和战略考量。

2.3 不同类型红色档案的空间分布

可以根据不同类型、主题探究红色档案的空间分布特征。军事档案可从军事根据地、战役等方面研究不同军事根据地或战场的地理位置、军事活动、战场布局，如陕甘宁边区、晋察冀边区等形成红色档案的空间分布。

经济档案主要研究重点工程和农业改革，探究档案的空间分布特征。如大庆油田、长江三峡工程档案，研究这些重点工程的地理分布及其对区域经济的影响。如家庭联产承包责任制试点地区的农业改革档案，可以分析农村经济改革的空间推广和影响机制。

文化档案分为红色文化遗址、红色文艺作品所形成的档案。其中红色文化遗址研究如井冈山革命博物馆、延安革命纪念馆等文化遗址的地理分布和保护情况。红色文艺作品的研究对象为革命歌曲、红色戏剧的创作和传播档案，研究这些作品的创作地点和传播路径。

2.4 红色档案与区域经济发展

在我国经济发展与建设过程中，形成的经济带、区域协作档案可以更好地理解中国共产党在各个历史时期的区域战略和布局，揭示区域经济和社会发展的脉络与规律。如研究长江经济带、珠江三角洲经济区、京津冀协同发展、长三角一体化的档案，可以推动研究区域间经济合作和发展模式，分析这些经济区的发展历程和空间分布特征。

在社会发展与民生领域，通过分析贫困地区的发展档案，可以研究国家级贫困县和地区扶贫政策的空间实施过程与成效，为制定脱贫攻坚成果同乡村振兴有效衔接相关政策提供支持。

3 地理空间维度红色档案开发利用展望

从地理空间维度开发和利用红色档案具有广阔的前景,尤其在红色档案的地理空间可视化建设、红色资源与文化的挖掘以及红色精神的教育与宣传等方面,具有重要的意义和应用价值。

3.1 有利于红色档案地理空间可视化建设

红色档案的地理空间可视化建设通过利用 GIS 等相关技术,将分散的红色档案数据整合到一个可视化平台上。可视化平台不仅能够直观地展示红色历史事件的空间和时间分布,还能动态呈现历史进程。通过这种方式,公众可以更清晰地了解红色历史。

通过地理空间可视化平台,可以将革命战争时期的重要战役、会议地点和革命根据地在数字地图上进行标注与展示。利用三维建模技术,能够模拟战役过程、革命路线,使得历史事件的动态演示更加生动逼真。此外,虚拟现实(VR)和增强现实(AR)技术的应用可以创造沉浸式互动体验,让公众通过数字设备"亲临"革命旧址,"亲手"翻看红色档案,感受历史场景。这些技术手段的结合不仅提升了红色档案的展示效果,也增强了公众的参与感和代入感,能够加深对红色档案的认知和理解。

3.2 有利于挖掘红色资源与文化

地理空间维度的开发利用为红色资源与文化的挖掘提供了新的视角和方法。通过将各地的红色资源进行地理空间整合,可以识别红色资源的分布规律和特点,为红色文化资源的保护和开发提供科学依据。通过形成详细的红色资源地图,全面展示全国范围内的革命遗址、纪念馆和文物。这种整合不仅有助于管理和保护红色资源,也便于公众查询和参观。在此基础上规划红色旅游线路,将具有历史意义的地点串联起来,形成丰富的红色旅游产品。游客可以沿着这些线路,实地探访革命遗址,深入了解红色历史和文化。这不仅有助于推动地方经济发展,同时还能促进红色文化的传播。此外,可以创建红色文化故事地图,将红色档案中的事件、人物、地点等信息与地理空间相结合,讲述红色文化故事,生动展示红色文化内涵,吸引更多人关注和了解红色历史。

3.3 有利于红色精神的教育与宣传

地理空间维度的开发利用对于红色精神的教育与宣传同样至关重要。通过将红色档案和相关历史资料进行数字化处理，建立基于地理空间的教育平台，可为学校和社会提供丰富的教育资源。开发基于地理信息的思政课程，通过互动地图和多媒体内容，学生能够形象生动地学习红色历史和精神。利用互联网和社交媒体平台，可以广泛传播红色文化和精神。如依托微信公众号、微博和抖音等渠道，发布基于地理空间数据的红色故事和教育内容。

爱国主义教育基地可以利用地理信息系统展示红色历史和文化，通过线上教育和线下体验活动相结合的方式，有效增强教育效果，激发公众的爱国热情和历史责任感。这种多层次、多形式的教育与宣传手段，不仅有助于传承红色精神，也在潜移默化中培养了公众的爱国主义情怀和社会责任感，为传承红色基因、弘扬红色文化、激发红色精神提供强有力的支持。

4 结语

综上所述，红色档案的地理空间分布研究不仅为档案的管理和展示提供了创新的技术手段，也为红色历史和文化的传承与弘扬提供了广阔的平台。在 GIS 等技术的支持下，红色档案的可视化建设使得历史事件和革命精神得以生动、直观地展现在公众面前，增强了公众的代入感和理解力。地理空间技术的应用为红色精神的教育与宣传开辟了新的路径。本文通过系统化整合红色档案的地理空间分布研究内容与开发利用展望，以期更加科学、全面地推进红色文化的挖掘与传承，从而为红色旅游和地方经济的发展提供新契机。

红色档案的地理空间化开发利用，不仅是技术与档案的融合，更是历史与现实的对话，将为我们理解和传承革命精神提供不竭的动力。未来，在推进红色档案地理空间化建设的过程中，需要不断探索和应用新技术，以提升红色档案的展示效果和利用价值。通过多层次、多形式的教育与宣传，持续推动红色精神的传承和弘扬，使其在新时代焕发出更加耀眼的光芒。

注释及参考文献

[1] 陈昕燕 . 沂蒙红色档案资源的当代价值与利用研究 [D]. 济南 : 山东大学 ,2017.

[2] 周林兴，崔云萍 . 区域性红色档案资源的协同开发利用探析——以长三角区域为分析对象 [J]. 档案学通讯 ,2021(5):4-13.

[3] 姜惠丹 .2011-2021 年中国红色档案研究综述 [J]. 档案天地 ,2022(2):22-26.

[4] 王娅，王向女 . 我国红色档案资源研究综述 [J]. 兰台世界 ,2019(2):34-37.

[5] 何紫璇 . 基于数字人文的红色档案资源开发利用研究 [D]. 济南 : 山东大学 ,2024.

[6] 宋莎 . 基于 GIS 的城建档案空间数据库建库模式研究 [J]. 城建档案 ,2020(7):13-15.

[7] 方钟，张轩瑞 . 城市规划档案空间化的关键技术研究 [J]. 测绘标准化 ,2019(3):12-15.

[8] 周文泓，文利君，陈淑涵 . 面向网络空间的计算档案学建设：进展与展望 [J]. 档案与建设 ,2023(4):24-28.

[9] 郭晋成，孙军，朱明龙 . 元宇宙视域下全景档案空间的构建 [J]. 浙江档案 ,2023(4):36-39.

[10] 何庄 . 试论历史档案资源的空间分布特点及其成因 [J]. 学海 ,2010(1):185-190.

[11] 陈惠琼 . 纸质档案的空间差异导致真菌群落不同演化——以福州、漳州和龙岩为例 [J]. 档案管理 ,2022(2):76-79.

[12] 张芸 . 赓续红色基因承继优良传统——红色档案资源开发利用的空间维度与建设路径 [J]. 四川文理学院学报 ,2023,33(4):49-53.

[13] 马双双，岳冠妤，唐萌萌，等 . 红色档案文化空间构筑路径探析 [J]. 档案学通讯 ,2024(1):28-36.

数字人文视域下高校名人档案的
知识聚合与开发利用模式研究

陈玉琴

上海财经大学

摘要：在我国"三全育人""大思政课"的背景下，高校名人档案因其特殊的人文、教育和宣传价值，具有不可替代的重要作用。数字人文作为一种新的理念、技术与方法，放大了高校名人档案的价值，也拓展了名人档案的知识聚合和开发利用模式。同时，高校名人档案也为数字人文提供了新的应用领域，并将可能促进数字人文的理念发展和技术升级。

关键词：数字人文；高校名人档案；知识聚合；开发利用

0 引言

数字人文（Digital Humanities）源于人文计算，是在计算机技术、网络技术、多媒体技术等新兴技术支撑下开展人文研究而形成的新型跨学科研究领域[1]。高校是学人和学科的聚集地，是培养、造就人才的知识殿堂，也是开展科学研究的技术高地之一。高校的名人就是这个场域中涌现出来的杰出代表。记录名人成长成才的档案一般称为名人档案。数字人文作为新的理念和技术可为名人档案的价值分析、知识聚合与开发利用提供强大的支持，名人档案也为数字人文理念和技术拓展了应用场景，还可能推动数字人文的理念发展与技术升级。目前，在中国知网（CNKI）数据库中以"数字人文＋高校名人档案"或"数字人文＋名人档案"为关键词搜索，发现学界的研究主要集中在对科技名人档案的建设路径[2]、知识化开发研究[3]方面。事实上，高校的名人种类多样，只着眼于科技名人，显然有较大的局限性。实践表明，高校名人档案在人才培养、文化传承与创新等方面有不可替代的重要作用，因而亟待开展对数字人文视域下高校名人档案具体价值的分析，并对其知识聚合与开发利用模式进行研究。

1 数字人文视域下高校名人档案的价值

高校名人档案是指建校以来高校历史发展过程中，在教学、科研以及管理工作中作出突出贡献的知名人物的档案，是在其一生的社会活动中形成的各种形式和各种载体的原始记录[4]。在数字人文视域下对其进行价值分析，发现其主要有以下三个方面的价值。

1.1 人文价值

高校的名人包括高校发展过程中的著名教育家、名师学者、革命先辈、杰出校友以及其他与高校相关的知名人物等。他们不仅在人生的某些或全部阶段参与了高校的建设与发展，有些还深度参与了社会进步和民族复兴的事业，在社会上也有较高的知名度与影响力。因此，名人档案的内涵十分丰富，不仅反映高校的文化传统、人文精神和学脉传承，是高校历史与文化的重要组成部分，也是中华民族优秀文化的一部分，体现了中华民族中的先进分子在历史进程中的觉醒与担当。如五四运动时期，北京大学涌现的以李大钊、陈独秀和鲁迅等为代表的一大批名人。一个完整的名人档案全宗就是一位名人一生的奋斗史，闪烁着名人的智慧与精神，不仅是高校的宝贵资源，其精华部分对全社会都有重要的历史文化价值。

1.2 教育价值

名人的成长成才离不开时代和社会的土壤。高校名人档案不但是名人成长、成才经历的真实记录，也反映了他所处的时代，甚至记录了国家和民族的历史进程。例如，著名科学家钱学森的档案就不仅记录了他的求知和工作经历，也反映了我国国防科技的发展历程。名人的事迹和精神对高校青年师生具有重要的示范引领作用，不仅是他们学习的榜样，也能培养他们爱校荣校的情感，增强他们的爱国情怀和文化自信。数字人文视域下，高校名人档案的获取、聚合与利用都变得更加多元和便捷。数字人文技术的引入，可以使名人档案的开发利用打破原有的时间和空间，名人档案教育价值的发挥不再囿于一校之内，而是可以扩展到多个相关高校、中小学生群体以及社会各界人士等,激发大家见贤思齐。

1.3 宣传价值

清华大学著名校长梅贻琦有言:"大学,非大楼之谓也,有大师之谓也。""大师"级人物对于高校而言,具有很强的号召力、凝聚力和影响力。比如大家想到著名教育家蔡元培就会想到北京大学,提到钱学森就会想到上海交通大学。高校通过对名人的宣传,可以有力提升高校的社会知名度和美誉度,提高社会对高校的关注度和支持力,为高校的招生、人才引进和科学研究等吸纳资源,促进高校事业的发展。名人档案以其真实、原始、可见可感的特性,具有较强的说服力。可通过名人档案展示和宣传名人事迹,弘扬正能量,实现对校内师生和全社会正确世界观、人生观、价值观的引领。数字人文则可助力丰富宣传形式、拓展宣传途径,通过虚拟现实、增强现实等提升宣传效果,并迅速扩大传播覆盖面。

2 数字人文视域下高校名人档案的知识聚合模式

名人经历比较丰富、活动范围广、涉及主体多,其档案也比较分散。某一高校保存的只是其求学或工作的某些阶段的档案。名人档案不全则很难呈现名人的全貌,直接影响后续的开发利用。数字人文的出现,可以很大程度上解决这个难题,通过数字人文技术采用多渠道、多模态、多关联等模式实现名人档案的知识聚合。

2.1 多渠道聚合

根据名人的活动轨迹,可聚合高校档案馆、公共档案馆、境内外个人与其他机构以及互联网等渠道的各类档案史料,尽量将名人的档案史料收集齐全,形成完整的名人档案全宗。在这方面,部分高校的名人纪念馆已经有了较好的经验可资借鉴。例如,上海交通大学钱学森图书馆就通过从北京师范大学附属中学、上海交通大学档案馆、中国科学院、航空航天部门、美国国家档案馆、麻省理工学院、加州理工学院以及钱学森的亲朋好友等多个渠道,比较完整地聚合了钱学森各个人生阶段的档案资料 6 万多卷 [5]。还有一个值得注意的渠道是收藏和拍卖市场,可在不违反高校财务制度的条件下设法购买或者鼓励热心校友拍卖下来后以捐赠的方式征集等。

2.2 多模态聚合

不同学科领域的学者对多模态的概念认识是不同的。在人文社科领域，一般是指"事物体验或是呈现的不同形式，常见的多模态资源有图像、声音、文字、视频等"[6]。中国人民大学的牛力认为，"多模态在档案领域可以理解为档案的载体繁杂多样，按照载体类型划分，可以分为纸质档案、照片档案、实物档案、音频档案、电子档案等多种模态档案资源"[7]。名人参与的活动多、涉及面广，名人档案的呈现形式也多种多样，有学籍、笔记、照片、证书、手稿、日记、论著、音视频以及其他实物等等，载体类型也呈现多模态的特征。因而，在聚合名人档案时，要注意将多模态的档案收集齐全。也可以通过数字技术，将实体档案处理成数字档案副本，便于保存与多样化利用。

2.3 多关联聚合

名人除了活动范围广，其关系网络也往往比较多维且相互关联性强，主要包括他的家人、同学师友、同行交往、各类机构以及国际交流等。例如，著名经济学家、教育家马寅初，曾在北洋大学（今天津大学）求学，参与创办上海商科大学（今上海财经大学），曾在上海交通大学、重庆大学等校任教，还曾担任浙江大学、北京大学校长、国民政府立法委员、兴业银行顾问等职，与国民党上层、新中国领导人有密切交往，涉足政、商、学三界且互相关联交错。马寅初纪念馆收藏和展示了马寅初大量的档案资料，但以上高校和机构也存有他的相关档案资料。就档案实体而言，要实现对马寅初全部档案资料的集中统一保管可能性不大，但通过数字人文技术整合以上相关机构的档案数字资源，共建共享马寅初的名人档案数据库还是有可能的。

3 数字人文视域下高校名人档案的开发利用模式

实现名人档案的知识聚合后，如何对名人档案进行安全有效的开发利用就成了新的挑战。高校或者其他机构可采用数字人文技术，根据名人档案来源的多主体性，面向受众的多样性，内容的丰富性及其价值实现的多场景性采用多种开发利用模式。

3.1 主体层面，建立多主体协同合作的开发利用

高校最根本的任务是立德树人，名人故事最能吸引人、打动人和教育人。高校应建立多主体协同合作的机制，充分开发利用名人档案，发挥它的各项价值尤其是教育价值。首先是加强校内主体之间的协同合作。如高校档案部门一般也兼校史研究，建设和管理校史馆、名人纪念馆等，是名人档案收、管、用最重要的主体；宣传部门具有媒体优势，可助力对名人档案的宣传；校友部门与校友联系紧密，对校友名人比较熟悉；离退休处则对本校离退休的名人比较了解；教务部门则有利用名人档案育人的需求等。其次是校内主体主动与校外相关主体的协同合作。可联合名人"生活过—求学过—工作过"的轨迹涉及的多个主体共同开发利用名人档案。例如，2023 年秋，在老一辈无产阶级革命家、著名经济学家孙冶方诞辰 115 周年之际，上海财经大学档案馆主动联合无锡孙冶方纪念馆和孙冶方基金会举办专题展览，展示学校在新中国成立后的首任院长孙冶方的档案史料和事迹，吸引了校内外 7500 多名观众前来参观学习，收到了很好的宣传和教育效果。

3.2 受众层面，面向各不同受众开发丰富的文化产品

档案的开发利用需要考虑对象，也就是受众。名人档案的开发利用同样需要从受众层面出发。名人档案的开发利用主要是面向本校师生、大中小学生和社会大众等。他们的共同点是都对名人事迹感兴趣，希望学习名人、成为名人，不同点是接受程度和偏好不同。常见的是利用名人档案开发专题展览、出版图书、发表文章等，更高层次的还有基于对名人档案和名人事迹的深入研究，拍摄名人纪录片、影视剧等。比如，2014 年影视部门将钱学森的故事打造成了一部人物传记电影《钱学森》，电影筹拍时曾查阅利用大量不为人知的机密档案，部分档案在电影镜头中也有呈现。这种方式适用受众面广，效果也好。但电影拍摄成本高、难度大，也不是所有的名人都有足够丰富的经历能支撑起一部跌宕起伏的电影。所以，对于大部分名人档案的开发利用来说，可以举办线上线下的专题展览，或结合名人事迹改编为大师剧、纪录片、系列短视频、文创品或图文推送等多种多样的文化产品，满足不同受众的需求。

3.3 技术层面，构建名人知识图谱与可视化呈现

知识图谱（Knowledge Graph）是指用可视化技术描述知识资源及其载体，挖掘、构建和显示知识及它们之间的相互联系[8]。具体来说，就是以数字人文技术利用名人档案构建名人知识图谱，实现文本、照片、音视频等反映的名人活动轨迹、社会关系的可视化呈现，使名人信息更加直观、易于理解，并方便检索。比如，以上海财经大学知名教授、新中国四大会计学泰斗之一、改革开放后全国首批博士生导师娄尔行为例，可根据他的求学、工作与学术活动轨迹等，将与其相关的高校、人物等通过技术手段构建知识图谱。他1937年毕业于国立上海商学院，师承安绍芸、谢霖、姚崧龄，上承卫挺生、潘序伦、雍家源，许本怡、朱国璋、胡宝昌、杨纪琬等是其师兄弟，龚清浩、杨荫溥、李鸿寿等是其同人，蒋岗、石成岳、王松年、张为国、汤云为、陈信元等是他的学生，并接替他任会计学系主任。张为国曾担任国际会计准则理事会第一位中国理事，现任第二位中国理事陆建桥是汤云为的学生……以娄尔行为核心人物的知识图谱不仅能反映他个人的生平事迹，还包罗了上海财经大学会计学科一百余年的发展历程、重要人物与重要事件等，甚至能反映中国会计教育史和中国会计史的部分面貌。

3.4 实践层面，全面融入"三全育人"环节

在实践层面，可通过特定场域与特定时刻开发利用名人档案，全面融入"三全育人"环节。特定场域是指以名人生平事迹为主线、以名人档案为主要内容和实物支撑建设的名人纪念馆或展示其部分内容的高校校史馆，为校内外提供参观瞻仰及其他研学活动的文化空间。也可将名人档案的开发利用成果布置在校内图书馆、教学楼和办公楼等师生学习生活的主要场所，为师生提供更多了解名人的机会。此外，基于名人档案开发利用的文化产品也可以走进社区、大中小学等。特定时刻是指举办开学典礼、示范党课、纪念日及其他活动时，将静态的名人档案创造性和创新性地转化为动态的情景讲述、话剧等，邀请师生参演，达到更好的育人效果。如复旦大学就利用老校长陈望道的故居，开设了《共产党宣言》展示馆，展示陈望道的档案史料及其翻译的《共产党宣言》等。据报道，在大师剧《陈望道》的创作过程中，也将"参观《共产党宣言》展示馆和校史馆成为每一位主创人员的必修课"[9]。多位参演或观看大师剧《陈望道》的复旦学生坦言很受震撼、很受教育。

4 结语

我国当前还有许多"卡脖子"问题亟待解决，解决问题的核心是人才。为谁培养人、培养什么样的人、如何培养人？这是高校作为国家高层次人才培养机构必须回答好的问题。而高校本身拥有丰富的人才样本，各历史时期的名人更是其中的优秀榜样。通过数字人文技术将记录和见证名人成长的档案收集好、保存好、利用好，让高校的青年师生和社会各界通过名人档案了解名人的成长轨迹，探究名人的成才规律，学习他们勤奋学习、艰苦奋斗、爱国奉献的精神，立志将个人的成长成才融入建设祖国的事业，当好社会主义事业的建设者和接班人。

注释及参考文献

[1] 刘炜,叶鹰.数字人文的技术体系与理论结构探讨 [J]. 中国图书馆学报,2017(5): 32–41.

[2] 曹晨,王凝萱,徐云鹏.从数字人文视角探索高校科技名人档案信息资源建设路径 [J]. 兰台世界,2024(4):45–48.

[3] 陈雨.数字人文视域下科技名人档案知识化开发探析 [J]. 档案学研究,2023(4):99–107.

[4] 刘淑妮,赵钊.高校名人档案建设中存在的问题及对策 [J].陕西档案,2018(4): 26.

[5] 钱永刚.钱学森图书馆 [EB/OL].[2024-6-1].https://www.qianxslib.sjtu.edu.cn/intro/intro07.php.

[6] 马超,李纲,陈思菁,等.基于多模态数据语义融合的旅游在线评论有用性识别研究 [J]. 情报学报,2020(2):199–207.

[7] 牛力,展超凡,高晨翔,等.人物事件导向的多模态档案资源知识聚合模式研究 [J]. 档案学通讯,2021(4):36–44.

[8] 路航.面向高校名人档案的知识图谱构建 [J]. 黑龙江档案,2022(5):225–227.

[9] 复旦大学新版大师剧《陈望道》上演 [EB/OL].[2024-5-20].https://www.shyp.gov.cn/shypq/xwzx-tpyw/20221124/418714.html.

以档资政：国家综合档案馆智库服务的实践与探索
——以上海市档案馆为例

董婷婷

上海市档案馆

摘要：档案资政是档案工作服务党和国家工作大局的重要举措，也是档案馆发挥智库功能的重要体现。本文在阐述以档资政历史渊源和现实需求的基础上，简述国家综合档案馆资政服务概况，特别叙述了上海市档案馆资政服务的发展历程，分析档案资政服务的特点和优势，并对开展档案智库服务进行思考和建议。

关键词：档案资政；智库服务；国家综合档案馆

0 引言

档案是国家机构、社会组织或个人在社会活动中直接形成的有价值的各种形式的历史记录，具有历史再现性、知识性、信息性、政治性、文化性、教育性等多种特点，这些特性决定了档案具有存史、资政、育人的独特作用。其中，档案资政是一项政治性、专业性、研究性、针对性、时效性都极强的工作，是档案工作服务党和国家工作大局的重要举措，也是档案馆发挥智库功能的重要体现。

1 以档资政的历史渊源和现实需求

1.1 封建统治者维护政权的手段

"以史为鉴，可以知兴替"，我国历代统治者把档案编史修志作为巩固统治的一项重要手段。无论是西汉司马迁作《史记》，还是北宋司马光编《资治通鉴》，都是利用档案编写的大型"档案资政参考"，可为统治者治理国家所借鉴。宋神宗的"鉴于往事，有资于治道"可一言以蔽之。史书之外，志书也起着资政作用。志书是一地之全史，其资料来源主要是档案，对决策者了解地情，科学决策，发挥着参谋与智囊作用。所谓"治天下者以史为鉴，治郡国者以志为鉴"。

中国古代的档案普遍处于封闭状态，藏于"石室金匮"，为统治者和贵族专用，是统治阶级维护政权、统治劳动人民的工具。唐编《群书治要》，全面总结古代治国理政的智慧经验，堪称"百科全书式"的资政宝典；清编《四库全书》，囊括各学科之长，为中华传统文化最完备之大集成。然凡是危及统治者统治地位的书籍资料，均在禁毁之列，以统治者的政治标准为准绳，形成了一套完备的封建统治制度。

1.2 国家治理体系现代化的现实需求

现今，档案工作担负着"为党管档、为国守史、为民服务"的重要职责，从历史中总结经验、吸取教训，为领导决策提供参考借鉴是档案工作围绕中心、服务大局的主要途径，也是档案馆发挥智库作用的具体体现。通过深入挖掘档案资源来揭示档案背后的价值，把"死档案"变成"活信息"，充分发挥档案工作在推进国家治理体系和治理能力现代化中的基础性、支撑性作用，彰显档案智库服务根本特质。[1]

近十年，相关政策不断完善加强。2014 年 5 月中共中央办公厅、国务院办公厅印发《关于加强和改进新形势下档案工作的意见》，提出要把"档案库"变成"思想库"，更好为各级党委和政府决策、管理提供参考，明确提出"思想库"概念；2015 年 1 月中共中央办公厅、国务院办公厅印发《关于加强中国特色新型智库建设的意见》，提出构建中国特色新型智库发展新格局，为全国各级各类智库建设规划了方向；2016 年 4 月国家档案局印发《全国档案事业发展"十三五"规划纲要》，提出探索建立档案智库的机制和途径，是档案机构探索智库建设的初步尝试；2021 年 6 月中共中央办公厅、国务院办公厅印发《"十四五"全国档案事业发展规划》，再次提出档案智库建设，要深入挖掘档案资源，及时精准为各级党委和政府决策提供参考。[2]

2 国家综合档案馆资政服务概况

从宏观层面来说，档案资政服务的形式多种多样，如上文提及的编史修志、汇集图书资料等，凡是利用档案来为党和政府部门决策提供服务的各类行为都可纳入，包括出版图书、举办展览、制作多媒体应用等，内容宽泛。为突出重点，本文后面探讨的档案资政服务专指以档案信息资源为基础，利用某种特定形式，针对党和政府管理、决策某个方面的问题而提供建议，发挥档案智库功能的过程。

2.1 以突发事件为切入点

我国综合档案馆资政服务以2003年"非典"事件为切入点，开始逐步形成规模。如辽宁省档案馆2003年编写《辽宁省近百年来发生重大疫情及防疫情况》一文开启资政之路，2010年3月正式创办《辽宁档案资政》，使其成为一个有效的资政服务平台；2003年4月《重庆档案信息拾萃》正式创刊，第一篇文章就是《重庆历史上的疫情及防治》，为应对"非典"提供档案力量；同年，北京市档案馆创办《档案摘报》，第1至5期针对"非典"摘编了馆藏民国时期和解放后有关传染病防疫和卫生工作的档案史料。在突发事件处置上，面向决策需求的档案智库服务是以档资政的有效切入点。

2.2 当下档案编研工作之重点

目前，档案资政服务已成为各级综合档案馆的常规工作，是档案编研工作的重点任务之一。山东省档案馆编报《档案资政参考》，先后围绕建设海洋强省、打造乡村振兴齐鲁样板、疫情防控、党史学习教育、服务黄河国家战略等重要专题进行编报资政参考50余期，切实增强资政服务的持续性和连贯性；[3]福建省档案馆创办《档案参考专报》，充分发挥馆藏闽台历史档案特色，编写《台湾光复，福建的作用不可替代》《回家之念 复籍之殇》《台湾光复后的教育重建》《省档案馆馆藏闽台关系档案资源及研究开发情况》等多篇档案参考，为领导和政府部门决策提供借鉴和佐证；湖南省档案馆编报《湖南档案资政参考》，编报《党和国家领导人关心洞庭湖治理与开发实录》《中共湖南历次党代会基本情况及经验启示》《中国茶界的"安化奇迹"是如何创造的》《新中国成立以来产生重要影响的湖南经验》等富有地域特色的文章，显著提升档案工作的影响力[4]；江苏省档案馆编报《江苏档案资政参考》，内容涵盖江苏百年党史、南京长江大桥精神、江苏抗疫记忆等，并编印《档案——〈江苏档案资政参考〉选编》第一辑、第二辑，作为2021 年和 2023 年江苏省两会辅助读本，为代表委员们资政襄政提供有益帮助；成都市档案馆创办《档案资政参考专刊》，立足档案研究，采用"呈现历史 + 讲好故事"的表达方式，以"小切口"反映"大变化"，彰显档案资源的独特价值。

限于时间和精力，仅以上述档案馆为例，其他各级综合档案馆也都有相应的资政服务，在此不一一列举。一斑窥全豹，档案资政已成普遍之势，是编研工作的重中之重。

2.3 上海市档案馆资政服务开展历程

2.3.1 尝试摸索阶段

上海市档案馆较早就开始系统地、有规模地开展档案资政服务。2001 年1 月创办《档案信息摘报》，在第 1 期"写在前面的话"中写道，"进入 21 世纪，上海面临着提高城市综合竞争力的历史使命，档案工作理应为完成这个使命竭尽所能。为此，我们拟编发《档案信息摘报》供领导参阅，希望通过它使档案工作更好地为上海改革开放和经济建设的大局服务，为领导决策服务。"言语中尽显初创时尝试和摸索的意味，没想到第二期内容就引起了市领导的注意。这期《摘报》充分发挥馆藏同业公会档案资源优势，多维度、全方位阐述近代上海同业公会整体情况，时值中国加入世界贸易组织前夕，正好契合政府欲强化行业协会职能的需求，时任市长徐匡迪看到后专程带人来馆调研。《摘报》的创办无疑开拓了一条为领导决策服务的新路径，拓宽了档案工作服务的边界。

2.3.2 稳步发展阶段

《档案信息摘报》为不定期内部出版，栏目因需而设，初有档案摘编、背景介绍、海上旧闻、域外传真、百年经纬看上海、小资料等，后又开辟了专家建言、百家谈、调研报告等专栏。[5]以市委和市政府重点关注的问题为切入点，以社会热点、难点、突发性事件为着眼点，以馆藏档案为落脚点，择取选题，精心编排。从创办至 2013 年，共编报 210 多期，主题涉及上海政治、经济、文化和社会生活方方面面，如《近代上海文教事业与上海城市经济的互动发展》《民国时期上海防疫情况》《解放初上海接管时期的立法概况》《1957 年上海开展正确处理人民内部矛盾的有关实践活动》《二十世纪六七十年代上海对地面沉降的控制》《上海当代旅游产业发展概况》等文，助力上海城市发展。

2.3.3 转型调整阶段

根据部门职责分工，《档案信息摘报》由档案史料编研部负责。2014年由于部门调整和职能整合，原档案宣传部（期刊编辑部）和档案史料编研部合二为一，成为档案史料编研部（档案宣传部），根据局馆统一部署和综合考量，《档案信息摘报》停办，但资政服务依旧继续开展，由综合规划处编报的《档案工作周报》"珍档鉴今"栏目继续发挥这方面作用。先后编写《工房建设，为什么从曹阳新村开始》《解放初期上海解决妇女就业问题的努力》《"小人书"里的"大文章"》等文，持续发挥以档资政功能。

2.3.4 迭代升级阶段

为了更好地做好档案资政服务，上海市档案馆曾派人赴天津、青岛等地学习考察，了解各地资政服务开展的情况，学习兄弟单位的先进做法。2018年11月上海市档案局馆调整为市委工作机关，2019年2月时任市委书记李强到局馆调研时强调，要增强做好档案工作的责任感和紧迫感，确保档案安全留存、发挥作用，更好资政育人、服务发展、服务民生。近年来，除了在《档案工作周报》上继续推出"珍档鉴今"栏目外，市委根据当下工作重点和关键节点会给我们出命题作文，我们先后编报《建党和大革命时期党开展督促检查工作溯源》《从馆藏档案看新中国上海工业发展历程》《从馆藏档案考察新中国上海旧改工作》《档案中的苏州河治理》《档案参考：上海城市发展与公共交通沿革》《档案参考：简述上海文化发展历程》等文，高品质、高时效完成，获得市委领导一致肯定和高度认可。

2.4 综合档案馆资政服务的特点和优势

纵观各级综合档案馆资政服务概况，主要以编报资政参考为主要手段，以书面稿件为呈现方式，形式上有专题档案摘编型、综述型、案例分析型、专题汇集型、数据统计型、综合运用型等。选题方面贴近党和政府重点工作，找准社会热点和难点问题，以馆藏档案为强力支撑，充分发挥馆藏特色档案优势，或梳理事件发展脉络，或分析原因总结规律提出警示，具有鲜明的政治性、针对性、时效性和参考性。

国家综合档案馆是统一保管党和政府机关档案的管理部门，既是党的机构，又是国家的机构，与党和政府有着天然联系。因此，以其为主体提供的资政服务，可以确保主题选择的精准性、对策建议的稳妥性，以及提供事实或数据支撑的权威性。

3 关于档案智库服务的思考与建议

档案资政开启了档案智库服务的大门。所谓智库，通俗来讲，即为政府决策提供咨询的研究机构。[6] 综合档案馆以档资政积极发挥智库作用，但毕竟尚处于探索阶段，要建立一个定位明晰、机制健全、体系完善、人才荟萃的档案智库，还需从以下几个方面进行考量。

3.1 完善档案智库服务工作机制

目前，大部分综合档案馆建立了专门的资政平台，固定呈报相关稿件；一部分综合档案馆因地制宜，结合时事采取专报形式；还有一部分将固定呈报和专报有机结合，兼顾长效机制和特殊要求。在这个过程中，始终是档案馆向政府部门的单向输出，偶尔会得到相关领导的批示，但大部分缺少信息反馈。建立健全的反馈机制，及时得到决策部门的意见，有利于档案馆汇总改进，形成良性互动。

3.2 加强档案资源体系建设

离开档案资源，档案智库服务就是无源之水，无本之木，档案资源是档案智库服务的关键。各级综合档案馆应拓宽档案进馆渠道，构建内容更丰富、形式更多样、结构更优化的馆藏资源体系，为资政服务提供坚实的档案支撑，以此提升智库服务质效。

3.3 打造智库服务团队

人才是智库发展的核心竞争力，组建一支高素质的智库服务队伍，是发挥档案智库作用的强有力保障。各级综合档案馆可结合国家档案局"三支人才队伍"的组建工作，选拔、培养一批具备前瞻性思维力、系统性规划力和高效行动力的智库型人才。通过编报各类资政参考，以老带新、以熟带生、以上带下，在实践中锤炼队伍，提升队伍战斗力。同时，善于借助"外脑"，加强与党史办、社科院、高校、图书馆、博物馆等机构的沟通与交流，拓宽思路，整合资源，提升综合档案馆智库服务能力。

3.4 创新档案智库服务形式

目前，档案智库服务以档案资政为主，而各级综合档案馆的资政服务方式较为单一，如前文所述，大多以编报资政参考为主要手段。可尝试运用新技术创新服务形式，如利用信息技术精准对接政府需求，打破纸质环境空间，注入可视化元素等，让档案智库服务更精准、更有效。

注释及参考文献

[1] 牛力，王钰涵．面向政府的档案信息资源开发利用研究综述 [J]. 档案学研究，2016(2):60-66.

[2] 任越，刘泽禹．以档资政：国家综合档案馆智库服务的功能定位及其实现研究 [J]. 档案与建设，2023(3):18-21.

[3] 陈晓．整合资源谋突破 档案资政树品牌——山东省档案馆《档案资政参考》编报工作成效显著 [J]. 中国档案，2022(5):38-39.

[4] 沈岳．"档案库"变"思想库"扎实开展湖南档案资政参考工作 [J]. 中国档案，2024(3):28-29.

[5] 朱榕．创建档案编研工作的新平台——试论《档案信息摘报》的编撰及意义 [C]//中国档案学会档案文献编纂学术委员会．档案编研论稿．桂林：广西师范大学出版社，2007:267-273.

[6] 赵彩彩．技术携手人文：数字人文视域下档案智库建设路径探析 [J]. 档案与建设，2020(6):29-33.

数字人文视角下高校红色档案开发利用实践研究

——以上海交通大学为例

许雯倩

上海交通大学档案文博管理中心

摘要：高校红色档案蕴含高校独特印记，是大思政课程中宝贵的"第一手"资料。借助数字人文焕活高校红色档案开发利用新形态，提升其应用效果与价值，是高校档案管理领域的新课题。本文立足于高校红色档案开发现状，结合上海交通大学实例，探讨其在数字人文视角下开发利用的新途径，为进一步推动高校红色档案研究与服务提供实践与策略依据。

关键词：数字人文；高校；红色档案；开发利用；资源共享

0 引言

数智时代的红色档案开发利用是一个多层次、多维度的系统工程。高校红色档案是大学精神的彰显，盘活高校红色档案，对于当代大学生塑造品格、提升素养具有重要意义。目前，相关论述多以综合档案馆为研究对象，本文旨在分析数字人文视角下，高校领域的开发与利用现状，探讨高校"数字人文+红色档案"实践路径。

1 数字人文视角下高校红色档案的内涵、关联与研究意义

1.1 高校红色档案资源的内涵

2023年上海市档案局印发了《上海市红色档案资源管理办法》，给出了"红色档案"与"红色档案资源"的明确定义。"红色档案"是指：中国共产党领导下，在新民主主义革命时期、社会主义革命和建设时期、改革开放

和社会主义现代化建设新时期、中国特色社会主义新时代所形成的具有历史价值、教育意义、纪念意义的档案。"红色档案资源"是指：红色档案及其相关的文献资料、各类出版物、实物等，以及在红色档案管理活动中形成的档案数字化成果、档案目录、数据信息、研究成果等的总和。

高校发展历程中产生红色档案带有高校独特印记，不仅包含红色革命档案，也包含高校在新中国成立后社会主义建设和改革开放直至新时期，对于人才培养、科学研究、社会服务中取得的光辉成就和涌现出的典型人物及典型事迹，符合社会主义核心价值观要求，能服从于党的建设，推进社会科技发展，传播红色正能量的精神及物质载体的总和。

1.2 数字人文与高校红色档案资源的关联及研究意义

数字人文的概念起源于"人文计算"。20 世纪 40 年代末，意大利学者罗伯特·布萨将计算机技术应用于编纂人文科学类书籍。学界专家提出："数字人文"的基础活动是"保存、分析、编辑和建模，基础材料包括档案、藏品等资源集合"[1]，核心是"围绕人文社会科学领域的研究对象本体，实现数字资源的深度整合与保存，向用户提供专题信息服务并为相关应用提供支持"[2]，"数字人文技术有数字化技术、数据管理技术、数据分析技术、可视化技术、VR/AR 技术、机器学习技术组成。"20 世纪 90 年代初，钱学森在阅读文献时关注到"Virtual Reality"一词，称之为"灵境"技术。在他写给人工智能专家的信中提到，"灵境"技术是继计算机技术革命后的又一项技术革命，将引发震撼全世界的变革，一定是人类历史中的大事。如今"数字人文"已在诸多文化领域得到广泛应用，在档案资源开发与服务领域，数字人文使档案工作从客观记录、收集、利用转变为目标明确、高度开放、深层次的内容挖掘、整合与呈现。

结合高校红色档案特性，可从以下三个维度理解"数字人文"与"高校红色档案"两者关系：首先，高校红色档案是高校发展历程的真实记录，是高校数字人文记忆库的重要资源。再者，高校通过数字人文项目，对红色档案进行内涵挖掘、资源整合与服务提升。最后，数字人文技术，可实现档案的文本分析、深度关联及可视化呈现。丰富高校红色档案展现形式，拓宽校史研究视野。

2 数字人文环境下高校红色档案开发与服务的现状分析

《"十四五"全国档案事业发展规划》提出"要加大档案资源开发力度，发挥档案在理想信念教育中的重要作用，围绕重大纪念活动和重要时间节点推出具有广泛影响力的档案文化精品，集中展示档案开发利用成果"。管好、用活红色档案是高校档案部门实现其存史资政育人价值的重要体现。然而，高校档案馆要实现数字人文环境下的红色档案开发与利用还面临着诸多现实困境：

2.1 高校对于红色档案资源征集力度欠缺

笔者对全国办学历史较悠久的 15 所 985 高校的档案部门网站及微信公众号，展开红色档案征集公告的调研。大多数单位以公告形式开展了史料、文献、实物的征集，发布了红色档案相关专题栏目或内容，但仅一所高校明确发布了红色档案征集公告（见表 1）。

表 1　15 所高校档案部门官方红色档案征集情况

序号	高校名称	校史资料征集公告	红色档案征集公告	红色档案网站专栏	红色档案微视频
1	清华大学	√	×	√	√
2	北京大学	√	×	√	×
3	上海交大	√	×	√	√
4	复旦大学	√	×	√	√
5	同济大学	√	×	√	√
6	武汉大学	√	×	√	√
7	浙江大学	√	×	×	√
8	四川大学	√	×	√	√
9	天津大学	√	×	√	×
10	南京大学	√	×	√	√
11	厦门大学	√	√	√	√
12	南开大学	√	×	√	×

序号	高校名称	校史资料 征集公告	红色档案 征集公告	红色档案 网站专栏	红色档案 微视频
13	西安交大	√	×	√	×
14	中国人大	×	×	×	×
15	中山大学	√	×	×	×

2.2 高校红色档案资源开发主体单一

目前，大多数高校档案部门未设有红色档案专题目录或数据库，一定程度上制约了红色档案的广泛使用与功能拓展。红色档案开发利用主体仍是高校档案部门，其他开发主体参与度较低。存在研究宣传不够深入、形式不够多样、效果不够显著、公众参与度较低等问题，未能全面收集、整理、展现与学校相关的红色故事和红色人物，没有打造出具有高校特色的"红色经典产品"。

2.3 高校红色档案主动服务驱动力不足

高校档案部门主动服务意识薄弱，档案工作本身具有很强政治性，在开发利用时，档案部门往往较为被动，服务方式创新不足。从调研情况来看，目前多数高校红色档案开发利用形式单一，多以史料编研、专题展览的方式呈现，编研成果以文字为主，展览以图文结合为主，缺乏交互融合性，开发成果的推广效果不够显著，与观众体验式、沉浸式的观展需求尚有差距。不少综合档案馆已经广泛使用的全景展览、微视频、微纪录片等数字人文展现手段，在高校档案部门运用有限。综上，高校红色档案主动服务驱动力不足，开发利用形式单一固化，急需融合数字人文技术开发创新思维与手段。

2.4 高校红色档案资源共建共享乏力

国家档案局原副局长付华曾在全国档案工作者年会上提出："在今天一切讲究跨界的时代，档案工作中的许多问题已经不是档案部门自身的问题，而是需要各个行业互相配合、互相融合，共同研究解决。"高校档案部门亦不例外，信息共建共享不充分、资源碎片化，跨部门、跨区域、跨单位之间的互通共享较少；红色档案资源受众范围单一，服务范围局限在高校里面，未能辐射到"象牙塔"以外的群体；未能找准联结点，恰如其分地将档案史料中的红色基因运用于高校思想政治素质培育工作。

3 上海交通大学红色资源开发利用在数字人文领域的若干尝试

为有效开发学校红色档案资源，发挥高校红色档案存史、资教、育人的功能，上海交通大学协同档案、文博、校史、宣传等业务归口部门，将红色档案资源的开发与利用融入校园文化建设。

3.1 线上发布馆藏资源，群体共同参与红色档案资源建设

为进一步发挥红色档案存史资政育人功能，上海交大档案文博管理中心分批对馆藏红色档案进行开放鉴定，鉴定后在线发布珍档信息与全文。中心甄选了 1931 年《交大季刊》第七期抗日特刊、史霄雯烈士读书时期实验报告、穆汉祥烈士读书期间与家人的书信、以钱学森为代表的杰出科学家的文献实物等，通过官网、微信、实体展览的方式，与师生与公众见面，推文点击量达 2000 余人次。档案保护修复人员采用高精度扫描与立体拍摄技术，对档案实体进行数字化采集，为今后建立红色档案数据库做好准备。校内多个部门联合开展"口述"档案采集，拓展红色档案资源征集新渠道。中心整理出版的《上海交通大学百年报刊集成》第一辑收集了交大 1949 年前散存的各类报刊，荟萃了 1896 到 1949 年间问世的 49 种期刊，并开展交大红色期刊的收集影印出版，课题发布后多学科共同参与，开展红色期刊资源的共享共建。

3.2 与院系学科协作联动，打造红色档案育人新模式

上海交通大学开展"珍档进院系"活动，遴选红色珍档走进院系，让大学精神中的"红色基因"具象化。档案文博管理中心推出了"博物馆里的微党课"，甄选黄旭华社团登记表、歼 8 飞机模型等文献实物，以音视频、图片叙述结合的方式进行动态展示。通过 3D、VR、AR 视觉沉浸技术，多维立体地呈现内容，实现展示成果的场景化，在新媒体平台为学校立德树人工作助力赋能。媒体与传播学院开展虚拟展览、线上解说，将红色档案融入课堂，使各种形态的智能化教学环境应用成为可能。人文学院近代史、党史相关学科则通过对英烈人物所涉地域、学科、牺牲年代等要素的大数据分析，对人物成长背景经历有更深的挖掘。院系结合学科特点构建教学的素材库，定制个性化教学内容，使得文化资源"动"起来，思政教育"活"起来。

3.3 开辟主题展览云展厅，提升红色档案宣传效能最大化

习近平总书记指出，做好高校思想政治工作，要因事而化、因时而进、因势而新。他还提出，要运用新媒体新技术使工作活起来，推动思想政治工作传统优势同信息技术高度融合，增强时代感和吸引力。线上线下相结合，推进思想政治教育的理念思路、内容形式、方法手段创新，增强工作时代感和实效性。[3]在高校文化育人的大环境下，数字人文的发展与应用为高校红色档案的宣传开拓了新的方式与途径。上海交通大学档案文博管理中心依托馆藏资源，通过B站、微博、腾讯会议等新媒体工具，通过3D建模、PS图像处理技术，将线下展览做了线上还原，实现展览的"交互性"和观展的"高自由度"，将展品、图文、视频置入VR展厅，为观众提供沉浸式全景观展体验。通过数字人文技术，让展览蕴含的精神内核更加入眼、入耳、入脑、入心（见表2）。

表2 上海交通大学红色档案宣传精品案例

序号	展览名称	数字人文技术/工具	宣传方式
1	积厚流光——上海交通大学校史博物馆基本陈列	触摸屏 多媒体呈现 全息投影	"博物馆奇妙夜"云直播 官方微博 官方B站
2	浓墨梁山好汉志、品悟水浒忠义情——戴敦邦《水浒传》电视剧人物造型画展	3D建模 PS技术 配音秀app	线上云展览 云讲解 水浒表情包 水浒配音秀
3	科教兴国、开创未来——两弹一星功勋科学家杨嘉墀专题展览	VR展厅	线上云展览 云讲解 互动体验 同步直播

4 数字人文视角下高校红色档案开发与服务的实现路径

借助数字人文技术，为红色档案资源开发服务的内涵与形式拾遗补阙，从中发现更有价值的隐藏知识信息，实现数字人文与红色档案资源最佳融合，是高校档案资源开发服务工作的应然之势。

4.1 构建高校红色档案资源采集存储合作机制

高校红色档案资源采集存储主体包括档案、校史、宣传、信息、院系等多个部门，涉及范围广、协调难度大、技术要求高。高校应发挥学科、人才优势，利用数字人文技术，将分散在不同主体、不同载体中的红色档案资源聚集整合。档案馆制定档案采集存储标准；信息部门给予数据采集、长期存储、信息安全的技术保障；人文学科依靠图文处理、语音光学识别、环物摄影等技术开展数字化采集与数据化组织，通过语义分析、知识图谱、文本挖掘等技术进行精准描述、主题聚类分析、文本挖掘提取和内容组织融合；宣传部门牵头建立校内共建、协作开发的管理机制，保障高校红色档案资源的采集与存储始终在有序、可控的环境下运行。

4.2 搭建高校红色档案资源一站式共享利用平台

新加坡国家档案馆"公民档案员"项目，以"加入我们，帮助所有人方便检索档案馆馆藏"为目标；中国人民大学人文研究中心"我的北京记忆"项目提出"让城市记忆真正源自民间，回归民间"。这些项目一定程度上，保证了公众共建的社会记忆能够得到妥善保存，并能构建更庞大的社会记忆库。[4]高校红色档案的开发利用可效仿其中一些具体做法，构建红色档案资源共享共建平台。

通过前文所述的集中采集与关联化存储，对数据进行清洗、分析、整合、归类、关联，构建类别清晰、主题鲜明且集输入、管理、输出为一体的红色档案资源库。同时，高校可开展数字档案资源社会化共建，引入社会力量，逐一分解贴标签、转录、添加背景信息等工作。赋予可控范围内相应的使用权限，实现红色档案资源在高校内部以及辐射社会公众的互联互通、共建共享与在线利用。

4.3 推动高校红色档案资源智慧利用与优化服务

近年来，上海交大在扎实研究的基础上，主动拓展新媒体宣传平台，提升高校红色文化的知名度和影响力。数字人文技术的涌现与普及为高校红色档案资源的智慧利用提供了新途径。

4.3.1 分步实施红色档案数据化，开启数字记录管理新模式

以高校地下党、老校友为采集对象的"口述"档案音视频资源，通过语音识别、自然语言理解 NLP 等人工智能技术解决音视频档案的管理难点，实

现自动编目的需求。

4.3.2 建立高校红色人物（英烈、地下党、红色科学家等）资源库

通过预设人物数据，在对声像档案存储过程中，提取人脸建立数据库。通过比对，完成人物标注，关联视频所在事件的文本信息，助力相关红色专题档案的检索利用。

4.3.3 优化红色档案资源服务内容

通过大数据、云计算等技术实现检索功能的改进，利用关键词信息检索、与词语或字符等语义关联的模糊查询等方式进行智能检索，提高查准率与查全率。最终实现档案服务、校史研究、文博育人的业务协同整合、泛在化服务，以此提高校师生与社会公众对高校红色档案资源的可及性。

注释及参考文献

[1] 牛力, 刘慧琳, 曾静怡. 档案工作参与数字人文建设的模式分析 [J]. 档案学通讯, 2020(5):62-67.

[2] 赵生辉, 朱学芳. 我国高校数字人文中心建设初探 [J]. 图书情报工作, 2014(6): 64-69.

[3] 刘曙辉. 高校思政工作如何"因事而化、因时而进、因时而新"[N]. 郑州日报, 2019-02-22（15）.

[4] 丁越, 陈建. 共建与共享：档案众包完善社会记忆的方式与路径 [J]. 山西档案, 2023(1):14-19.

数字人文技术方法在档案开发利用中的探索实践
——以"跟着档案观上海"数字人文平台建设为例

张新　　胡劼

上海市档案馆

摘要： "跟着档案观上海"数字人文平台是上海市档案馆贯彻落实习近平总书记考察上海重要讲话和对档案工作重要指示批示精神，顺应数字化时代发展趋势，探索数字人文技术在档案资源深层加工和利用中应用的创新项目。该项目以丰富的馆藏档案资源为基础，结合现代科技手段，活化档案资源，深度挖掘上海著名地标性建筑和街区的历史内涵，构建了一个多功能、开放式、互动性的在线展示和教育平台。它是上海市档案馆践行习近平文化思想的生动实践，对于深化档案资源开发利用、共建共享、发挥档案存史资政育人作用具有创新意义。

关键词： 数字人文；跟着档案观上海；档案数字化转型

0 引言

上海是党的诞生地、初心始发地和伟大建党精神孕育地，它还是中国最早"睁眼看世界"的城市，中西文明在此激荡碰撞、交融互鉴。这些特性，造就了上海城市独特的精神品格，也留下了弥足珍贵的档案记忆。

党的十八大以来，习近平总书记多次考察上海，对上海发展提出殷切希望。2021年，习近平总书记对新时代档案工作作出重要批示。秉承习近平总书记提出的"四个好""两个服务""三个走向"重要要求，近年来，上海档案部门响应党的二十大提出的"加快建设网络强国、数字中国"的号召，顺应当今社会加速迈向数字时代的发展趋势，按照《"十四五"全国档案事业发展规划》提出的"积极探索知识管理、人工智能、数字人文等技术在档案信息深层加工和利用中的应用"的明确要求，积极探索开展数字人文在档案领域的应用，并将其作为加速档案全行业数字化转型，推动档案事业向更高质量发展的重要工作内容。

上海市档案馆在数字化转型的过程中已经积累了 2.3 亿幅数字化画幅、可观的包括数字照片、数字音视频在内的电子档案,各类档案文件级目录达1500 余万条。这些档案数字资源以及众多传统档案资源开发利用成果,为开展数字人文应用奠定了丰厚的基础。

2023 年 6 月,上海市档案馆建设的"跟着档案观上海"数字人文平台正式上线运行。平台上线后受到社会广泛关注,至 2024 年 4 月 30 日,浏览量(PV)达到 720167 次,访客量(UV)达到 455502 人。在 2023 年度德国"红点"设计比赛中,从全球众多参赛作品中脱颖而出,获得"红点"视觉传达类奖项。2024 年,又获得"IF"用户界面类别设计奖。

1 "跟着档案观上海"数字人文平台建设总体情况

1.1 "跟着档案观上海"数字人文平台简介

"跟着档案观上海"数字人文平台以上海市馆馆藏 1855——2012 年间形成的 12 张不同时代的地图为"基底",通过 1000 余件馆藏和来自其他档案保管单位与个人的文书、照片、图纸等档案,以近代上海最早开启现代化进程的外滩、北外滩区域的标志性建筑点位为描述对象,综合应用时空地理、知识图谱、人工智能、人机交互、数据库等技术,将包括时间背景、地理空间信息、建筑物、事件、人物等档案信息要素聚合起来,在 PC 端、移动端以及市档案馆新馆学生课堂大屏端打造基于互联网的多功能、开放式、互动性的面向广大社会公众的全新数字化档案展示利用和教育平台。如图 1—图 3 所示。

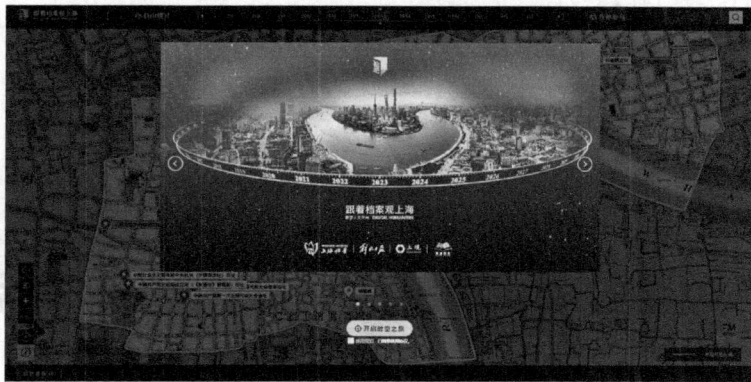

图 1 "跟着档案观上海"数字人文平台 PC 端平台介绍界面

1.2 "跟着档案观上海"数字人文平台建设过程

2022 年，上海市档案馆正式启动"跟着档案看上海"数字人文平台项目建设。2023 年初，项目基本完成后台数据库开发、数据录入、3D 建模、流媒体故事生成，以及时空地理系统搭建、知识图谱构建等基础性工作。在完成平台部署后，经多轮测试，于 2023 年 6 月 9 日"国际档案日"正式上线上海市档案馆官网"上海档案信息网"。

2 "跟着档案观上海"数字人文平台主要功能

2.1 后台综合管理系统、基础数据库开发和录入

平台搭建了后台综合管理系统及基础数据库的建设开发，可对地理信息、时间信息等数据、数字档案内容、各功能模块等进行综合管理。聚焦上海最先近代化及当下城市更新的重点外滩与北外滩区域（即黄浦江与苏州河"一江一河"交汇处），在后台数据库共录入 1000 余件文书、照片、视频等档案数字资源的条目及详细说明，以及 5 个流媒体故事的文本共 10 万字。该后台具有智能化、可扩展性特点，可容纳海量数据，方便后续建筑点位、档案数据的不断添加和编辑，为平台的内容拓展创造了基本条件。

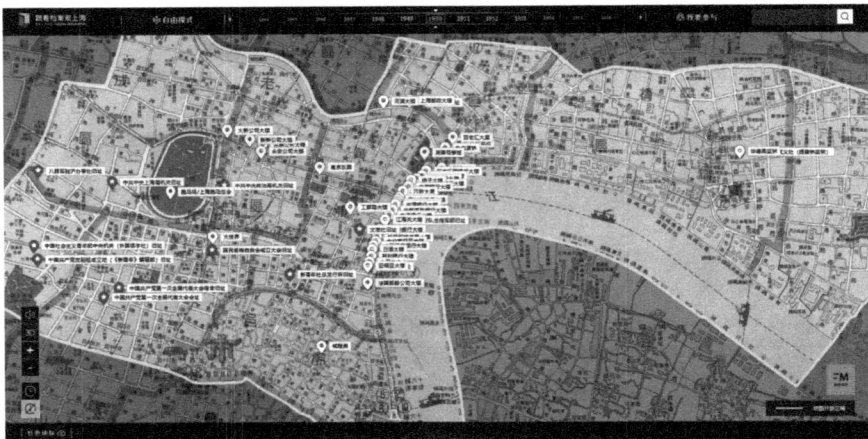

图 2 "跟着档案观上海"数字人文平台 PC 端首页

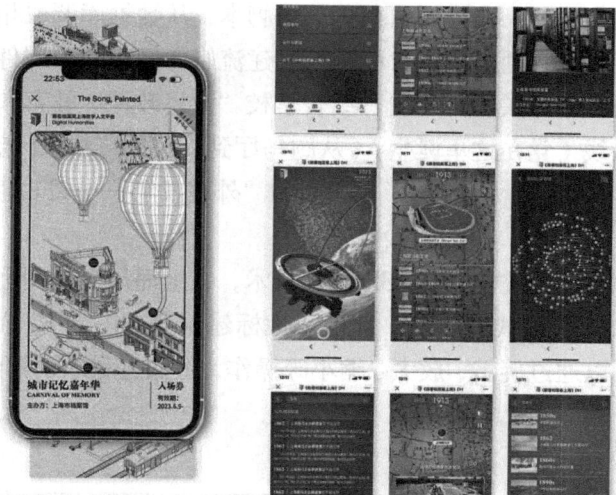

图 3 "城市记忆嘉年华"H5 小程序及手机端界面

2.2 数字人文技术方法应用

时空地理系统：作为平台核心功能，该系统向用户呈现了交互式的地图界面，通过点击时间轴切换年份变换不同年代的 10 余幅馆藏地图，直观呈现上海城市变迁的历程。同时，点击地图上的热点建筑点位，可展开以列表形式呈现的档案，可让用户深入了解该建筑的相关历史。

档案关联知识图谱：该系统根据平台相关档案标题及说明关键词自动生成每个建筑点位的档案关联可视化图谱，用户可通过档案知识图谱自由探索建筑地标、历史事件、人物等之间的内在关联。如图 4 所示。

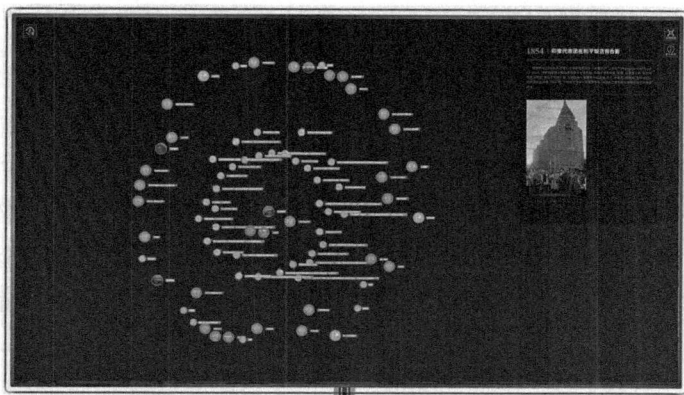

图 4 地标建筑档案知识图谱界面

流媒体故事模式：该模块可根据故事脚本，从数据库调取相关档案内容生成故事演绎片段，通过配音、配乐等创建流媒体短篇故事课件，供市民或学生群体学习了解相关城市历史。结合学校"大思政课"教育和乡土教育要求，目前已上线《党在这里诞生》《从跑马厅到人民的广场》《老城记忆——城隍庙》《换了人间的大世界》《上海人的"外婆桥"——外白渡桥》5 个流媒体故事。

3D 建筑模式：该模块通过 3D 建模技术，在上海历史地图上再现包括中共一大会址、外滩沿线建筑群、北外滩地标建筑等在内的 30 余个地标建筑原貌，用户可以通过旋转、放大、缩小等操作，更加直观地了解建筑的外观。如图 5 所示。

图 5　数字人文平台 PC 端 3D 建筑地图模式

"众包"公众参与功能：合作机构和个人可使用该功能上传所收藏的档案资源，点评平台内容。

数据可视化后"全媒体平台"的呈现：项目基于同一数据库后台，构建起电脑 PC 端、手机移动端、线下触摸大屏端等形式组成的"全媒体平台"。通过定制化界面，满足不同使用场景下的用户需求，用户可在电脑 PC 端体验最完整功能界面，在手机移动端体验轻量化功能，在线下大屏端体验交互触摸界面。

3 "跟着档案观上海"数字人文平台主要特色

3.1 凸显上海城市"红色"底色

红色文化是上海城市文化和精神品格的"底色"。"跟着档案观上海"数字人文平台构建伊始，就把赓续红色血脉、传承红色基因放在重要的位置。在建筑点位选择上，精心挑选了中共一大会址等14个上海具有代表性的红色地标，以彰显上海在党的历史上的独特地位和作用。在其他点位档案内容的选择上，也注意反映其总体历史面貌，突出地标建筑档案的"时代性"，在还原历史变迁面貌时，着力反映新中国、新时代的新面貌和新成就。在作为基底的12张城市地图中，解放后的上海地图达7张。在构思音频故事时，也注重从其中反映上海的红色文化、人民城市建设的不凡历程。如图6所示。

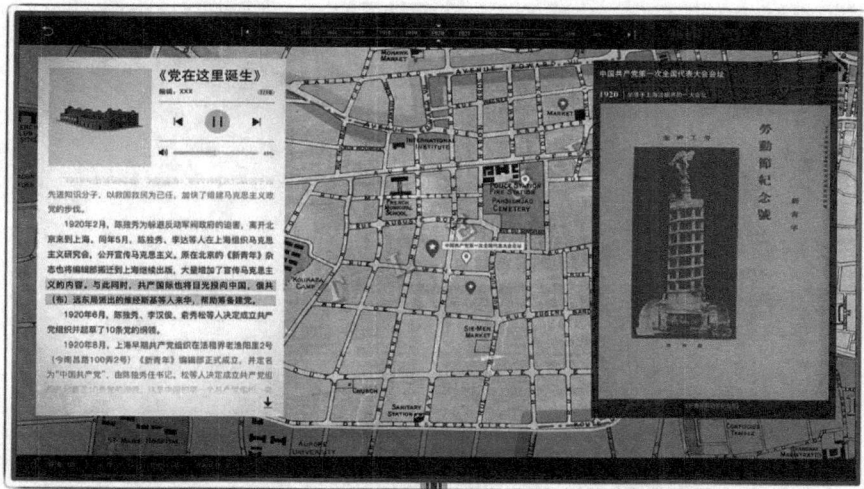

图6 《党在这里诞生》流媒体短篇故事模式界面

3.2 融档案查询服务、开发利用、社会教育于一体

"跟着档案观上海"数字人文平台既是一个具有海量容量的文书、照片、音视频等多模态档案数据库，它兼容各大主流电脑（包括主流信创产品）浏览器、适配主流手机端浏览器，通过友好易用的设计界面，平台可以让使用者能够足不出户，更便捷地获取档案信息。

平台也是一个可扩展的互动化网上展览，基于互联网的可视化展现方式，为利用者提供自主多元的城市历史与档案文化探索渠道，活化了档案展现形式。平台还是一个档案编研工具，方便档案馆研究人员利用数字工具和方法，实现编研课题研究成果的数字化录入和可视化输出，提升了档案利用服务水平。

同时，平台还是一个社会教育的课堂。专门为馆内学生课堂定制开发的触摸大屏平台界面，以及根据平台内容设计的开放式城市历史探究课程广受青少年学生欢迎。上线以来，已有来自上海工商外国语学校、周边社区学校的学生先后走进档案馆，作为档案思政课堂暨"跟着档案观上海"数字人文平台探究体验课的"体验官"，通过沉浸式、互动式的课程，更深入地了解这座城市的发展历程和人文底蕴，使档案存史资政育人作用和市档案馆爱国主义教育基地功能得到更好发挥。如图 7 所示。

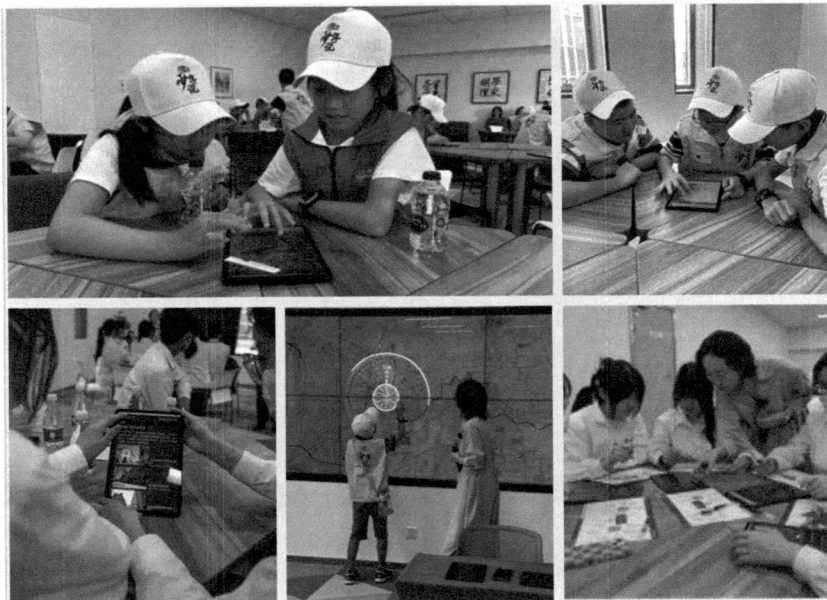

图 7　市档案馆利用数字人文平台开展档案思政课

3.3 开辟了档案资源共建共享的新模式

"跟着档案观上海"数字人文致力于社会各方的参与。上海市档案馆与上海市委机关报解放日报·上观新闻深度合作，同时还有黄浦区档案馆等单位参与其中，有效地动员了社会各方力量参与档案事务，也在一定程度上弥补了馆藏资源特别是反映城市最新变化资料的不足。平台"众包"功能支持机构与市民个体在平台上传档案资料，通过平台审核后发布，提升社会公众对档案工作的参与度，如图8所示。正在进行的二期建设，将有上海市杨浦区档案馆、上海市城市建设档案馆以及档案社会化服务企业的加入。众包功能将在平台二期建设中率先对机构合作伙伴开放。

图 8 "数字记忆新时代——上海档案创新发展"展览中，观众现场体验数字人文平台

3.4 档案科学研究与平台建设相结合

2022 年 8 月，市档案馆以《数字人文方法及相关技术在档案资源开发利用中的实践——以"跟着档案看上海"数字人文项目为例》（平台正式上线时更名为"跟着档案观上海"）为题，申报国家档案局和上海市档案局的科研项目，以发挥档案科研在项目实施中的带动牵引作用，推动项目实施与科学研究互融互促。通过课题研究，解决了超大精度地图档案渲染、档案知识图谱自动化关联、国产化兼容等技术难点。2023 年 12 月，平台建设研究课题通过国家档案局档案科研项目验收，验收专家组一致认为"项目探索了档案资源开发利用新方式与档案资源共建共享新模式，具有一定的创新示范作用。项目成果受到社会广泛关注，丰富了档案馆爱国主义教育基地建设内涵，取得了较好的社会效果"。

4 数字人文技术方法对档案资源开发利用的启示

4.1 数字化表达是当今时代档案资源开发利用的必由之路

当今时代，传统的档案资源开发利用方式正受到巨大的挑战。各类档案数据库层出不穷，大有取代传统档案资料汇编之势。实体档案展览在多媒体互动展项的"加持"下越办越精彩，但还是要受到档期等的限制。数字人文技术方法具有多面向性，既有西班牙普拉多美术馆对博斯画作《人间乐园》这样"小而美"的专题数字化解读，也有"威尼斯时光机""欧洲时光机""跟着档案观上海"这样大型的可持续扩展的数字化平台，为数字时代档案资源开发利用带来了多种可能性。在这一"新赛道"上，纸本档案汇编等传统编研成果、实体档案展览的局限性将不再存在。数字人文平台也可以与线下展览、传统编研出版物形成良性互补，事实上，"跟着档案观上海"的档案内容，很多就取自上海市档案馆精心打造的《跟着档案看上海》图文书。

正在进行的平台二期建设，习近平总书记"人民城市"理念首提地杨浦滨江，以及黄浦区 20 个有代表性的红色地标将纳入其中，上海的红色文化、解放以来特别是改革开放和新时代人民城市建设的成果将会有更充分的展现。同时，也是档案馆正在开展的《人民的城市·杨浦篇》图文书的编撰互融互促。

数字技术，正以其特有的属性，在上海打造习近平文化思想最佳实践地的过程中发挥档案资源存史资政育人的独特作用，也将推动传统的档案资源开发利用走向现代化，推动档案事业向更高质量发展。

4.2 合适的工作运行模式在数字化档案资源开发利用中至关重要

当今世界，档案馆正全面走向数字化转型，信息技术已经深度融入档案收集、保管、整理、开发利用等各个方面。以"跟着档案观上海"数字人文平台为例，它既是一个档案资源开发利用项目，同时对信息化的要求也非常高。而目前按传统档案工作环节设置的档案馆信息化部门、开发利用部门单独承担类似工作均力所不及。

为确保平台建设顺利开展，上海市档案馆发挥馆局合一的体制优势，创设了"跨部门协同"的工作方式。由负责网站管理职责的局综合规划处牵头推进，以发挥其综合性强、协调各方的优势，同时也充分利用同样由该部门牵头编撰的《跟着档案看上海》图文书的既有成果。馆内利用服务部门和信息技术部门共同参与，以发挥其在档案展览设计、大纲及内容编撰与档案数据管理等方面的优势，其他相关部门协同配合。这一模式较好地承担了平台建设初始阶段的各项工作，为平台顺利上线打好了基础。

但数字人文平台建设是一项需要长期坚持，不断更新、不断注入内容的工作，"跨部门协同"工作模式下，各部门有各自不同的部门职责，团队人员也各有各的本职工作。从长远看，平台建设、运行维护、内容注入等还需综合考虑，寻找到一种最佳运行管理模式。

4.3 人才队伍是数字化档案资源开发利用的关键所在

在"跟着档案观上海"数字人文平台建设中，人才队伍所起的作用至为关键。在平台建设的核心团队中，既有熟悉馆藏，长期从事档案开发利用，又对信息化、数字化发展趋势保持高度关注，善于协调各方的专家型领导；也有长期从事档案展览陈列，熟悉档案叙事表达并且学术背景为计算机和设计，有互联网"大厂"工作经验的业务骨干，还有档案局、档案馆科技信息化部门以及信息化部门的领导。在馆局领导的重视关心支持下，这支精干的团队在平台建设中发挥了不可替代的作用。

但从当前档案馆人才队伍现状看，既熟悉档案资源开发利用，又精通信息化技术的专业人员还是远远不足。我们也希望档案馆能培养更多富于激情、勇于创造的"复合型"档案专业人员特别是青年专业人员，使具有悠久历史和光荣传统的中国档案事业跟上当今社会快速发展的步伐，适应广大人民群众越来越丰富多元的档案文化需求，在数字时代焕发出新的生命力。

迈向数字人文的公众档案意识
影响机制及提升路径研究

杨巍　郑纪达

浙江财经大学

摘要：随着数字人文的兴起，公众档案意识的提升成为文化传承与创新的关键。本研究旨在探讨影响公众档案意识的关键机制，基于图式理论和信息资源管理的角度，构建一个多维度、动态发展的公众档案意识模型，该模型融合了基本图式与直接经验、高级图式与抽象思维、图式的激活与应用、图式的动态性与适应性、多图式互动整合以及认知偏差等要素在内的多种相互因素，另外，在分析档案意识的现状和面临的挑战的基础上提出有效的提升路径。旨在阐释公众档案意识的影响因素，进一步提升公众在数字人文环境下对档案的认知、理解及应用能力。助力数字人文环境下档案资源的开发和文化的传承与创新。

关键词：数字人文；公众档案意识；数字社会

0 引言

随着信息技术的飞速发展和社会数字化转型步伐的日益加快，人们对社会改造的方式和思维方式正经历着深刻的变革。未来，为了更快地适应数字时代的发展和变迁，公众在数字环境中的各种意识也不断变化。档案是人类在各种活动中直接形成的具有保存价值的各种文字、图表、声像等不同形式的历史记录[1]，它作为国家意识的重要组成部分，蕴含着强大的民族精神和历史价值，是传承文化、弘扬精神的重要载体，是推动增强民族自信、凝聚国家力量、推动社会进步的重要资源，在国家现代化治理中发挥重要的基础性、支撑性的作用。

通过培养对档案的重视和保护意识，可以增强公众对国家历史、文化和价值观的认同感，同时，公众参与档案工作，能够促进公众对国家事务的参与感和责任感，进一步强化国家意识。英国对公众档案意识提升的觉醒可追溯到 2003 年，当年 9 月，英国成功开展了首届"档案意识月"（Archive awareness Month），随后，英国国家档案理事会发起了"档案意识提升运动"（Archive awareness campaign)，该运动每年围绕某一固定主题，在全国范围内举行 500 场系列走进公众、吸引公众参与的活动，旨在增进公众对档案的认识和了解[2]。美国近 20 年在档案领域开展了"公民档案员"（American Citizen Archivist）[3] 项目、开放政府计划[4]、历史中心项目[5] 等多个项目和活动，不断提升公众的档案意识。韩国电影档案馆则另辟蹊径，选择公众喜爱的女团到档案馆不同岗位兼职，吸引公众关注档案馆和档案工作，拉近公民与档案馆的距离[6]。中国国家档案局根据特定专题、党的活动和重大事件，开展多种形式的活动如微视频征集、知识竞赛、专题讲座、主题征文、制发文创产品等，旨在不断增强全社会档案意识[7]。综上可见，在全球数智化发展背景下，公众档案意识愈发成为档案领域关注的重要内容。

1 文献回顾

近些年，国内外已有一批研究人员对档案意识开展了研究。Cook T[8] 指出在数字时代，记录、存储和获取相对便捷，每个人都可以建立一个在线档案，每个人都有潜在的档案意识。Daniel Rankadi Mosako[9] 提出艺术博物馆应当培养档案意识，即收藏有珍贵档案的艺术博物馆应当利用数字技术将锁在仓库不为公众所接触到的档案展现出来，以加深公众对档案所记录的历史的了解，进而增强公众利用档案和传播档案的意识。Guy Burak[10] 研究奥斯曼帝国档案发现管理层通过一系列方法让档案变得与人们的日常生活息息相关，提高了公民档案意识，而人们对档案的意识也推动了国家的档案工作发展。Tiyang Huang，Liwen Sun &Qinfang Zhou[11] 等人认为数字时代，公民在信息管理上面临机遇和挑战，为了更好地抓住机遇迎接挑战，人人都需要良好的档案意识和素养，同时构建了更具包容性的档案素养框架。

我国的研究集中在以下几个方面：第一，档案意识基础内涵。杨冬荃[12] 提出档案意识分为社会档案意识和档案社会意识，社会档案意识是人们对档案和档案工作的认识和重视，这种意识是由档案的社会作用长期影响形成的稳定心理倾向，也是档案走向社会并实现社会化的产物。蔡卓君[13] 认为档案意识在社会中以具体和抽象两种形态体现：具体形态聚焦于个体对档案的认识和重视程度，而抽象形态则反映了整个社会对档案价值的共同理解和观念。第二，提高不同群体的档案意识的路径。黄夏基[14]等对档案意识的学术利用群体、实际利用群体和普遍利用群体等主要目标群体进行了研究，并有针对性地提出了提高档案意识的策略。第三，外部环境对档案意识的影响。胡燕[15]从普通公众利用档案的视角利用实证研究分析了社会环境对公众档案意识和行为的影响，发现社会经济发展水平、政府档案政策、媒体档案宣传、档案馆利用环境等均对公众档案意识构成重要影响。徐拥军[16]等人认为 Web2.0 环境下，"用户生成内容"（UGC）会促进档案资源利用与社会档案意识培养。

当前档案意识研究虽取得一定成果，但多局限于单一学科视角，缺乏对数字人文下公众档案意识变化的深入探讨。本研究旨在借鉴多学科理论，从信息资源视角出发，以图示理论和刺激—有机体—反应（Stimuli-Organism-Response）模型为理论依据，探讨数字人文进程中提升公众档案意识的重要性，分析面临的挑战，并构建档案意识提升的逻辑架构和行动路径。期望本研究能为提升公众档案意识、推动档案事业现代化发展提供有益参考，促进跨学科研究与实证支持的融合发展。

2 公众档案意识内容框架

2.1 档案意识概念的界定

国内对档案意识的界定存在三种观点：第一，强调档案意识是主体的感知过程，如苏万生[17]认为档案意识是人们对档案及档案工作的敏感程度。第二，强调档案意识是制约主体一个精神系统，麻新纯[18]将档案意识看作是人们对档案的主观反映和能动制约的精神系统，包括具体和抽象两种形态并相互作用。第三，强调档案意识是人们对档案及档案工作的内在活动观念，聂云霞将其解释为："人们对档案的性质和价值的认识，对档案工作的性质、地位和作用的认识，以及档案意识对于档案工作的影响和制约。"[19]以上观点均从档案学的视角强调了人们档案意识概念框架的某个部分。然而，从信息管理的广义视角看，档案意识包含感知、认知和评价三个阶段，即人们在接触、理解、分析和利用档案信息时，其心理活动和思维决策过程[20]。

图式理论是在认知的过程中将抽象的知性范畴与具体的感性材料相结合[21]，从而帮助人们形成对世界的理解和认知。现代认知心理学视图式为一种心理认知结构，它具备定位范畴、分类类型、掌控形式以及洞察事物本质特征和属性的功能[22]。当个体遇到新知识时，其原有的或先验的图式会采用同化或顺应机制，推动认知的发展[23]。因此，在图式理论框架下，结合信息管理的特征，本文认为档案意识是公众通过数字互动激活和应用相关图式，适应技术与管理创新，整合多领域知识形成全面认识，涉及档案的分类、保存、检索及其文化、历史和社会价值的认识。

2.2 迈向数字人文环境的公众档案意识模型

在迈向数字人文的进程中，公众档案意识的培养对于公众理解和参与社会及档案现代化管理至关重要。本文结合图式理论和信息资源管理过程，构建了一个多维度、动态发展的公众档案意识模型（详见图1）。档案意识模型的建立离不开基本图式和直接经验的支撑，这关乎公众对档案的基本认知，如分类、保存和检索。在此基础上，高级图式和抽象思维则引导公众深入理解档案的文化、历史和社会价值。通过数字互动，如在线档案库和社交媒体活动，公众激活和应用这些图式。然而，随着数字环境的演变，档案意识模型也需动态调整，以适应新技术和档案管理方式的创新。同时，多图式的互动与整合对公众提出更高要求，需整合不同领域知识，形成对档案的全面认识。但需注意，认知偏差可能影响档案意识的形成，因此教育和引导措施至关重要，有助于培养公众客观、全面的档案意识。

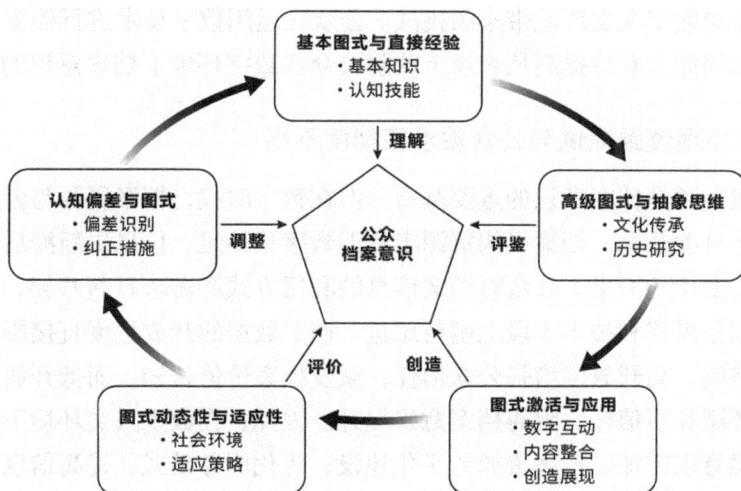

图1 基于图式理论的公众档案意识模型

3 数字人文环境下公众档案意识面临的挑战与障碍

3.1 档案机构部门应对数字人文环境的准备度不足

首先，从战略规划层面看，缺乏明确的顶层设计和资源统筹规划，档案机构部门在迈向数字人文的进程中缺乏统一标准与协调机制，导致资源浪费和重复建设问题突出。其次，档案机构部门在物理连接和数字访问的可及性与可负担性方面也显得准备不足。当前，各地数字档案馆普遍面临部门间协同对接机制不足的问题，这导致数据标准缺乏统一性，设备类型多样且不兼容，以及网络覆盖范围的局限性，从而使得"信息孤岛"现象更为显著，严重制约了数字档案资源的共享与有效利用[24]。在档案数字化方面，由于区域政策和发展水平问题，仍有大量档案资源未能实现网络化共享，导致公众获取档案信息的渠道受限。

3.2 公众在数字人文环境中数字能力待提升

一方面，数字人文环境的崛起带来了海量的数字化档案资源，这虽然方便了信息的获取与存储，但同时也使得公众在筛选、鉴别和整理档案时面临更大的困难，公众需要不断学习和适应新的数字工具和方法，然而，由于公众在受教育程度和数字技术掌握程度上存在差异，一些人群可能无法及时跟上数字人文的发展步伐，这导致他们在利用数字档案时存在障碍。另一方面，档案信息化系统化培训和知识更新的缺乏，导致档案工作人员数字技能的不足难以应对数字人文环境带来的挑战。公众在运用数字技术进行档案管理和利用方面的能力有待提高从客观上映射公众在数字环境下档案意识的薄弱。

3.3 档案资源提供与公众需求匹配度不高

档案资源是档案意识的重要基石，但在数字时代，档案资源与公众需求间的矛盾日益凸显。档案机构资源丰富但数字化不足、信息更新滞后，难以满足公众变化的需求。公众对档案信息的利用方式和需求日新月异，而档案机构在服务模式和技术手段上亟待跟进。档案数据的开放程度直接影响公众认知和态度，高开放度增强公众信任，激发档案价值认知，而低开放度则引发公众怀疑和不信任，阻碍档案意识提升。因此，在数字人文环境下，提升公众档案意识需加强档案资源数字化建设，优化服务模式，提高信息更新速度，并加大档案数据开放力度，以满足公众需求，增强公众信任，促进档案价值的广泛认知和尊重。

3.4 数字档案馆生态系统与数字人文环境发展不协调

数字档案馆生态系统是指数字档案馆内人与环境的协调统一，以实现功能的整体优化的复合体[25]。该系统由档案信息、人以及信息环境三大核心生态因子共同构成，各因子在发展过程中相互影响、相互促进，共同推动着系统的不断演进与变化[26]。当前数字人文环境下数字档案馆生态系统存在发展失衡的问题，主要表现在数字档案馆的政策与数字人文理念的冲突，数字档案馆生态系统的发展受国家政策、法律法规和标准规范的制约，但目前数字档案的法律法规和政策体系尚不健全，这导致在数字档案的收集、整理、利用和保护等方面缺乏明确的指导和规范，这使得公众在利用数字档案时可能面临法律风险或权益受损的问题，然而，数字人文的理念是强调自由和创新，那么在这种理念下，数字档案系统利用各方主体会进一步加深矛盾，档案意识的提升也随之受到影响。

4 迈向数字人文环境下公众档案意识提升的进路

4.1 提升基础建设投资，夯实根基工程

把握档案意识提升的顶层设计这一"筑基"的关键环节。这意味着需要合理配置文化教育资源，设定明确、可评估、可达成的档案意识提升目标，厘清各责任主体的职责，制订细致的实施计划，并确保有充分的资金支持档案意识的培养和提高。当前，尤为重要的是要缩小档案知识普及的不平等差距，提高档案服务的普及性和便捷性。要持续推动档案基础设施建设，努力实现档案资源的全民覆盖。健全的档案信息系统是提升档案意识的基础，在以数字化为特征的信息社会中，加快档案资源的普及是"档案文化"推广的内在要求。推动《中华人民共和国档案法实施条例》的实施，将档案文化普及纳入文化发展规划和公共文化服务重点项目，持续增加对档案教育和档案设施建设的投入，确保档案服务的"最后一公里"畅通无阻。

4.2 加强民众教育与能力培养，扎实推进赋权项目

在提升档案意识方面，应重视档案知识的基础教育和实践技能培养。首先，强调档案管理基础操作知识，同时满足数字化时代对档案信息处理的普遍需求。培养适应数字化档案工作的专业人才，涵盖档案数字化、电子文件

管理和信息检索等技能。档案意识培育不仅包括知识技能，还需包括档案安全风险的预防、识别和应对，共同营造安全的档案管理环境。加强公众档案道德规范教育，引导依法合规使用档案资源，提高保护意识和责任感，强化档案伦理规范。建立档案意识与技能提升培训基地和交流平台，整合教育资源，将档案教育纳入学校体系，开设档案基础课程，鼓励高校设立档案学专业，构建政府、企业与高校相结合的培训体系，提供职业发展路径。分层次、分阶段推进档案教育，完善评估反馈机制，确保教育有效性。

4.3 优化资源获取途径，构建用户导向的数字平台

在数字人文环境下，公众档案意识的提升不仅依赖于档案知识的普及，更在于档案资源获取途径的优化和用户导向的数字平台的构建。优化资源获取途径意味着要打破传统的档案利用壁垒，通过数字化手段使档案资源更加便捷地被公众获取和利用。建立一个全面、开放的数字档案资源库，将分散在各个机构的档案资料进行整合和数字化处理，形成一个统一的检索入口。这个资源库应具备高效的搜索引擎，支持关键词、时间、地点等多种检索方式，确保用户能够快速准确地找到所需档案。平台的设计应以用户为中心，提供个性化的档案推荐服务，从而提高用户的利用效率和满意度。同时，平台应支持多种交互方式。此外，平台的安全性和可持续性也是构建用户导向数字平台的重要考虑因素，应采取有效的技术措施保护档案数据的安全，防止数据丢失和泄露。同时，应确保平台的长期运营和更新，不断引入新的档案资源和技术，以适应数字化时代的发展需求。

4.4 强化政策治理，打造健康数字生态

强化政策治理对档案数字化转型至关重要，涉及法规完善、档案管理规范化和数字安全保障。首先，完善相关法律法规是基础，明确数字档案的法律框架，保护知识产权和隐私权，增强公众信心。其次，档案管理规范化是核心，建立统一标准和操作流程，提升工作效率和质量，加强人员培训。此外，数字安全保障不可或缺，采用先进技术和管理措施，防止数据泄露和破坏，建立应急响应机制。最后，提升公众档案意识同样重要，通过政策引导和宣传教育，增强公众对档案价值的认识，鼓励其参与档案保护和利用，形成社会共识。只有综合施策，才能确保档案数字化转型顺利进行，为社会发展提供有力支撑。

5 结语

我们正步入数字人文的档案新时代，档案保存、共享和利用获得更广阔平台，公众参与和档案意识面临新机遇与挑战。提升公众档案意识至关重要，需重新审视档案意识内涵，探索适应数字时代的提升策略。这需政策、教育、技术、文化等多方协同努力，不断创新完善。数字化进程加速，提升公众档案意识是长期任务。我们应携手共进，在数字人文潮流中推动档案意识提升，为社会发展贡献力量。档案不仅是历史的见证，更是文化的传承，公众档案意识的提升将推动档案工作更好地服务于社会，促进文化繁荣与进步。让我们共同为档案事业注入新的活力，开创数字档案时代的新篇章。

注释及参考文献

[1] 国家档案局. 中华人民共和国档案法 [EB/OL].[2024−02−23].https://www.saac.gov.cn/daj/falv/202006/79ca4f151fde470c996bec0d50601505.shtml.

[2] 颜川梅. 英国"档案意识提升运动"的启示 [J]. 中国档案 ,2007(10):66−67.

[3]Citizen Archivist Dashboard[EB/OL].[2024−02−06].https://www.archives.gov/citizen-archivist.

[4]Transparency and Open Government Memorandum for the Heads of Executive Departments and Agencies[EB/OL].[2024−02−06].http://www.whitehouse.gov/the_press_office/Transparency and Open Government.

[5] 王阮,邓君,孙绍丹,等. 哥伦比亚大学口述历史中心项目聚类分析与主题解构 [J]. 图书情报工作 ,2020(17):37−48.

[6]G Friend is promoting the Korean Film Archive by doing one−day part time job there[EB/OL].[2018−07−30].http://onehallyu.com/topic/455418−gfriend−is−promoting−the−korean−film−archive−by−doing−one−day−part−time−job−there/.

[7] 中华人民共和国国家档案局. 国家档案局办公室关于印发《2022 年全国档案宣传工作要点》[EB/OL].[2024−02−06].https://www.saac.gov.cn/daj/tzgg/202203/665515154c554e9f87a59c276a4f30b4.shtml.

[8]Cook T. Evidence, memory, identity, and community: Four shifting archival paradigms[J]. Archival Science,2013(13):95−120.

[9]Daniel Rankadi Mosako. Fostering archive awareness at art museums in south Africa[J].de arte, 2020(3):49−69.

[10]Guy Burak."In compliance with the old register":on ottoman documentary depositories and archival consciousness[J].Journal of the Economic and Social History of the Orient,2019(62):799-823.

[11]Tiyang Huang,Liwen Sun,Qinfang Zhou.Archival literacy framework for the public: A Delphi and analytical hierarchy process study[J].Library and Information Science Research,2023(45):1-9.

[12] 杨冬荃. 社会的档案意识与档案界的社会意识 [J]. 档案学通讯，1991(1):7-10.

[13] 蔡卓君. 档案意识评价指标体系构建研究 [D]. 武汉 : 武汉大学 ,2017.

[14] 黄夏基 , 刘鹏飞 , 黄宣坚 . 论档案意识普及与提高的主要目标群体及推进路径 [J]. 档案与建设 ,2023(9):24-27.

[15] 胡燕 . 社会环境因素对公众档案利用行为影响的实证研究——基于苏州市民的调查 [J]. 档案学研究 ,2016(5):75-80.

[16] 徐拥军 , 陈洁 , 张晨文 , 等 . "用户生成内容" 在档案工作中的应用及影响 [J]. 档案学研究 ,2019(2):13-19.

[17] 苏万生 . 论档案意识 [J]. 档案学参考 ,1985(11):25.

[18] 麻新纯 . 档案意识浅议 [J]. 档案 ,1996(6):38.

[19] 聂云霞 . 全球化过程中档案意识的认同与重构 [J]. 档案学通讯 ,2008(24):22.

[20]Spink A, Cole C.Human information behavior: integrating diverse approaches and information use[J].Journal of the American Society for Information Science and Technology,2006(1):25-35.

[21] 康德 . 纯粹理性批判 [M]. 北京 : 人民出版社 ,2017.

[22] 刘涛 . 图式论 : 图像思维与视觉修辞分析 [J]. 南京社会科学 ,2020(2):101-109.

[23] 蒲泓宇 , 马捷 , 葛岩 , 等 . 新媒体环境下深阅读驱动模型与检验——以图式理论为视角 [J]. 图书情报工作 ,2018(20):14-23.

[24] 赵子瑜 . 数字档案馆生态系统平衡与失衡内涵、归因与调适 [J]. 档案与建设 . 2023(6):48-51.

[25] 金波 , 汤黎华 , 何伟祺 . 数字档案馆生态系统的建构 [J]. 档案学通讯 ,2010(1): 53-57.

[26] 陈军 , 谢海洋 , 史辉 . 我国数字档案馆生态系统研究述评 [J]. 山西档案 ,2016(2): 112-114.

数字人文背景下档案利用开发的
机遇、挑战与发展路径探索

陈飞

重庆市档案馆

摘要：数字时代数字潮涌，数字人文进入档案工作领域势不可阻，为档案利用开发提供了新思维、新工具，开创了新领域、新场景，推动档案利用开发产生深层次变革，扩大了档案研究队伍、丰富了档案应用场景、深化了数据内在关联、提升了数据管理能效、增强了档案利用开发质效。数字人文发展趋势下，应健全完善数字技术参与档案利用开发的基础设施、人才队伍，推动数字人文与档案利用开发深度融合，助力档案利用开发高质量发展。

关键词：数字人文；档案利用开发；数据关联

"数字人文（Digital Humanities，DH），源于人文计算（Humanities Computing），是在计算机技术、网络技术、多媒体技术等新兴技术支撑下开展人文研究而形成的新型跨学科研究领域。"[1]20 世纪中叶以来，计算机信息技术、互联网、大数据、云计算等广泛应用于人文研究，"改变了信息传播的路径与介质，开创人文研究的新纪元"。[2]档案是储存和传播社会记忆的重要载体，是人文研究的重要阵地，在"数字时代"背景下，档案资源成为数字人文发展的重要数据来源，数字人文成为创新档案利用开发的重要技术支撑，两者相伴而行、相得益彰。本文基于数字人文发展现状，梳理数字人文兴起为档案利用开发创造的新机遇、分析数字人文应用于档案利用开发面临的挑战，探索数字人文助力档案利用开发高质量发展的路径。

1 数字人文发展为档案利用开发创造了新机遇

"数字人文研究的深入发展，将人文学科领域与档案领域紧密关联，拓宽档案开发利用与再创作的范围，丰富档案开发利用的手段与途径。"[3] 促进了档案利用开发的队伍拓展、场景丰富、效率提升，为档案利用开发创造了新机遇。

1.1 档案开发队伍扩大化

数字人文以数字思维、数字方法、数字技术研究解决人文问题。"档案是人们在社会活动直接形成的原始的历史记录，对以往的社会活动具有直接的原始记录作用"[4]，是研究解决人文问题的第一手来源。随着数据分析、智能检索、知识图谱等技术的广泛应用，人文学者利用开发档案的频率与范围空前激增，"截至 2022 年，全球约有 80% 的数字人文项目涉及档案资源的使用与研究"[5]，人文学者成为档案利用开发的重要力量，档案开发利用队伍实现横向拓展。"'欧洲时光机'项目，吸引超过 14000 个机构参与该项目，它纳入了 10 万余名专业人员，包括历史学家、建筑学家、档案管理员、博物馆和图书馆员、公民科学家、家谱学者，甚至业余爱好者。"[6] 各参与者从不同领域、学科、角度诠释应用档案，最大限度还原出不同时期真实的历史场景。同时，随着数字人文深度参与档案利用开发，档案利用开发从传统图片、文字应用向语义分析、平台研发、模型构建、后期制作等领域拓展，大量科研人员涌入档案工作领域，档案开发队利用伍纵向上体现出延伸。

1.2 档案应用展示多元化

随着数字人文的持续发展，特别是虚拟现实、地理信息系统、人机交互、知识图谱、全景技术、三维实景漫游等技术深度嵌入档案利用开发，推动档案利用开发从纸质化、平面化向数字化、立体化拓展，从静态图、文叙事向图、文、声、像多元一体迈进，空前拓展了档案资源利用开发的深度与广度。"依托可视化、虚拟现实、地理信息技术等形式，可以通过虚拟展览、场景重建、创意开发、资源共享等方式打破时空局限，为档案遗产由'藏在深闺人未知'到'走出深闺人遍识'创造良好契机。"[7] 以"跟着档案观上海"为例，依托 1.7 亿幅海量数字化馆藏档案资源，综合运用人工智能、人机交互、知识图谱、数据库等技术，将档案知识图谱与时空地理信息系统、主流媒体故事系统等有机融合，以档案关键词自动生成每座建筑的可视化知识图谱，通过数字人文工具把建筑、人物、历史事件串联起来，让静态档案"动"起来、分散档案"合"起来、平面图文"立"起来，实现了档案应用展示的多元化、立体化、智慧化。

1.3 数据要素关联多维度

数字技术广泛应用于档案利用开发，推动档案数据资源从电子化向数据化变革，促使档案内容深度挖掘成为现实，"在保证原有著录、描述等基础上，可进行单个数据对象描述，揭示数据间的本质联系"[8]，推动档案关联由传统的全宗、时间等"物象"关联转向人物、事件、地理信息等深度"逻辑"关联迈进，构建起串联人、事、时、地、物的联结网，"不仅保留了档案内容与细节，而且可超脱原生脉络的局限，促进档案数据资源深度整合"。[9]上海市图书馆开发的"盛宣怀档案知识库"，重组了盛宣怀家族自1850年至1936年期间记录当时政治、经济、社会、军事、外交、金融、贸易、教育各方面的信札、电报、合同、日记等15万余件档案目录数据，并加入专业人士对盛宣怀档案精华部分的解说批注，形成盛宣怀档案基础数据库，并从"关系""时空""人物""公司"四个维度开通检索端口，档案在不同检索端口中联结成了不同的知识图谱，实现了档案内容要素的多维度关联，可为公众查阅利用提供精准导航。如"'威尼斯时光机'项目，本质上是将海量的档案进行数字化、转录、建立索引和关联，形成了完整威尼斯文献数据库。"[10]

1.4 档案数据管理数智化

数据是数字人文发展的重要基础，数据分析技术的演进，推动着数据管理的变革，"在数据管理技术与数据分析技术的发展过程当中，形成了以数据采集、本体构建、关联数据、语义关联挖掘、知识发现、知识图谱为主线的一系列技术路线和研究方法"[11]，改变了以往档案数据管理重"存"轻"用"设计逻辑，档案数据管理与利用一体化、智慧化水平全面提升。"辽宁省档案馆在创建全国示范数字档案馆过程中，根据实际工作需求，科学定制业务流程，精准控制权限，对档案数字资源进行全生命周期、全流程有效管理，打造覆盖'收、管、存、用'全业务流程的一体化管理平台。"[12]将AI智能全面嵌入档案利用查询、涉密档案筛选、档案开放鉴定、档案编研开发等全业务流程，推进档案数据线上智能管理与应用，涉密档案智能筛选正确率保持在80%以上，档案开放智能审核准确率在85%以上，"知识图谱"可网络化呈现档案人物与事件的逻辑关联，实现了档案数据管理与利用开发的双管齐下，档案数据管理与利用开发效能得以全面提升。

2 数字人文深度参与档案利用开发面临的挑战

"数字人文作为网络环境下将数字技术应用于人文社会科学领域的研究方法和手段"[13]，其广泛应用于档案利用开发，需运行基础、专业人才等支撑，当前数字人文深度参与档案利用开发仍面临挑战。

2.1 基础数据支撑不足

数字人文以资源"数据化"为基础，数据基础制约数字人文参与档案利用开发进程，我国数字人文发展实践时间短，暂未构建起集数据收集储存、逻辑关联、内容共享等于一体的数字人文数据平台，数字人文领域资源共享不足。据 2023 年国民经济和社会发展统计公报显示，"截至 2023 年底，全国共有公共图书馆 3309 个、文化馆 3508 个、档案馆 4154 个，已开放各类档案 23827 万卷（件）"。[14] 但各图书馆、文化馆和档案馆之间暂未实现数据资源共享，数据壁垒阻碍数字人文深度参与档案开发利用。同时，各地区档案数字化水平不尽相同，据国家档案局公布的全国数字档案馆创建数据显示，至 2023 年全国获批"全国示范数字档案馆"91 家、"国家级数字档案馆"154 家、"全国示范数字档案室"25 家，创建成功的数量不足全国档案馆总量 4154 家的 6%。而其分布东部沿海多、西部和东北部地区少，数字档案馆整体不足与分布不均问题突出，且"以前的档案数字化工作仅停留在单纯的数字化上面，缺乏对数字档案资源内容的深度挖掘，离数字人文对于数据的资源的要求仍有相当的距离"。[15] 档案领域整体脆弱的数据基础，难以有效支撑数字人文嵌入档案利用开发。

2.2 专业人才支撑不足

数字人文作为跨学科、跨部门的新兴研究领域，推动数字人文技术嵌入档案利用开发，要求应用者既具备数字人文素养，又熟悉档案。"我国的数字人文教育实践起步较晚，具有数字技术背景的档案学者数量少，尤其是接受过系统数字人文教育，掌握数字人文工具和元数据开发等方面内容的学者较少，因而其在参与数字人文工作时力不从心。"[16] 据杜朝东等在"中国知网"以"数字人文"或"人文计算"为关键词，"以2004—2020年为期限，检索出文献802篇，其中档案及博物馆仅73篇（9.10%）。"[17] 档案领域研究性成果占比小，直接反映出两者兼具的研究型人才缺失。"一直以来，数字人文领域的研究人员由传统人文学科学者和计算科学学者以及图档博等基础设施从业人员构成，传统人文学者缺乏数字技术使用能力，计算科学学者缺乏人文学科嗅觉。"[18] 调研重庆市15家综合档案馆270名档案工作人员显示，具备信息技术、数据分析等学科背景的工作人员不足15%，能熟练应用数字技术进行档案利用开发的整体力量不足。

2.3 档案元素特色易失

我国是世界文明的发祥地之一，发展历史悠久，先民在发展中留下了类型丰富的记录档案，"我国古代档案的年代之久远、数量之庞大，内容之广泛，价值之珍贵，堪为举世罕见。在纸张使用之前，甲骨、金石、简牍、缣帛等多姿多彩的古代档案为我国和世界留下了极为宝贵的历史文化遗产"。[19] 数量众多的古代档案不仅内容极具价值，而且其载体见证了文明发展进程，同样极为珍贵。实体档案利用开发不仅可展示档案内容，而载体亦可揭示文明发展进程，公众可在近距离接触中直观感悟文明发展变迁。而档案利用开发广泛引入数字技术后，实体档案转变成数字档案，档案载体的原始性、时代性、珍贵性难以直观呈现，档案载体特色被数字技术消融。同时，数字人文以跨域整合资源为优势，档案原始记录在资源"数据化"重组中易沦为叙事背景，档案特色在人文项目中存在流失风险。"如'9·11'事件数字档案项目、'斯莱德档案项目'、Internet Archive 项目等虽以档案资源作为支撑并在项目中冠以'档案'一词，究其根本还是文学、历史学等方面的内容。"[20]

3 数字人文助力档案利用开发高质量发展的路径

"数字时代环境下，必须充分利用数字时代科学技术发展优势，系统梳理档案文化资源"[21]，才能更好满足新时代公众对档案工作的要求，更好地发挥档案工作存史资政育人作用。

3.1 加快构建基础数据平台

数字技术的发展，改变了信息转播和公众信息获取渠道，以往单纯依靠档案机构和档案人员的工作模式，难以满足"数字时代"公众对档案开放利用新要求，要求档案利用开发与时俱进。要构建包含党史研究、档案馆、图书馆、高校、人文研究院、计算机研究中心等合作开发机制，破除当前人文研究领域的数据壁垒，共同研发数字人文新技术，打造数字人文数据中心，实现人文资源数据共建共享。同时，积极将数字人文的理论、方法、工具等应用于档案利用开发，推动档案利用开发思维创新、形式丰富、深度拓展、效能提升，更好地满足公众的信息需求，更好地发挥档案工作存史资政育人作用。

3.2 健全完善人才培养机制

数字人文参与档案利用开发，不是数字技术与档案利用开发的简单叠加，而是数字人文与档案利用开发从理论到实践的深度融合，需要大量既有数字人文基础，又懂档案工作的复合型人才队伍。要调整高校档案专业课程结构，将数字人文纳入档案学必修课程，培养学生人文理念、数字思维、信息技术等，增强档案专业学生数字人文理论素养和数字技术应用能力。要依托国家档案局干部教育中心，各级档案学会和兰台学院，持续举办数字人文与档案利用开发专题培训班，更新现有档案工作人员固有观念，培养新时代档案工作人员数字人文思维与能力，推动档案工作人才队伍扩容提质。

3.3 强化档案元素特色突出

"档案价值根据其性质不同可分为凭证价值、情报价值、记忆价值和数据要素价值，其凭证价值是档案不同于和优于其他各种资料的基本的特点，原始记录性是档案的本质属性。"[22] 数字人文参与档案利用开发不能以牺牲档案的本质属性为代价。要健全完善数字人文参与档案利用开发机制，强化对数字人文参与档案利用开发的全过程监管，避免档案的原始记录性在"数据化"应用过程中流失。要重塑档案领域数字人文研究应用理念，突出强调档案的本质属性，避免档案在数字人文项目中沦为背景"配料"。

4 结语

当前，数字人文发展方兴未艾，档案利用开发作为人文研究领域的重要阵地，必须与时俱进，主动拥抱数字人文，用好数字技术，更新档案利用开发思维、丰富档案利用开发形态、提升档案利用开发能效，切实把蕴含党的初心使命的红色档案保管好、利用好，把新时代党领导人民推进实现中华民族伟大复兴的奋斗历史记录好、留存好，更好地服务党和国家工作大局、服务人民群众！

注释及参考文献

[1] 刘炜，叶鹰.数字人文的技术体系与理论结构探讨 [J]. 中国图书馆学报，2017(5):32-41.

[2] 李泉.数字人文：开创人文研究的新纪元 [J]. 福建论坛（人文社会科学版），2019(6):156-165.

[3] 李子林，王玉珏，龙家庆.数字人文与档案工作的关系探讨 [J]. 浙江档案,2018(7):13-16.

[4][19][22] 冯惠玲.档案学概论 [M].北京：中国人民大学出版社,2023：7,23,42.

[5] 付雪.数字人文视角下档案资源开发研究 [J]. 兰台内外,2024(3):78-80.

[6][10] 龙家庆.数字人文项目中档案数据开发工具及应用研究——以"欧洲时光机"为例 [J]. 北京档案,2021(3):10-15.

[7] 姬荣伟，周耀林.数字人文赋能档案遗产"活化"保护：逻辑、特征与进路 [J]. 档案学通讯,2021(3):46-54.

[8] 贺谭涛，文利君，黄裕宏，等.数字人文与档案管理的关联要点研究及其启示——基于数字人文实践的解析 [J]. 档案与建设,2021(6):22-29.

[9] 项洁，洪一梅.数字人文取径下的淡新档案重整与分析（上）[J]. 档案学通讯,2020(6):4-13.

[11][18] 邓君，宋先智，钟楚依.我国数字人文领域研究热点及前沿探析 [J]. 现代情报,2019(10):154-164.

[12] 李映天，王坚.推动数字转型 引领数智浪潮——辽宁省档案馆争创全国示范数字档案馆建设实践 [J]. 中国档案,2023(9):40-41.

[13][15] 潘连根.数字人文在档案领域中应用的理性思考 [J]. 档案与建设,2020(7):6-10.

[14] 国家统计局. 中华人民共和国 2023 年国民经济和社会发展统计公报 [EB/OL]. [2024-02-29].https://www.stats.gov.cn/sj/zxfb/202402/t20240228_1947915.html.

[16][20] 孙大东, 张丽华. 档案参与数字人文工作的 SWOT 分析 [J]. 山西档案, 2020(4):34-40.

[17] 杜朝东, 范良瑛, 蒋智钢. "数字人文"研究现状分析 [J]. 遵义师范学院学报, 2021(2):177-180.

[21] 周林兴, 崔云萍. 国家文化数字化战略下档案文化的建设路径探析 [J]. 档案学通讯,2023(2):10-17.

数字赋能高校档案编研工作的理念与策略创新研究

胡晓彤　董汉良

吉林大学档案馆

摘要：在数字时代背景下，高校档案编研工作面临着新的机遇和挑战。传统的编研模式已难以适应数字环境下的需求变化，亟须进行理念和策略的创新。从数字赋能的视角切入，从理念更新和策略创新两个层面探索新时期高校档案编研工作的发展路径。提出了要树立数字化、网络化、智能化的新理念，用数字思维、技术引领、融合发展、开放共享推动编研模式革新，进而从体制机制、队伍能力、资源整合、场景应用等维度系统探讨了高校档案编研工作数字赋能的策略构想，以期为新形势下高校档案编研提供理论参考和实践指引，助推高校档案事业高质量发展。

关键词：数字赋能；高校档案；档案编研

0 引言

《"十四五"全国档案事业发展规划》重点强调了档案信息化建设要进一步融入数字中国建设，推动新一代信息技术与档案事业各项工作深度融合，使得档案管理数字化、智能化水平得到提升，档案工作基本实现数字转型。在这一背景下，高校档案部门作为重要的档案收集和编研机构，肩负着为高等教育发展建设提供高质量档案信息资源支撑的重任，迫切需要通过数字化手段来推动高校档案编研工作向纵深发展[1]。然而，当前高校档案机构在档案管理和编研利用的业务流程中面临着影响与挑战。虽然数字技术环境下档案信息资源的获取渠道更丰富、利用方式更多元，为档案编研工作创造了难得的发展机遇，但是多源海量异构数据的汇聚交融、知识组织与揭示的复杂性也对高校档案工作者的专业能力提出了更高要求。受数字化意识淡薄、专业人才缺乏、技术条件落后、信息化建设缓慢等因素制约，目前高校档案编研工作的数字化转型仍处于起步探索阶段，亟须在理念和策略层面进行系统性探索与创新。

1 高校档案编研工作的现状分析

1.1 高校档案编研工作的内涵

高校档案编研工作是以高校档案资源为基础，围绕学校发展需求和重大事项开展的编辑研究活动，其内涵概括："编"是指对高校档案资源进行全面系统的整理与著录，并通过编目、编写、编纂等方式形成各种档案信息产品；"研"是在"编"的基础上，深入挖掘高校档案的历史价值和情报价值，进而开展档案工作规律探讨、档案史料研究、校史编研、情报研究等核心工作。将"编""研"二者有机融合，才能将高校档案信息进行有效的提炼、加工、概括，形成优质的编研成果。

1.2 当前高校档案编研工作进展

近年来，在国家相关政策的推动下，高校档案编研工作取得了积极进展。2023 年底召开的高校档案信息化高质量发展研讨会围绕面向高质量发展的高校档案信息化新思考、人工智能最新进展及其在文化建设领域的应用、人工智能技术在高校档案工作中的应用探索等问题展开了一系列的探讨。高校档案编研工作呈现出来编研队伍不断壮大、规范日益健全、成果日益丰富、服务功能持续拓展等特点。在数字技术广泛应用的新形势下，一些高校还积极开展了档案数字化加工整理和专题数据库建设，为档案编研工作注入了新的活力。例如，安徽大学所构建的数字记忆网，搭载了高校历史照片档案智能编研系统，为学校重大决策、教学科研、校史校情宣传等提供有力支撑。在当今数字时代，高校档案机构要不断加强档案信息化建设，重点推进档案工作的多元化和时代化、智慧化和数字化，才能助力学校档案工作的高质量发展[2]。

1.3 制约高校档案编研工作的现实困境

1.3.1 数字化意识淡薄，创新动力不足

受传统档案办公环境和"重收藏保管、轻开发利用"的固有思想的影响，一些高校领导对档案编研工作的重要性和紧迫性认识不到位，对利用数字化

手段提升编研效率的必要性重视程度不够，在人、财、物等方面投入的支持力度有限，导致档案编研工作难以从根本上实现数字化转型。

1.3.2 资源整合力度不够，校际间的合作存在壁垒

当前高校档案编研工作大多局限于本校范围内开展，对校外机构的馆藏档案的利用率较低，由于各馆使用的档案管理系统、元数据标准、数据格式等不统一，导致高校之间缺乏有效的信息共享与业务协同机制。校内外的融合编研工作的广度和深度有待进一步拓展。

1.3.3 缺乏专门人才，技术水平相对落后

高校普遍存在专职档案编研人员数量少、年龄结构老化、专业背景单一、知识更新乏力等问题，尚未引入精通现代信息技术和数字人文研究方法的复合型人才，难以适应新技术环境下档案编研工作的发展需要。受编研人员综合素质的制约，目前许多高校档案信息化建设程度不高，大数据分析、知识挖掘、人工智能等新型技术在档案编研中的应用不足，难以实现智能化、精准化的资源挖掘与知识发现[3]。

2 数字赋能高校档案编研工作的理念创新

2.1 数字思维：用数字化思路提升档案编研工作效率

数字思维是一种面对技术进步的开放性、适应性和持续学习的思维，其核心概念在于从海量数据中快速获取有价值信息，从全局视野和数据关联中洞察事物发展规律。在数字时代，高校档案部门要树立"数据为本、融会贯通"的工作理念，运用数字化、网络化、智能化的新思路审视和改造传统档案编研流程，提升档案工作的科学化、精细化水平。高校档案机构从编研选题切入建立基于校内外数据需求的选题论证机制，围绕"民生"观念，多渠道地捕捉热点选题。在编研素材来源方面综合运用 API、物联网等多种数字技术，采集、关联分散的档案数据资源丰富素材的广度和深度。此外，要优化编研加工思路，遵循内容结构化、介质多样化、表现形式可视化的数字化加工理念，灵活采用多媒体技术，提高档案编研成果的新突破。

2.2 技术引领：发挥新技术驱动作用，创新档案编研模式

高校档案部门应当顺应"用新技术推动新发展"的时代潮流，积极应用

大数据、人工智能、区块链、5G 等新一代信息技术，以技术创新引领档案编研模式创新。具体来讲，大数据技术在收集、处理、整合、分析海量档案数据资源上具有较大优势，进行关联分析和智能化语义挖掘，快速辨别具有编研价值的档案线索，提高选题的针对性。其次，人工智能技术能够实现档案编研过程的自动化、智能化，构建具备深度学习能力的知识发现新模式，降低编研人员工作强度和成本。此外，区块链技术能联合编研各方提供安全可信的身份认证和行为追溯。诸多优秀的编研成果通过高速移动互联网实现新时代的高效传播。

2.3 融合发展：推动档案编研与学校中心工作深度融合

高校档案工作服务教学、科研、管理等职能属性，决定了档案编研必须立足学校发展大局，只有主动融入学校的中心工作，才能在服务融合过程中彰显档案资源价值，从而争取多方的有力支持。因此，高校档案编研工作首先要围绕学校重点工作策划进行相关编研选题，推出校史校情、统计数据、名人名师等主题编研，为学校发展规划、重大活动、对外宣传提供坚实的档案信息支撑。如吉林大学档案馆围绕学校党政工作取得的编研成果——《流淌的星河》，得到了师生的高度认可，发掘档案资源的德育功能。此外，高校编研工作要服务学科专业建设需求，加强与教学、科研部门合作，编研学科发展历程和特色资源，用于支持申报评估、科研立项、成果总结等工作。

2.4 开放共享：构建跨界协同的高校档案编研新生态

数字时代是一个开放共享、跨界协作的时代，高校档案编研工作要突破机构和学科边界，以开放包容的姿态汇聚多方力量，实现资源、技术、人才的优势互补。那么，如何构建跨界协同的高校档案编研新生态是当前高校档案机构的核心命题。首先，在校际协同编研方面，加强高校档案部门的横向联系，探索建立资源共建共享、优势互补的联合编研机制和平台，是实现跨校编研成果的集成创新。其次，开展校地协同编研也能展现高校在地方发展中的重要地位。高校档案机构主动对接地方社会发展需求，与党政机关、企事业单位、社会团体开展合作，形成多元主体共同参与的新格局，形成全员参与的档案编研生态，提升编研的社会感召力[4]。

3 数字赋能高校档案编研工作的策略探索

3.1 构建开放协同的跨界编研工作新机制

面对日益增长的数字化档案编研需求，高校档案部门要突破"资源壁垒"的传统模式，积极构建跨学科、跨部门、跨机构的开放协同机制。具体做法如下，一是建立多部门协调联动的工作机制。高校档案部门应发挥牵头作用，联合学校相关职能部门成立编研工作领导小组，结合档案事业相关政策，加强顶层设计和制度规范，明确各方分工，定期研究部署重大编研项目和数字化建设事项。二是完善与校内外相关机构的协同机制。高校档案部门应积极与校内图书馆、博物馆等文化机构开展档案编研合作，与校外兄弟院校、地方档案部门建立优势互补、成果共享的战略合作关系。三是创新多元主体参与机制。利用"互联网+"的时代思维，利用社交媒体平台等手段吸纳社会组织、企业、社会公众等广泛参与档案编研项目策划、资源众包、成果展示等环节，扩大工作参与面和影响力。

3.2 打造数智时代的高素质编研队伍

高素质专业化队伍是推动档案编研工作创新发展的关键。高校档案部门要树立人才强档理念，加快培养具有较高数字素养的复合型编研队伍。高素质人才的培养，首先要优化编研人才知识结构，以需求为导向有计划地选送业务骨干到高水平大学或科研院所接受档案学、计算机科学、数据科学等交叉领域的专业学历培训，从而提升系统化理论素养和跨学科研究能力。其次，对在职人员要进行数智技能的专项培训，常态化开展数据思维、大数据分析、人工智能、数据可视化等专题培训，有针对地提升在职档案编研人员数字素养。此外，人才激励和发展机制的落实有助于档案工作人员的良性竞争，通过科学的档案编研人员绩效评价和职称晋升体系激发其创新潜能。

3.3 推进多模态档案大数据的融合治理

高校档案具有资料类型多样、内容涵盖广泛、存储载体各异等特点，档案的多模态性给数字化编研带来了前所未有的挑战。从档案数据的全生命周期视角出发，高校编研工作的顺利实施离不开多源异构档案数据的关联整合和融合治理。首先要满足档案数据资源的整合共享。例如，高校档案机构需制定全校档案数据汇交和管理办法，推动各院系将文件材料、业务数据定期移交校档案馆统筹管理，对接数字校园平台，实现档案数据与教学、科研、管理数据的实时交换与关联融合，为编研工作提供良好的资源环境。其次，创新大数据架构下的档案组织模式，建立覆盖纸质档案、电子文件、数据库等多种载体形式的档案资源大数据中心，对分散的异构数据进行清洗、映射、关联，建成集中统一的主题数据库群，为编研工作提供丰富的素材来源。最后，加强大数据安全和知识产权保护也确保档案编研工作的有效进展。高校档案部门需严格信息安全管理和隐私保护，采用身份认证、权限管控等技术，防止敏感数据泄露。

3.4 创新数据驱动的编研成果应用新场景

高速移动互联网时代的碎片化传播已成为主流趋势，文字精练、内容丰富的短图文及短视频更容易进行传播。高校档案部门要顺应数字时代发展趋势，依托数据驱动的智能分析技术创新性地拓展编研成果的应用场景和服务模式。因此，首要任务是运用数据分析、知识发现等技术深度挖掘档案数据价值，为学校发展规划、重大项目论证、校庆校史编纂等提供精准档案史实佐证和智力支持。其次，构建集档案展示、知识检索、交流互动等功能于一体的"智慧档案"服务平台，创新面向师生的编研产品形态，提供在线访问、定制等个性化服务。同时，积极运用虚拟展厅、数字文创等新载体，生动呈现名人师友档案、校史档案等，讲好学校故事，提升校园文化软实力，增强师生认同感 [5]。

4 结语

在数字经济时代国家战略的引领下，数字赋能必将成为推动档案编研乃至整个档案事业变革发展的关键驱动力。本文在梳理数字时代档案编研工作机遇与挑战的基础上，聚焦高校档案编研领域，分析了当前存在的发展困境，并从理念更新和策略创新两个层面，对数字赋能背景下高校档案编研工作的变革之策进行了系统探讨，从而助力学校改革发展，服务经济社会，让档案在数字时代突出深层次价值。

注释及参考文献

[1] 董思琦, 李颖. 数据时代档案编研工作发展策略研究 [J]. 山西档案, 2020(1):112-117.

[2] 房小可, 谢永宪, 王巧玲. 基于数字人文的档案编研方法新探 [J]. 档案学研究, 2020(5):138-142.

[3] 江婷. 学校档案编研工作存在的问题及对策分析 [J]. 兰台内外, 2023(32):79-81.

[4] 邓东燕, 姚伦. 创新档案编研 弘扬档案文化 提升服务能力——江西省档案馆开展编研工作的实践与思考 [J]. 档案学研究, 2018(1):71-74.

[5] 孙大东, 各玉杰. 基于共建共享理念的档案信息微传播平台建设 [J]. 山西档案, 2018(2):51-55.

档案整理鉴定篇

智能技术辅助档案开放审核系统构建研究

王雨思

光典信息发展有限公司

摘要：本研究基于智能审核和人工审核的协同架构，构建了智能技术辅助档案开放审核系统，通过智能 OCR 识别、规则推理、敏感词库、大语言模型等技术，形成专家规则库、涉密筛查、档案开放审核大模型三个维度的审核规则，多重审核规则共同作用得出综合的推荐审核结果，实现智能技术与档案开放审核的深度融合应用。

关键词：档案开放审核；档案治理；人工智能

0 引言

档案开放审核是档案开放利用、编研开发等各项业务工作的基础。根据国家档案局发布的全国档案行政管理部门和档案馆基本情况摘要，尽管档案开放率有所提升，但总体应开放率还处在较低水平，截至 2022 年底，档案开放率仅为 17.91%。

《"十四五"全国档案事业发展规划》中明确提出，积极探索知识管理、人工智能、数字人文等技术在档案信息深层加工和利用中的应用，加强大数据、人工智能等新一代信息技术在数字档案馆（室）建设中的应用，推动数字档案馆（室）建设优化升级。

近年来，国家档案局科技项目立项工作多强调档案开放审核智能化研究，福建、江西等省份积极响应，申报档案开放审核智能化相关科技项目，进展顺利且取得明显的成效。这些探索和实践有效证明，智能技术应用于档案开放审核领域，既能充分发挥智能技术优势，又能切实满足业务实践诉求。

因此，本文拟构建智能技术辅助档案开放审核系统，探索智能技术与档案开放审核的深度融合应用。该系统基于智能审核与专家支持的协同架构，通过智能 OCR 识别、规则推理、敏感词库、大语言模型等技术，形成专家规则库、涉密筛查、档案开放审核大模型三个维度的审核规则，对档案来源、外形、内容等进行多方面挖掘和分析，给出综合的推荐审核结果，提升开放审核的精度，提高开放审核的效率。

1 相关研究

关于档案开放审核智能化的理论研究主要集中在两方面：一是从宏观层面探索档案开放审核智能化的发展路径，如制度建设 [1]、机制构思 [2]、流程优化 [3] 等；二是从微观层面研究档案开放审核智能辅助技术的应用，如敏感词全文对比技术 [4]、数据挖掘技术 [5]、人工智能技术 [6] 等。

在我国档案开放审核智能化的实践场景下，基于人工智能的档案开放审核具有较强的实践意义。通过课题研究＋试点应用的方式，国内部分研发实力较强的企业或技术能力较强的综合档案馆已经开展了相关工作。当前广泛应用于辅助档案开放审核项目的智能技术主要有数据挖掘技术 [7]、敏感词库技术、语义工程技术 [8]、自然语言处理技术 [9] 等。然而，由于各单位已经研究建立的档案开放审核模型都是基于各馆自身的馆藏档案数据训练得出，能否适用于所有档案尚有待验证，实际上目前市场上还没有出现具有普适性、可以大规模推广应用的档案智能开放审核系统或者工具。

2 相关技术

本研究评估和研究了档案开放审核中可能应用到的多项智能技术，包括基于规则推理的方法（专家规则）、机器学习和深度学习、朴素贝叶斯算法、支持向量机、决策树与随机森林、隐马尔科夫模型和感知机模型、卷积神经网络和文本分类模型、循环神经网络与长短期记忆模型、生成对抗网络及 LLM 大语言模型等，最终选择了专家规则、大语言模型和智能 OCR 识别等技术作为智能技术辅助档案开放审核系统的关键技术。

2.1 专家规则库

专家规则库即基于规则推理的方法，将专家所掌握的现有知识和经验，通过一定的方法积累、转化为规则，应用规则进行推理，根据明确的前提条件，得到明确的结果。

本研究采用专家规则库作为智能技术辅助档案开放审核系统的构建技术之一，可实现对触发规则的档案标注审核结果为"控制"。专家规则库中包含敏感词库和鉴定规则库两类审核支持技术，为审核系统提供了必要的数据基础和规则指导。

敏感词库包含了一系列预定义的敏感词汇，用于初步筛选和标记可能的不当内容。而鉴定规则库则包含了更为复杂和详细的规则集，用于进一步分析和判断档案内容是否符合特定的审核标准。通过这两个知识库的协同工作，审核系统能够更加精确地判断审核结果。

2.2 大语言模型

大语言模型即基于深度学习，通过训练能够理解和生成自然语言文本。这些模型通常由数层复杂的神经网络组成，能够处理和生成语言数据，执行包括文本摘要、机器翻译、问答系统、图文生成、情感分析等在内的多种自然语言处理（NLP）任务。

本研究采用大语言模型作为智能技术辅助档案开放审核系统的构建技术之一，基于大语言模型强大的推理能力，为档案开放审核提供智能化算法服务。

依托先进的大型语言模型技术，系统对海量档案进行自动化审核，并实现"端到端"的开放审核结果推荐，自动给出开放审核意见，优化档案开放审核的成本和效率。同时基于档案馆开放审核的历史数据和审核结果，提供在线智能审核算法的自学习机制，保障在线智能审核算法的准确率，实现业务服务自闭环。

2.3 智能 OCR 识别系统

智能 OCR 识别系统用来处理纸质档案数字化扫描件，经"数据化"后形成档案全文文本数据，作为后续专家规则库技术和大语言模型技术审核的数据基础。

本研究采用基于视觉和 NLP 技术的 OCR 智能文字处理系统，并进行了一系列的测试和改进，实现从任意制式文档中提取所需要的结构化信息。针对 OCR 提取的海量文本信息，在识别过程中引入语义通顺度模型，即文本纠错机制，并使用更高精度的 OCR 引擎，使手写体 OCR 识别的准确率得到明显提升。

智能OCR系统的投入使用，可满足档案数据化工作要求、国产化自主可控、性能表现较出色等要求。目前采用的智能OCR系统支持将OCR识别生成的文本与数字化成果合并后生成双层PDF文件和双层OFD文件、可正常识别彩色、灰度图像；支持BMP、JPG、JPEG、TIFF、PDF等格式的图像文件；识别结果可以输出TXT、DOC、JSON、XML、双层PDF、双层OFD等格式；OCR引擎包支持使用Java、C++、C、Object Pascal多种计算机语言进行二次开发能力；中文简体、繁体及英文识别率95%以上，A4大小文档识别时间小于3秒；支持识别各种常见字体。

3 智能技术辅助档案开放审核系统构建

3.1 用户需求

本系统面向综合档案馆、各立档单位及第三方服务公司等组织机构。从用户需求角度考虑，档案开放审核智能化的业务涉及多个部门和机构，目前还未有成规模的智能技术辅助档案开放审核系统。通过走访某综合档案馆，档案馆的业务专家凭借其丰富的实践经验，提出了系统需满足的多项业务需求，主要包括以下几点：

3.1.1 业务主体要简化

业务主体量大主要体现在待处理数据量大、立档单位较多、审核流程涉及档案局、档案馆和立档单位等多方参与，系统需具备高效能的数据处理方案、实现多立档单位协同工作、保证透明可追溯性的审核流程。

3.1.2 审核标准要统一

鉴于待审核档案的数量庞大且结构复杂，加之审核规则本身的复杂性和动态性，开放审核标准易受到个人经验、主观判断和记忆能力的限制，这些因素可能会削弱审核结果的一致性，妨碍开放审核工作的标准化和规范化。因此开发包含集成自动化审核流程和动态规则库的系统至关重要，可为审核人员提供一套明确的审核标准，以辅助业务人员更准确地理解和应用复杂的审核规则。

3.1.3 协作架构要优化

纵观目前档案开放审核智能化相关的研究和实践，一致将智能技术视为一种辅助工具，其目的是增强而非代替专业人员的审核划控能力。因此，系统的构建需优化人机协作架构，在此架构下，人工审核占据主导地位，智能审核则提供辅助支持，形成一种以人工审核为主、智能审核为辅的协同工作模式，确保人工智能高效的处理能力与业务专家丰富的专业知识能够实现有机结合。

3.2 系统架构设计

为实现智能化、流程化的档案开放审核全过程管理，系统整体架构如图 1 所示：

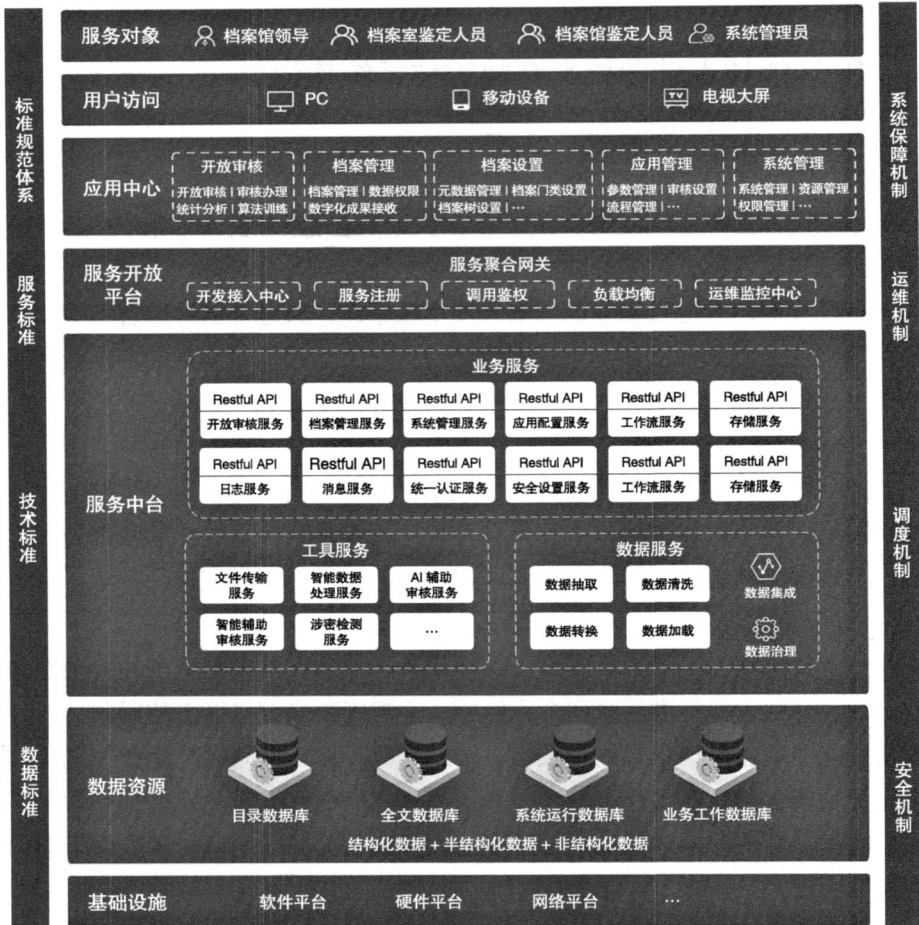

图 1　智能技术辅助档案开放审核系统架构设计

　　智能技术辅助档案开放审核系统的技术架构分为六层，结合三大标准规范体系以及三大系统保障机制指导和维持系统运行。

　　基础设施层是系统运行的物理基座，主要包括软硬件设施及网络等。

　　数据资源层负责系统架构的数据存储与处理，包括结构化数据、半结构化数据以及非结构化数据。

　　服务中台实现业务核心逻辑，并以微服务方式供其他业务模块调用，主要包括业务服务、工具服务、数据服务三大模块。

　　服务开放平台基于服务聚合网关，串联应用于服务，支持后续开发接入、注册、授权、监控等。

　　应用中心是面向开放审核工作的功能矩阵，包括开放审核、档案管理、档案设置等几大模块。

　　用户访问层为服务对象提供界面以展示数据，同时将 PC、移动设备、电视大屏等终端设备作为接收用户信息输入的入口。

　　本系统面向的服务对象包括档案馆领导、档案室鉴定人员、档案馆鉴定人员、系统管理员。

3.3 系统功能实现

图 2　智能技术辅助档案开放审核系统功能实现

215

智能技术辅助档案开放审核系统整体功能如图 2 所示，由五个模块组成，即开放审核、档案管理、档案设置、应用管理和系统管理，具体介绍如下：

3.3.1 开放审核模块

该模块包含开放审核、审核办理、统计分析、算法训练四个子模块。

开放审核：档案鉴定管理员创建开放审核任务，也可按比例自定义任务集给对应的业务人员，对开放审核任务状态与完成情况实时监控。

审核办理：开放审核任务启动后根据流程节点设置情况，开放审核人员对开放审核任务进行审核操作。系统自动调取辅助审核工具，为档案开放审核提供相关依据。

统计分析：系统提供对开放审核任务相关的数据统计分析展示，以及可对未来三年开放审核任务量进行预估，可从全宗、年度等维度展示档案开放情况。

算法训练：系统提供两种算法训练的方式，一是来源于开放审核形成的人工与算法差异性数据训练集，二是来源于线下历史的开放审核学习数据样本。对于生成的训练集可推送至算法进行自学习迭代。

3.3.2 档案管理模块

该模块包含数字成果导入、档案整理、数据权限三个子模块。

数字成果导入：提供馆藏数据的迁移功能，支持目录导入、全文挂接两种档案资源的导入形式。

档案整理：提供档案分类、有序管理与维护。

数据权限：按角色对各菜单下档案类型树、数据、电子全文进行权限配置。

3.3.3 档案设置模块

该模块包含元数据管理、文件属性捕获设置、字段标签管理等八个子模块。

元数据管理：主要维护标准规范中的元数据信息，形成各档案门类可供参考、依据和可引用的元数据库，便于创建档案门类模板与档案门类时引用对应的元数据标准与相关的元数据字段。

文件属性捕获设置：提供文件格式的分类与文件格式的创建与维护。

字段标签管理：支持对各位字段标签的创建与维护，并提供字段标签与系统编码的关联功能。

3.3.4 应用管理模块

该模块包含参数管理、编码管理、流程管理等七个子模块。

参数管理：根据用户需求对参数进行配置。

编码管理：提供对各类属性的编码进行维护的功能。

流程管理：提供工作流自定义功能，可根据用户需求，进行流程配置。

3.3.5 系统管理模块

该模块包含系统管理、资源管理、组织管理等子模块。

4 结论与展望

本研究与某综合档案馆合作，开展了系统性能的实证研究。结果表明，本研究构建的智能技术辅助档案开放审核系统，表现出了高效的处理能力，同时档案开放审核结果达到了较高的准确率，验证了其算法的准确性和稳定性。

该档案馆应用智能技术辅助档案开放审核系统后，大幅度提高了档案开放审核的工作效率。系统的应用为未来智能审核系统的开发和优化提供了实践基础和数据支持，也为档案馆智能化升级提供了有力的技术支撑。

未来的研究可以进一步探索智能技术在档案审核领域的深入应用，包括算法的持续优化、人机协作模式的创新以及系统在不同类型档案馆的适应性和泛化能力表现等。同时，也需要关注智能审核系统在伦理、隐私保护和数据安全等方面的挑战，确保技术的负责任使用。

注释及参考文献

[1] 陈永生,包惠敏,邓文慧.完善档案法规体系 推动档案工作走向开放——以《中华人民共和国档案法实施条例》为分析视角 [J].浙江档案,2024(2):13-16,19.

[2] 姚静,徐拥军.构建档案开放审核免责机制的必要性、困境与策略 [J].档案学研究,2023(2):74-80.

[3] 卞咸杰.基于智能工作流技术的档案开放审核系统设计与实现 [J].档案管理,2023(6):84-87.

[4] 杨扬,孙广辉.敏感词全文比对在档案开放审核中的应用实践 [J].中国档案,2020(11):58-59.

[5] 李鹏达,陈穹燕.数据挖掘技术在档案开放鉴定领域应用初探 [J].中国档案,2021(2):40-41.

[6] 聂云霞, 范志伟. AI 技术在档案开放审核中的 SWOT 分析 [J]. 山西档案, 2023(4): 35-45,88.

[7] 毛海帆, 李鹏达, 傅培超, 等. 基于数据挖掘技术构建辅助档案开放鉴定模型 [J]. 中国档案, 2022(12):29-31.

[8] 王楠, 丁原, 李军. 语义层次网络在文书档案开放审核中的应用 [J]. 档案与建设, 2022(6):55-60.

[9] 黄建峰, 颜梓森, 张枫旻, 等. 福建: 运用人工智能技术搭建开放审核模型 [J]. 中国档案, 2023(7):27-29.

民国时期广州市政府档案整理和保管情况探析（1933—1937）

谭静宇　李薇

广州市档案馆

摘要：民国时期，广州市政府为改善本府档案保管状况，改善档案工作方法，提高行政效率，制定了广州市政府及所属机关档案整理计划并实施整理，最终成功完成档案整理工作，并改善了档案保管设备。本文以记录此次档案整理工作的广州市档案馆馆藏民国档案为依据，结合其他相关民国档案，对民国时期广州市政府档案整理和保管情况进行探析，了解当时的档案工作情况与发展历史，对今天的档案整理与保管工作提供了良好的参考与借鉴经验。

关键词：民国档案；广州市政府；档案整理；档案保管

0 引言

民国时期，档案管理改革成为研究热点，针对档案管理实践工作，研究者们不断归纳旧式方法不足，提出新的改革方案与工作制度。如档案分类庋藏法、图书馆卡片法、四角号码检字法等，同时不断改革档案登记、接收归档程序、分类标准方法、目录簿册索引样式、保管设施与调卷还卷方法，规范档案工作制度，创新档案工作方法。1925年广州市政府成立初期，档案数量激增，各类档案参差凌乱，影响行政效率，市政府组织人员进行了一次全方位改革，取得良好成效，使档案工作面貌焕然一新。广州市档案馆现保存有民国广州市政府档案1.6万卷，全面反映了1918至1949年广州市政府各项工作要务，现就馆藏民国时期广州市政府档案整理和保管情况进行探析。

1 广州市政府档案工作概况

1.1 背景介绍

民国时期，广州市政府根据调查，发现本府及所属机关保管档案办法有行政组织不健全、分类法不合理、目录簿册缺失或缺乏索引效能、案卷未装订或庋藏紊乱四种缺点，耽搁办案时间、影响行政效率。

为改善缺点，提高效率，广州市政府派专员赴其他地区机关单位调研，以改善四个缺点为档案整理指标点，制定了详细工作计划，将本府及所属机关档案重新进行整理，改善档案工作。

1.2 档案工作推进情况

民国初期，广州市政府管档方法虽有一定条理，但仍存在诸多缺点，与科学管理方法相距甚远。1933 年，广州市市长刘纪文为改良本府档案管理，曾派管卷科员周文鹤与科员黎高曙赴上海市政府调研学习管卷方法。调研结束后结合本府档案实情，拟定了广州市政府档案处理程序，并规定于 1934 年1 月起，新立卷宗均用该程序处理。

1936 年 8 月，在广州市市长曾养甫接任前，广州市政府新旧卷宗已累计达 2 万余卷，数量虽不多，但是因组织架构不断改组移并，档案情况已十分复杂，同时工作人员数量稀少，工作内容却日渐繁重，已无法匹配，导致档案问题积习相沿，日益增多紊乱。虽然 1934 年时问题曾有过改善，却只涉新卷，而旧卷内容庞杂，查验困难。此外，广州市政府直辖数十个机关，案牍繁多，平均每日累计上百件，如不及时整理清楚，后续更难以为力，由此可见，档案工作改革刻不容缓。

曾养甫市长了解情况后，认为施政重点在于准确与迅速，档案管理不得其法，则会影响行政准确迅速，于是在接印上任后，立刻发布整理档案指令，要求掌卷人制定档案整理计划，先整理本府档案，再整理所属各机关档案。本府档案自 1937 年 1 月 12 日开始整理，限期三个月，在此期间，经办各员均不畏艰巨，夙夜弗懈，最终如期完成。

1.3 机构和人员设置

1918 年 10 月，广州市成立市政公所，负责广州市政务，是广州市政机构前身。成立时组织简单，尚未形成规模，此时内设总务、工程、经界三科及八旗生计处，各科处卷宗分别管理，并不集中，其中总务科一部案卷即为广州市府政府档案的前身。截至 1921 年 2 月，案卷不过 760 宗，仅设置一名受理员。

1921 年 2 月，市政公所改组为市政厅，扩大组织，增设六局，前市政公所工程经界两科案卷，移归至工务局；八旗生计处案卷，移归至财政局，总务科案卷则由市政厅保管。此时厅务日渐繁重，文卷日渐增多，于是在原有管卷员一人的基础上，增加两名事务员，共同协助管理。截至 1925 年 6 月，市政厅案卷已增至 3000 余宗。

1925 年 7 月，市政厅改组为市政府，在市政府成立之初，因为组织递变，档案情形也让工作人员渐感繁杂，为了区分明确，管理方便，将市厅卷作为旧卷，市府卷作为新卷，旧卷仍遵循其旧号规则，新卷则从新编号开始编号。1927 年 12 月，广东特派员交涉署裁撤，外交事务改归广州市政府兼理，原有交涉署案卷 6700 余宗，也同时移交至广州市政府接管，原掌卷员一并过府管理卷宗。

1930 年 1 月，广州市政府增设第三科（后改为第二科）掌理审计稽核事务，同时裁撤财政局内预决算股室，将该股原有案卷约 1000 宗，移归至第三科接管。从此以后，广州市政府档案便分为两部分，一部分为审计稽核案卷，设一名事务员管理；另一部分为本府原有案卷及接管外务案卷，外务设置一名专管，其余部分因 1929 年 1 月裁去一名事务员后，只有两名科员管理，所以该处工作是最繁忙之处。

综上所述，广州市政府档案沿革系统，可以简列如图 1 所示。

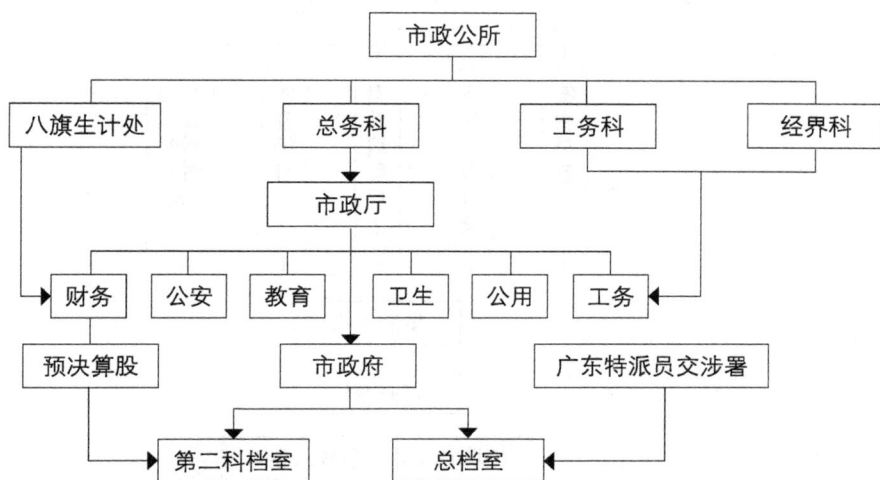

图 1　广州市政府档案沿革系统图

1.4 制度建设

广州市政府为使工作顺利开展，规范了文件处理与档案管理制度，明确各股职责，规定档案采用管理集中办法，制作登记簿、收文簿、发文簿、发文送缮送发簿，发布关于审查收发与档案连锁办法；制作档案分类表，采取杜威十进制分类法；制作活页分类目录簿、名称目录卡、标题目录卡、索引表；发布装订卷宗注意事项，规范装订；制作调卷单、调卷登记簿、催卷单；完善档案设备要求与归档程序。

2 档案整理工作流程

广州市政府在重新整理前开展了详尽调研，调研后针对本府档案专门制定了整理计划，编制流程图如图 2 所示。

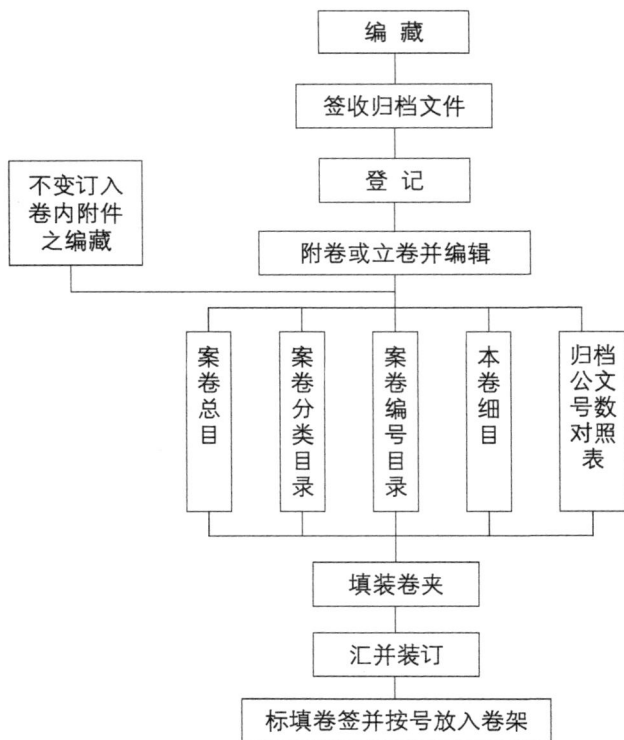

图 2 档案整理工作计划流程图

2.1 分类

"分类法不合理"是改革的重要原因之一。整理计划中提道："分类工作，在档案处理程序中占首要地位，分类不当，编排目录亦难清晰，必致缺乏索引效能，故分类得法与否，最足影响管理效率。"[1]

为此，本府秘书处第一科制订了《广州市政府档案分类表》（以下简称《分类表》），采用三级制标准与杜威十进分类法，要求所属机关参照此标准编制本机关新档案分类表。第一级依照组织分"类"，第二级依照职掌分"项"，第三级依照案件性质及有关机关或地名分"目"。三位数字（如目之后再有节者则为四位数字）合并称为"分类号"，三位数字之第一位代表类，第二位代表项，第三位代表目，目以下为案卷，如目以下再须分节，可以定点后之数字代表，则节之下为案卷。

《分类表》首先将本府档案分为十大"类"，包括总务、保安、社会、卫生、土地、财政、教育、工务、公用、外务。其次每一类下面按照职能再细分"项"，如总务类下分为人事、文书编辑、会计、庶务、调查、统计等。最后每一项之下再分"目"排列，如文书编辑项里分文书处理、档案保管、电码、公报、行政报告、出版刊物、宣传等，若"目"里还有需要可再往下分为"节"。

2.2 编目

"目录功用在于索引，故为检卷最要之工具。"[2] 广州市政府将档案目录按照不同的功能用途分为四种：活页分类目录簿、名称目录卡、标题目录卡、索引表。但凡知道案卷性质或事由的，用活页分类目录簿查取案卷；知道来去文机关人员或地名的，用名称目录卡查取案卷；若不知分类及机关人员名称，用标题目录卡查取案卷；索引表则为收藏文号分类号码对照表。

掌卷人按照《分类表》分类后，每卷档案按立卷日期，顺次编排案卷号。编号完成后进行编目，首先每类档案设一本活页分类目录簿，于每卷编号之后，即按类顺次将目录录入目录簿；其次编索引表，以每卷之案卷号及收发文号，编入对照索引表内，每张表编一百个号；最后编制目录卡，每卷一号，均编制名称目录卡及标题目录卡各一种，其中名称目录卡以来去文机关人员或地名列第一行，每卷一张，其排列法以首字笔画之多少为序，标题目录卡以案卷内容的主要事实作标题，列第一行，每个标题一张卡片。

2.3 装订

档案无论新旧案卷，一律要求装订成卷，对于装订有详细的要求和规范，排列次序上，将未装订卷宗，按照文件的年月理顺，每卷应以同一性质的文件编成，同性质而机关不同的文件应以机关为单位分立卷宗，文件有前案者归入前案，无前案者另立卷宗，收文在前，藏文在后，依次整叠，一案为一卷，每卷用一卷夹，卷内文件多则分订数册用数个卷夹，每册以二十件为度量，每册加装卷面卷底；装订材料上，编订用麻绳，卷内文件目录纸料用道林纸，每宗用皮纸封固，加盖关仿或图章，避免抽换，卷宗用厚纸夹装订，纸夹背脊用三折式，以便伸缩；附件装订上，以订入卷内为原则，但篇幅过大过厚如图册等不方便订入的，则放入专门的附件橱，并编号登记入附件登记簿。

3 档案管理工作措施

3.1 保管方法

各机关在未完成合署以前均采用集中分存制。在档案保管上，在本府设总档案室，在各机关设分档案室，各档案室集中管理各机关档案，不存于各课股。在档案存放顺序上，卷宗排列与分类簿次序须一致，以便查验。卷夹的排架取横立式，夹背向下，指引签向上，方便检查取放。

3.2 档案保护

广州市政府结合实际对档案保护及档案室设备提出了具体要求。市政府原有卷架二十座，但门扇皆未安装，以至于保管疏虞、尘垢堆积，不适合保管。因此提出改制卷橱，均改用木制玻璃双门卷橱保管档案。办公室须与档案库分开，而档案室高燥向阳，要保持空气流通，以防档案潮湿霉烂。用樟脑粉防虫，用药沫灭火机防火。

3.3 密件档案管理

广州市政府十分重视密件管理，专门购置有关锁的坚固木橱存放密卷。档案室收到归档密件，需登记到密件摘由登记簿。审查密件性质，如有旧案者，并入旧卷，如属新案，另立新卷。密件不论旧案新卷，均在卷面卷夹及分类目录簿加盖"密件"二字。有密件附入的卷宗，另外存放一橱，用密件案卷目录簿登记。

3.4 档案调卷

3.4.1 调卷手续

一律用调卷单，调卷人签盖并经主管长官签盖，避免用便条或口头调卷，长官口头调卷时，也应于送卷时代填调卷单，附送签字。每日调出的卷件，应加以统计。

3.4.2 调卷速度

知道收发文号档号或来去文机关人员及事由的档案，查询时间不得超过三分钟；不知收发文号档号，应说明关系者地域关系，大概时间及事项性质，管卷员可依照四种目录或总收管文簿，查取卷宗，时间不得超过6分钟。

3.4.3 调卷限制

调卷时间规定以一星期为限，每周内档案室填催卷单催还。档案调卷程序如图3所示。

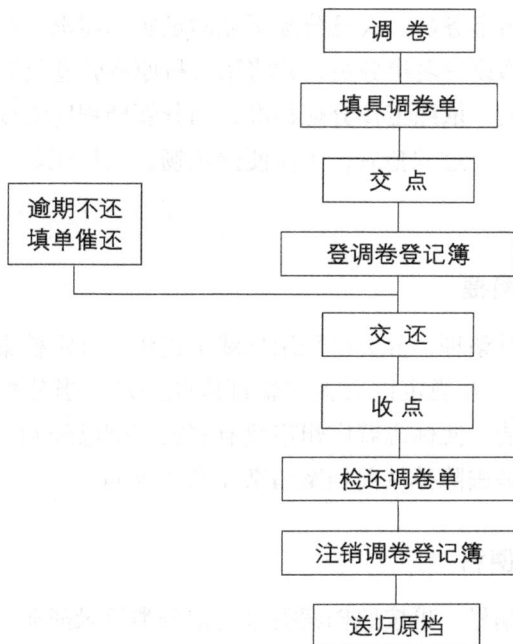

图3　档案调卷程序图

4 余论

档案整理保管目的是为了增进行政准确迅速，广州市政府为提升档案工作水平，斟酌损益，调研学习，周密组织，结合当时实情，制定了合适的整理保管方法，完成了整理工作，达成了改革目的。广州市政府旧卷原为 9500 余宗，整理后案卷共达 16700 余宗，档案工作取得很大成效。

4.1 档案规整受理集中

广州市政府档案分为总档案室、外务与第二科档案室三部分，最初没有采用集中管理，经过整理后，档案整理保管方法全部划一无异，在同一标准指导之下。而此后工作，除了外务已合并到总档案室外，第二科档案室虽然因为地点关系导致卷宗不能与其他档室合并，原有的管卷员已并入总档案室办公，并归入该室进行统一管理，所以实际上已全部实行集中管理。

4.2 职掌分配划分得当

总档案室从前设科员三人，其中一人专门负责管理外务，另外二人分管总档，第二科仅设置一名事务员，人员分配不能满足实际需求。经过改革，将专管外务制度废除，增设一名事务员，并将第二科原有管卷员归并于总档室，连原有人员共计五人，依照工作分配标准，划分管档程序阶段，令每名工作人员掌理不同部分。经过调整后，工作便捷顺畅，人员充足，再无迟滞杂乱现象出现。

4.3 档案分类合理简捷

广州市政府档案经过整理，分类已采用杜威十进法，订定档案分类表，全部案卷完成分类编号。并规定以后新卷编订依此办理。当分类有既定标准，分类标准又合理简洁，便标志着广州市政府档案基础已经确立，其保管程序，也臻于健全，一举去除掉从前档案错杂无章的弊病。

4.4 目录簿册索引便利

根据标准方法分类编号，再按照档案类号登记分类目录簿册，这样流程形成的目录簿册自然成为档案工作的指南针。而此次清理，已经依此方法将全部目录编登完毕，纲举目张、井然有条，使保管查验均极便利。

4.5 装订庋藏整齐有序

案卷一律装订完妥，依据类号顺次排列，档案编排与分类目录次序对应，记录在册，通过检索目录便可查到位置，形式整齐，检调迅速，紊乱状况已消灭无遗。

经调整后，案表内容中的分类错误、编号错误、归卷错误、应分而合、应合而分与颠倒次序问题全部消除，最迟调卷速度不超过三分钟，档室设备完备，保管形式可观。此次改革让民国时期的广州市政府档案工作变得系统化、科学化、合理化，广州地区档案工作迈上了新台阶，亦对今天的档案整理保管提供了良好的参考与借鉴经验。

注释及参考文献

[1][2] 广州市政府整理档案概况及档案整理之经过表册.广州市档案馆馆藏,档号：L005-001-012671-001.

浅析民国档案文件级目录著录中
依据事由拟写文件标题的原则和方法

孙恺

中国第二历史档案馆

摘要：绝大多数民国公文没有文件标题，而是通过事由揭示公文的主要内容。正因为此，在民国档案文件级目录著录工作中，著录者如能熟练掌握事由的类型、结构等常识，以及改写事由的原则和方法，将极大地提高题名拟写的质量和效率。改写事由，在宏观上需遵照全面性、客观性、简洁性的原则，在微观上可按照"读、写、改"的方法具体操作。

关键词：民国公文；文件级著录；题名拟写；公文事由

0 引言

在民国档案文件级目录著录过程中，拟写文件标题是一项极为重要但又具有相当难度的工作。文件标题拟写得好，不仅能够准确概括出文件的中心内容，而且能够使日后文件的查询、利用变得更加高效、快捷。但是，在实际著录过程中，由于"民国时期的公文特点及民国档案实际状况"，以致"题名著录是文件级目录各著录项中最让人困扰的难点著录项"。[1]对著录者而言，以简练的文字全面、准确、客观地拟写出文件标题并非易事。

民国时期，绝大多数公文都没有形成现代意义上的文件标题，而是通过事由的形式起着提纲挈领的作用，用以揭示公文的主要内容。作为现代公文文件标题的雏形，事由对著录者拟写文件标题有着重要的参考作用。著录者如能熟练掌握事由的类型、结构等知识，并根据一定的技巧对事由进行加工提炼，将极大地提高拟写文件标题的质量和效率。

1 事由的不同类型

一般而言，民国公文中的事由主要分为两种类型，一是文首叙由，二是封面摘由。文首叙由中的事由是公文正文的一部分，起于公文之首；封面摘由中的事由则是一个独立项目，摘抄于文面纸、摘由纸、稿面纸等公文纸之上。

1.1 文首叙由

文首叙由，即开宗明义，一般以"为……事"的格式在全文之首点明公文的要旨和性质。文首叙由始于明清两代，民国建立之初此种陈例得以延续。在公文实践中，文首叙由又演化为详叙式和略叙式两种。

"公文采用详叙事由的方式，多属上行公文，惟恐上级机关因案牍纷繁而核阅困难，收发摘由，尤恐有疏漏之虞，故不惮其烦，每详摘事由于文首，目的是使阅者一见事由，就知道全文的大意。"[2] 如"呈为遵令将本京北极阁腾归钧院应用仰祈派员接管事""呈为呈送全年户口变动统计表仰祈鉴核分别存转事"等。

文首详叙事由本是一个良好的公文书写习惯，便于收文机关快速掌握公文大意，提高办事效率，同时也便利其收文归档。1914年，中华民国大总统袁世凯就曾要求"各部各省要件须送请示者摘由其首"。[3] 但由于民国时期等级观念依旧盛行，上级机关向下发文时常常略叙事由。久而久之，除下行文以外，平行文甚至上行文中，文首略叙事由都成为普遍现象。

文首略叙事由的表现形式是省略公文的主要内容，"只显示公文的行移属性和事件性质"[4]，如"呈为呈请事""为令遵事""为布告事"等。就文首叙由设置的初衷而言，略叙式已经失去了内容提要的作用，所以被视为一种陋习。1930年5月21日，国民政府教育部公布《划一教育机关公文格式办法》，明确规定："稿面与文面既摘由，起首套语均应省略不用，即以'案奉''案准''案查'等字开始。"[5] 但由于公文写作习惯一时难以彻底改变，此后公文中文首略叙事由的情况仍然长期存在。

1.2 封面摘由

封面摘由，即由发文机关或收文机关将公文的事由摘抄在特定的公文纸上。封面摘由的作用与文首叙由一致，在于化繁为简、突出重点，帮助办文者快速了解公文大意，提高办公效率。封面摘由的书写格式一般是"关于……由"或"为……由"，如"关于中央信托局对苏易货改以桐油抵交四川山羊皮一案函复查照由""为联合国战事罪行调查委员会远东及太平洋分会要求我国审判战犯时出席旁听由"等。常见的封面摘由形式有文面摘由、摘由纸摘由、稿面摘由等。

南京临时政府和北洋政府时期，尚未从官方层面对公文用纸中的摘由一项作出明确具体的规定。绝大多数情况下摘由只是发文机关填写发文簿、收文机关填写收文簿时的一个环节，如遇特别机密文件，甚至可以"编号登簿，不叙事由"。[6]有些机关会根据办文需要制作摘由纸，附于来文之上，摘录来文事由之外，还会填写来文机关、收文日期等信息，但此时摘由纸的格式并没有统一规范。

1929 年 1 月 18 日，国民政府颁发公文用纸式样的训令，规定："文面拟分别事由、拟办、决定办法、批办、备考、附件各栏，废除收文机关之摘由纸，以省转抄及粘贴时间。至事由一栏，拟规定由发文机关缮校员照拟稿人员所摘之由抄写核稿。"[7]根据该项训令，事由成为公文的文面要素，文面摘由制度得以形成。文面摘由制度之下，公文面页和摘由纸做了合并，有效提高了公文办理效率，也使公文的外观更加统一规范。此后，公文面页格式虽经多次修改，但还是基本延续了 1929 年该项训令的基本要求，将事由作为一个必填项。

特别值得说明的是，文面摘由制度实行以后，摘由纸制度并没有被完全废止。因为除了公文以外，各机关还经常会收到电报、代电等文书，这些文书通常没有公文面页，所以仍然需要使用摘由纸。1945 年 5 月 31 日国民政府行政院颁发的《统一各机关公文用纸格式细则》，就对摘由纸的格式做过详细规定。

除了文面摘由、摘由纸摘由以外，民国公文中稿面摘由的情况也极为常见。南京临时政府和北洋政府时期，一般各机关自行制备发文稿纸，格式虽无统一规定，但绝大多数情况下都包含事由一项。国民政府成立以后，公文稿纸的格式日趋规范。在 1929 年 1 月 28 日公文用纸式样的训令、1933 年 9 月 27 日修改公文稿面的训令、1945 年 5 月 31 日《统一各机关公文用纸格式细则》等文件中，公文稿纸的格式虽偶有调整，但事由一项作为重点要素自始至终都必不可少。

2 事由的结构分析

民国时期，拟写事由并无明确的体例要求，总的来说遵循"事实能包括""字句又简略"[8]即可。与现行公文文件标题标明作者、内容、文种等诸要素不同，民国公文中事由的内涵要素比较复杂。有学者研究认为，事由的结构主要有以下两种情况："1. 关于直叙公文或给与之文，即将本文的动因、理由与办法、目的扼要摘述连缀成句。2. 案叙公文或转致及回复之文，即将来因、结果与本文的目的，扼要接叙。也有根据原因，接以本文办法及目的为事由的。"[9]

民国徐望之在《公牍通论》中指出，公文"虽名称各异，详简互殊，总不外依据、引申、归结三段结构而成"。[10]其实，民国公文中的事由也基本延续了这一写作结构。笔者认为，事由的结构大多是"三段式"，即"为什么、是什么、怎么办"。"为什么"交代公文写作的背景或缘由，与公文中的"依据"作用相似，"或据法令，或据前案，或据先例，或据理论，或据事实，或据来文"，"为本文引申论列之根据"。[11]"是什么"类似公文中的"申述"，是对公文案情的叙述、议论或提出处理意见、办法等。"怎么办"类似公文中的"归结"，点明公文行文的最终目的，或呈请鉴核，或令行遵办，或准予备案等。以下结合实例做一具体解释：

例一：奉国府令发禁烟委员会组织法仰饬属一体知照由。"奉国府令"说明"为什么"，即办文来因；"发禁烟委员会组织法"说明"是什么"，即提出的具体做法；"仰饬属一体知照"说明"怎么办"，即撰写该篇公文的最终目的是"饬属一体知照"。

例二：为关于具有公务员身份之医事人员加入公会问题案转令知照由。"具有公务员身份之医事人员加入公会问题案"说明"为什么"，即办文的依据缘于前案；"转令知照"说明"怎么办"，即撰写该篇公文的最终目的是"令知照"。

例三：为政府机关车辆过户均应照章登报勿须觅保电仰知照由。"政府机关车辆过户均应照章登报勿须觅保"说明"是什么"，即对公文案情的叙述；"电仰知照"说明"怎么办"，即撰写该篇公文的最终目的是"电知照"。

例四：呈为遵令将本京北极阁腾归钧院应用仰祈派员接管事。"遵令"说明"为什么"，即办文来因；"将本京北极阁腾归钧院应用"说明"是什么"，即提出的具体做法；"仰祈派员接管"说明"怎么办"，即撰写该篇公文的最终目的是要求收文机关"派员接管"。

分析上述几例事由，还可以发现几个特点。一是事由中往往略去发文机关和收文机关。这点不难理解，发文机关和收文机关在公文正文中已有体现，所以无须赘言。如必须提及发文机关和收文机关，则往往使用自谦或敬称的"称谓语"代替，如"钧院""大部""窃职"等。二是"三段式"结构并非严格地缺一不可，如例二中的"是什么"、例三中的"为什么"都被省略。三是事由中常常略去公文文种，或将文种由名词改做动词使用。如例一中略去了公文文种；又如例三中，文种"电"由名词变成了动词使用。如果事由中出现了公文文种的字眼，著录者需格外留意，因为这同样是判断该篇公文文种的依据之一。四是事由中有时会出现祈请语等套语。如例四中的"仰祈"，这类祈请语只做加深语气之用，本身并无实际意义。

3 依据事由拟写文件标题的原则和方法

由中国第二历史档案馆草拟、国家档案局颁行的《民国档案目录中心数据采集标准民国档案著录细则》对拟写文件标题有如下规定："题名拟定应力求完整，一般要揭示责任者、内容、文种；文件中'事由''摘由'不应作为正式题名。"[12] 根据该细则，中国第二历史档案馆规定文件标题的书写结构是：责任者 + 为（关于）+ 内容 + 致 + 受文者 + 文种。《民国档案目录中心数据采集标准民国档案著录细则》对文件标题和事由二者关系的叙述较为简略，仅规定拟写文件标题时不能照抄事由，未对如何依据事由拟写文件标题做进一步规范。笔者认为，事由对拟写文件标题有两个维度的帮助，一是可以通过事由确定责任者、文种、受文者等著录项，与公文正文相互印证；二是可以将事由改写成文件标题固定结构中的"内容"，帮助著录者高效地拟好文件标题。至于依据事由拟写文件标题的原则和方法，在宏观上需遵照全面性、客观性、简洁性的原则，在具体操作上可按照"读、写、改"的步骤进行拟写。

3.1 原则

全面性原则。《民国档案目录中心数据采集标准民国档案著录细则》规定"题名拟定应力求完整"。一般来说，完整、标准意义上的文件题名著录应具备责任者、内容、时间、地域、文种、受文者六要素。[13] 这要求著录者在阅读、改写事由时应认真梳理事由中的诸多要素，做到关键信息不遗漏。

客观性原则。"在民国档案文件级目录建设各个环节上，始终坚持客观思维，客观的表述越多，客观的表述越精准，越能还原历史的本来面目。"[14] 就拟写文件标题而言，著录者同样应尊重历史，不加褒贬。在改写事由的过程中，应尽量避免使用当代词汇，遣词造句要尊重原事由的历史特征。当事由中出现带有感情色彩或政治污蔑性的词语，在拟写文件标题时应加以改正。

简洁性原则。民国公文多用套语，以致文风冗余，甚至会干扰主要信息的表达，事由中亦存在此类现象。加之办文者摘写事由的水平不一，导致一些事由有几十甚至上百字之多。著录者在改写事由时，在不丢失重要信息和破坏原意的前提下，应删减冗余部分，使文件标题文字精练、表达流畅。

3.2 方法

第一步是读，即依次阅读事由和原文，目的在于掌握公文大意，梳理责任者、内容、时间、地域、文种、受文者等要素，验证事由和原文中的要素信息是否一致。

就阅读事由而言，首先分辨文首叙由还是封面摘由，准确定位事由，进而根据"三段式"分析事由结构，理清事由的内在逻辑，最后提炼关键信息。

阅读完事由后，必须阅读公文原文，切忌不阅读原文而直接根据事由改写文件标题。办文者摘写的事由是否全面、准确姑且不谈，仅在誊抄环节就有可能出现纰漏，如抄错人名、地名、数字等。这种情况在民国公文中十分常见。

第二步是写，即在事由和原文相互印证的基础上，将责任者、内容、受文者、文种填写进文件标题。

在这一过程中，如何将事由改写为文件标题固定结构中的"内容"是难点和重点。一般而言，著录者需要将事由改写为动宾结构形式，突出时间、地点、机构（人物）、事件等关键信息。如上文事由例一可以改写为"责任者＋关于＋转发禁烟委员会组织法（动宾结构）＋致＋受文者＋文种"。又如上文事由例二可以改写为"责任者＋关于＋转知具有公务员身份之医事人员加入公会问题一案（动宾结构）＋致＋受文者＋文种"。

第三步是改，文件标题初步拟好之后，应删除文件标题中的公文套语，补充公文正文中有所体现而事由中未曾提及的关键信息。

事由中的公文套语不具备检索意义，所以在拟写文件标题时应予以剔除。这些套语包括"修饰词、介词和重复词；叙述性和铺垫性词语；没有实际意义的惯用词语；字面意义上很难解释清楚，令人费解的词语等"。[15]

4 结语

在强调档案信息化的当下，信息全面、要点突出、文字简练的文件标题对于数据检索、利用至关重要。这客观上为档案著录者提出了更高要求。所谓工欲善其事必先利其器，依据事由拟写文件标题就是著录者的一把"利器"。当然，笔者提出的原则和方法只是为著录者提供了一种路径，这有赖于著录者在工作实践中不断尝试、总结、改进，进而形成更加科学、完备的工作方法和理论架构。

注释及参考文献

[1][13] 许茵. 国家重点档案文件级目录题名著录问题探析——以全国民国档案文件级目录著录为例 [J]. 档案学研究，2018(6):59－63.

[2] 王俊明. 试析民国公文的"事由"[J]. 档案学通讯,1995(5):36,61－62.

[3] 呈部文件摘由其首 [N]. 时报,1914－05－25(5).

[4] 胡元德. 公文"事由"溯源 [J]. 档案学通讯,2014(2):34－38.

[5][6][7] 中国第二历史档案馆. 民国时期文书工作和档案工作资料选编 [M]. 北京：档案出版社,1987:279,139,397.

[8] 秦翰才. 公文之摘由 [J]. 京沪沪杭甬铁路日刊,1933(688):45.

[9] 王俊明. 试析民国公文的"事由"[J]. 档案学通讯,1995(5):36,61－62.

[10][11] 徐望之. 公牍通论 [M]. 上海：商务印书馆,1931:176.

[12]DA/T20.1－1999, 民国档案目录中心数据采集标准民国档案著录细则 [S].

[14] 冯蓉. 面向民国档案文件级目录基础建设问题新的思考 [C]// 新时代档案工作者的使命：融合与创新——2018 年全国档案工作者年会论文集. 北京：中国文史出版社,2018:253－259.

[15] 陈萌. 民国档案文件级目录题名用语原则及实现策略初探 [J]. 山西档案,2019(5):181－186.

国家重点档案目录基础体系建设项目绩效提升路径
——以民国档案文件级目录著录为例

方彦

福建省档案馆

摘要： 在全国各地国家重点档案目录基础体系建设项目不断推进的大背景下，本文以民国档案文件级目录著录为例，从项目重要性、著录难度表现、提高著录质量和管理等方面进行阐述，研究国家重点档案文件级目录著录工作推进中存在问题，并提出项目提升绩效策略。

关键词： 国家重点档案；民国档案；目录著录；绩效目标

作为档案数据共享的基础，目录数据库的质量决定着档案数字化整体数据的质量，直接影响档案信息的开发和利用。近些年来，通过国家重点档案目录基础体系建设项目的实施推进，全国各地已陆续完成部分历史档案目录著录工作。笔者根据自身工作实践，以民国档案目录为切入点，探析解决国家重点档案文件级目录著录项目绩效提升问题。

1 目录基础体系建设项目的沿革及其重要性

2015 年，国家档案局、财政部印发《"十三五"时期国家重点档案保护与开发工作总体规划》，首次对国家重点档案开发工作的目标、任务做出规划。2016 年 5 月，国家档案局正式在全国档案系统启动著录与采集工作。2021 年 11 月，国家档案局印发《"十四五"国家重点档案保护与开发工程实施方案》，为"十四五"时期国家重点档案开发工作提出具有实践性的指导。政策的相继出台，体现了国家对目录基础体系建设项目的持续关注，并一以贯之。民国档案作为数量最为庞大、内容最为杂糅的历史档案，是国家重点档案保护与开发中不可或缺的重要组成部分，在服务党和国家工作大局、维护国家核心利益、提升中华民族凝聚力等方面有着无可替代的重要作用。[1]

2 目录基础体系建设项目实施主要难度表现

目录基础体系建设项目在实施过程中的难度主要表现在主观、客观两个方面：

在主观方面，鉴于目录基础体系项目的著录特性，决定了其具有知识性强、著录难度大等特点。民国档案目录主要有以下特征：一是以手写体为主，且有相当量的档案存在书写不规范的问题，常有繁体字、异体字、行书、草书相互交织在一起，辨认困难；二是用语习惯、行文风格与现行公文不同，习惯竖写，且文内几乎无标符，大部分内容属文言文或半文半白，阅读理解难度大；三是涉及的公文文种类别、公文知识、历史实践、引经据典等繁多，需要著录人员博闻强识；四是部分文字模糊不清或内容残缺，著录时需参考相关案卷资料，著录人员要具备一定编研能力。

在客观方面，目录基础体系项目对其著录人员综合素质要求高，但目前熟悉掌握著录标准且能安心从事著录的人员严重不足。人员的短缺严重制约了生产的大面积铺开，导致目录基础体系建设项目虽有充裕的专项资金保障，但短期内难有大的突破。主要表现在：一则目录加工方为降低生产成本，招聘的员工素质相对有限，加之培训不到位，致使部分员工还没有完全熟悉流程和规则就仓促上岗，出现了不愿干、干不长、干不专心等现象。二则档案馆自身熟悉民国档案著录人员偏少，尤其是市县档案馆，根本无法对目录加工方所著的目录进行规范指导，以至于目录著录偏颇。同时，人力的严重不足，使得档案部门无法实现对目录数据的校核，导致验收不及时、抽检片面等问题严重影响了目录质量。

3 提高目录著录质量的措施

质量是档案数字化工作的生命。因此，针对国家重点档案文件级目录著录的质量管理，必须要把流程设计、人员管理、技术管控、制度建设等有机结合起来，实现环环相扣，确保目录著录质量。

3.1 流程设计科学化

科学设计工作流程，是保障工作开展顺畅、产出高质量文件级目录数据的必由之路。根据实践，工作流程大致可设置为：调研摸底→制定方案→业务培训→目录著录→目录质检→总质检→数据抽检→成品移交。其中，调研摸底是为了摸清档案内容类型和著录重点、难点，为制定目录著录方案和开展针对性业务培训奠定基础。需要注意的是，目录数据产出后，一般应由目录著录加工方进行目录质检与总质检，再由档案馆负责目录著录的专业人员进行抽检。质量合格即为成品数据，移交保存，否则退回重新著录、质检。建议可以在组织开展此项业务时引入监理机制，增设监理把控质量关这一程序，由监理公司在档案馆方抽检前先行质检，再交由档案馆方抽检，可以更好地保证著录质量。

3.2 培训教育深度化

民国档案文件级目录著录对其著录人员要求较高，不仅有学历、专业、文字能力等方面的先决条件，更有对不断提升业务水平的明确要求。而著录人员业务水平的达标和提升首先来自有针对性并逐步深入的培训。一般说来，业务培训分为开项培训和日常培训。开项培训是项目开始时的集中培训，主要内容是著录细则和档案涉及的文史知识，如机构变迁历程、重要人物事件、文种类型、常见用语、民国公文特征及重点信息提取方法、目录拟写要求与技巧等。日常培训则一般不讲究固定形式，根据具体工作需要开展，主要针对著录过程中发现的新问题和质检反馈情况即时培训，涉及著录细则的完善、历史知识的补充、疑难档案著录的指导等。需要重点关注的是，培训应与考核紧密结合，并制定达标值，以检测并确保培训的效果。其中，开项培训考核必须达标，否则著录质量就如"无源之水"缺少根基。

3.3 管控手段技术化

档案目录著录工作中，再严谨的人员也无法避免疏漏型错误。但随着信息技术的飞速发展，目前已有一些从事档案数字化服务的企业研发了民国档案文件级目录著录系统软件，具备一定的质量管控功能，利用得当可以有效提升工作效率，并避免一些人工产生的疏漏性错误。同时，可以将著录过程中出现的某些固定类型的错误进行梳理总结，通过技术手段进行管控，从而大大提升目录著录的质量。[2] 例如，著录人员可发挥软件资料库功能，直接点击选取资料库中常用责任者、收文者、文种、关键词等，由软件自动生成到题名中，减少人工录入时间，大大提升工作效率，同时能减少错别字，提升质量。又如，著录项不完整，缺少收文者、文种等，或时间项出现不合逻辑的错误时，软件会自动报错，提醒著录人员进行修正。

3.4 错情反馈快速化

目录著录过程中，应实时跟进质检工作，及时发现反馈问题。反馈周期越短越好，对发现的错误采取"时报时销"的方式[3]，以便及时予以纠偏，避免错情重复泛滥。在质检环节发现的错误，要进行分类总结，区分不同类型的错误，进而采取有针对性的解决办法。例如：文史知识缺失造成的错误，要及时进行知识培训；内容理解造成的错误，要安排此类档案阅读与理解专项培训。同时，针对疏漏型错误，及时通过优化升级软件功能予以规避，确保同样错误不再出现。总之，质检反馈的错情要全面分析、总结到位，并分类处理与解决，避免再犯，从而切实提高目录著录质量。

3.5 人员管理绩效化

档案馆方可要求目录加工方通过一定的绩效手段管控著录质量，质量越好，获得绩效工资越高。首先，绩效工资级别要对应错误率级别，错误率越低，绩效工资越高。其次，绩效工资级别要对应岗位，质检岗位绩效工资要高于前端著录岗位，树立起向优秀岗位看齐的意识，表现特别优秀的可选树典型，作为"工匠"培养。同时，要执行错误溯源制。档案馆方或监理方在抽检过程中一旦发现错情时，应可追溯到相关人员，确保质量在项目全过程中实时受控，并将之纳入总检和质检的绩效目标中，层层相扣，环环压紧，防止重复性工作易出现的懈怠现象。

3.6 质检岗位精英化

作为重要的"关口"，质检岗人员的选配直接关系着著录质量的好坏。只有选对质检人员，才能保证质量。在实践操作过程中发现，质检岗位人员选拔要着重考虑三个方面：态度严谨认真、业务水平突出、善于发现问题。这三者相辅相成，缺一不可。在安排质检人员工作时，可相对固定被质检对象，即每名质检人员定向负责几位前端著录人员，长期固定质检其所著录的数据，以便对熟悉其工作习惯和易错点，明确质检方向，做到有的放矢，最大限度地发现和减少错误。同时，要建立"能上能下"机制，对于不适合该岗位的即时予以调岗，选拔更合适的人员予以担当，从而不断优化质检人员结构，保证质检岗位的权威性。

4 提升目录基础体系建设项目绩效

"先易后难、由浅入深、重点先行"，既是开展文件级目录建设的实施原则，同时也是指导建设过程的实施策略。要在抓好国家重点档案目录质量的前提下，确保项目实施进度，并实现增效。

4.1 组织调研摸底

预则立，不预则废。对于国家重点档案文件级目录，尤其是民国档案文件级目录著录，一定要在前期进行充分、细致地调研摸底，对涉及的业务知识、著录的重难点等了如指掌，方能制定出科学高效的生产计划与策略，从而在著录过程中能够更加得心应手地处理遇到的问题，不耽误项目进度。在以往的档案著录过程中，由于在调研过程中不够细致或根本缺乏必要调研，导致各种著录问题层出不穷，甚至出现既定著录细则与档案著录需求完全脱节的现象，只能重新完善或修订著录细则，造成大规模返工，严重影响了工作效率。因此，做好摸底调研，从而把问题在前端就予以解决，是保证或提高著录效率的首要环节。

4.2 做好统筹规划

在进行大量民国目录著录项目时，要制定更为细致的著录细则，增加实操性，以便在著录全过程中有章可循。要结合项目周期和总体工作量，科学地制定工作计划，做好项目的统筹安排。如果项目任务重、周期短，著录最好选择内容相对较为单一的大全宗档案。大全宗档案会减少著录人员因频繁更换所需的熟悉内容的时间。对内容越熟悉，著录人员的工作效率就会越高，质量就会越有保障。尤其是在项目初期，著录大全宗不仅适合集中人员搞"歼灭战"，还可以培训新员工，让其较快地适应工作内容和节奏，树立"啃硬骨头"的信心。对于小全宗的数据，一般选择专业素养较强、业务熟悉的人员进行"专人包干"，不宜"大部队作战"，方可保质保量。

4.3 开展梳理分类

根据前期档案调研摸底的情况，进行适当的归类，把主题内容相同、相近的档案划分清楚，并要求业务熟悉的人员制定统一的"著录模板"，安排专人或专门的小组负责该类型的著录工作，"以不变应万变"。由于对档案的掌控更为精准和熟练，不但可以大大提高著录效率，还能保证质量。例如：各机构请领或报销经费类型的档案，就可制定统一的著录模板：责任者＋为请领或报销＋时间＋某项经费事给＋收文者的＋文种（呈、禀、函等）。分类后，由于统一语言、表达规范，大大方便了著录人员的操作，工作效率得以明显提高，效果显著。又如，民国档案大多为公文类档案，责任者为政府机关或社会团体组织，由于机构职能的限制，各类公文的内容主题比较单一固定，只是时间变化不同而已。著录时若能统筹好"变与不变"的内容，分配好专门人员集中著录该类型档案，也能起到事半功倍的效果。

4.4 明确激励措施

做好效率管理，离不开详尽的激励绩效措施。首先，要安排好生产计划，明确项目每天、每周、每月的任务指标，并且把指标量化分配到人头，对每人每天都作出最低工作量的限制。俗话说，有压力才有动力。把著录的条数以及准确度的要求，严格地纳入激励绩效，让每位著录人员都有紧迫感和压力感，从而减少工作惰性，实现在保质的前提下提高产出。对效率低于平均值的员工还需设置特别的激励措施和绩效目标，并以"以老带新"的形式开展培训指导，通过传帮带的方式，实时解决问题。需要特别注意的是，在制定激励绩效措施的时候，要注意分别对待，激励绩效机制越位细化、越为合理，员工动力越强，产量也就越高。

5 结语

笔者认为，无论采用何种方法与手段，只要能够确保国家重点档案文件级目录著录工作的质量，按时达到预期效果，便是最好的管理方式。为此，我们要在工作中勇于探索、不断实践，在更高起点上续写档案工作新篇章，确保国家重点档案文件级目录著录项目顺利完成。

注释及参考文献

[1] 许茵 . 国家重点档案文件级目录题名著录问题探析——以全国民国档案文件级目录著录为例 [J]. 档案学研究 ,2018(6):59–63.

[2] 张寅 , 牟雅娜 . 欠发达地区档案数字化的困境与对策——以甘肃省国家重点档案文件级目录数据质量提升为例 [J]. 档案 ,2019(4):58–61.

[3] 刘芳心 . 国家重点档案文件级目录著录流程设计思考 [J]. 北京档案 ,2019(2):31–33.

总体国家安全观下的档案数据分类分级研究

吉祥[1]   蔡博洋[2]   王芹[2]   陈凯[3]
1 苏州工业园区档案管理中心
2 苏州大学社会学院
3 苏州市档案馆

摘要：数据分类分级保护是我国数据安全管理的基础制度。档案数据安全作为新时代档案事业不可或缺的组成部分，是档案事业长期可持续发展的重要保障。本文通过梳理相关文献，进一步阐述档案数据及其分类分级的核心要义，基于分类分级的理论和实践基础，在分析挑战的基础上提出由"原则—要素—流程"组成的档案数据分类分级框架体系，以期对档案开放审核、档案数据安全治理和档案数据要素化有所借鉴，服务于档案事业高质量发展。

关键词：数据分类分级；档案数据安全；档案数据安全治理

0 引言

数据作为新兴生产要素，近年来备受关注。随着数据要素价值不断地被发掘、被释放，数据在汇聚、挖掘、加工、流通和使用过程中面临的数据安全挑战也与日俱增。2021 年以来，国务院已连续四年把"数据安全"写入政府工作报告，可见数据安全的重要性以及当前面临的安全形势依然严峻。随着大数据、人工智能等技术的日益成熟，档案部门探索将新技术应用于智能检索、开放审核等业务场景的案例越来越多，档案数据在应用等环节面临的安全风险也日益增多。

鉴于数据安全的重要性，相关研究与实践呈现出快速增长的态势。学界对数据分类分级的研究，聚焦在分类分级的"标准""制度"和"应用"三个主题。业界对数据分类分级的探索正在实践中不断完善，并在工业、金融、通信等行业数据的安全治理中得到应用。上海、贵州等地针对政务、公共和个人数据的分类分级制定了一系列地方标准。但是，针对档案数据的分类分级仍没有引起足够关注，实践中既没有可参考的标准指南，也鲜有能够落地的典型案例。

1 档案数据及其分类分级的核心要义

1.1 档案数据的概念与特征

关于档案数据，目前并无统一的定义。《数据安全法》将数据定义为"任何以电子或者其他方式对信息的记录"[1]。金波等将档案数据定义为"数据化的档案信息及具备档案性质的数据记录"[2]。本文沿用这一观点，即档案数据既包括传统载体档案和电子档案等数据化的成果，还包括具有档案属性的数据库、网页和社交媒体信息等，以及档案管理和利用活动产生的衍生数据。基于上述理解结合档案本身的特性可以发现，由于档案种类和来源多样，体量丰富，且档案是真实的历史记录，经过了序化整理，相应的档案数据也表现为一定的层次和分类，价值密度较高。因此，不难发现档案数据既具有大数据"5V"属性中的部分属性，又具有独特的真实性、原始性、有序性和高价值属性，这正是档案数据发挥价值不可替代的特性。

1.2 档案数据分类分级的核心要义

档案数据价值丰富，关乎国家安全、公共利益和个人隐私，针对档案数据的管理，如何平衡好数据应用与安全是关键。一方面过度开放会带来档案数据应用中的数据安全风险；另一方面过度保护不利于释放数据要素价值。怎样把握"度"，实现对档案数据精准化、细颗粒度管理的同时为非涉密、非敏感档案数据"松绑"，档案数据分类分级保护成为必然选择。体现为以下三点：

档案数据分类分级是档案数据权益配置的前提。一方面可以更加清晰地了解所拥有的档案数据，以及档案数据中各类数据的重要性和敏感程度，从而有针对性地制定数据管控策略与措施；另一方面可以基于合规和监管要求，对档案数据进行标准化，通过建立相应的权益配置和授权机制，为各主体开展档案数据确权、管理和服务提供准则，实现档案数据的有序利用。

档案数据分类分级是档案数据流通的基础。数据只有在流通中才会产生价值，数据分类分级通过明确不同类型数据的流通方式和规则，开展差异性的权限统筹与管理，使得档案数据能在内外部被合理且正确地访问、传输与使用，实现内部数据共享和外部数据开放。

　　档案数据分级分类是保障档案数据安全的关键。一方面可以通过在流程中嵌入差异化的安全保护策略，保障档案数据所需经历的生命周期各个阶段的安全；另一方面，通过划清在不同场景和安全级别下，不同类型档案数据所应采取的保护措施，可以更好地运用人工智能等新兴技术，强化数据应用赋能档案工作。

2　档案数据分类分级的理论与实践基础

2.1　理论基础

　　来源原则：档案数据分类的理论遵循。来源原则的核心即在整理和分类时，不可分散同一来源的档案，不能混淆不同来源的档案。档案数据分类即是根据档案数据的来源、门类等的异同，按照一定的原则进行区分，与档案来源原则可谓一脉相承。

　　档案价值理论：档案数据分级的实践旨归。档案价值理论的核心即要求用全面、历史和发展的观点，判定档案价值。对档案价值的鉴定，本质上是根据凭证、情报、历史和数据要素等潜在价值的分级，可以看作是对档案数据分级的映射。因此，档案数据分级正是基于价值理论指导的鉴定过程。

　　生命周期理论：档案数据分类分级的方法指引。数据分类分级的最终目的，是对不同类别和级别的数据适配不同的安全保护规则[3]。档案数据安全保护是制度、技术、人才等多要素与管理过程的有机结合，作用于档案数据生命周期的各环节，为此，档案数据分类分级也应从生命周期的各个环节实施管理与保护，注重前端控制与后端管理的衔接，注重静态定级与动态调整，依赖过程控制实现结果优化。

2.2　实践基础

　　从制度层面看，早在 2013 年《档案信息系统安全等级保护定级工作指南》就针对档案信息系统明确了系统安全保护等级的划分；2016 年《电子文件归档与电子档案管理规范》进一步明确电子档案管理系统、涉密计算机信息系统安全管理分级保护的规定；2023 年两办印发的《电子文件管理办法》就电子文件的存储提出了分类分级管理的要求；2024 年《档案法实施条例》

明确了国家档案馆馆藏的永久档案分一、二、三级管理，并要求国家档案主管部门制定相应的分级标准。从业务层面看，分类是档案整理工作的基础，相关的部门规章和行业标准对此多有涉及。譬如：《机关档案管理规定》明确了机关档案分为文书、科技、会计、业务数据等门类；《归档文件整理规则》则要求综合采用年度、机构（问题）、保管期限等方法进行分类；《政务服务事项电子文件归档规范》亦在归档配置、归档信息包结构等方面明确了分类和排列要求。从技术层面看，《数字档案室建设指南》和《数字档案馆建设指南》从网络安全、安全管理和数据安全的角度提出了具体的分级要求，要求在数字档案馆（室）建设中做到"三网隔离""三员管理""三库分离"和"三线存储"，并根据不同档案数据的保密性、重要性、访问频次等要求分级进行管理。上述实践基础如表1所示。

表1 档案数据分类分级的实践基础

对象		依据	维度	参考值
业务层面	分类	分类方案	门类	文书、科技、人事、会计、设备等
			年度	2022、2023 等
			机构	办公室
			问题	党群工作、行政管理、经营管理、生产管理等
			载体	纸质、电子（照片、音频、视频）、特载（实物、光盘、硬盘）
	分级	保管期限	保存价值	永久、定期（30 年、10 年）
		到期鉴定	保存期限	到期档案、未到期档案
		开放审核	开放属性	提前开放、到期开放、延期开放
		降密解密	密级	涉密档案（绝密、机密、密码）、非涉密档案
技术层面	分类	—	数据内容	目录数据、全文数据、元数据
		—	数据类型	结构化数据、半结构化数据、非结构化数据
	分级	等级保护	系统安全	自主保护级、指导保护级、监督保护级、强制保护级、专控保护级
		三网隔离	网络安全	局域网、政务网、互联网
		三员管理	安全管理	系统管理员、安全管理员、安全审计员
		三库分离	数据安全	核心库、管理库、利用库
		三线存储		在线存储、近线存储、离线存储

3 档案数据分类分级面临的挑战

3.1 档案数据量大、形式来源多样,数据资产梳理难

档案数据分类分级的前提是明确档案数据资产。档案数据既包括各类档案馆的馆藏档案,还包括档案室的各类档案,又包括具有保存价值的其他数据。档案数据呈现分布散、涉及部门多、数据规模大、流转周期长等特征,增加了数据资产梳理的难度。

3.2 档案数据复杂、缺少标准指南,数据识别落地难

档案数据中不乏能够表征个人信息的敏感数据和影响国家安全、公共利益的重要数据,相关法律法规对此类数据的合规性提出了明确要求,如何准确识别这一复杂且敏感的数据,急需制定各类档案数据分类分级标准,解决档案数据识别规则不完善、定级标准不明确、定级结果差异化等难题。

3.3 制度流程缺乏、管理规范滞后,分类分级应用难

数据和档案立法均强调分类分级的安全治理要求[4],但档案数据分类分级的进展明显滞后于其他行业。实践中,由于缺乏相关制度流程和管理规范,即便对已经处理好的档案数据,档案部门在面临合规、安全等考量时,往往也会采取更为保守的做法,进一步导致档案数据访问和共享受限,档案数据要素的效用不明显。

3.4 智能工具不足、人力投入过大,策略更新迭代难

一方面现有的人才结构并不能满足开展档案数据分类分级和持续运营维护的需要;另一方面基于档案数据的量级及其复杂度,现有的分类分级工作主要依靠人工处理,暂无针对档案数据分类分级的成熟产品,智能工具的应用相对有限,直接导致效率低,策略更新迭代慢。

4 档案数据分类分级的框架体系构建

基于上述挑战,本文立足档案数据特征及其分类分级的核心要义,结合档案数据分类分级的理论和实践基础,在综合分析挑战的基础上提出由"原

则—要素—流程"组成的档案数据分类分级框架体系，如图 1 所示。

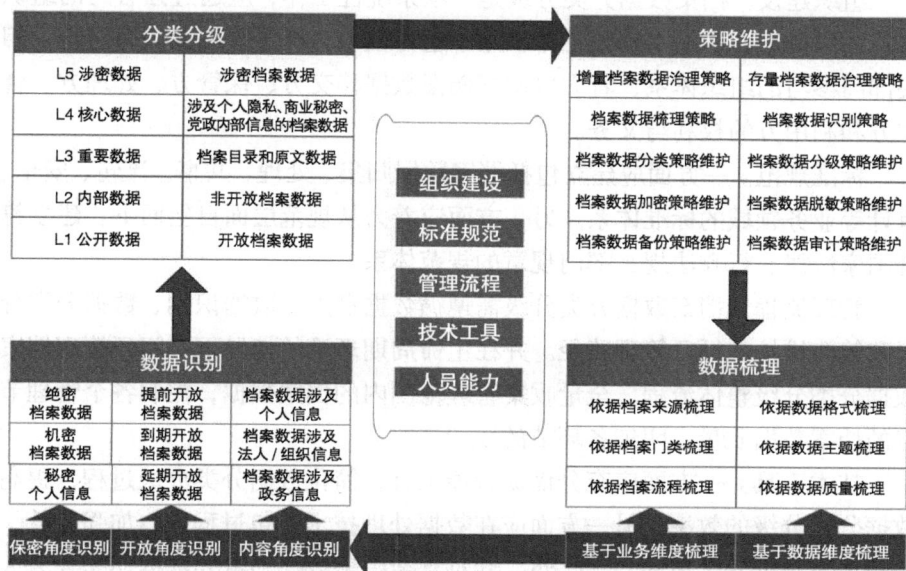

图 1 档案数据分类分级框架体系

4.1 构建原则

协同治理原则。一是档案部门与数据部门的协同。在规则制定上，档案部门与数据部门合作制定档案领域的数据分类分级标准，使之符合档案管理实践和数据分类分级保护要求。二是档案标准与数据法规的协同。档案数据分类分级标准的制定应在数据安全法律和国家标准的指导下结合档案行业特征，谨防规则冲突。三是档案管理与数据管理的协同[5]。基于档案实体的分类分级基础，协同解决档案数据的分类分级保护，确保档案数据和实体安全，最大化发挥档案价值。

动态调整原则。档案数据的级别取决于数据本身的重要性和敏感程度，但是当数据经过处理或外部环境发生变化时也会影响到数据的级别。譬如当把档案数据从局域网转移到政务外网，通过互联网对外提供利用的过程中，当大量的档案数据在经过汇聚、融合等操作后，其重要性和敏感程度比原始数据高得多。再比如城建档案馆保管的地勘报告，某个项目的影响微乎其微，如果是整个区域的地勘报告合集，那就涉及国家安全。因此档案数据的级别需要根据实际情况动态调整。

4.2 关键要素

组织建设。档案数据分类分级是一项系统性工作，应通过强有力的组织体系加以推进，形成以档案工作领导小组为核心，档案管理部门为纽带，相关部门参与的组织体系，着力协调好档案数据移交方、保管方、处理方、合作方和利用方的权利与义务。

标准规范。一方面应建立包括档案数据归集、处理、共享、流转、安全、审计等业务领域的标准体系。另一方面应着力从规范层面自上而下，建立符合国家法律、行政法规、部门规章的规范体系。

管理流程。档案数据分类分级需遵循数据盘点、数据识别、数据分类分级和策略维护的循环管理路径。并在生命周期理论的指导下，闭环管理档案数据分类分级整体流程，全量收集管理范围内的档案数据，控制各个管理节点的档案数据质量，明细各环节的职责。

技术工具。一方面应充分借助智能工具，简化数据分类分级过程，提高数据分类分级的效率。另一方面应在数据处理技术外包过程中，加强监管，防止造成数据安全风险。[6] 此外，针对复杂敏感数据和重要数据还是要有人工参与，避免过度依赖。

人员能力。档案数据分类分级不仅要有技术人员的参与，更要有熟悉档案数据价值，具备分类分级标识经验的专家协同，档案数字化管理师是档案工作由传统档案管理向档案数据管理迈出的关键一步[7]，未来应更多培养具备档案、数据专业背景同时能运用人工智能技术的复合型人才。

4.3 实施流程

PDCA 循环是信息安全管理体系中的核心理念。档案数据分类分级作为数据安全治理的基础，与 PDCA 循环管理的内核高度一致。为此，框架构建的档案数据分类分级流程主要步骤如下：

4.3.1 数据梳理

一是全覆盖梳理，将全部档案数据整体纳入安全治理范围，理清档案数据资产清单；二是全流程梳理，将档案数据全生命周期纳入梳理范围，梳理档案数据归集、移交、开放、利用各环节，理清档案数据流转清单；三是全角色梳理，梳理档案业务活动中所涉及的管理角色，例如行政机关、社会公众、档案室、档案馆、外包单位等，从合规安全和业务需求等方面，理清档案数据责任清单。

4.3.2 数据识别

数据识别可以先从档案数据开放、保密和内容等多个角度开展，重点是基于相关特征标识，对开放数据、内部数据、重要数据、核心数据和涉密数据等进行识别梳理，以快速响应相关安全管理的要求，再逐渐扩展至全域档案数据。

4.3.3 分类分级

数据分类应兼顾数据管理和数据利用的现实需要，档案数据分类应首先匹配以来源原则为基础的档案分类结果迁移，实现全宗内数据分类与档案分类相一致。其次，要综合运用多种方法，根据内容、形式等特征分层次逐级开展，策略上可以先粗后细，并逐步形成具有从属关系和平行关系的分类体系。数据分级是在数据分类的基础上，根据档案数据的重要程度、敏感程度，以及安全风险的影响对象、影响范围、影响程度等，结合数据体量、数据聚合等进行综合判定，通过差异化策略，实现安全与应用的平衡，并确保同一数据不同管理阶段所采取的措施一致，同类数据不同对象所采取的措施一致。

4.3.4 策略维护

档案数据分类分级是一个持续优化迭代的过程。一方面档案的来源数据伴随业务处理活动的持续新增、汇聚与变化，分类分级也需动态变化，另一方面，在智能工具应用的过程中，相关策略也是不断优化的过程。譬如前期主要以人工为主，基于专家沉淀的工作方法与经验，逐步规范人工标识原则，后续引入智能工具，基于特征识别、策略库建设形成数据分类分级知识库，实现自动化、精准化管理[8]，并通过人工参与对智能工具生成的结果再次校正，实现人工反哺工具，实现迭代与优化，提升效率和质量。

5 结语

档案安全作为新时代档案事业的重要组成部分，是档案治理、档案资源和档案利用的基础和保障，档案数据分类分级是档案数据安全治理的基础，具有很好的应用场景。未来，应进一步强化档案数据分类分级结果的运用，譬如在掌上查档、档案开放审核等方面，通过数据应用持续增强档案数据安全防护能力，持续优化档案数据分类分级效果，达到数据利用与数据安全的平衡，加快档案数据要素流动，释放档案数据价值，助力数字业务发展。

注释及参考文献

[1] 中国人大网 . 数据安全法 [EB/OL].[2024-05-05].http://www.npc.gov.cn/npc/c2/c30834/202106/t20210610_311888.html.

[2] 金波 , 添志鹏 . 档案数据内涵与特征探析 [J]. 档案学通讯 ,2020(3):4-11.

[3] 洪延青 . 国家安全视野中的数据分类分级保护 [J]. 中国法律评论 ,2021(5):71-78.

[4] 王玉珏 , 吴一诺 , 凌敏菡 .《数据安全法》与《档案法》协调研究 [J]. 图书情报工作 ,2021(22):24-34.

[5] 冯慧敏 . 档案管理与数据管理的协同研究 : 分类分级视角 [J]. 中国档案 ,2023(5):32-34.

[6] 欧阳心仪 , 丰霏 . 大数据时代档案数据处理风险的合规纾解 [J]. 中国档案 ,2023(5):35-37.

[7] 国家档案局档案干部教育中心 . 档案数字化管理师：国家职业技能标准框架与培养路径 [EB/OL].[2024-06-01].http://www.saacedu.org.cn/war/xiangxi.html?id=780.

[8] 中关村网络安全与信息化产业联盟数据安全治理专业委员会 . 数据安全治理白皮书 5.0[R/OL].[2024-06-01].http://www.zzife.edu.cn/ewebeditor/uploadfile/file/2023/05/22/20230522111958631.pdf.

中华民族共同体视域下
西藏"三交"历史档案数字化整理

华林　张富秋　何爽　吴皎钰

云南大学历史与档案学院

摘要：西藏"三交"历史档案是推动铸牢中华民族共同体意识的"文化基底"。在阐述其档案内涵外延、特征与价值，构建多元协同整理模式的基础上，融合数字人文技术，开展基于集成思想的档案数据整合、遵循逻辑主义的档案文本组织、面向交互可视的档案知识服务的西藏"三交"历史档案数字化整理，可创新档案整理方法，焕活档案文本价值，助力于西藏民族团结、稳定发展与中华民族共同体建设。

关键词：西藏"三交"历史档案；数字化整理；本体；知识图谱；中华民族共同体

1 中华民族共同体语境下档案整理的再思考

2023 年，习近平总书记在中央政治局第九次集体学习时强调，要加快形成中国自主的中华民族共同体史料体系、话语体系、理论体系。[1] 西藏地方在同历代中央政府、涉藏省区各民族交往互动过程中产生了大量反映各民族相互依存、互动交流、多元共荣的历史档案。

20 世纪 80 年代初，已有学者呼吁开展藏文历史档案的整理发掘[2]，并提出了遵循档案形成规律、正确区分全宗与科学设类的整理方法[3]。其后，部分学者提出了藏文历史档案分类、编目的系统方法[4]，以及藏族档案文献遗产资源体系的构建[5]与数字资源整合共建[6]等问题。近年来，立足档案服务边疆治理的现实需求，相关研究将黄氏三重证据法运用到西藏及四省涉藏地区民主改革档案的整理[7]，并提出了基于文件连续体理论的藏族石刻档案实体整理发掘方案[8]。实践层面，中国第一、第二历史档案馆，西藏自治区档案馆以及云南、甘肃、四川、青海、内蒙古等省区文化机构和学者历来重视西藏历史档案的整理，编译出版了《元以来西藏地方与中央政府关系档案史料汇编》《中国第一历史档案馆馆藏西藏及藏事档案目录》《西藏抗英战争档案史料选编》等成果。数字化方面，2005 年，西藏自治区档案馆完成了桑珠颇章、觉细列空、孜聂仓等全宗 10000 件（卷、册）档案的数字化全文录入工作[9]。迄今，西藏各级档案部门完成全文录入历史档案 1.3 亿字，数字化扫描历史档案 43.8 万件[10]，为促进西藏历史档案数字资源共享与利用奠定了基础。

综上，现有西藏历史档案研究鲜见中华民族共同体视角下的成果，整理工作还停留在档案实体编纂与浅层数字化阶段。在数字人文环境下探讨其档案的数字化整理，不仅可推动档案信息整理深入文本知识元的整理，还可实现文本知识元语义层面的深度聚合，充实中华民族共同体史料体系，提升西藏"三交"历史档案服务中心大局工作的效能。

2 西藏"三交"历史档案阐释及其价值体现

2.1 西藏"三交"历史档案阐释

西藏"三交"历史档案是指 1950 年以前，我国各个历史时期的中央政府、西藏地方机构、割据政权和个人等在西藏治理活动中直接形成的，记录与反映藏族同各民族在政治、经济、军事、社会、文化等领域交往、交流与交融历史，对研究西藏"三交"历史、构建西藏"三交"记忆，开展中华民族共同体意识宣传教育有凭证、参考与史料价值的各种文字、图画、音像和实物等不同形式的历史记录。西藏现存"三交"历史档案数量丰富，其资源特征如下：

一是形成主体多元。西藏"三交"历史档案的形成，主要源于藏汉、藏蒙、藏满等民族在政治、经济、文化、社会等方面交流交融历史活动，是中华民族多元一体格局形成演进的真实见证。二是遗存数量丰富。仅西藏自治区档案馆馆藏 300 多万件的藏文档案中，涉及藏汉关系和藏汉文化交流内容的档案可达数千件之多[11]。西藏自治区图书馆系统保存的藏文古籍档案数量可达 30 多万册（函）[12]，其中有大量关于各民族"三交"的历史记载。三是档案多源异构。鉴于来源、数据类型、存储格式、元数据标准等的差异，西藏"三交"历史档案呈现出数据多源异构特征。如来源方面，主要源于档案馆、图书馆、博物馆、社科院、寺院等不同机构；数据结构方面，主要有结构化、半结构化或非结构化数据，包括文本、表格、照片、视频、三维图像等。

2.2 西藏"三交"历史档案价值

2.2.1 讲述了西藏各民族交流交融的生动历史

习近平总书记指出，西藏历史是各民族共同书写的，藏族和其他各民族交流贯穿西藏历史发展始终[13]。政治方面，《松赞干布联姻图》《元世祖会见巴思巴图》《清世祖会见五世达赖喇嘛图》等再现了各民族政治交流的历史情景。经济方面，西藏各民族开展商品贸易过程中形成了独具特色的"锅庄档案"[14]，青海省档案馆保存有明万历十九年（1591）陕西监察御史颁布给青海各寺院藏蒙民族关于朝廷开展"茶马互市"的告谕[15]。文化方面，大量藏族古籍档案为多文体合璧书写和汉族经典翻译而来，主要有满汉蒙藏四体合璧的《御制四体清文鉴》《大藏全咒》，以及藏文版的《尚书》《战国策》《史记》《大唐西域记》等[16]。

2.2.2 提供了中华民族共同体构建的档案叙事

西藏"三交"历史档案记录了各民族交流交融，共同反抗外来侵略、开发建设西藏的历史。立于拉萨大昭寺前的《唐蕃会盟碑》见证了唐代汉藏关系的友好。元朝历任帝师所颁行的法旨、明朝册封噶举派首领的令文、清代册封达赖和班禅的金册、金印等都有力地证明了西藏自古归属中国的事实。西藏抗英战争期间，形成的《西藏、尼泊尔边界各宗谿代表为防止英国入侵西藏订立之甘结》等档案是西藏各族人民共同抵御外辱、维护国家统一的真实凭证。抗战时期，五世嘉木样发表《为宣传抗战告蒙藏同胞书》，强调国家至上，呼吁边疆各民族团结抗战[17]。开展这些珍贵历史档案的数字化整理发掘，对于维护西藏民族团结、推动铸牢中华民族共同体意识具有重要现实意义。

3 西藏"三交"历史档案数字化整理创新

3.1 构建多元协同的档案整理模式

为开展西藏"三交"历史档案的系统性整理，应在国家方针、法规，以及行业部门政策的支持引导下，构建以政府意志为主导，文化机构承接，社会力量参与的西藏"三交"历史档案数字化整理"国家模式"。在此过程中，广泛吸纳各民族学者、宗教人士等参与，深入发掘其档案在维护边疆稳定安全、促进民族团结与共同繁荣方面的价值，使整理工作成为推动铸牢中华民族共同体意识的重要手段。具体方式如下：

其一，建议将其作为国家或省级层面重点项目，纳入相关发展规划，以政策驱动各主体走向协同合作，弥合各主体间各自为政、经费不足、技术融入慢与人才储备少等方面的缺憾，形成政府部门统筹，文化机构实施，社会力量参与的善治局面。其二，可依托项目实施，构建多方协同机制，以实现档案资源、智力资源、技术资源与政策资源的共享联动。其三，应深化数字人文技术应用场景，系统推进西藏"三交"历史档案知识库建设，并基于本体建模、语义描述、知识图谱、文本挖掘等技术开展其档案的数据化再整理，由信息化跃升至知识化，实现跨地域、全宗、案卷的档案文本知识元深度关联、主题聚类与历史重构，助力中华民族共同体理论研究的深化。

3.2 基于集成思想的档案数据整合

其一，应开展西藏"三交"历史档案的实体征集、追索与数字化。首先，可融合历史人类学"文献＋田野"的研究方法深入民族地区开展档案的搜集、征购、拓印，以充实实体馆藏，挖掘民间形成的新材料。其次，加大力度追索流失在英、法、日、俄、印度等国的藏文历史档案，促进档案的回归。再次，加快档案的数字化处理，促进档案的再生性保护与永续留存。其二，整合多源异构档案数据，建设西藏"三交"历史档案语料库。一是要整合档案馆、图书馆、博物馆等机构收藏的数字档案资源，形成规范统一的元数据框架，实现档案数据的结构化转化。二是运用 OCR、NLP、IIIF 等技术对档案文本进行全文转化、清洗提纯、分词处理、词性标注与多语种互译等，构建多语种并存的平行句法语料库[18]。档案数据的整合可实现由传统的计算机阅读到计算、挖掘与解读的提升，为开展基于档案文本的数字化整理提供了对象与基础。

3.3 遵循逻辑主义的档案文本组织

首先，在复用 FOAF、EVENT、DC、CBDB、CIDOC_CRM 等通用本体基础上，参考《DA/T8—2022 明清档案著录细则》《藏文古籍目录结构及其著录规则》等标准，结合西藏"三交"历史档案自身特征，共设计出面向档案外部特征的题名、主题、载体、语种、背景、资源类型、馆藏信息；面向档案内容特征的人物、时间、地点、事件、实物、职官、思想等 14 个核心类，实现了对档案内、外部特征的完整描述。其次，在上述核心类基础上设置相关子类，以构建完整的档案类别体系，实现本体对该领域的规范化描述与全面化揭示。如在资源类型中，下设古籍、档案、碑刻、印章、图像等 5 个子类。再次，通过本体的属性标注，实现各实体间语义关联与立体呈现。共创建对象属性 34 个，以连接两个相同类或不同类之间的语义关系；复创建数据属性，对类本身特征进行立体刻画，如人物类数据属性包含姓名、性别、籍贯、民族、谥号等。最后，经由上述本体类别的设置与属性标注，可建立起西藏"三交"历史档案类别体系与语义体系，将其导入 Protégé 工具即可实现本体建模与可视化展示，参见图 1。

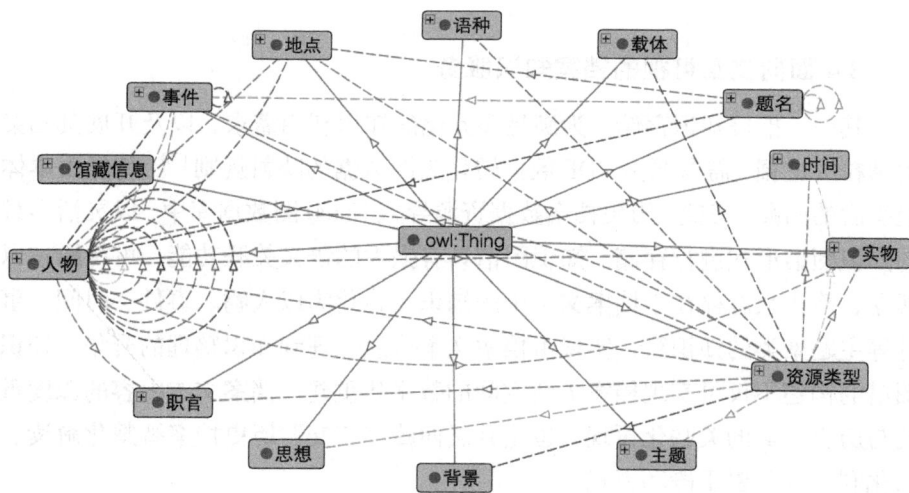

图 1 西藏"三交"历史档案本体模型

为寻求西藏"三交"历史档案本体由虚拟构建走向数据写实[19]，需要依托本体模型开展数据组织，通过添加实例对本体予以充实、修正与完善，从而形成相对完整的 RDF 数据集合。鉴于西藏"三交"历史档案数据量大，且 Protégé 工具可视化界面有限，故仅选取清朝鼎盛时期治理西藏的公文进行可视化展示，具体如图 2 所示。

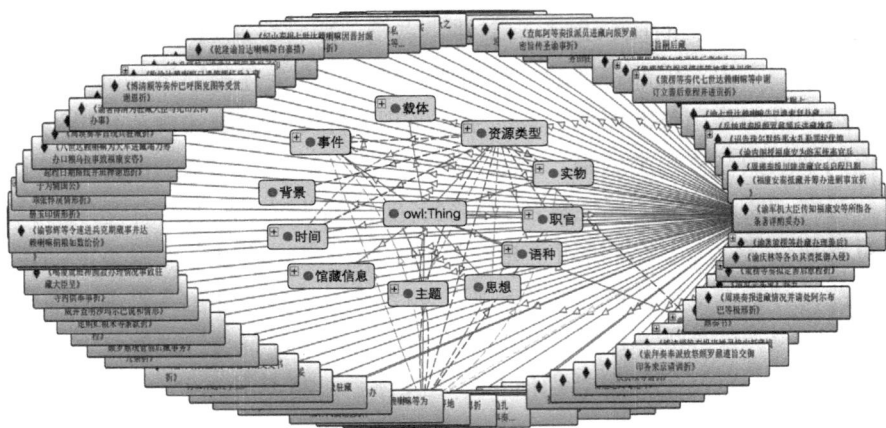

图 2　西藏"三交"历史档案本体实例化展示

3.4 面向交互可视的档案知识服务

其一，推进知识存储。为满足多元化的知识利用需求，以及开展其档案的细粒度挖掘，需参照由 RDF 数据转化为图数据的映射规则[20]，将经由本体组织后的西藏"三交"历史档案数据资源导入 Neo4j 图数据库中，以灵活多维的知识图谱形式进行存储。知识图谱具有强大的语义关联功能，可将原本以孤立、静止状态存在于档案文本中的知识元转化为以人物、事件、时间、事件等主题聚类的知识簇，实现由档案文本信息整理到知识整理的升华。知识图谱的构建不仅可实现档案史料空间的数字化重建、档案文本内容的深度重构与历史场域的关联化再现，也是开展西藏"三交"历史档案智慧化解读、活化利用的重要手段和方式。

其二，构建服务平台。在后端数据库的支持下，通过中端处理系统的知识计算、推理与萃取等流程可提取有用知识，并基于用户与前端服务平台的交互提供精准化知识服务[21]。一是可进行直观可视化的档案知识阅读，涵盖了档案数字化原件展示、元数据的查询、全文检索、知识导航与词条查询等服务。二是可在量化语料的基础上开展职官、时间、人物等实体的统计与可视化分析。三是基于语义聚合的关联检索与可视化展示。如以清代"十三条章程的制定"事件为中心，调取其档案经数字化整理后形成的知识图谱（参见图 3）。这一事理图谱实现了以事件为核心的档案、时间、人物、地点、事物等全知识要素的聚合，以数字叙事的形式还原了历史，建立时空、人事、人档以及人物间的关联关系，在提供西藏"三交"历史档案可视化知识服务、发现隐性知识和创新研究视角方面发挥了重要作用。

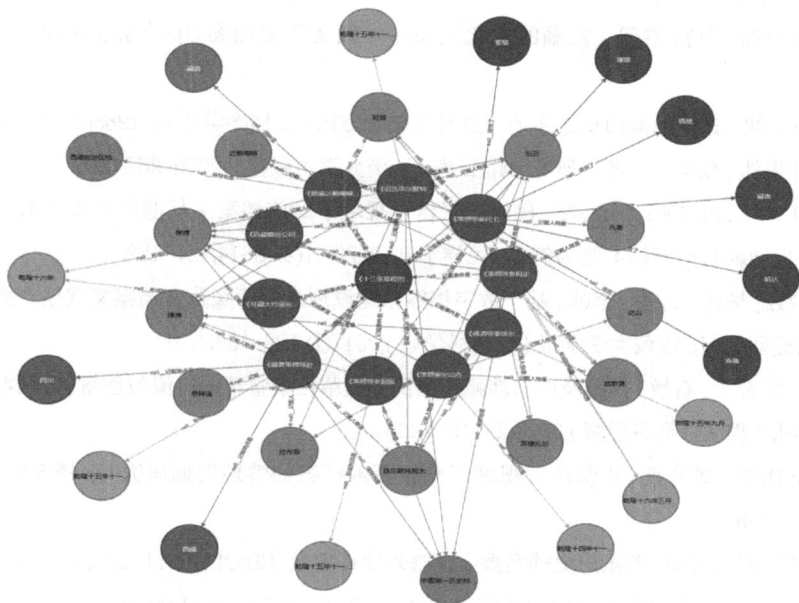

图3　十三条章程制定事件知识图谱

4　结语

西藏"三交"历史档案真实记录了在历代中央王朝的治理下，藏族同中华各民族开展广泛交往交融的历史叙事。现阶段档案整理在反映西藏同历代中央政府政治关系方面取得进展，整体来看，其成果还属于传统整理范畴。数字人文环境下的西藏"三交"历史档案数字化整理，可突破传统整理的藩篱，由文本信息的挖掘提升至文本知识的组织，并依托档案知识库的建设，深挖档案中反映藏族同中华各民族在"政治交往互动""经济相互依存""文化多元融合"等方面的内容，为推进中华民族共同体建设贡献档案力量。

本文系教育部重大招标项目"元明清时期中国边疆治理文献整理与数据库建设研究"（21JZD042）的阶段性研究成果。

注释及参考文献

[1] 习近平系列重要讲话数据库 . 铸牢中华民族共同体意识 推进新时代党的民族工作高质量发展 [EB/OL].[2023-10-29].http://jhsjk.people.cn/article/40105509.

[2] 格勒 . 急待整理、发掘的文化宝库——藏文历史档案 [J]. 档案学通讯 ,1980(1): 48-52.

[3] 仓决 . 试谈西藏历史档案的特点及其整理方法 [J]. 档案学研究 ,1988(3): 19-20,11.

[4] 华林 . 藏文历史档案研究 [M]. 云南 : 云南大学出版社，2006: 267-276.

[5] 华林，邱志鹏，杜其蓁 . 民族记忆传承视域下藏族档案文献遗产资源体系构建研究——以西藏自治区档案馆为例 [J]. 民族学刊 ,2020,11(2): 8-14,121-122.

[6][12] 华林，石敏，李帅 . 基于数字档案馆建设理念的西藏藏文档案文献遗产数字化资源共建研究 [J]. 西藏大学学报 (社会科学版),2017(1):128-133.

[7] 侯希文，石敏 . 西藏及四省涉藏地区民主改革档案整理的价值与创新 [J]. 西藏民族大学学报 (哲学社会科学版),2022(2):119-126,146.

[8] 胡莹，郑峰娥 . 边疆治理视域下藏族石刻档案的整理发掘研究 [J]. 档案学研究 , 2022(5):59-66.

[9] 国家档案局 . 西藏历史档案数字化整理取得实效 [EB/OL].[2011-11-23].https://www.saac.gov.cn/daj/c100266/201112/c1eb2734c3c44aaf9b6636ce7485dec4.shtml.

[10] 中国西藏新闻网 . 西藏档案事业发展综述：开创新局面 谱写新篇章 [EB/OL].[2017-10-17].https://www.xzcd.com/index/xwzx/xcxw/201710/70407.html.

[11] 冯智 . 西藏文物见证汉藏文化交流 [J]. 西藏大学学报 (社会科学版),2009(1): 95-101.

[13] 习近平系列重要讲话数据库 . 全面贯彻新时代党的治藏方略 谱写雪域高原长治久安和高质量发展新篇章 [EB/OL].[2023-07-24].http://jhsjk.people.cn/article/40105509.

[14] 侯希文 . 西藏地方档案基本概念考论 [J]. 西藏民族大学学报 (哲学社会科学版), 2015(6):114-118.

[15] 杨中一 . 中国少数民族档案及其管理 [M]. 北京 : 档案出版社 ,1993:129.

[16] 于丽萍，郭佳音，宁沛林 . 五世嘉木样《为宣传抗战告蒙藏同胞书》的作用和意义 [J]. 西藏民族大学学报 (哲学社会科学版),2023(6):74-78.

[17] 海春生 . 论藏文古籍文献对建设中华民族共有精神家园的作用——以藏区以外的藏文古籍文献为例 [J]. 满族研究 ,2020(4):40-45.

[18] 邓君，王阮 . 数字人文视域下口述历史档案资源知识发现模型构建 [J]. 档案学研究 ,2022(1):110-116.

[19] 邓君,王阮.口述历史档案资源知识组织与关联分析 [J].情报资料工作,2021(5): 58-67.

[20] 赵雪芹,李天娥,曾刚.基于Neo4j的万里茶道数字资源知识图谱构建研究 [J].情报资料工作,2022(5): 89-97.

[21] 牛力,高晨翔,刘力超,等.层次与空间:数字记忆视角下名人档案的价值挖掘研究 [J].档案学研究,2021(5):138-144.

社会力量参与档案开放审核机制优化研究

卢苗苗[1]　林沈节[2]
1 上海商学院校长办公室
2 上海商学院文法学院

摘要：运用网络和文献调研法，从法律政策、理论和实践等角度对社会力量参与档案开放审核研究现状进行了梳理归纳，从保障公民档案利用权、缓解档案开放数量递增的审核压力、加大档案开放力度等方面论述社会力量参与档案开放审核对于档案事业发展的重要意义。在此基础上，对社会力量的定义和类型进行界定，构建社会力量参与档案开放审核机制、程序与权责的路径。

关键词：社会力量；档案学；开放审核；档案利用

0 引言

走向开放是新时代档案工作的发展要求。新《档案法》赋予了外国公民和组织与我国同样的档案利用权，推动档案开放与利用的举措多次成为外界关注重点。档案利用是档案工作的终极目的，档案开放与档案利用有着直接关系，开放档案的利用无须控制可直接进行，而对于非开放档案则要经过系列手续。公众利用档案的便利程度及利用体验与档案开放与否息息相关。本研究从公众知情权的视角着眼，旨在通过研究社会力量参与档案开放审核机制，完善现有档案开放审核机制，更好地保障公民利用权的实现。

1 社会力量参与档案开放审核研究现状

1.1 理论研究现状

政策法规方面，早在 2014 年，中共中央办公厅和国务院办公厅《关于加强和改进新形势下档案工作的意见》中明确指出，"规范并支持社会力量参与档案事务"。《"十四五"全国档案事业发展规划》对社会力量参与档案事务提出明确要求，并在《规划》保障措施内容中再次强调鼓励社会力量参与和支持档案事业发展。新《档案法》对社会力量参与和支持档案事业发展做了明确规定，提供了法律支撑。理论层面，笔者输入"档案开放审核""社会力量"检索中国知网文献，发现学界对社会力量参与档案开放审核的给予较多关注，内容涵盖社会力量参与档案工作的主体、参与的路径和方式等内容。相关研究主要有陈建[1]详细分析了公共档案管理的社会参与主体。于晓艳[2]提出探索馆藏档案开放审核模式，建立多主体责任共担机制。陈强[3]在《国家档案馆档案开放审核的法治进路》中指出国家档案馆档案开放审核制度应通过保障档案开放审核社会力量参与等方式推进法治化进程；陈永生[4]等提出通过细化对档案开放审核机制、社会力量参与档案事务的规定，全方位、立体化地推动我国档案工作走向开放。丁海斌[5]等指出为确保新《档案法》顺利实施，现阶段《档案法实施办法》的修订需要着力解决社会力量参与和支持档案事业等问题。常大伟[6]从六个当面指出新《档案法》实施背景下社会力量参与档案事务的路径选择与制度保障。金波[7]等指出档案管理走向档案治理的实现路径之一培育扶持社会力量。黄霄羽[8]指出2021年国外广泛吸纳社会力量参与档案事务，显现出参与主体多样和主体间协同合作的特点。岳靓等[9]提出数据治理下档案开放鉴定优化策略之一为引入多元主体，确保工作决策更加科学客观。

1.2 实践研究现状

社会力量参与档案开放审核在实践中有较多案例。北京市档案馆除大量吸纳主责部门以外的、熟悉馆藏、法律方面专家等其他部门人才参与外，还积极借助"外脑"，吸收馆外党史、革命史等方面的权威人士加入[10]。泰安市档案馆多年来连续聘请馆里政治素质强、业务水平高的退休老同志分期分批开展鉴定工作[11]。昆明市档案馆在2023年档案开放审核中打破原有工作模式，邀请昆明市教育体育局相关人员作为审核专家组成员之一，参与初审工作[12]。

综上，法律政策、理论及实践三个层面都体现了社会力量参与档案开放审核的重要性，但是关于社会力量具体对象、参与机制、权责配置等问题分析不够全面。本文将从以上方面对社会力量参与档案开放审核进行细化分析。

2 社会力量参与档案开放审核的必要性

根据国家档案局官网公布的历年度全国档案主管部门和档案馆基本情况摘要，笔者分析计算得出如图 1 所示国家综合档案馆九年来的开放及利用情况，可以看出，档案利用率（提供利用档案量与馆藏总量之比）相对较为稳定，开放档案率（开放量与馆藏总量之比）呈波动增长态势，开放档案利用率（提供利用档案量与开放档案总量之比）逐年下降，开放档案率与开放档案利用率不成正比。总体而言，随着新《档案法》的实施，开放档案率虽略有提高，但开放档案利用率仍然不高，开放档案利用与经济社会发展的水平不完全适应。

图 1　近九年国家综合档案馆开放及利用情况

社会力量参与档案开放审核对于档案事业的发展具有重要意义，主要表现在保障公民档案利用权、缓解档案开放数量递增的审核压力、加大档案开放力度等方面。具体而言：

2.1 更好保障公民档案利用权的实现

档案开放审核是一项主观性较强的工作，不同人员往往会有不同的审核结果，社会力量虽为非档案专业人士，但通常也是档案利用主体，其参与开放审核过程可以从利用者视角审视档案是否满足开放条件，在开放档案的易懂性、有用性方面提供重要建议，比如西方盛行的陪审团参与制度，在一定范围内随机选择非法律专业人士的普通公民参会，其建议作为裁量的重要参考。尤其是关于开放档案的利用形式，除网站上展示目录外，部分档案馆利用档案馆日等契机选取代表性强且惠及民生的档案举行系列展示活动，更是需要以公民为代表的社会力量广泛参与，才能真正使档案走向有序开放和有效利用。

2.2 充实档案开放审核队伍力量

新《档案法》规定县级以上国家档案馆的档案自形成之日起满 25 年向社会开放，《开放办法》将档案开放工作年度报告由每年 6 月 9 日提前到了 1 月 31 日，两个时间节点的提前导致档案开放工作量激增。此外，若涉及区县改制、重大工程建设等特殊情况，开放鉴定量更是成倍递增。目前，档案鉴定的基本方法是直接鉴定法，这种逐卷逐件逐页审查档案的方式对人力更是提出了较大要求，吸纳社会力量参与，可以缓解档案开放数量递增的审核压力，充实档案开放审核队伍力量。

2.3 加大档案开放力度

社会力量参与档案开放审核，除有助于各级国家综合档案馆的档案开放审核外，也有助于推动自身档案的开放。新《档案法》第二十七条关于档案开放主体的条款中指出，国家鼓励和支持其他档案馆向社会开放档案，除国家各级档案馆外，以社会组织形式存在的各类机构也包含有相当数量的档案，具有重要的文化、教育价值，社会力量参与档案开放审核有助于推动其自身馆藏档案或个人收藏面向社会开放，加大档案开放力度。

3 社会力量参与档案开放审核路径分析

3.1 社会力量类型

档案相关政策文件中虽强调了社会力量参与档案工作，但没有列举出社会力量的范围与类型。国际上，英国设有独立于档案馆的开放审核咨询委员会，作为一个非政府部门性质的公共咨询机构，其成员有高级记者、资深法官、历史学家等，涉及媒体、法律、学术等多领域 [13]。如上文 2.2 所述，我国在实践中已经进行了有益的探索。但与英国开放审核咨询委员会相比，我国的鉴定委员会成员主要为内部档案人员，在代表性和社会性上有所欠缺。因此，在社会力量主体构成上，可以积极广泛吸纳事业单位、企业行业协会、公众等各类社会力量积极参与，如教育、科研、新闻传媒、公共文化机构等事业单位，基金会、慈善组织、读书会联盟等民间组织，以及普通民众、专家学者等独立自主的参与者。档案馆作为档案开放审核组织单位，可以增设开放审核顾问委员会，根据拟开放档案的内容邀请相应领域的社会力量参与开放审核工作，社会力量参与主体可根据拟开放档案的内容适时调整。

3.2 社会力量参与档案开放审核机制、程序与权责

社会力量参与是推进档案开放审核工作民主化和规范化的重要路径，通过单一权力主体向社会多元主体过渡，有效凸显社会治理中的公众角色，更加充分发挥档案力量[14]。

3.2.1 完善社会力量参与机制

现行法律法规将档案形成或移交单位纳入开放审核主体，在开放审核工作中赋予其直接责任。档案开放审核形成了档案主管部门、档案馆、档案形成或移交单位三方主体共同参与的局面。社会力量参与档案开放审核，进而形成四方主体的格局，主体增加后亟须细化各参与主体权责、强化协同机制，进一步明确开放审核主体的权力结构关系与权力运作模式[15]。从法律层次体系看，我国在档案法律、行政法规上虽然鼓励社会力量参与档案事业发展，但并未对社会力量参与档案开放审核进行规定，实践中也缺乏相应的实施细则，相关法律规范较为模糊。建议应从顶层设计上进行调整，并且对实施细则进行明确规定，如参与范围、职责、流程等，进一步形成档案形成或移交单位源头审核、社会力量广泛参与、档案馆组织协调、档案主管部门统筹指导机制。

3.2.2 构建社会力量参与程序

实务中目前存在档案形成或移交单位前置审核或后置审核两种模式，如上海市档案馆采取前置审核模式，在档案移交进馆时由形成或移交单位出具开放审核意见，档案馆承担复审与终审工作。安徽省档案馆则采取后置审核模式，由档案馆首先出具开放审核初审意见，之后就初审意见向形成或移交单位征求意见。社会公众力量的核心参与方式是变革已有的档案开放审核程序结构[16]。按照《开放办法》要求，国家档案馆向社会开放档案按照计划、组织、审核等五个程序进行，在档案开放审核环节，可以增设由社会力量组

成的顾问委员会，顾问委员会单独审核并出具独立意见，该意见主要作为档案形成或移交单位与档案馆关于开放审核结果意见不一致、后置审核模式中档案形成单位或者移交单位缺位情况提供参考。顾问委员会的设立使得参与开放审核的主体成为奇数，基数可以确保形成多数意见，有利于在决策上产生一致意见。国家各级综合档案馆同级主管部门综合档案形成或移交单位、档案馆、顾问委员会三方意见进行最终定夺。

3.2.3 明确社会力量参与权责

在关于档案馆、档案形成或移交单位两方主体履行档案开放审核相关职责时，新《档案法》第 30 条、《开放办法》第 9 条，均使用了"会同"一词。但"会同"属于不确定性用语，是法律不确定性概念[17]，由此可以看出档案主管部门和档案馆在我国档案开放审核协同模式中具有一定的自由裁量权[18]，规范权力的运行必须建立完善的档案开放审核工作责任制，构建权责明确的协同机制。从档案开放审核的参与主体构成看，档案开放审核法律责任是参与主体在开放审核活动中承担的由政治、法律、道德等责任成分构成的综合性法律责任体系。根据参与主体自身属性来看，各级档案主管部门拥有法律所赋予的行政管理、监督指导等领导职能，应负有领导责任。档案形成或移交单位具有熟悉档案内容、背景、分类的天然优势，应负有开放审核的直接管理责任。各级档案馆作为落实档案开放审核制度的直接主体，负有组织落实的执行责任。社会力量作为档案开放审核重要组成部分之一，按照上文程序设计，由于对异议内容进行再审核，应负有建议和监督责任。至此，档案开放审核明确了各参与主体责任，形成了完善的责任体系，档案开放审核将进一步向着规范化迈进。

本文系 2023 年上海市档案科技研究项目"档案利用视角下开放审核制度研究"（沪档科 2319）的阶段性研究成果。

注释及参考文献

[1] 陈建. 适度可控与合作互动——社会力量参与公共档案管理的多元主体分析 [J]. 档案管理 ,2020(5):16–19.

[2] 于晓艳. 探索馆藏档案开放审核模式 建立多主体责任共担机制 [J]. 浙江档案 ,2022(9):16–17.

[3] 陈强. 国家档案馆档案开放审核的法治进路 [J]. 档案与建设 ,2024(4):79–85.

[4] 陈永生,包惠敏,邓文慧.完善档案法规体系 推动档案工作走向开放——以《中华人民共和国档案法实施条例》为分析视角 [J]. 浙江档案 ,2024(2):13-16,19.

[5] 丁海斌,康胜利,颜晗.谈《档案法》与《档案法实施办法》修订的几个问题 [J]. 档案 ,2020(9):11-20.

[6] 常大伟,马怡琳.新《档案法》实施背景下社会力量参与档案事务的路径选择与制度保障 [J]. 档案与建设 ,2021(3):15-18.

[7] 金波,晏秦.从档案管理走向档案治理的实现路径 [J]. 中国档案 ,2020(1):74.

[8] 黄霄羽.国外档案事业同样具有"四大体系"——2021 年国际档案界回眸 [J]. 中国档案 ,2022(2):80-83.

[9] 岳靓,王芹,相明洁,等.数据治理下的档案开放鉴定现状及优化策略研究——以苏州市为例 [J]. 档案与建设 ,2023(5):57-60.

[10] 李花,王琦.北京"四个转变"优化开放鉴定工作 [N]. 中国档案报 ,2019-05-09(1).

[11] 山东档案信息网.担当作为服务大局 档案开放鉴定工作成效显著 [EB/OL].http://dag.shandong.gov.cn/articles/79059DC/202101/59e57646-604a-42ed-b416-a41f955f0f84.shtml.

[12] 云南档案网.昆明市档案馆提速增效 大力推进馆藏档案开放审核工作 [EB/OL].http://www.ynda.yn.gov.cn/html/2023/gongzuodongtai_1218/6499.html.

[13] 英国国家档案馆.咨询委员会成员 [EB/OL].https://www.nationalarchives.gov.uk/about/our-role/advisory-council/membership/.

[14] 吴一诺,聂云霞.社会治理视域下公众参与档案资源建设的内涵与模式 [J]. 档案管理 ,2021(1):45-48.

[15] 陈永斌.档案开放中权力配置逻辑与合理化研究——基于新修订《档案法》的文本解读 [J]. 档案与建设 ,2023(11):21-24.

[16] 肖秋会,王玉,张博闻.档案开放审核自由裁量权控制机制研究 [J]. 档案学研究 ,2023(6):61-68.

[17] 王芳.权力制约理论指导下档案开放审核的立法完善 [J]. 浙江档案 ,2022(4):63-65.

[18] 宋琳琳,黄宇彬,李海涛.博弈视角下我国档案开放审核协同模式探析 [J]. 山西档案 ,2023(2):58-67.

档案开放审核工作实践及发展路径初探

——以包头市档案开放审核工作为例

马广荟

包头市档案馆

摘要： 在档案工作不断走向依法治理、走向开放、走向现代化的过程中，档案开放审核工作既是社会关注的热点，也是工作实践的难点。在具体实践的过程中，档案工作者面临存量困境、平衡困境、认知困境和协同困境，档案开放审核工作的推进速度和完成质量都无法满足人民群众对档案开放的期待和利用档案丰富精神文化生活的需求。本文旨在从档案工作者的视角，通过对包头地区档案开放审核工作开展情况的分析，探究破解档案开放审核工作难题的思路。

关键词： 档案；档案开放审核；个人信息

0 引言

档案资源是信息资源、数据资源、文化资源的重要载体，只有充分开放利用档案资源，才能释放档案资源的巨大潜能，更好地服务党和国家工作大局，服务人民群众。然而，在具体实践的过程中，由于到期应开放档案数量在短期内激增、开放审核方式及要求发生变化以及档案形成单位对这项工作存在认知偏差等原因，档案开放审核工作的推进速度和完成质量都无法满足人民群众对档案开放的期待和利用档案丰富精神文化生活的需求。本文旨在从档案工作者的视角，通过对包头地区档案开放审核工作开展情况的分析，探究破解档案开放审核工作难题的思路，提出发展路径，助力全市档案开放审核工作提质增效。

1 包头市档案开放审核工作开展情况

1.1 盟市级档案馆

包头市档案馆 2022 年开始按照《国家档案馆档案开放办法》推进馆藏档案开放审核工作。在通过人工审核的方式全面掌握馆藏到期应开放档案底数和情况的基础上，建立了业务研讨制度，研究拟制了包括 18 项延期开放标准和 84 条延期使用范围的《包头市档案馆延期开放档案范围》。将制度规范贯穿开放审核工作全流程，形成了完善的档案开放审核工作机制。2023 年，包头市档案馆综合考量档案社会利用率、示范引领作用、专职档案员配备、工作配合度等情况，将中共包头市委员会办公室、包头市人民政府办公室、包头市发展和改革委员会等 27 个全宗选为首批开放全宗，引入人工智能档案开放审核系统，按照初审—复审—终审的流程，完成 27 个全宗 28.4 万件馆藏档案的开放审核工作，其中中华人民共和国成立前开放档案 39511 件，延期开放档案 7814 件，中华人民共和国成立后开放档案 15594 件，延期开放档案 221082 件。延期向社会开放的档案目录已经包头市档案局审核通过，并按照《国家档案馆档案开放办法》要求，在包头档案信息网、包头档案公众号等媒体上发布了档案开放信息和开放档案目录。

1.2 档案形成单位（档案移交单位）

室藏档案方面，包头市档案馆在《包头市档案馆档案接收办法》中明确要求，档案形成单位或移交单位室藏档案在移交前做好档案开放审核工作，并在移交时附具开放意见。通过实地调研，部分单位由于没有专职档案员，负责档案工作的人员身兼数职且更换频繁，对档案开放工作的认识非常模糊。在移交档案时，部分单位没有进行档案开放审核工作，部分单位未经开放审核研判，将所有预移交档案都划归为延期开放，致使大量档案在入馆前就已处于封闭状态，形成单位在开放审核工作中的专业优势没有得到有效的发挥，制约了进一步的开放利用。

馆藏档案方面，列入年度开放计划的档案形成单位在进行开放审核工作的过程中，运用专业视角对初审中判定为开放的档案进行复审，在提升开放审核工作质量的同时，使延期开放范围进一步细化。部分单位采取以老带新的方式，同时派三名工作人员来档案馆开展复审工作，让新入职工作人员通过档案熟悉单位的业务和历史沿革，为形成良性工作循环和室藏档案的开放审核起到了推动作用。

1.3 旗县区综合档案馆

各旗县区档案馆 2023 年开始按照《档案法》和《国家档案馆档案开放办法》要求进行开放审核工作，部分旗县区档案馆已完成了 2023 年度馆藏档案的审核工作，但尚未发布档案开放信息和开放档案目录。旗县区档案馆目前的主要问题在于人员不足没有专门的部门负责开放审核工作，部分旗县区的业务人员同时肩负着开放审核、业务指导、馆藏档案数字化、档案利用接待等多项工作，存在开放审核的过程已经完成但年度计划尚未报档案主管部门的情况。部分旗县区开放审核工作尚处于起步摸索阶段，推进缓慢，成效不明显，在加强档案形成单位开放审核配合度等方面办法不多，开放审核协同机制还需进一步完善。档案形成单位在移交档案时普遍没有进行开放审核，档案馆缺乏行之有效的督促手段，档案接收和开放相互掣肘，对提出开放审核要求会影响档案形成单位移交积极性的顾虑一定程度上制约了室藏档案开放审核工作的推进。

2 档案开放审核工作面临的现实困境

2.1 存量困境

新修订《档案法》将馆藏档案的封闭期限由 30 年缩短为 25 年，到期应开放馆藏档案的数量在短期内激增，同时，审核方式的转变对档案开放审核质量及精准度提出了更高的要求，仅靠人工审核的方式无法在短时间内完成开放审核工作，不同审核人员的认知差异也无法精准把控档案开放审核工作的质量。随着人工智能技术的飞速发展，档案部门已经开始利用人工智能语义技术辅助开放审核，但在此过程中同样存在数据安全风险、提前设置开放率等情况会影响审核结果等问题，如何破解存量难题，处理好技术辅助与人工主导之间的关系，已经成为档案工作者不得不面对的问题。

2.2 平衡困境

在推进档案开放审核工作的过程中，如何确定延期开放档案的标准和范围是最核心的问题。很多档案的内容中涉及家庭成员、联系方式、家庭住址等个人信息，如开放会对当事人正常生活造成影响，但通过题名是难以准确判断的，所以，如何甄别分散在不同全宗、不同案卷的涉及个人隐私信息的档案对依法履行开放利用职能尤为关键。还有大量形成年代比较久远的档案，密级是手写或者自制印章印制的，这部分档案如何确定其密级，依据哪些法律法规进行解密或密级变更，如何在确保档案信息安全的前提下做到档案应开尽开，也是亟待突破的困局。

2.3 认知困境

档案形成单位甚至很多档案工作者对档案开放审核工作的认识不到位，档案员不知道开放审核是什么、怎么做、为什么需要他们做，档案工作者还是按部就班，哪里有现成的制度和延期开放范围就直接"借鉴""照搬"，开放审核工作已经开展了一两年，仍不了解开放程序，也不清楚开放了哪些档案，下一步要重点开放哪些档案，对开放审核工作缺乏认识，没有方向，只是把它当成一项工作任务，一份沉重的负担。

2.4 协同困境

档案馆与形成单位或者移交单位共同负责馆藏档案开放审核的工作机制已经建立，但仍需进一步完善。档案形成单位追求在短期内完成开放审核任务，审核结果浮于应付，专业作用体现得不明显，存在部分单位推诿不配合的情况，为了尽快完成任务全部划归为延期开放的情况普遍存在。

3 破题思路与发展路径

3.1 建立系统、协调、完备的档案开放审核工作体系

运用发展、全面、系统的思维，对档案开放审核工作进行全流程、全要素、全场景的精细治理，以全过程保证开放审核工作质量，确保各部门运转高效、系统有序、协同配合。成立开放审核领导小组和工作小组，确定专门科室负责开放审核工作，将责任分工细化到人。按照《国家档案馆档案开放办法》规定的开放程序，研究制定年度工作方案，综合考量档案社会利用率、示范引领作用、专职档案员配备、工作配合度等情况，确定开放全宗，对列入年度开放计划和预移交入馆单位进行集中培训和点对点开放审核业务指导，现场共同审核一个年度的预开放审核档案，通过实例，解析开放审核的原则、要求、权限、范围和标准。

按照档案主管部门批准的工作方案牵头组织实施档案开放工作，合理安排有审核任务的单位分批次、分阶段到包头市档案馆报到，进行集中审核，防范档案信息泄露风险，确保档案审核过程中遇到疑难问题可随时讨论，边干边学边研讨，把"开放审核"工作打造成为业务练兵的新平台。

在审核过程中，引入人工智能档案开放审核系统，根据馆藏实际和审核中的实际问题动态更新敏感词库，通过训练与学习不断提升审核准确度。采用半包服务模式，在充分发挥人工智能技术效率高、审核标准统一等优势的同时，对于涉及重要和敏感信息不能完全依靠人工智能技术来进行开放鉴定的档案，进行人工辅助。按照初审—复审—终审的流程，明确档案开放审核工作由档案形成单位或移交单位和档案馆共同负责，确定由开放审核工作小组初审，档案形成单位或移交单位在初审结果基础上进行复审，市档案馆和档案形成单位或者移交单位一致确定开放意见和延期开放理由，提交馆藏档案开放审核工作领导小组终审的"三审"模式，多方协同，确保档案开放审核结果的准确性、客观性和全面性。

3.2 多部门联合作战，在保证信息安全的基础上实现应开尽开

在实践过程中，应引入多元主体共同参与，发挥档案馆、档案形成单位、档案主管部门、保密管理部门的作用，梳理相关法律法规，明晰各方权责。档案形成单位作为定密责任人是档案解密的唯一合法主体，档案馆作为各档案形成单位档案的保管部门应肩负起组织、协调及馆藏档案解密全流程管理的责任，保密管理部门应当肩负涉密档案保管与解密的指导与审批责任，档案主管部门应扮演好监督者和考核者角色，将馆藏档案解密工作纳入档案执法检查内容。在确定本馆、本单位延期开放标准和范围时，应当将尚在酝酿中的人事调整方案、专项行动方案、一定时间内不宜对外公开的工作研究、内部信息和工作预案等工作秘密事项和相关内部工作事项列入延期开放范围，以免干扰机关、单位正常工作秩序。

进一步强化隐私权保护意识，提升档案工作人员的法律素养，守好档案开放过程中的个人隐私防线。回归开放问题本身，在审核过程中，加强对个人隐私相关内容的梳理细化和归集，将个人负面信息、尚未形成结论的信息、换位思考后判定开放会对相关涉事人员造成不良影响的档案归为延期开放。

3.3 以利用效果为突破口，打破认知壁垒，实现主动赋能

将业务培训和专门指导端口前移，邀请各单位档案员和档案馆工作人员

参与开放审核全流程实践，在实践中学习，在学习中实践，通过业务交流和研讨找到确定档案延期开放范围和标准的规律，最终达到能够根据本馆馆藏档案实际确定符合本馆实际的延期开放范围的目的。打破传统的大课堂授课模式，深入有档案开放审核业务需求的单位，对负责审核的工作人员进行一对一专门培训，结合具体的本单位产生的档案讲授档案开放审核的范围、方法和相关注意事项，随需随讲，随问随答，具体问题共同探讨分析研判，卸下档案员的思想包袱，为业务开展提供坚强后盾。注重开放档案利用效果的宣传，让档案形成单位认识到档案的价值，主动为档案开放审核工作赋能，让更多档案走出库房。如近年来，包头市档案馆录制的"江河奔腾千人读档"《齐心协力建包钢》微视频，荣获"优秀读档视频"，并在"学习强国"等多平台展示展播；与包头市委组织部利用馆藏档案和口述史料编撰形成《"国家的孩子"在包头》一书，被列为全市"感党恩、听党话、跟党走"群众教育实践活动学习辅导读本。档案利用成效让档案形成单位认识到档案开放审核不仅仅是一项工作任务，也是一次近距离接触档案、接触历史的机会，在熟悉单位档案的过程中了解单位的形成和沿革，产生荣誉感和使命感，从而愿意将自己的专业和开放审核工作结合起来，进一步提升开放审核工作的专业化、精准化水平。

让开放审核工作落到实处，说到底还是要让档案活起来，用起来。把开放审核与服务中心工作结合起来，与服务民生结合起来，有重点分批次做好馆藏档案的开放和公布，有序推动全市开放档案目录整合汇集，稳步实现包头市开放档案资源共建共享。

档案形成单位参与开放审核工作的现状与思考

刘英

武汉市档案馆

摘要： 本文以武汉市档案馆2023年实际工作为例，分析研究档案形成单位参与到期馆藏档案开放审核、负责新移交进馆档案前置开放审核工作的现状，探索提升档案形成单位开放审核质量的路径，为建立科学的档案开放审核协同机制提供参考。

关键词： 档案开放审核；档案馆；档案形成单位；现状与思考

档案开放审核是国家档案馆服务民生的重要工作环节。2020年新修订的《档案法》将档案开放审核的主体以法律形式明确为国家档案馆和档案形成或移交单位（以下简称档案形成单位），以期推动档案开放工作的进程，缓解档案封闭期缩短至25年后档案开放工作的压力[1]。档案形成单位参与档案开放审核是我国档案开放审核工作的新课题，本文以武汉市档案馆2023年实际工作为例，研究档案形成单位参与档案开放审核工作现状（不包括档案解密情况），探索提升档案形成单位开放审核质量的路径，为建立科学的档案开放审核协同机制提供参考。

1 档案形成单位参与馆藏到期档案开放审核

1.1 主要做法和成效

2023年，武汉市档案馆成立了以馆主要负责人为组长的开放审核委员会，对32个立档单位2064.2卷档案进行了开放审核。采用的开放审核协同模式是在原有档案馆"初审—复核—终审"三级审核模式的基础上，增加发函征求档案形成单位复审意见的环节，形成"档案馆初审—档案馆复审—档案形成单位复审—档案馆开放审核委员会终审"的四级审核方式（见图1），

明确标准依据、工作方法、质量安全、人员和时间安排，用制度强化监管和
保障推进。

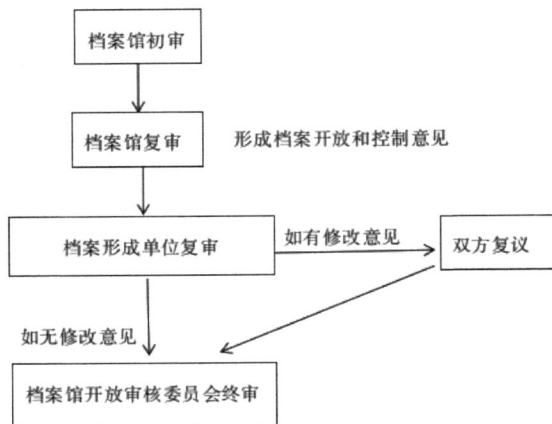

图 1　2023 年武汉市档案馆开放审核流程

　　武汉市档案馆在初审和复审结束后，除 2 个全宗为临时机构无职能承接
单位外，向档案形成单位发出联系函 30 封。联系函的主要内容包括三个方
面：一是档案开放审核工作的法律法规依据，明确档案馆和档案形成单位双
方的责任；二是该全宗开放和控制目录，明确档案馆的审核意见；三是提出
"如有不同意见，请将书面修改意见在十五个工作日内反馈给我馆"，明确
相关工作要求。最后共收到正式回函 20 份，电话正式回复 4 家，回复率为
80%，其余 6 家在多次联系后没有任何回复的单位默认为同意档案馆审核结
果（见表 1）。

表 1　2023 年武汉市档案馆开放审核回函统计表

回复类型		总数（家）	原单位（家）	职能承接单位（家）
正式回函	完全同意档案馆结果	7	5	2
	要求增加控制条目	13	10	3
电话回复同意档案馆审核结果		4	2	2
超时默认同意档案馆审核结果		6	4	2

通过函件或电话正式回复的 24 家单位中，有 11 家完全同意档案馆的审核结果，有 13 家提出将部分"开放"的审核结果改为"控制"，共增加控制条目 1136 件，按件开放率由原来的 66.7%，减少至 62.9%，总计减少 3.8%。其中 2 家单位在修改结果后，该全宗当年度按卷开放率为 0%（见表 2）。

表 2 2023 年武汉市档案馆开放审核开放率对比表

开放审核总数（件）	档案馆审核开放数（件）	档案馆审核开放率	双方复议后终审开放数（件）	双方复议后终审开放率
29845	19901	66.7%	18765	62.9%

1.2 武汉市档案馆开放审核协同模式的优缺点

1.2.1 优点

武汉市档案馆将档案形成单位复审这一环节，放在档案馆初审和复审后，充分发挥了档案馆工作人员开放审核经验丰富的优势，在充分尊重档案形成单位意愿的同时，减轻了他们开放审核工作压力。档案形成单位依托他们的行业理论知识进行二次复审，提高了档案开放审核的科学性和准确性，进一步确保了档案信息安全，为档案开放审核工作上了"双保险"。

1.2.2 缺点

与档案形成单位联系沟通时间较长，影响开放审核工作进度。有的单位在收到函后，立刻回电话表示要将档案全控，在我们反复宣传档案开放审核工作的重要性和意义后，才愿意对档案开放和控制目录进行审核，最终给出复核意见，最长的协调时间达到 2 个月。其中 4 家电话回复和 6 家超时默认的单位，因为没有收到明确回函，后续可能会存在安全风险。

2 档案形成单位负责新移交进馆档案的前置开放审核

2.1 主要做法和成效

新修订的《档案法》颁布后，武汉市档案馆高度重视，迅速组织学习，要求业务部门及时研究相关工作措施。针对"尚未移交进馆档案的开放审核，由档案形成单位或者保管单位负责，并在移交时附具意见"这一新规，从 2021 年开始，将出具档案开放审核函列为档案移交进馆的必备条件之一。经过两年的努力，新移交进馆档案附开放审核函的比例逐年增加，2023 年，武汉市档案馆共接收入库 39 家单位的档案，其中 35 家单位在档案移交时附有档案开放审核函。（因在武汉市档案馆实际工作中，对接联系的档案保管单位就是档案移交单位，所以本文都统称为档案形成单位。）

表 3　2023 年武汉市档案馆入库档案开放审核情况统计表

档案形成单位数（家）	有开放审核函的单位（家）					无开放审核函的单位（家）
	开放率 0%	开放率 5% 以下	开放率 100%	开放率 90% 以上	开放率 70%—90%	
39	15	2	3	12	3	4

2.2 档案形成单位前置开放审核质量分析

2024 年初，武汉市档案馆对 2023 年入库档案开放审核质量进行抽检，各单位的开放审核函中只有简单的过程和结论，其中有 24 家单位在开放审核函中说明了档案控制使用的原因，有 6 家单位没有附控制档案目录，只在说明中列出了控制件号。其中开放率为 0 或接近于 0（5% 以下）的单位有 17 家，开放率为 100% 或接近于 100%（90% 以上）的单位有 15 家，开放率为 70%—90% 之间的只有 3 家，呈现出"开放"和"控制"两个极端（见表 3 和图 2）。

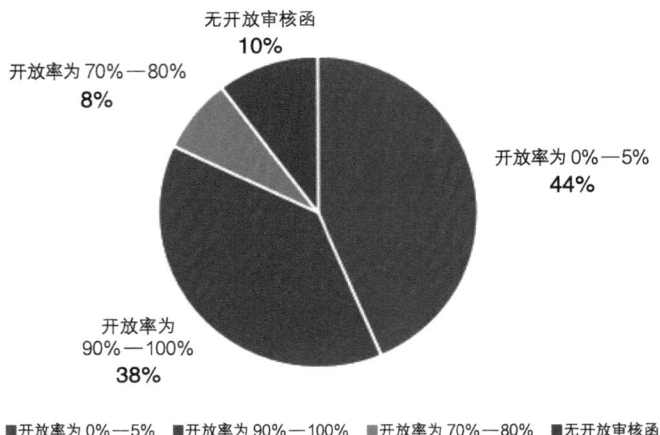

图 2　2023 年武汉市档案馆入库档案开放审核状况

为进一步研究档案形成单位的开放审核质量，武汉市档案馆选择总开放率为 92.5% 的某全宗新进馆档案中的 100 卷进行复审（见表 4），发现该单位除密件和会议记录外，其余档案全为开放。复审后增加控制 135 件，主要有三类：一是涉及个人信息的，如个人住房、工资、家庭困难等情况的详细数据；二是涉及国家安全的，如特殊政治环境下的处理意见、保密工作的内部调研报告等；三是涉及国家秘密的，如文件附件中有密件，未列入密件管理进行先解密后开放。

表 4　2023 年武汉市档案馆某全宗档案入馆前开放审核复审表

复核总数（件）	档案形成单位开放数（件）	档案形成单位开放率	档案馆复核后开放数（件）	档案馆复核后开放率
1726	1607	93.1%	1472	85.28%

3　现状分析

3.1　档案形成单位参与档案开放审核的主动性不高

通过调查全宗卷和询问各单位档案员，我们发现各单位的档案鉴定委员会只负责档案整理制度的制定、档案价值的鉴定等工作，档案开放审核属于档案形成单位的"空白地带"，他们不会主动将档案开放审核列入日常工作安排或年度目标。

在武汉市档案馆存量馆藏档案开放审核工作模式中，档案形成单位属于被动审核，因有档案馆的主动引导、积极协调，最终档案开放审核质量较好、开放率较高，但也普遍存在加码"控制"的情况。

档案形成单位把出具开放审核函当作顺利移交进档案馆的一个前提条件，进行被动审核，导致其出具的审核函专业性不强，容易受各单位档案部门领导和档案员的个人主观意识影响，出现"全开"或"全控"的现象。当这批新进馆档案满 25 年后面临开放时，随档案移交进馆的开放审核函没有实际的使用价值，必须重新审核。

3.2　档案形成单位缺乏档案开放审核人才

我们在联系档案开放审核工作时，有很多单位的档案员态度很积极，也想做好开放审核工作，但因为没有进行过专门的档案开放审核培训，本单位也没有开展过该项工作，感到无处下手。档案馆是事业单位，没有培训的职能和经费，我们只能简单地在电话中予以指导，效果不明显。而且因馆藏档案年代久远，现任档案员对当时的业务工作也不了解，在实际工作中，他们会将档案再次分配到制发文件的部门或该业务职能承接的责任部门进行审核，这部分工作人员极度缺乏档案知识，在审核时倾向做出"控制"的结论，或全权交给档案馆来决定。

3.3 档案馆和档案形成单位之间的权责界定不清

《档案法实施条例》要求建立馆藏档案开放审核协同机制，《国家档案馆档案开放办法》提出"由国家档案馆牵头"，"当档案形成单位不配合时，由档案主管部门责令限期改正"。但对档案馆和档案形成单位之间的具体职责分工没有明确规定，档案馆缺乏对档案形成单位的有效约束办法。

1991 年颁布的《各级国家档案馆馆藏档案解密和划分控制使用范围的暂行规定》第七条第十九项明确规定："机关、单位及个人移交、捐赠、寄存档案时明确提出不能开放的档案"属于控制使用范围。这就导致当档案馆和档案形成单位双方在是否"控制"意见不同时，只能尊重档案形成单位的意见。

4 提升档案形成单位档案开放审核质量的路径思考

4.1 细化规章制度，强化沟通协调

档案主管部门应根据开放审核的实际情况推动相关实施细则的制定，明确开放审核协同机制的协同目标、协同模式、协同职责，从立法层面促使开放审核协同机制具有科学、规范、统一的优势。[2]通过召开档案工作会等形式，加强档案开放审核重要性的宣传，将档案开放审核工作纳入档案目标考核，提升档案形成单位的参与度和积极性，进一步加强档案馆与档案形成单位间的协作，不断完善、优化开放审核工作流程，形成开放审核工作合力。

4.2 加强档案形成单位人才队伍建设

档案馆可以与档案主管部门联动，举办档案开放审核专题培训班和业务

实战培训、技能竞赛，发扬老带新、传帮带精神[3]，为档案形成单位的档案工作人员创造学习提升的平台和机会。档案形成单位可以选派工作人员到档案馆进行到馆审核，在实践中强化开放审核业务能力，同时在业务部门配备兼职档案工作人员，负责本部门的档案收集和开放审核。

4.3 推动开放审核工作常态化

《"十四五"全国档案事业发展规划》要求档案开放审核工作实现常态化。档案形成单位应成立档案开放审核委员会，制订本单位开放审核工作细则和存量档案审核计划，分期分批地开展审核工作。同时将开放审核工作纳入年度档案整理工作，要求各业务部门向档案室移交档案时就做出档案的初步开放审核，防止年代久远或职能变更后，无法做出专业的判断。确时无法做出审核建议的，可以在移交档案馆前，由档案形成单位档案部门会同相关业务部门进行审核，作出档案满 25 年后为"开放"或"控制"的明确结论后，形成进馆档案开放审核意见函。

5 结语

建党百年之际，习近平总书记对档案工作作出"四个好""两个服务"的重要批示，成为新时代档案工作的根本遵循和行动指南。馆藏档案开放审核工作，是将档案利用好的第一步，通过提升档案形成单位开放审核质量，可以形成科学的档案开放审核协同机制，推动馆藏档案有序开放，更好地服务党和国家工作大局、服务人民群众。

注释及参考文献

[1] 闫静，谢鹏鑫，张臻新.新《档案法》背景下机关档案室开放审核权责探析——基于机关档案室开放审核情况问卷调研 [J]. 档案与建设，2022(2):14-21.

[2] 曹宇，刘思思.档案开放审核协同机制研究——基于新《中华人民共和国档案法实施条例》的视角 [J]. 兰台世界,2024(3): 6-9.

[3] 聂博馨，邱文昱.档案开放审核工作开展现状及发展路径研究——以黑龙江省档案开放审核工作为例 [J] 黑龙江档案，2023(6):19-22.

档案编研中的开放审核问题探析

吉星昇[1]　袁玉恒[2]

1 镇江市档案局

2 江苏省住建厅建设档案办公室

摘要：法律法规规章中对档案开放审核、利用、公布作出规定，档案编研属于开发利用，涉及档案利用和档案公布，编研过程中应遵守法律法规，尤其是公开范畴的档案编研，涉及未开放档案时，应履行程序，确定是否可以公开。但多数档案馆缺乏档案公开使用的具体规定，编研中很少关注档案划控状态，不履行审核程序，所利用档案涉及多个部门，协调审核程序烦琐，档案开放率过低影响编研。形成问题的主要原因：档案公布缺乏上位细则规定，编研人员服务意识的驱动弱化了开放审核的程序意识，开放审核未能常态化开展，档案形成单位划控业务能力不足，档案的控制范围过广，档案开放未能实现共享。针对这些问题，本文提供以下建议：从国家层面和各级档案馆层面完善公布制度，注重公开范畴的档案编研过程中利用档案的审核程序，通过常态化划控，减少控制范围，推进智能开放审核，实现开放信息共享，扩大档案开放率，满足档案编研需求。

关键词：档案；编研；开放审核

新时代新征程上，利用好档案，做好"两个服务"，需要加大档案编研力度。档案馆其中一项职能是，加强对档案的研究整理，有计划地组织编辑出版档案材料，在不同范围内发行。一种是面向特定对象的内部材料，一种是更为普遍的公开出版，面向社会举办展览，以及文字、图片、音视频等编研成果通过电子形式在互联网上传播，此类同时属于档案公布。编研过程中利用档案时，常常忽略档案的开放审核情况以及档案公布的审核程序，本文就此问题展开探析。

1 档案编研涉及的开放审核相关法律依据

档案编研是利用档案资源，进行编纂和研究的行为，表现形式包括编辑出版档案材料、举办展览、进行宣传等。实践中，涉及档案利用与公布。

1.1 法律依据

《档案法》规定，馆藏档案的开放审核由档案馆会同档案形成单位或者移交单位共同负责，未移交进馆的档案的开放审核由档案形成单位或者保管单位负责，并在移交时附具意见。对于馆藏已经开放的档案，档案馆通过网站或者其他方式定期公布其目录。属于国家所有的档案，国家授权的档案馆或者档案保管单位有权限公布。如果单位或个人根据工作需要，利用档案馆或其他单位未开放的档案，可以按照国家有关规定进行 [1]。

《档案法实施条例》提出，档案馆可以通过阅览、复制和摘录等形式，依法提供利用档案，应当根据工作需要和社会需求，开展馆藏档案的开发利用和公布。档案的公布是指首次向社会公开档案的全部或者部分原文 [2]。对档案利用和档案公布分别提出了简要的条件、方式、范围、程序。属于国家所有的档案的公布，馆藏档案一般只需要档案馆同意，未进馆档案一般只需要保管单位同意。程序上更为简单，范围上更加广泛。

《国家档案馆档案开放办法》中明确，控制使用的档案按延期开放处理。个人或单位如需公开使用未公布的档案，需要遵守保管该档案的档案馆的规定 [3]。

1.2 从法律依据开展的初步分析

笔者认为，档案公布与档案利用不能完全分割，公布属于利用的一部分，也属于档案开放的一种形式，是通过各种形式将档案全文主动向社会公开，是面向更广范围的利用。因此档案公布也需要经过规范的审核程序，理论上应比档案开放审核更严谨。可以公布的档案，应该是已经开放或还未审核但可以开放的档案。未开放审核档案一经公布进入公众视野，公布的档案就属于开放状态。如果属于已审核定为控制使用档案，原则上不得公布。

从下位法服从上位法的角度看，档案馆的利用制度中应当包括公开使用档案的规定。档案编研中，针对馆藏未开放档案，需要档案馆与档案形成单位协商一致。针对其他单位的未开放档案，需要征得保管单位同意。

2 档案编研中的开放审核现状及问题

随着档案服务大局的意识越来越强，主题越来越多；同时群众对档案文化的需求越来越高，档案服务群众的形式越来越多元化，档案编研也越来越面向全社会[4]，档案文化产品不仅进机关，而且进企业、进单位、进学校、进乡村、进社区。档案编研所利用到的档案范围越来越广，除了馆藏已经开放的档案，经常需要用到未开放档案及保管在各单位的档案材料。档案编研时对所利用的档案开放审核工作现状不容忽视，还存在不少问题。

2.1 档案馆的利用制度中缺乏对档案公布或公开的相关规定

档案馆的利用制度，一般针对查阅利用，往往针对阅览、复制、摘录、拷贝等，对查档行为提出约束性、规范性意见，对未开放档案，提出利用的程序。但对所利用档案是否可以公开，笔者调研了 10 家档案馆，7 家没有涉及。即便涉及档案公开，也是查档人员用于公开出版或发表时，需征得同意。没有按照法律要求，规定需要书面征得档案馆同意，并在使用时注明档案馆名称或者档案的出处。

2.2 档案编研中一般不关注所利用档案的开放状态

档案编研中，编研人员对于所利用的档案，只关注此件档案是否符合主题，是否属于编研大纲的一部分，并不关注档案是否已经开放，即便是已经开放档案，也不关注档案是否可以公开。只要档案内容符合编研选题需要，不论是文书档案，还是照片档案、音视频档案等，都直接选入编研产品中，而且图书、展览在公开前不进行保密审查。所利用档案有的还未到期，有的是为编研而征集的档案。这些档案还未组织开放审核，进行鉴定划控。

2.3 档案编研中涉及未开放档案，一般不履行审核程序

档案编研中利用到不开放档案或未到期档案时，原则上，既然选中此档案，准备公开，第一种是开放档案，评估后可作为素材对象。第二种是未到期档案或未及时审核档案，需要按照程序审核后公开使用，同时这部分内容成为开放档案。第三种是已审核的延期开放档案，确实因为编研需要，应重新进行审核评估，是否可以公开。如果确定可以公开，此类档案重新划分为开放档案。但是在实践中，档案编研过程中涉及未开放档案，往往不履行审核程序，直接利用，甚至公开出版或展示。

2.4 档案编研专题需要利用的档案涉及多个部门单位，协调审核程序烦琐

专题式档案编研，要么是历史文化主题，要么关注的是中心大局，是当前党委的重点工作。对于历史文化主题，一般所利用档案已经超过开放年限，大部分档案属于开放档案，但这些档案是否可以公开，需要保管该档案的档案馆评估和书面同意。对于当前重点工作，比如营商环境、产业发展、经济建设等，都涉及十多个部门甚至更多，而且很多档案还未移交进馆，需要其他部门单位提供，这部分非馆藏档案，若计划在编研中进行公开，需要档案保管单位履行审核程序，书面同意使用。协调多个部门进行审核，程序烦琐。若遇到定性为延期开放或不得公开，那么编研产品的价值、质量均可能降低，与中心工作的匹配度也会降低。

2.5 档案开放率过低导致能够在编研中利用的档案有限

档案编研如果在已经开放的档案中进行选材，会发现能够利用的档案不多。2001—2020 年，国家综合档案馆馆藏档案开放率平均为 21.91%。其中2001—2011 年，档案开放率平均为 26.17%；2012—2020 年，档案开放率平均为 16.71%[5]。这是已开放档案与馆藏档案的比例，并非开放审核过程中的开放率。笔者调研了江苏省 10 家档案馆，2021 年之前，即新修订的《档案法》实施前，对到期档案进行鉴定划控时，划控的开放率为 57.26%。2021年至今，新修订的《档案法》实施以后，4 家档案馆还未开展到期档案划控工作。6 家档案馆对馆藏档案进行划控，一般采取档案馆一审，形成单位二审，档案主管部门三审的制度。在已经完成的一审、二审工作中，一审划控的开放率为 17.67%，二审划控的开放率为 16.12%。档案移交时，形成单位独立进行划控的开放率为 16.37%。从控制使用档案不得公开角度，档案开放率过低导致能够在编研中利用的档案非常有限。

3 档案编研涉及的开放审核问题原因分析

档案馆根据什么规则和范畴来确定是否同意档案在编研产品中公开，档案编研中为什么缺乏对档案开放状态的关注，档案开放率为何如此之低，只有了解这些原因，才能利用好档案。

3.1 档案公布缺乏范围与尺度

档案法规中只明确,档案公布是根据社会各方面的需求,或者为了研究、宣传、教育以及服务民生等目的进行档案公开。但具体档案公布或者不公布的范围和尺度,缺乏相应的规范性文件或细则[6]。实践中只是在开放档案中选择与民生相关的政策类文件材料进行公布,或者本身为政府信息公开的文件。

3.2 档案编研人员服务意识的驱动,弱化了开放审核的程序意识

在档案编研中,档案人员只思考能否完成相关编研选题,尤其是在服务中心大局的意识驱动下,一心想着编纂出高水平的产品,忽视所利用档案的开放状态,缺乏对未开放档案的审核。在实践中,很少出现因为公开不开放档案产生恶劣影响,因此编研人员缺乏此类经验与教训,编研中只从个人角度摒弃掉涉密档案,对非密档案,无差别利用与公开。

3.3 档案馆未能常态化开展开放审核

对形成满 25 年的档案进行开放审核,以及对民生档案提前开放审核,意味着每年均需要开展开放审核工作,但不少档案馆因为缺乏人手、缺乏经费等原因,不能常态化开展鉴定划控[7],未划控的档案只能列入不开放档案,增加了不开放率。档案编研时需要对档案素材进行评估,相当于进行开放审核。

3.4 档案保管单位缺乏开放审核的专业能力

档案编研中准备公开的档案,原则上属于开放档案的一部分,对于保存在部门单位,还未进馆的档案,需要形成单位提出到期开放审核意见。然而基层的档案形成单位档案人员一般为兼职,专业能力不足,无法开展开放审核工作。有的单位经费有限,难以购买外包服务[8]。形成单位为了减少后续工作量,在实际审核中,能不开放,就不开放。

3.5 档案的控制范围限制了编研能够利用的档案范围

国家鼓励和支持档案馆向社会开放档案,但是一些省级、市级档案部门在制定档案控制范围时,从减轻责任的角度出发,而不是从为群众服务角度出发,开放条件严苛,大范围控制。档案是否开放,档案形成单位或保管单

位具有审核权，有的地区机械地"一刀切"，对于责任者不是保管单位的档案，比如上级或其他部门印发的文件，认为无权进行定性，直接确定为不开放档案。档案控制的范围较大增加，为档案编研带来不利因素。

3.6 档案开放未能实现共享限制了档案的利用

档案法律法规中，要求开放档案应在网站上公布目录。实践中，档案馆选择其中少部分开放档案公布目录。各级档案馆之间，纵向与横向上，档案开放信息均缺乏完整的共享机制。档案编研所利用档案是否开放，无法直接获知，编研的难度加大。

4 档案编研中的开放审核策略

4.1 完善档案公布制度

一是从国家层面，需制定档案公布规定或细则，规范档案公布的程序，明确档案公布或不公布的范围，应在档案开放审核的同时，明确可以公布档案的目录，供档案人员在编研时进行选择。档案馆对于可公布的档案，应汇编后在网站公布原文或节选。二是从档案馆层面，需在利用制度中明确档案公开使用的条款，进行档案审核，规范书面同意文本[9]。

4.2 注重公开范畴的档案编研过程中利用档案的审核程序

一是对于已经开放档案，如果编研中准备公开出版或展示，需要进行审核。二是对于已经审核的延期开放档案，利用其作为素材的编研产品原则上不予以公开。如果确实因为研究、宣传、教育以及服务民生等目的，应对延期开放档案重新履行审核程序，确定为开放的，可以有选择地使用。三是对于到期未及时开放审核的档案或者未到期档案，编研时若需要利用并公开，应及时进行开放审核，或直接评估可以公开，直接定为开放档案。

4.3 扩大档案开放率，满足档案编研需求

一是常态化开展档案开放审核。对到期档案及时进行开放审核，可以满足社会各方面的利用需求，扩大馆藏开放档案的比例，为档案编研提供素材。二是扩大档案开放范围。应根据应开放尽开放原则，制定档案开放的具

体细则和范围，明确延期开放范围，从"负面清单"角度，只要不是还在保密期，对国家安全和个人利益有影响的档案，应该全部纳入开放范畴。三是推进智能开放审核。利用系统平台对到期档案进行智能开放审核，能及时履行划控职能，有效解决形成单位档案人员业务能力不足问题[10]。四是实现开放审核信息共享。统一的档案开放审核系统或协同办公功能，可以实现各级档案馆保管有同一档案的开放审核信息共享，扩大档案开放率，为档案编研提供便利。

注释及参考文献

[1] 袁杰 . 中华人民共和国档案法释义 [M]. 北京 : 中国民主制出版社 ,2020:72-84.

[2] 中华人民共和国中央人民政府 . 中华人民共和国档案法实施条例 [EB/OL].[2024-01-25].https://www.gov.cn/zhengce/zhengceku/202401/content_6928164.htm.

[3] 国家档案局 . 国家档案馆档案开放办法 [EB/OL].[2022-08-01].https://www.saac.gov.cn/daj/xzfgk/202207/9dc96f7f635247c18ae1a9ec15c24dea.shtml.

[4] 洪桂荣 . 信息时代档案编研工作多元创新发展的挑战与探索 [J]. 黑龙江档案，2023(5):19-21.

[5] 陈阳 . 我国档案开放之现实困境与路径选择——基于 2001—2020 年的相关数据调研 [J]. 档案与建设，2022（9）：41-45.

[6] 杨霞 . 综合档案馆档案利用与公布中的问题及对策分析 [J]. 档案学研究，2010(5):50-54.

[7] 张梦怡 . 馆藏档案开放审核新路径研究 [J]. 浙江档案，2023(9):51-53,57.

[8] 李越，郭朗睿 . 档案形成单位参与档案开放审核的困境及其完善路径 [J]. 档案，2024(1):9-14.

[9] 王改娇 . 完善档案公布审批制度解困国有档案公布权 [J]. 档案与建设 ,2023(3):4-7.

[10] 马怡琳，李宗富 . 赋能·助力·提升 : 人工智能技术在档案解密与开放审核工作中的应用探索 [J]. 山西档案 ,2022(04):112-118.

浅谈县级档案馆馆藏档案的整理鉴定销毁工作

范莉

青州市档案馆

摘要：档案整理鉴定是档案馆馆内业务工作中必不可少的环节。随着时间的推移，县级档案馆馆藏量不断增加，有的已达到饱和的程度。以青州市档案馆为例，馆藏文书及会计档案中都存在部分保管期限届满并且无查考利用价值的问题，需要重新鉴定整理销毁。而开展此项工作需要专业技术人员遵照国家标准，用历史的、全面的、发展的观点，正确分析档案的保存价值，优化馆藏结构，使其更加合理与完善。

关键词：档案整理鉴定；县级档案馆；销毁

馆藏档案的整理鉴定销毁是一项至关重要且意义深远的工作。这项工作始终坚定地秉持着维护国家、集体和人民利益的重要原则。在具体实施过程中，运用全面的、历史的、发展的以及具有效益的观点，来细致而准确地确定档案的价值。通过这种方式，能够精准地把握档案的去留问题，将那些保管期限已满且没有查考利用价值的档案仔细地剔除出来。对于这些需要销毁的档案，会按照严格的程序进行处理。而通过这样的整理鉴定销毁过程，可以实现去粗取精、去伪存真的良好效果。不仅能够确保档案的可利用性，让真正有价值的档案得以凸显，还能对馆藏结构进行优化，使其更加合理与完善。从而更好地发挥出档案馆在社会中的功能作用，为社会的发展提供有力支持。

作为一名在县级档案馆工作了30多年的专业技术人员，我亲眼见证了档案馆从初建时的几万卷馆藏档案发展到如今"库房满载"的十几万卷。档案馆的馆藏档案数量庞大，而随着时间的推移，档案数量还在不断增加。为了确保档案馆能够继续有效地为社会提供服务，我们必须对馆藏档案进行整理、鉴定和销毁工作。随着时间的推移，我越发深刻地意识到，对馆藏档案进行整理、鉴定和销毁工作已势在必行。在此提出一些个人的看法，希望能与广大同人共同探讨。

1 馆藏档案现状（以山东省青州市档案馆为例）

1.1 馆藏县（市）级机关事业单位的档案存在部分保管期限届满需要整理鉴定的问题

县级档案馆一般依据 1986 年《各级国家档案馆收集档案范围的规定》和 1987 年颁发的《国家档案局关于机关档案保管期限的规定》，保存县直机关及部分事业单位永久和长期的文书档案，其中长期档案的保管期限是十六年至五十年。2006 年 9 月 19 日，国家档案局颁布的《机关文件材料归档范围和文书档案保管期限规定》中，将机关文书档案的保管期限定为永久、定期两种，其中定期一般分为 30 年、10 年。按照以上规定，目前县级档案馆保存的 1973 年之前的建国后的文书档案中，长期保存的已届满，超过 50 年，需要重新进行整理鉴定工作。从档案内容来看，这段时期形成的文书档案，大多涉及土地改革、"三反"、"五反"、"四清"、整风反右运动、"文化大革命"等特殊时期，其中有些文件材料如发言、典型经验、情况报告、统计表等早已失去历史意义，无保留价值；另外，因乡镇撤并，个别乡镇的档案全部进馆，而这些撤销乡镇的档案中，其类别以会计档案居多，而其中占 70% 的会计凭证很多是缴纳农业税、车船使用税、教育费附加、计划生育罚款等的存根，这些档案已无查考利用价值，应当及时加以整理鉴定，对已确无留存价值的予以销毁[1]。

再者，原来划定为长期保存的档案中，有些如表彰先进（地、县级以下）、干部职工录用、转正、职务聘任、复转、调动、党团组织关系介绍信等文件材料，根据国家现行的机关文书档案保管期限规定，体现"以人为本"的原则，对这类材料应划定为永久保存。

据不完全统计，这部分档案中，长期已届满需要重新鉴定整理的档案约占馆藏档案总量的 10%。

1.2 接收大量破产改制企业的档案进馆

根据 1998 年国家档案局等单位出台的《国有企业资产与产权变动档案处置暂行办法》的文件精神，自 2004 年至今，青州市档案馆陆续接收了 40 余家破产改制的国有和集体企业全部档案，总计 10 万卷左右。这些档案的进馆，在维护社会稳定、解决各类合同纠纷、为企业职工办理退休、缴纳社保等方面发挥了应有的凭证依据作用，实现了为政府分忧，为百姓解困的价值，受到社会各界的好评。然而，从档案内容和数量来看，这些档案中近70%是会计档案，而会计档案中除去有利用价值的工资表外，其他如会计凭证和会计账簿占绝大部分。2015年，财政部和国家档案局公布了新的《会计档案管理办法》，在此之前的老办法规定，会计凭证的保管期限为短期15年，会计账簿保管期限为25年，所以，馆藏的破产企业档案中有近50%是这类保管期限已到期的会计凭证和会计账簿，亟须对其进行整理鉴定销毁。

2 馆藏档案鉴定销毁的必要性

2.1 现有库房已达到饱和状态，导致许多该进馆的机关事业单位的档案无法按时进馆

2024年3月1日起施行的《中华人民共和国档案法实施条例》规定，属于县级国家档案馆接收范围的档案，移交单位应当自档案形成之日起满十年即向有关的县级国家档案馆移交。根据以上规定，当前县级档案馆应接收2013年之前的档案，然而以青州市档案馆为例，因为大量的破产改制企业档案进馆，占据了三分之二的库房，甚至环廊也放满了档案，至今仅仅接收了县（市）直单位2003年之前的档案。因此，有必要进行一次大规模的鉴定销毁工作，腾出库房及时将应进馆的档案接收进来。

2.2 为档案馆搬迁创造条件，有效地保护馆藏档案的安全

近几年，随着党和政府对档案工作的重视，各地陆续建成了新的综合档案馆，县级档案馆大都面临搬迁新馆的问题，如果不开展整理鉴定销毁工作，大量的待销卷随之搬入新馆，不仅造成很大的人力、物力和财力的浪费，还会占用较多的库房空间，另外也会给新馆带来安全隐患。因为这些数量较多的待销档案，特别是破产企业档案，进馆前大多存放在根本达不到"九防"要求的仓库里，不同程度地受到霉菌和虫害的侵蚀，当时大范围进馆又没有及时消毒杀菌，如果再将它们搬入新馆，势必给下一步的新进馆档案造成二次污染，还可能把霉菌、虫害带入新馆。因此，从档案的保护技术角度来说，有必要将这些安全隐患排除在馆外。

3 鉴定销毁工作的具体做法和措施

3.1 领导重视以及全员参与是至关重要的

首先，馆领导必须要有足够的担当精神和创新勇气。档案整理鉴定销毁工作无疑是档案馆业务工作中的关键环节，然而，由于其涉及面广泛且工作量巨大，同时又是一个相对敏感的问题，所以需要及时且妥善地与财政局、国资局、经信局以及上级业务部门进行充分的沟通和协商。在正式开展此项工作之前，应当预先拟定申请报告，并提交给分管领导以及同级档案局进行审核批准。此外，还需要组织馆内所有的专业技术人员都参与到这项工作中来。通过对馆藏档案的整理和鉴定，让馆内新入职的专业人员能够全面深入地了解馆藏情况，并且在实际工作过程中准确把握好档案保管期限的划分等重要问题[2]。这样，不仅可以推动工作的顺利开展，也有助于提升团队的整体业务能力和专业素养。

3.2 需要积极组织培训，以达成统一的鉴定标准并严格相关手续

为此，应成立鉴定销毁领导小组，由档案馆的主要领导负责牵头，馆内业务人员共同参与。及时组织鉴定小组成员认真深入地学习鉴定销毁工作的相关法律法规，从而统一标准与依据。鉴定小组成员需对保管期满的档案逐一进行鉴定，并给出专业的鉴定意见。对于那些失去保存价值而需要销毁的档案，要进行细致的登记造册，并形成规范的工作报告，随后上报档案局进行审核备案。通过这些措施，能确保档案鉴定销毁工作的规范化、标准化与合法化，为档案管理工作的良好开展奠定坚实基础。

制定切实可行的鉴定销毁工作方案，分门类、分时间开展鉴定工作。以国家档案局最新颁布施行的文书档案、会计档案及有关专业档案的保管期限标准和要求为依据，对馆藏超过保管期限的各门类档案逐一进行甄别，确定存毁。对已经数字化的文书档案可以在电脑上对各个全宗逐卷逐页浏览档案内容，也可以通过数字化档案管理系统内的鉴定功能确定时间节点，确定内容进行检索浏览；对未经数字化的会计档案，特别是会计凭证等，需要深入档案库房，对每一本凭证，每一册账簿，逐一进行鉴定，本着对国家和人民负责，对历史负责的态度，确保档案的完整和安全。

组织馆内专业技术人员成立鉴定销毁工作专班，在开展此项工作之前统一进行业务培训，由经验丰富的业务专家根据实践经验给专业技术人员讲解

清楚鉴定工作的方法和馆藏档案形式的背景、内容，制定统一的鉴定标准、方法、目的和要求。在鉴定过程中，采用边鉴定边整理，边学习边讨论的方式对整个馆藏档案进行一次全方位的清点盘查，剔出无需保存的档案，挑选有价值的档案妥善保存，使档案馆真正成为保存党和国家重要档案的基地。

3.3 为了确保档案销毁工作的安全和质量，监督工作必须做到位

对于那些经过鉴定批准销毁的档案，我们需要形成一份详细的销毁清册。这份清册应包含档号、所属年度、内容、数量、时间、地点、销毁人以及监销人等关键信息。

在销毁档案的过程中，必须有两名监销人认真负责地进行清点和复核工作。之后，将档案送到指定地点进行化为纸浆或焚毁处理。整个过程中，销毁人员和监销人员需要全程跟踪监督，以确保每一页档案都不会流传到社会上，避免可能出现的信息泄露风险。

档案销毁完成后，监销人需要在销毁清册上明确注明"已销毁"以及具体日期，并分别签字确认。这样的操作流程不仅能够保证档案销毁工作的严谨性和规范性，还能为后续的审查和追溯提供有力的依据。通过这样严格的监督措施和规范的操作流程，我们可以有效地保障档案销毁工作的安全和质量，确保档案管理工作的顺利进行。

综上所述，县级档案馆馆藏档案的鉴定销毁工作客观地摆在了我们面前，这项工作的开展已经迫在眉睫、势在必行。为了更好地推进这项工作，我们需要发动专业技术人员积极参与，通过他们的专业知识和技能，确保档案鉴定销毁工作的科学性和准确性。同时，我们需要打破传统的观念，摒弃那些已经过时的、不适应时代发展的做法和观念，以开放的心态和创新的思维来对待这项工作。此外，我们还需要加强安全监督措施，确保档案在鉴定销毁过程中不被泄露、损坏或丢失，以保证档案的可利用性和安全性。通过以上措施的实施，我们可以优化馆藏结构，减少不必要的档案积压，提高档案管理的效率和质量，为社会提供更精准、多角度的服务。

注释及参考文献

[1] 董敏. 论县级综合档案馆重复档案的精简工作 [J]. 山东档案 ,2020(6):51-52.

[2] 王新民. 减少重复档案进馆 优化馆藏结构 [J]. 山东档案 ,2020(5):38-39.

基于档号编制规则的重大活动
和突发事件档案整理研究

朱强

国防大学政治学院

摘要： 针对重大活动和突发事件档案整理存在区分全宗易混淆、分类组卷不稳定、档号编制不明确等问题，文章通过梳理不同全宗类型的重大活动和突发事件档案整理思路，从档号编制的角度，分别采用设置重大活动和突发事件全宗号、一级类别代码、二级及三级类别代码和问题代码的方式解决重大活动和突发事件档案整理问题。

关键词： 重大活动和突发事件；档号；档案整理

0 引言

国家档案局 2020 年 12 月颁布的《重大活动和突发事件档案管理办法》（以下简称《办法》）为我国重大和突发事件档案管理提供了基本法律依据，但《办法》中对于重大活动和突发事件档案如何进行整理并没有详细规定，现有国家档案行业标准《归档文件整理规则》（DA/T 22-2015）中也没有针对重大活动和突发事件的档案整理规则。

笔者以"重大活动"+"突发事件"+"档案整理"为关键词在 CNKI 中国知网进行主题检索，共检索出 9 篇文献。经过梳理分析，发现目前针对重大活动和突发事件档案整理的主要集中于全宗设置的角度，对全宗内档案的整理方法，则从全宗号设置的角度提出了"一般编号法，属性编号法，'全宗汇集'编号法"[1] 等，对于如何设置重大活动和突发事件档案门类代码并没有涉及。由于重大活动和突发事件档案整理的核心问题在于如何处理"问题"与"来源"之间的关系，重大活动和突发事件是"问题"，执行重大活动和应对突发事件的各组织机构是"来源"，因此本文拟从档号编制的角度研究重大活动和突发事件档案整理问题。

1 重大活动和突发事件档案整理存在主要问题

档案整理流程通常按区分全宗、区分年度、区分保管期限、区分载体类型等顺序进行。《办法》中对全宗设置已经进行了明确，初步解决了区分全宗问题，但由于重大活动和突发事件阶段性强，无法很好解决"区分年度"问题。具体来看，目前重大活动和突发事件档案整理主要存在以下问题：

1.1 档案区分全宗易混淆

来源原则作为档案整理基本原则，其核心是同一全宗档案不能分散，不同全宗档案不能相互混淆。但由于重大活动和突发事件立档单位多、全宗多，容易出现档案混淆的情况，既有不同全宗档案混淆的情况，也有同一全宗内档案混淆的情况。一般情况下，同一全宗内档案按照某一逻辑体系进行分类，或者是"机构"或者是"问题"。一般情况下，立档单位有明确组织机构的，按照"年度—机构"分类组卷，没有明确组织机构的，按照"年度—问题"分类组卷。"机构"和"问题"在《归档文件整理规则》中处于同一分类级别，都在"年度"之下。由于重大活动和突发事件本身就是"问题"，而该"问题"又需要由多个"机构"共同完成，如何在全宗内既保证"问题"之间的有机联系，又保证"机构"之间的有机联系，现有《归档文件整理规则》没有明确规定。

1.2 档案分类组卷不稳定

在重大活动和突发事件档案整理过程中，即使全宗内档案采用"年度—机构"的分类方法，依然会存在分类组卷不稳定的情况，此种情况主要是由任务阶段划分引起组织机构变化而导致的。例如2020年武汉市抗击新冠疫情成立的"武汉市新冠肺炎疫情防控指挥部"，其指挥机构随着事态发展经历了四次较大变化，"第一次变化：1月23日，……机构调整为办公室、督察组、医疗救治组、应急保障组、交通管控组、运输保障组、城市运行组、社区工作组、宣传组、军方协调组"[2]，"第四次变化，3月19日，……重新整合了医疗救治与康复保障组、涉疫大数据与流行病学调查组、企业服务组、社会稳定组、物资保障组、外事组。"[3]由此造成，按照"年度—机构"进行分类组卷时，由于重大活动和突发事件组织机构频繁变动，由此造成档案分类组卷不稳定的情况。

1.3 档案档号编制不明确

由于档案区分全宗易混淆、档案分类组卷不稳定，导致了档案档号编制也不是很明确。根据《档号编制规则》（DA/T 13-2022）按卷整理的档号结构为"全宗号—类别号—案卷号 / 组号 / 册号—件号 / 页号"，立档单位一旦设立之后，全宗号就随之确定，较为难以明确的是"类别号"。类别号的结构按相关规定或根据实际需要确定，类别号既可以反映"问题"也可以反映"来源"，由于类别号构成元素多样，既可以从档案门类代码角度区分类别，也可以从二级或三级类别号角度在保持门类代码不变的情况下区分类别，还可以通过问题代码直接区分类别，因此为解决重大活动和突发事件档案整理时的"问题"与"来源"矛盾提供了解决思路。

2 重大活动和突发事件档案整理思路

结合《办法》第十八条规定的重大活动和突发事件档案全宗设置四种类型，可将重大活动和突发事件档案整理归纳成以下几种思路：

2.1 单一全宗档案整理

单一全宗整理思路主要针对《办法》全宗设置的第一种类型"责任部门为一个单位的，形成的档案纳入本单位档案全宗进行管理"。此种情况下，由于重大活动和突发事件所形成的档案依然集中于一个立档单位全部档案内部，为了保证重大活动和突发事件档案"问题"之间的有机联系，可以在该立档单位全宗内单独进行整理，在"问题"之下再按照组织机构或阶段分类整理，即"全宗—问题—机构"或"全宗—问题—阶段"的方式。

2.2 新设全宗档案整理

新设全宗分类整理法主要针对《办法》中全宗设置的第四种类型"责任部门为临时机构的，形成的档案纳入新设全宗或临时机构的主管单位全宗进行管理。档案全宗设置产生争议的，由相关单位提交档案主管部门予以处理"。具体到全宗内的分类整理方法，考虑到重大活动和突发事件组织机构存在变化的可能性，可以首先按任务进展阶段进行分类，之后可以采用"全宗—阶段—问题"或"全宗—阶段—机构"的方式进行分类组卷。

2.3 多个全宗档案整理

多个全宗分类整理主要针对《办法》中明确的全宗设置第二种类型"责任部门分为主办单位、协办单位，形成的档案纳入主办单位档案全宗进行管理"和第三种类型"责任部门为多个单位不分主次的、联合开展工作的，形成的档案分别纳入各单位全宗进行管理"。多个全宗整理情况下，重大活动和突发事件档案纳入各责任部门全宗统一管理，一般要求整理方法与全宗内档案保持一致。

3 重大活动和突发事件档案档号编制

上述重大活动和突发事件档案整理思路解决了区分全宗问题，具体到全宗内档案整理，可以通过档号编制的方式予以进一步明确。根据《档号编制规则》，档号构成元素包括"a）全宗号；b）类别号；c）案卷号/组号/册号；d）件号/页号"，类别号包括：一级类别号（档案门类代码）、二级及三级类别号、机构/问题代码等。结合重大活动和突发事件档案整理思路，可以分别从全宗号、一级类别号、二级及三级类别号和机构/问题代码的角度编制重大活动和突发事件档号。

3.1 重大活动和突发事件全宗号

全宗号主要解决新设重大活动和突发事件全宗与原有全宗之间的关系，通过新设重大活动和突发事件全宗号，将档案集中到新设全宗内进行管理，确保重大活动和突发事件档案之间的有机联系，并以唯一的全宗号予以固定。但一般而言，对于各种临时性机构形成的档案，一般不设立新全宗。个别的临时性机构，独立性较强，存在时间较长，其档案也可以考虑成立新的全宗[4]。新设重大活动和突发事件全宗通常只有其组织机构职能具有独特性、唯一性，并且与原有全宗之间不存在职能交叉的情况下，方可考虑新设全宗进行管理。

3.2 重大活动和突发事件档案一级类别号（档案门类代码）

档案门类代码是一级类别号，如文书档案代码、科技档案代码等[5]。根据档案门类代码的编制方法，通常采用2位大写汉语拼音字母标识档案门类代码, 参照目前机关档案门类代码标识, 如文书 "WS"、专业 "ZY" 等, 可将重大活动档案门类代码设为 "HD"、突发事件档案门类代码设为 "TF"。通过一级类别代码设置, 可以将重大活动和突发事件档案在一个全宗内按照相对集中的方式加以整理, 适用于单一全宗档案整理的情况。例如档号 "A020- HD·2020·D30-010-012", A020 为全宗号, HD 为一级类别号表示重大活动, 2020 为年度, D30 为保管期限代码, 010 为案卷号, 012 为件号。

3.3 重大活动和突发事件档案二级及三级类别号

档案二级及三级类别号主要采用大写汉语拼音字母、阿拉伯数字或二者的组合进行编制。通过重大活动和突发事件档案二级及三级类别号编制, 可以实现在不改变原有一级类别号的基础上重大活动和突发事件档案相对集中整理。以文书档案为例, 可在文书档案类别代码下设重大活动和突发事件档案二级类别号, 例如可将重大活动二级类别号设为 "HD"、突发事件设为 "TF"; 必要时增加三级类别号, 如重大活动下设重大体育赛事三级代码为 "SS", 突发事件下设疫情防控三级代号为 "YQ", 表现形式为 "WS·HD·SS" 或 "WS·TF·YQ"。例如档号 "A020- WS·HD·SS·2008·Y30-010- 012", "HD·SS" 即为二级及三级类别代码, 表示重大体育赛事活动, 原有一级类别号 "WS" 保持不变。

3.4 重大活动和突发事件档案问题代码

根据机构/问题代码编制方法, 主要采用大写汉语拼音字母、阿拉伯数字或汉字标识机构/问题, 重大活动和突发事件档案问题代码设置仅仅需要在原有全宗内为重大活动和突发事件设立问题代码, 既可以实现与原有全宗分类保持一致, 又可以实现重大活动和突发事件档案按 "问题" 相对集中整理。例如档号 "A020-WS·2008·Y30·SS-010-012", "SS" 即为问题代码, 表示重大体育赛事活动, 原有的档案门类号文书档案 "WS" 保持不变。

4 结语

通过重大活动和突发事件档号编制, 以期最大限度解决重大活动和突发事件档案 "问题" 和 "来源" 之间的矛盾, 但档号设置之后并不意味着档案整理的结束，而恰恰只是档案整理的开始，在具体整理重大活动和突发事件档案过程中，依然会遇到各种各样的问题，包括如何根据不断变化的重大活动和突发事件组织机构进行组卷（件）等问题，本文仅仅是从档号编制的角度为重大活动和突发事件档案整理提出浅薄的思路和解决方法，以期起到抛砖引玉的目的。

注释及参考文献

[1] 梁辉, 马琳. 重大活动档案属性界定及全宗管理分析 [J]. 山东档案,2015(1):47.

[2][3] 李妙颜. 武汉市抗击新冠肺炎疫情指挥体系的经验、问题与启示 [J]. 中国应急管理科学,2020(7):44-45.

[4] 王英玮, 陈智为, 刘越男. 档案管理学 [M]. 北京: 中国人民大学出版社,2022:61.

[5] 档号编制规则 DA/T13-2022[S].

[6] 王宏伟. 重大突发事件应急机制研究 [M]. 北京: 中国人民大学出版社,2010.

女书档案的整理思考

周亚锋

上海财经大学档案馆/校史馆/博物馆

摘要：各学科的专家学者主要侧重于女书文字与内容的解读，而对作为主体的女书档案本身的关怀比较少。本文将研究定位于 21 世纪的后女书时代，主要以湖南省江永女书生态博物馆、武汉大学女书特藏室的女书档案为研究对象，从档案学科角度出发，指出女书档案的性质特点和价值，提出相关整理思考。

关键词：女书；女书档案；档案整理

0 引言

女书档案是指主要在湖南江永县起源、以女性作为唯一传承主体，在各项社会活动中直接形成的、以女书作为文字符号或语言形式保存在各类载体上、具有保存价值的原始记录，原始记录性是其本质属性[1]。2002 年 3 月，女书被选为中国档案文献遗产名录，是第一批 48 件组档案文献之一。但是各学科的专家学者主要偏重于女书文字与内容的解读，较少关注女书档案的主体本身，目前还未形成一个集档案馆、图书馆、博物馆、文化馆、教学科研机构等单位及私人珍藏的女书档案联合目录，女书档案的保管水平各不相同，缺乏对女书档案研究、利用的科学统一规划[2]，本文从档案学科角度出发，指出女书档案的性质特点和价值，提出相关整理思考。

1 女书档案的性质特点

1.1 女书档案的性质

一是女书文字的自然属性是汉字，但本质属性是表音的单音节文字[3]，是记录当地汉语方言表达的表音文字。二是文学性，女书档案基本是七言、少量是五言的作品，是由女性创作，歌唱、描绘女性的女性文学作品。三是保密性，避免了生存威胁。四是独特性，包括特殊的生存空间、汉语方言和传承方式。

1.2 女书档案的特点

一是女书文字的字形呈现长菱形，字体倾斜、修长、秀丽娟细，没有标点和标题，排列整齐。二是传承独特、人死书销。三是女书文字的使用者基本是汉字文盲。四是诗歌体裁，唱本形式。五是女书档案的载体，可以归纳为纸、书、扇、巾、带五大类，包括纸质书面的手抄本、纸张、扇面、布帕、花带等。

2 女书档案的价值分析

2.1 女书档案的第一价值

女书档案的第一价值即原始价值，是指女书档案对档案形成者的有用性。一是封建批判价值。如《解放歌》表现出女性对于自由平等生活的愿望，具有鲜明的女性主义特色[4]。二是交际价值，女书作为一种语言文字，本身既是信息，又是传递信息的工具，女书发挥着传递信息的功能，便于当地妇女交际。三是精神满足。通过女书书信交流、抒发情感，使妇女们精神生活情绪得到调节，对人的心理起疏导作用。四是了解政治生活，如《咸丰纪事》《光绪纪事》《珠珠纪事》《抗日沦陷纪事》等，女书的记史功能起到了让与汉字无缘的女人了解历史的重要作用。五是习俗、礼仪价值，在婚嫁中和结拜姊妹的习俗中得到了充分的体现，如坐歌堂。

2.2 女书档案的第二价值

女书档案的第二价值，即从属价值，是指对档案形成者或创作者之外的对其他社会组织或个人所具备的价值。在后女书时代，女书档案对各领域研究者、当地政府部门及居民都有价值。一是学术研究价值，对女性学、民族学、社会学、语言文字学、民俗学、艺术学、宗教学、档案学等各个学科内容的研究，都有重要价值。二是艺术价值，女书档案作品的文学艺术性，女书文字的书法美术艺术，都具有一定的审美艺术价值。三是经济价值。江永女书之乡自然条件得天独厚，文化底蕴深厚，物产丰富，女书的发展和研究与当地旅游发展结合起来，能产生巨大的社会效益和经济效益。

3 女书档案的整理思考

女书档案的整理要求对档案进行标点、分段、校勘、分类、编目、翻译、注释、索引等，即将收集来的文献材料进行整理加工，使之条理化和系统化。

3.1 女书档案整理的基础与原则

女书档案整理的基础包括以下几点。一是要确定女书档案的收集范围及对象。要加大收集力度，实行专门的征集办法，把流失在各单位机构和个人手中的，具有保存利用价值的原生态女书档案，集中统一到文献保管机构。二是加强对女书档案的鉴定。近年来女书研究学者都指出女书档案失真的问题，这就需要档案研究和工作者依据一定的原则、标准和方法，分析和鉴定文献的真伪，用全面完整的、历史的、发展的理念甄别真伪女书档案。三是女书研究学者要通力合作。

女书档案整理的原则包括以下几点。一是女书档案的整理必须保持文献之间的内在历史联系，主要体现为文献在其来源、形成时间、载体形式和内容等方面密不可分的关联。二是女书档案的整理应充分利用原有基础，不轻易破坏其原生态的历史状态，为女书档案的分类编目提供参考。三是女书档案的整理必须便于保管和利用，在保持文献之间的历史联系的基础上，采用更简洁有效的方法。

3.2 女书档案的种类分析

3.2.1 按载体形态划分

女书档案的载体主要可以归纳为纸、书、扇、巾、带五大类，包括纸质书面的手抄本、纸张、扇面、布帕、花带等。女书作者把女书作品称为诗、歌、文、诗文、诗书、文章等。根据女书档案的载体，江永民众把阅读、吟唱女书作品，称为读纸、读扇、读帕等，也统称唱女歌。除了公认的女书档案载体形式外，还存在一些有争议的载体，包括湖南东安县的石碑、广西钟山三朝书和 19 世纪太平天国时期的金属钱币等。

3.2.2 按内容属性划分

按女书档案内容层次，将其分为三类。一是原创层次。指的是从唱读到书写记录都是女性自己创作的女书档案作品。一般是女性之间交流的书信、个人的生平经历、记录家庭事项、祭祀祈祷神灵的作品。二是转写和翻译层次。指的是将广泛传播的汉语读物用女书文字转写和翻译的女书档案作品，过程中会添加书写者的感悟和理解，与原来的汉语读物有所区别。三是记录层次。指的是女性直接将广泛传播的作品用女书文字记录下来，主要记录的是民间流传的歌谣、谜语、传说等。

按问题分类法，将女书档案分成自传诉苦类、婚假类、祭祀祈神类、交往信件类、记事叙事类、文学艺术类等六类，以期反映出江永地区妇女生活实践活动的面貌，便于查找利用。

一是自传诉苦类，这是女书档案创作作品的主体，指的是女性将自己包括亲人的出生、结婚、离世等生平经历用女书文字记录的方式传达的文献作品。二是婚假类，最典型的就是在婚假活动中产生的三朝书。三是祭祀祈神类，分成祈祷神灵和祭祀亲人两种。四是交往信件类，指的是女性之间尤其是结交姊妹之间，用书信的方式传达慰问、感谢甚至争吵等信息的作品。五是传说叙事类。传说主要描述了江永地区的奇闻异事，叙事的内容主要有社会和个人家庭事项。六是文学艺术类。指的是将广泛传播的汉语读物用女书文字转写、翻译甚至直接记录的女书档案作品。

3.3 女书档案的分类与著录

3.3.1 女书档案的分类类目

记录中国另一类独特文字的纳西族东巴古籍文献在分类编目方面或许可以给我们提供参考。女书档案的分类应是一个多级的类目，分类编号采取"顺序 + 层累标记制"相结合的方法，使标记符号具有简明性、容纳性和表达性，体现事项的重要性与对应文献重要性的排列。根据文献可以用于多个事项的情况，还采用在类目中编制参见类目的方法。基本选用女书档案的头两句作为题名，有时采用概括主题的方式取题名，谜语类的题名则以谜底作为题名，力求简明确切、不重复。分类目录应包括书目类名、分类编号、大类说明、类目注释以及参见类目。女书档案分类目录如表 1 所示。

表 1　女书档案分类目录

第一级（大类说明）	第二级	第三级（文献名）
A 自传诉苦类	A1 自传	A101：高银仙自述（高银仙书） A102：义年华自传（义年华书） A103：菊阴自传（义年华书） A104：棠下义井居（义年华书） A105：胡慈珠自述（胡慈珠书） ……
	A2 诉苦	A201：孤女怨（高银仙书） A202：没爷没娘跟嫂边（高银仙） A203：何西静诉可怜（高银仙） A204：二十八岁守寡媳妇不孝（义年华书） A205：寡妇歌（阳焕宜书） ……
B 婚假类	B1 坐歌堂	B101：写红书（高银仙书） B102：慢上厅（高银仙书） B103：拜家堂（高银仙书） B104：分粉钱（高银仙书） B105：别娘歌（河源妇女唱） ……
	B2 贺三朝书	B201：取道提言诗一首，书本传文到贵家（高银仙书） B202：手提书本把笔坐，恭贺良门三日朝（高银仙书） B203：春天时来正月节，看（目祭）（qi）妹娘满三朝（义年华书） B204：楼前修书提笔坐，奉到高门贵府亲（义年华书） B205：三朝传文书本上，崀个愁言相会身（阳焕宜书） ……
C 祭祀祈神类	C1 祈祷神灵	C101：凤姑娘娘显本灵（高银仙书） C102：二月将来台写信，惊动灵身几位身（高银仙书） C103：写信一张到贵神，今日二月初一日（义年华书） ……
	C2 祭祀亲人	C201：保佑夫君早回转（周硕沂根据社下村谭士贵资料重录） C202：山头祭夫诉可怜（周硕沂根据录音整理） C203：提笔修书祭表妹（周硕沂根据录音整理） ……

第一级（大类说明）	第二级	第三级（文献名）
D 交往信件类	D1 结交姊妹	D101：天开南门七姊妹（高银仙书） D102：两恩不断情（高银仙书） D103：把笔修书长留记，台来结个姊妹娘（义年华书） D104：致胡慈珠结交书（义年华书） D105：河渊七姊妹（阳焕宜书） ……
	D2 日常书信	D201：义年华慰问高银仙书／高银仙回义年华书（义年华、高银仙） D202：红纸写书信（高银仙书）（参见 E304） D203：书友家属悼念义年华父病故（义年华书） D204：责备亲家书（义年华书） D205：亲手移正亲书砚（阳焕宜书） ……
E 传说叙事类	E1 传说	E101：关氏女（高银仙书） E102：李三姑（高银仙书） E103：石飘与石文（义年华书） E104：蒲姓夫人哭夫主（义年华书） E105：光绪七年出新说（义年华书） ……
	E2 社会事件	E101：八五年发大水（高银仙书） E102：太平天国过永明（义年华书） E103：抽兵歌（义年华书） E104：解放歌（胡慈珠创作，义年华重录） E105：抗日沦陷纪事（周硕沂收集整理） ……
	E3 个人事件	E301：十八岁女三岁郎（高银仙书） E302：拍电视（高银仙书） E303：河边稚竹（高银仙书） E304：红纸写书信（高银仙书）（参见 D202） E305：矮崽养个好姑娘（义年华书） ……

（续表）

第一级（大类说明）	第二级	第三级（文献名）
F 文学艺术类	F1 民谣	F101：二十四节气歌（高银仙书） F102：农家事（高银仙书） F103：十绣歌（高银仙书） F104：十八插花正当时（高银仙书） F105：十二月女儿歌（义年华书） ……
	F2 谜语	F201：月亮（高银仙书） F202：蜜蜂（高银仙书） F203：南瓜、冬瓜、豆角、苦瓜（高银仙书） F204：风车（高银仙书） F205：织布（高银仙书） ……
	F3 翻译	F301：三字经（高银仙书） F302：梁祝姻缘（高银仙书） F303：孟姜女（义年华书） F304：鲤鱼精（义年华书） F305：四海无闲田（阳焕宜书） ……

3.3.2 女书档案的著录项目

著录项目是揭示文献内容特征和形式特征的记录事项，女书档案的著录应遵循以下原则：一是著录的内容真实完整可靠。二是目录的体例完善，著录内容丰富，对女书档案的翻译有规则地加以规范。三是使用规定的著录用标识符。著录项目如表 2 所示。

表 2 女书档案著录项目

著录项目——大项	著录项目——小项
题名与责任说明项	题名（女书档案名：汉语意译）
	题名说明
	作者说明
时间项	形成时间

著录项目——大项	著录项目——小项
载体描述项	载体形态
	数量及单位
	规格 / 尺寸
注释与提要项	注释（需要补充及说明的事项）
	提要（对文献内容的简介和评述）
排检与编号项	分类号
	主题词或关键词
来源	文献获取方式
	文献获取时间
	文献提供者
其他信息	

3.4 女书档案的内容翻译

虽然出版了不少有关女书档案作品的书籍，如谢志民于 1991 年出版约 140 万字的《江永女书之谜》，赵丽明 2005 年出版的《中国女书合集》等。但是女书文字处于失传的濒危状态，原生态女书档案是我们研究女书文化、瑶族民族文化的珍贵材料。是否正确翻译直接影响了女书档案的研究和传播，但是各翻译者的民族文化认知、文化素质修养不同，使得女书档案翻译还存在不少问题，有不少错译的现象 [5]。

女书字符的统一标准对女书档案的分类、著录整理的规范性是有积极意义的。一是规范字体。确定字体的一个可靠办法是，把原生态女书档案的文字原样扫描，对字体进行统一规范 [6]。最终编成的理想女书文字字典，应收录完整的女书文字，可以反映女书用字的基本面貌，可以从根本上加以整顿清理，具有相对的规范性。二是整理异体字。女书这种使用范围狭窄的民间文字，即使是音节文字，异体字也大量存在，需要进行整理、归纳。关于异体字问题，可以借鉴音位理论，采用字位理论来处理。三是规范字条，包括读音、排序说明和字源考证。

总之，女书翻译工作是一项相当重要也十分艰难的工作，需要对译文付出大量的时间考证推敲。要求译者既有较高的汉语水平，又要了解女书流传区的历史文化、风土人情、宗教信仰，提高对女书档案的理解力，完整、准确、忠实地翻译女书档案，有些词句要反复推敲琢磨，去伪存真，去粗存精。这些工作任务艰巨复杂，离不开懂得女书文字、知晓江永方言和习俗的专家学者的紧密配合和协助。

注释及参考文献

[1] 周亚锋 . 女书档案的保护现状与策略思考 [J]. 兰台世界 ,2019(8):120–122.

[2] 仇壮丽 , 刘歌宁 . "女书档案" 的征集、保护与开发研究 [J]. 档案学研究 ,2008(5):16–18.

[3] 冯骥才 , 白庚胜 , 向云驹 , 等 . 闺中奇迹 中国女书 [M]. 哈尔滨：黑龙江人民出版社 ,2005.

[4] 宫哲兵 . 妇女文字和瑶族千家峒 [M]. 北京：中国展望出版社 ,1986.

[5] 李庆福 . 女书文学作品翻译中存在的问题 [J]. 世界文学评论 ,2007(1):255–258.

[6] 远藤织枝 , 黄雪贞 . 女书的历史与现状——解析女书的新视点 [M]. 北京 : 中国社会科学出版社 ,2005.

档案开放审核尽职免责制度框架及构建途径

谢义安

广西壮族自治区档案馆

摘要：本文分析档案开放审核尽职免责制度的内涵，从判定"尽职"和判定"免责"两个方面阐述档案开放审核尽职免责制度的框架内容，并指出构建档案开放审核尽职免责制度应该遵循合法性和质量导向的原则。在此基础上，本文提出通过规范审核工作、划分审核责任、建立职业资格制度、建立档案开放审核问责制度的途径构建档案开放审核尽职免责制度。

关键词：档案开放审核；尽职免责；制度框架；构建途径

0 引言

为贯彻落实习近平总书记对档案工作的重要指示批示精神，需要进一步加大档案开放力度 [1]。档案开放审核作为档案开放工作的关键环节，做好档案开放审核工作尤为重要。由于馆藏档案内容涉及社会生活的方方面面，不同档案形成单位、不同历史时期形成的档案内容千差万别，延期开放档案的标准是原则性、方向性的并随着情势的变化具体内涵也不断地调整，审核工作多环节设置、多主体参与并且高度依赖审核人员的主观判断，审核人员执行审核工作后得出不恰当审核结论的可能性是客观存在的。

审核结论是否恰当需要通过档案开放利用后产生的社会效果来验证，从档案开放到产生足够的社会效果需要一个期间，这个期间有可能长也有可能短，对于审核人员来说，档案一旦开放这种"潜在性"就像是一把"达摩克利斯之剑"。因此，急需建立档案开放审核尽职免责制度，将审核人员头上的"达摩克利斯之剑"取走，保证已执行审核工作的可辩护性，激励审核人员担当作为，推动档案开放审核工作高质量发展。

1 档案开放审核尽职免责制度的内涵

档案开放审核是指审核人员遵循设定的工作程序，依据确定的划分标准，对档案逐卷或逐件、逐页进行内容和形式审查，从而科学界定向社会开放档案范围的过程[2]。"尽职免责"分尽职和免责两层涵义。尽职是指尽已所能做好本职工作，一是审核人员按照法定的审核程序、划分标准开展审核工作，二是对档案是否能够开放做出符合法律法规对审核人员专业性的合理期待、要求的审核结论。免责是指免除责罚、责任，以有责和尽职为前提条件，也就是档案开放后产生不良影响需要追究法律责任或问责时，审核人员在符合尽职要求的情况下能够被部分或全部地免除责罚[3]。

综上所述，本文所称的档案开放审核尽职免责制度是指具备从事档案开放审核职业资格的审核人员在从事档案开放审核工作的过程中，当档案开放后产生不良影响需要追究法律责任或问责时因尽职履责而被部分或全部地免除责罚的一系列制度规范[4]。

2 判定"尽职"的制度框架

2.1 延期开放档案标准规范

目前，关于档案开放审核的研究都提到"档案开放审核标准"这个概念，从研究的成果来分析主要包含档案开放审核程序性标准和档案开放审核实体性标准。

延期开放档案标准规范属于档案开放审核实体性标准，它在《国家档案馆档案开放办法》（以下简称《开放办法》）第九条提及，由《开放办法》第八条、《各级国家档案馆馆藏档案解密和划分控制使用范围的暂行规定》（以下简称暂行规定）第七条以及国家档案馆会同档案形成单位或者移交单位依法依规对其细化后的具体标准组成。它是审核人员判断档案是否应该延期开放的法定依据、唯一依据。凡未按照标准作出的审核结论都是非法的，凡未按照标准作出审核结论的行为都是不专业的、不尽职的。

2.2 审核流程规范

审核流程规范属于档案开放审核程序性标准，它在《开放办法》第十四条第二款被提到，即馆藏档案开放审核的具体规定。它由国家档案主管部门另行制定。审核流程规范旨在保障审核责任主体的义务得以履行、责任得以落实，确保审核结论的合法性，保证审核工作的质量。严格遵循法定的、规范的流程执行审核工作是从形式上评价审核人员履职尽责的法定依据。

2.3 职责划分规范

判断责任主体履职尽责的前提是要有确定的职责。根据规定，馆藏档案开放审核的责任主体是档案馆和档案形成单位或档案移交单位。但是，对于"共同责任"并没有在审核工作中进行进一步的划分。职责划分规范属于档案开放审核实体性标准，旨在划分档案开放审核工作的责任主体的职责，避免因档案开放审核主体职责划分不明的情况下出现推诿内耗、随意延期开放的现象，保证档案开放审核工作的效率和质量，同时为档案主管部门对追究档案开放工作责任提供依据 [5]。

2.4 审核人员能力素质规范

审核人员在法定的职责范围内，通过执行规范的审核工作，依据延期开放档案的标准做出审核结论，并不必然表明审核人员是履职尽责的，还需要通过判断审核人员在关键性问题做出判断时是否达到法律法规对审核人员专业性的合理期待、要求。审核人员能力素质规范旨在通过法定的形式对审核人员的能力素质作出要求，设置审核人员能力素质的下限或从事审核工作的资格，为在实质上判断审核人员履职尽责提供统一的衡量标准。

3 判定"免责"的制度框架

3.1 工作记录规范

工作记录是审核人员对已开展的工作、获取的结果以及得出的结论作出的记录。工作记录规范旨在完整、准确、规范地记录审核工作，保证审核工作具有可溯源性和可辩护性，证明审核工作程序合规、审核结论合法且恰当、审核人员履职尽责，同时也为实施审核工作质量控制与质量检查提供基础依据，为今后对延期开放档案重新审核或对同一全宗的其他档案的审核工作提供参考和借鉴。

3.2 问责规范

没有问责就不存在免责。问责规范旨在明确问责的范围、实施问责的主体、被问责的对象、该问责的情形、部分或全部免责的情形等，保障审核人员的权利，教育引导审核人员履职尽责，保证档案开放审核工作的质量，推动档案开放审核工作高质量发展。

4 档案开放审核尽职免责制度的构建途径

尽职免责制度是一个规范体系，由多个规范性文件组成。一项规范可能存在于多个文件之中，如延期开放档案的标准在《开放办法》《暂行规定》中明确；一个规范性文件也可能包含多项规范，如《开放办法》包含延期档案开放标准、责任主体、工作流程等规范。目前，有的规范已经制定，有的还没有制定，构建尽职免责制度包括对已制定的制度规范进行完善和制定新的制度规范。

4.1 构建的原则

4.1.1 合法性原则

制度规范的制定必须遵循程序和内容合法。简单的例子，如《开放办法》第九条规定国家档案馆应当根据《开放办法》第八条的规定，结合职责权限和馆藏档案实际，会同档案形成单位或者移交单位依法依规确定延期向社会开放档案的具体标准。在确定具体标准的程序上应该结合职责权限，同时因为档案主管部门需要根据标准开展执法监督检查，制定的标准应该由同级档案主管部门审核并报上一级主管部门批准或由同级档案主管部门批准并报上一级主管部门批准备案。在制定的内容上要依据《开放办法》第八条的规定，不能跟上位法相抵触。

4.1.2 质量导向原则

构建尽职免责制度的核心目标之一就是保证审核工作的质量。将审核工作的质量作为平衡尽职和免责的支点，在能够满足审核质量的前提下，如果对审核人员的尽职标准要求越高，那么免责的门槛就可以适当地调低，扩大免责的范围；反之，对审核人员的尽职标准越低，审核人员作出不恰当审核结论的可能性就会增大，就要提高免责的门槛，通过更严格的问责制度倒逼审核人员提高审核工作的质量。

4.2 规范审核工作

4.2.1 规范延期开放档案标准的制定

一份档案是否能够向社会开放，要根据档案的内容和当前的情势进行综合判断，并在开放后根据情势的变化评估档案是否仍然具备开放的条件。由于社会的发展变革延期开放档案的标准内涵不断变化调整，馆藏不同全宗的档案涉及的内容不尽相同，延期开放的情况不可能一一列举。在制定延期开放档案标准的过程中，内容上既要考虑稳定性又要考虑动态性，形式上既要形式统一又要突出地域、全宗的特点，程序上要符合规范性文件的法定流程[6]。

4.2.2 规范审核流程

一是明确审核程序和方法。设计、规范审核工作程序和方法的最终目的是保证审核工作的质量。围绕审核工作的阶段划分，聚焦责任落实，合理设计审核流程。在审核工作中审核人员运用某个或几个方法以获取充分且适当的信息得出审核结论，在特定的情形下，如果审核人员不运用某一或几个审核方法就不足以获取充分且适当的信息，那么这些审核方法应该予以明确。二是明确审核人员的工作内容。审核人员在审核工作中担任不同的角色，为保证审核工作的质量，应明确不同审核人员负责不同的工作内容。三是明确工作记录的制作和管理。工作记录的要素应该含有档案号、审核阶段、时间、审核人、复核人、工作目的、采取的方法、获取的信息、结论等，记录管理应该包括收集、整理、保管、修改、替换、作废等工作。

4.3 划分审核责任

4.3.1 明确审核责任主体

《中华人民共和国档案法》第三十条从馆藏档案和尚未移交进馆档案两个方面对档案开放审核的责任主体进行了明确，馆藏档案的开放审核，由档案馆会同档案形成单位或者移交单位共同负责，尚未移交进馆档案的开放审核，由档案形成单位或者保管单位负责，并在移交时附具意见。根据新修订的《中华人民共和国档案法》《中华人民共和国档案法实施条例》档案开放期限从自档案形成之日起满三十年变为二十五年，移交单位向国家档案馆移交的期限分为自档案形成之日起满二十年和满十年。如果移交进馆的档案自档案形成之日起不满二十五年，这部分档案到开放期限时档案形成单位或者保管单位附具的审核意见很可能不适合当前的情势，对这部分档案的审核责任主体应该予以进一步的明确。从保证档案开放后的安全来看，这部分档案的开放应该参照馆藏档案开放的方式执行为宜。

4.3.2 划分责任主体之间的责任

职责划分应该做到不同责任主体开展的工作和职责一一对应，并且不同责任主体开展的工作相互独立、可区分、没有交叉。档案开放审核工作是一项多环节、多主体参与的工作。划分审核责任主体之间的责任的前提是在保证审核工作质量的情况下将审核工作划分为可区分的、独立的多个阶段或环节。例如将审核工作分为识别可能导致延期开放的内容和判断是否应该延期开放两个环节，档案馆发挥审核方面的专业优势主要负责识别可能导致档案应该延期开放的内容并列出理由，然后提交给档案形成单位或移交单位审核，档案形成单位或移交单位负责就档案馆识别出来的内容一一判别，最终以此划分责任主体之间的责任。

4.4 建立档案开放审核职业资格制度

档案开放审核工作关系公共和个人利益、国家安全。档案开放审核的结论是否正确需要用档案开放后所产生的社会效果来验证。社会效果的产生期间内造成的不良社会效果是不可逆的。因此，应该在法律法规或国务院决定中对审核人员的能力素质作出要求，并以此为依据设置档案开放审核准入类职业资格。建立职业资格制度，将档案开放审核职业资格纳入国家职业资格目录，实施相应的管理，规定初次从事档案开放审核的工作人员必须通过职业资格考试并取得职业资格证书，保证审核人员能力素质，确保审核工作的质量。

4.5 建立档案开放审核问责制度

问责制度核心是确定"过"和"罚"的具体内容，在内容上应该包括问责的范围、实施问责的主体、被问责的对象、该问责情形、部分或全部免责的情形、责任形式及幅度等。确定"过"的具体内容，既要考虑审核人员故意、过失、严重过失等主观因素，又要考虑档案开放后的不良影响造成的损害程度。确定"罚"的具体内容，既要遵循过罚相当的原则，又要与《档案法》《档案法实施办法》《国家档案馆档案开放办法》《公职人员政务处分法》《中国共产党纪律处分条例》等关于处罚、问责的内容相衔接。

注释及参考文献

[1] 国家档案局有关负责同志就《国家档案馆档案开放办法》答记者问 [J]. 中国档案，2022(7):38-39.

[2] 陈俐 . 新时代档案开放鉴定工作探析 [J]. 中国档案 ,2018(9):42-43.

[3][4] 谢飞 . 档案开放尽职免责制度的证成与构建 [J]. 档案学通讯 ,2023(3):71-78.

[5] 陈强 . 国家档案馆档案开放审核的法治进路 [J]. 档案与建设 ,2024(4):79-85.

[6] 魏源 . 馆藏档案开放审核质量管理策略研究 [J]. 中国档案 ,2022(11):42-43.

档案开放审核方式精细化研究

——以宁夏档案馆为例

金玲

宁夏回族自治区档案馆文件利用服务中心

摘要：随着信息化时代到来，公众对档案信息的可获取性和透明度要求日益增高，促使档案公开审查工作的重要性凸显。然而，审查过程专业性要求高、工作量大且复杂，存在审查标准不统一、人才短缺和技术应用不充分等问题，效率和质量难以兼顾。本研究旨在探索档案开放审核方式的精细化路径，通过制定更加科学、合理的审查机制和流程，结合现代信息技术的应用，旨在提升档案公开审查的效率和质量，满足社会公众对档案开放的需求，推动档案事业的健康高质量发展。

关键词：档案管理；开放审核方式；精细化发展；路径探索

档案开放审核指的是，在一定时间内依照法律规定由国家档案馆对已存档足够年限且使用不受限制的档案，通过法定程序向社会开放。在档案公开前，必须对其公开性进行判定，这一过程称为"公开审查"，是实现档案合法公开前的必要步骤。根据 2018 年《国家档案局》业务能力评估资料，当时省级档案馆的开卷率偏低，这成为我国档案事业"向开放迈进"的阻碍。本研究针对实际操作中的审核对象，提出"子档号"概念，以助审查人员迅速、准确判断档案的公开性或受限制性，简化审核流程并提高效率。通过此方式有效提升各级档案馆的档案利用率，使更多档案进入公众领域，为人们提供优质的档案查询服务。

1 档案开放审核方式的现实变化

当前，全国各级综合性档案馆在公开审查方法上，已从以"卷"为核心的开放式审查转向以"件"为核心的开放式审查。以"卷"为单位进行公开审查是最初采用的开放式审查方法，该方法基于装订成册的文件编排方式进行，主要审查文件的整体内容。若审查结果认定某一文件不宜公开，则该部分文件将无法公开。通过对"卷"的公开审查，可以最大限度地理解特定类别的文件，并确保机密信息的保护，但这不符合当前"向开放迈进"的新趋势，亦不适应信息社会的发展需求[1]。

并且，随着我国档案领域的持续进步以及信息科技在该领域的广泛应用，我国档案馆馆藏的数字化水平不断提高，公开审查方式也从过去以"卷"为基础转变为逐卷、逐件、逐页进行审查。若卷内某件文件不宜公开，并不阻碍其他文件的公开，此法能显著增加公开文件数量，促进公共档案资源管理利用工作的飞速发展。

2 档案开放审核方式精细化发展的必要性

根据最新修订的《档案法》规定的 25 年开放期限，2023 年度进行公开审查的档案均为 1998 年及以前形成的文件。然而，受人力资源和财务等因素制约，大多数档案机构存在 5 至 10 年的"积压"，部分机构十年未曾执行公开审核。此外，每年都有新增的档案需归档，其中许多已过开放期限。随着时间推移，不断增加的档案数量给档案馆的工作带来巨大压力。面对庞大的待审档案量，档案工作者在工作量和时间限制上难以满足需求[2]。一些审查人员为了赶进度，有时甚至未能充分理解文件内容，就基于标题进行判断，导致公开审查质量不一。况且，目前我国的公开审查工作主要由档案部门承担，多数档案生成（转交）机构以缺乏专业知识、经验不足和人手短缺为由，未参与馆藏档案的公开审查。尽管许多文件需通过某种方式向生成（转交）机构进行确认，但部分部门对此类工作的合作态度不佳，存在反馈不及时或完全无反馈的情况。

3 档案开放审核方式精细化发展的现实路径

3.1 优化制度路径

科学合理且具体详细的公开审核系统，能够有效促进审核过程的标准化、统一审核依据、稳定审核结果及提高审核工作的权威性。

首先，建立严格的审核流程标准是基础。我馆建立严格的馆藏档案开放审核流程，有开放审核计划、初审、复审、审核、审批、发布完整流程。借助数字化技术，可以将传统的离线审核转变为在线审核，进而优化现有的网络审核流程，实现审核过程的规范化和制度化[3]。通过建立一套标准化的审核流程，对线上公开审核的方案制定、任务分配、初审、复审、终审以及结果公布等各个环节的流程指向、操作方法、审核人员权限及问题解决机制等进行了系统的阐述。同时，在档案末尾附加详细的公开审核流程图，便于从业人员的学习与实践操作。

其次，审核准则的细化也十分关键。对于过期文件，应本着公开，视延迟公开为特例。鉴于公开范围的不可穷尽性，对延期公开文件类型的界定显得尤为重要。《国家档案馆档案开放办法》遵循"应当公开尽量公开"的原则，对四种不同类型的档案制定了延迟公开的规定，然而在实际操作中，这一规定需要进一步的细化与说明。在审查准则的制定过程中，应与文件生成（转交）部门密切合作，针对每个部门特有的文件资料，提炼出具体的公开审查标准。同时，在准则的纵向调整上，根据相关法律法规的变更，及时更新审查准则，以确保审核工作的精确度和有效性[4]。

再次，增加审核人员的专业培训和能力提升，对于提高公开审核的质量和效率同样重要。我馆通过平时自学、集体学习和定期的外出培训学习和实践演练，增强审核人员对审核标准和流程的理解，确保每位审核人员都能够熟练运用公开审核的规则和技巧。再者，还可以引入外部专家评审和交叉审核机制，不仅可以增加审核工作的透明度，也有助于提升审核质量，确保每项审核决定都能经得起公众和历史的检验。

最后，建立有效的反馈和纠错机制，对于不断提升公开审核系统的完善性至关重要。我馆开放鉴定处通过定期集体鉴定会议一方面督促落实鉴定任务、执行审核标准和相关要求；另一方面可以查找鉴定意见上的分歧或疑义，以统一鉴定标准，纠错补漏。同时，通过设立反馈渠道，鼓励公众和相关利益方积极参与到公开审核过程中，对审核结果提出意见建议，对于公开过程中发现的问题，应及时调查并采取相应措施进行纠正，确保公开审核工作的公正性、透明度和有效性，不断规范开放审核工作高质量发展。

3.2 完善机制路径

为了加强档案管理及利用效果，档案管理机关应当加强对所属地区档案工作的监督、指导与支持，推动档案资源的广泛利用。在档案编制（转交）

机构与档案管理机构之间，应实现优势互补与紧密合作，在公开审查政策制定、审查标准把握、实践经验交流等多个方面，充分发挥双方的互补优势。文件生成（转交）机构作为档案的原始来源，应依托其丰富的业务知识和背景信息，对专业问题进行深入研究，并提供专业的审查建议。为了加强双方的沟通与协作，可以建立"会商"制度，在审查启动前，就审查流程和标准进行讨论，对过程中的异议进行协商，并就审查结果进行集体讨论；同时，通过建立网络"会审"平台，在档案生成（移送）机构与档案管理机构之间建立有效的信息交流渠道，确保审查程序能够顺畅进行。

另外，适当的劳动分工也是确保审查效率和公正性的关键。考虑到文件生成（转交）方对文件内容的深入了解，应由其负责文件的初步审查工作，并承担起终审的责任。这样的分工不仅适用于档案的初次审查，也同样适用于尚未移交到档案馆的文件的审查，能有效区分存量档案与新增档案的审查工作，从而优化管理流程，推进审查工作的系统化和规范化。为了进一步提高公开审查的效率与质量，建议档案移交单位和档案馆共同引入先进的信息技术和数字化工具，以支持审查工作的深入进行。通过利用这些技术，可以对档案内容进行快速精准的筛选和分析，辅助审查人员做出更为科学合理的判断。同时，应加强档案管理人员的专业培训，提高其对于法律法规、档案学知识以及信息技术的掌握程度，确保他们能够高效、准确地完成审查任务。

3.3 强化技术应用

在当今信息化建设的背景下，运用人工智能和大数据推进我国档案事业的快速发展已成为关键方向，虽然部分档案部门已经开始应用AI于档案公开审查工作中，但这些应用普遍还处于初级阶段，主要集中在对敏感词汇的筛选和语义分析等方面，智能化水平和准确性有待提高，审查过程中仍然需要依赖大量的手工干预来更正错误 [5]。为了应对这一挑战，需要引入基于"自学习"模式的人工智能开放式审核方法，这种方法能够让计算机更真实、更有效地掌握文件的公开审核工作，从而显著提高审核的有效性、稳定性和客观性。

智能公开审核是一种基于自主学习的技术，其学习过程不仅包括手工审核，还要求对同一审核对象的审查质量具有高度的一致性。在这个背景下，可以从两个层面着手：内部和外部。在内部层面，应实施AI初审与手工审核的联动机制。AI首先对档案进行初步审查，并对其审查结论进行分析，若发现不符合标准的内容，则提出相应的理由，之后，这些审查结论和理由将被反馈至 AI 公开审查系统，促使其进行自我学习。这种做法不仅不影响日常的公开审查工作，还为 AI 的自主学习提供了大量有目的和数据，进一步优化了 AI 的规则库和知识储备，持续提高审查的准确率。在外部层面，应将人工智能的公开审核研究成果进行共享。人工智能的进步依托于大数据的支持，传统的局限于单一机构或地区的人工智能应用，由于缺乏足够的数据样本而难以充分发挥其潜力。因此，就需要构建跨省乃至更广泛的共享式人工智能审核体系，通过这种方式，AI 体系的学习资源将得到成倍的增加，整体的更新迭代速度显著提升，使得 AI 能从辅助性工作逐步过渡到全面负责公开档案的审查任务。

3.4 强化人员素养

档案开放审核工作是一项高度专业化的任务，其质量在很大程度上依赖于审核人员的专业知识、政治素养和业务能力。但高素质人才的培养并非一蹴而就的，且面对审核工作量的快速增长，档案馆和档案生成（转交）单位普遍面临人才短缺的困境。因此，就需要建立跨区域、多层次的人才资源共享平台。

本提案建议在省级范围内挑选具备卓越档案管理与出版（转交）能力的杰出人才，构建全省覆盖的档案公开审核专家数据库，并建立相应的在线工作群组。专家库需要为本地区或本单位的档案公开审核工作提供支持，而且还将为全省各级档案馆在制定和完善档案公开审核标准、流程等方面提供指导和服务。此外，专家库成员还将负责解决档案生成（转交）环节中出现的争议，为档案公开审核相关工作提供培训和咨询服务。通过这种共享机制，可以充分利用来自不同地区专家的专长，实现公开审核业务知识的交流，促进业务常态化和可持续发展。此举不仅有助于提升档案审核工作的质量，还能促进档案管理领域知识和经验的广泛传播，加强全省乃至全国范围内档案公开审核工作的统一性和标准化。同时，该平台还可作为资源池，便于快速响应和解决突发的档案审核需求，保证档案公开审核工作的连贯性与稳定性。进一步地，通过定期举办线上和线下的培训和交流会议，不仅可以增强专家库成员之间的沟通协作，也为档案审核领域的新人提供了学习成长的机会。借助人工智能和大数据分析等现代技术，也可以进一步提升档案公开审核的智能化水平，为专家提供强大的数据支持和分析工具，从而提高审核的准确性。

4 结语

随着技术的不断进步和社会需求的日益增长,档案工作的开放性及透明度将成为衡量其现代化水平的重要标准。因此,持续探索和实践档案开放审核方式的精细化,不仅是对历史的尊重,也是对公众权益的保障,更是档案事业发展不可或缺的重要一环。在所有相关方的共同努力下,档案公开审查工作能够更加高效、透明,最终实现档案资源的最大价值,为社会发展做出更大贡献。

注释及参考文献

[1] 尹志刚. 浅谈炼化企业干部档案审核常见问题及有关解决措施 [J]. 石化技术,2023(5):294-295.

[2] 晏春明. 强化档案审核工作提升干部人事档案管理水平 [J]. 中文信息,2023(3):64-66.

[3] 胡广成. 试论进馆单位开展档案开放审核的工作规范 [J]. 浙江档案,2023(7):40-43.

[4] 刘娜. 构建干部人事档案常态化审核机制的探索与实践 [J]. 兰台内外,2023(11):46-48.

[5] 张红. 以干部人事档案专项审核为契机提高档案管理水平 [J]. 办公室业务,2023(8):136-138.

论人事档案与退休人员权益保障

——以 925 份裁判文书为样本

胡宝云　　王云庆

山东大学历史学院档案学系

摘要：退休人员权益是指退休人员在退休后享有的各项权益和福利，涵盖经济、社会、文化等多方面，最受关注的如养老金、医疗保险、退休津贴等，这些问题不仅关乎退休人员在退休后的生活质量，同时也影响着社会的和谐稳定。人事档案生成于人事管理活动之中，记录和保存着员工的个人信息、工作经历、职称、培训和奖惩情况等，是认定退休人员退休年龄、工作年限等的重要依据，可以确保退休人员享受其应有的退休待遇，然而，人事档案不完整、遗失或篡改等问题也影响着退休人员权益的保障。进一步完善人事档案相关的法律法规，加强人事档案的管理和维护，规范化人事档案的查询和利用，能够更好地保障退休人员的权益。

关键词：人事档案；退休人员；权益保障；裁判文书

随着人口老龄化的加剧和退休人员数量的增加，退休人员的权益保障成为愈发重要的社会问题，其中围绕着退休金发放问题存在着较多纠纷和劳动争议，退休手续烦琐、工龄认证困难、被迫延迟退休等情况在不同程度上损害了退休人员应享有的权益，由此使得部分退休人员通过协商、仲裁、上诉等多种途径进行维权。人事档案是公民办理退休退职手续以及认定养老保险福利待遇等所应具备的重要凭证，部分单位通过不断优化职工退休预审机制，对临退休人员档案进行预先核查来最大限度保障职工退休合法权益[1]，但同时也存在着较多由于人事档案遗失、材料缺失等造成的退休人员权益无法得到保障的情况。在此类纠纷中，人事档案作为重要的证据性因素，一方面可成为判决依据来维护退休人员权益，另一方面则由于人事档案补办困难、本人不可查阅等特殊性，在手续办理和程序上带来阻碍。

1 涉及退休人员权益保障的人事档案纠纷

在中国裁判文书网上以"人事档案"为理由、以"退休"为事实进行检索，共检索得 5120 篇文书，由于样本量较大，结合 2021 年新修订的档案法正式施行且此年公布并施行了《中华人民共和国个人信息保护法》，将检索时间范围设置为 2021 年 1 月 1 日至 2023 年 12 月 31 日，以此对样本进行精简并探究新法施行后人事档案与退休纠纷问题，共得文书 925 篇，其中判决书 538 篇，裁定书 373 篇，892 条为民事案件，多为劳动争议，主要涉及工作年龄计算、提前退休审批以及养老待遇认定等方面。

1.1 工作年龄计算

工龄是确定职工退休后养老待遇的重要依据，职工工龄分为一般工龄和连续工龄，在确定职工社保缴费年限和退休条件时通常只计算连续工龄，即职工在一个单位连续工作的时间。而面对临时工与合同工的工作年龄能否算入连续工龄、工作间断后如何重新计算、特殊工种工龄折算等产生争议纠纷时，都需要人事档案作为证据材料，但由于职工退休时距其当时参加工作大多已过去十多年甚至几十年的时间，且过去对人事档案的保管和留存等未形成相应规范，往往会存在原始性档案的缺失，由此产生较多在工龄计算上的争议。

1.2 提前退休审批

根据劳动法的有关规定，从事高空和特别繁重体力劳动、井下和高温工作等特殊工种达到一定年限时，相关职工可以申请提前退休。然而出于企业内部变动、岗位调动等因素，劳动者在特殊岗位上的工作年限能否达到提前退休的规定年限，需要人事档案等书面性凭证来形成完整证据链[2]，在部分纠纷中，有些劳动者仅能拿出工资条等作为佐证，但因其人事档案中未能存有完整材料而无法予以认定。同时，人事档案中也存在着对职工岗位变动信息更新不及时、与职工实际工作不一致等情况，比如工人岗位和管理技术岗位在退休年龄方面存在差异，对于人事档案上为工人身份、实际为管理岗位的职工，是否应当为其办理提前退休也有部分纠纷[3]。

1.3 养老待遇认定

人事档案作为记录职工工作经历、培训记录、职称晋升等信息的重要文件，对养老待遇认定有着重要的影响，职工的职称和岗位等都与其退休后能享有的养老待遇挂钩。而对于拥有高级职称、高级技师称号、军人身份以及其他特殊身份的退休人员，人事档案是确认其相应身份以及应享有何种待遇的主要依据。比如有高级职称或高级技师称号的退休人员，在养老金调整时，其待遇不得低于当地的平均养老金标准，若在人事档案中未能及时更新记录其岗位提升与变动等，会影响到养老金的数额和认定结果。此外，如用人单位丢失职工的人事档案使职工无法办理退休手续，是否应当赔偿职工养老待遇损失等也成为争议性问题[4]。

2 人事档案在退休人员权益保障方面存在的问题

2.1 对人事档案的本人回避导致信息不对称

根据中共中央组织部和国家档案局《干部档案工作条例》以及国家劳动部和国家档案局《企业职工档案管理工作规定》，任何个人不得查阅或者借用本人及其直系亲属的档案，这使得职工无法获取到完整的个人档案信息，包括工资、工龄、职位等，由此导致了信息不对称的情况产生，职工无法准确了解自己的退休待遇情况，也无法对人事档案内容进行有效的监督和维权。虽然在 2018 年颁布的《干部人事档案工作条例》中调整相关规定为"干部本人及其亲属办理公证、诉讼取证等有关干部个人合法权益保障的事项，可以按照有关规定提请相应的组织人事等部门查阅档案"，但在实际施行中大多仍然采取对人事档案的本人回避。

例如在陈安峰与濉溪县人力资源和社会保障局政府信息公开再审行政判决书［案号（2021）皖行再 2 号］中，陈安峰认为其在退休前为事业单位在编职工，不应按临时工发放退休金，要求公开其退休时的档案材料，被濉溪县人社局拒绝，陈安峰起诉被驳回后再次上诉，安徽省人民检察院为其抗诉称，陈安峰的个人档案信息系由其主管行政机关在履行职责过程中制作或获取，应适用于《政府信息公开条例》，而二审法院认定人事档案应适用关于人事档案的特别规定，维持原判[5]。人事档案的特殊性决定了其不能公开，在对人事档案内容的判定产生歧义和纠纷时，往往存在着诸多质疑，此外，由于人事档案不得由本人保管和查看，还有较多职工在临退休时才得知个人档案材料存在丢失、错漏等情况，致使其办理退休手续和享受应得养老待遇时受到阻碍。

2.2 人事档案丢失和补办解决困难

据《最高人民法院关于人事档案被原单位丢失后当事人起诉原用人单位补办人事档案并赔偿经济损失是否受理的复函》，保存档案的企事业单位，违反关于妥善保存档案的法律规定，丢失他人档案的，应当承担相应的民事责任。然而实际上在相关法院判决文书中，即使相关企事业单位有民事责任，但退休人员需要补全的人事档案往往年限久远，部分单位已不存在、相关责任人无法找寻等情况使得人事档案无法进行补办，并且在特殊历史时期产生了具有时代特色的人事档案，如上山下乡、青年档案[6]、子女"顶班"[7]等此类档案更难进行补全，这使得如若人事档案丢失，退休人员的相关权益难以得到保障。此外，由于人事档案遗失而给退休职工带来的损失该如何进行赔偿的问题也未能得到有效解决，在如何对其进行法律救济方面也未能形成相关规范。

例如在曾文贤、广州市花都北兴经济发展公司劳动争议民事一审民事判决书 [案号（2022）粤 0114 民初 11611 号] 中，曾文贤在临退休前发现在原花县北兴针织厂工作期间，未给其建立人事档案，要求该厂为其补办以便正常办理退休手续，花都北兴经济发展公司称在花县北兴针织厂关闭时仅对其财务资料进行了核查结算和移交，未对职工的人事档案材料移交，无法为其补办相关档案，法院认为曾文贤未能举证证明档案缺失是北兴针织厂未将其相应人事档案转交，且人事档案作为记录人生经历的特殊物，具有真实性、唯一性的特性，其遗失后没有再现的可能，具有不可逆性也无法补办，曾文贤要求补办人事档案在客观上已经不可能，故驳回其诉求[8]。由此类案件可以看出，退休人员要求用人单位补办其被遗失的档案在多数情况下只能成为一种理想化诉求，而人事档案遗失带来的退休权益损失也尚未有规范的解决方案。

2.3 尚未完备的司法规范致使维权不畅

退休人员的退休手续由人社局办理、人事档案由人社局审核，对其结果存疑以及与单位产生纠纷时，由劳动争议仲裁机构进行裁决。但由于关于人事档案遗失等方面从法律层面未有健全的制度，退休人员不服仲裁机构判决后多向法院提起诉讼，而据《最高人民法院关于审理劳动争议案件适用法律问题的解释（一）》第一条规定："劳动者与用人单位之间发生的下列纠纷，属于劳动争议，当事人不服劳动争议仲裁机构作出的裁决，依法提起诉讼的，人民法院应予受理：（四）劳动者与用人单位解除或者终止劳动关系后，请求用人单位返还其收取的劳动合同定金、保证金、抵押金、抵押物发生的纠纷，或者办理劳动者的人事档案、社会保险关系等移转手续发生的纠纷。"由此可见，只有劳动者在人事档案转移过程中所发生的纠纷才是法院民事案件中劳动争议的受理范围[9]。

在样本案例中，在受理的案件中，上诉人若主张人事档案不全、有误或者认为是现用人单位将其遗失，都需要有较为完备的证据来证明，有较多上诉因不符合法院受理范围而被驳回，如在张忠源与鞍钢集团众元产业发展有限公司劳动争议二审裁定书［案号（2023）辽 03 民终 1226 号］中，上诉人张忠源对本人人事档案中所记载的内容有异议，进而主张劳动社会保障部门依据张忠源的人事档案所认定的其退休年龄有误，而法院认为人事档案中的内容是否错误应由相关的组织人事部门进行认定，此类纠纷并非劳动争议等民事案件的受理范围。由此产生了较多上诉人不服初次判决结果而再次上诉的情况，在 892 个民事案件中，民事一审相关文书 541 篇，二审文书 315 篇，退休人员选择再次上诉的比例较高，为此所需要投入的精力和时间成本高。

3 利用人事档案促进退休人员权益保障的优化对策

3.1 完善人事档案相关的制度规范

从人事档案管理角度来看，企事业单位必须建立完善的人事档案管理制度，明确人事档案的归档、保存和转接等方面的规定，以确保人事档案的安全和完整，最大可能避免因人事档案的缺失影响退休人员的权益保障，及时对临退休人员的档案进行审核，有争议积极协商以免影响职工办理退休手续。

关于人事档案遗失等造成的劳动争议等系列问题，需要从司法角度更加明晰权责以及赔偿认定等，在《个人信息保护法》视域下建构人事档案遗失的法律救济，采取过错推定原则，减轻当事人的举证责任，优先适用档案补办等方式，若不能恢复档案原状则补偿当事人所遭受的直接和间接损失[10]。

与此同时，出现此类因人事档案而产生的劳动争议该通过何种途径维权的问题，需要进行进一步规范[11]，如在陈 × 国与沈阳 × × 实业公司劳动争议二审裁定书［（2023）辽 01 民终 13564 号］中，上诉人提出被告造成其人事档案缺失并要求赔偿养老金损失，而法院因劳动者的档案管理属于用人单位内部行政管理范畴，关于人事档案内容是否真实、全面，非人民法院审理

范围而驳回 [12]，因此，有必要为退休人员提供相应的法律援助，指导其正确选择当地人社局、仲裁机构或者法院来维护自身权益。

3.2 保障本人对个人档案内容和保管情况的合理知情

因人事档案的特殊性，使其涉及多项法律法规，从而导致在实践中存在矛盾冲突，比如禁止查看本人档案的规定，也在一定程度损害了公民的知情权，是否应当实现人事档案的本人阅档权还需从人事组织制度变革的维度进行探讨 [13]。在现有的案例中，不少上诉人认为自己档案里应当留存有某些材料和证明，所缺材料是由用人单位保管不当、未进行移交等而产生的，由于个人不清楚本人人事档案内包含的内容、不了解档案的保管情况，由此产生了较多纠纷。

对人事档案进行适当开放，允许个人了解本人档案内保存有哪些内容，允许本人查阅本人可以知道的部分档案，同时对那些涉及机密的部分，严格实行保密制度，这样可以充分给予个人对本人人事档案的知情权，了解个人档案资料，同时这也是对人事档案内容真实性的监督，防止一些恶意篡改等行为出现在人事档案中 [14]，从而更好地发挥人事档案的功用。此外，有必要确保当事人在档案转接过程中对本人档案内容、件数知情，明晰各环节权责，以便后续出现问题时进行追责，避免出现互相推诿扯皮的情况 [15]。

3.3 推进人事档案的数字化存档和信息化建设

目前人事档案的数字化进程不断加快，人事档案工作的效率得以提升，方便了对人事档案的管理和利用，在新修订的档案法中也对档案信息化建设进行了全面阐述，对电子档案的安全性等提出了要求。电子人事档案也成为本人能够直观查阅个人档案的桥梁，建立线上人事档案的查询服务，可以通过双向审核的方式实现本人对个人人事档案的知情权与自查权 [16]，便于本人了解档案的内容件数以及保管移交情况，减少个人人事档案中可能出现的疏漏等问题。

不断完善人事档案的数字化存档系统，可以有效地减轻人事档案遗失或损坏带来的损失，提高档案的安全性。传统的纸质人事档案受到自然灾害、人为破坏或意外事故的影响，可能会在保存或转递过程中遭到损毁或遗失，而通过数字化将人事档案转化为电子格式，并储存在安全的服务器或云端存储中，可以避免这些风险。同时，建立通用的人事档案的数字系统，更加便于人事档案的网络传递与转接 [17]，即使发生纸质档案遗失的意外情况，人事档案的信息仍然可以通过备份或恢复功能进行恢复，在产生纠纷时可以作为有效的佐证材料。

3.4 加强全社会的档案意识与职业道德教育

档案意识即人们对档案性质和价值的认知，加强档案宣传教育来唤起全社会档案意识，让全民认识到档案的重要性以及本人人事档案在个人发展过程中的功用。比如人事档案中存在有部分手写档案，要做到不写错别字、不随意涂抹等基本要求，以免因此出现歧义。同时呼吁提高对本人人事档案的关注，在出现职位、单位变动等状况时，及时跟进本人人事档案是否更新、内容是否全面、转交对接是否完成等等。

此外，要加强对人事档案工作人员的职业道德教育，帮助其树立正确的职业观念，提高职业责任感和服务意识，严格遵守职业规范对人事档案进行审核归档，充分尊重隐私权以及知情权，存在争议时及时与相应职工进行沟通，积极在合法范围内采取多种方式开展人事档案查询服务。

4 结语

退休人员作为社会的重要组成部分，在工作期间为社会做出贡献，理应保障其享有应用的福利和待遇。而因人事档案存在问题，致使一些退休人员在退休后不仅未能享受退休生活，反而需要耗时耗力通过各种渠道来维护个人权益，这不仅未能保障退休人员的权益，也不利于社会的和谐稳定。这一方面需要增强全社会的档案意识，关注个人的人事档案变动与转交等，能够及时发现个人人事档案中存在的问题，避免因年限太久导致无法补办；另一方面则是要加强对人事档案的管理，既要从法律层面提供规范、从技术角度提供支持，也要进一步寻求制度上的变革来使得人事档案相关纠纷减少、退休人员的维权途径更为顺畅。

注释及参考文献

[1] 王燕，曲萌珺，解志涛.预审机制护航临退休职工权益 [J]. 中国电力企业管理，2022(32):68.

[2] 天津市第二中级人民法院.王某1、天津某某集团某某制钢有限公司等劳动争议民事二审民事裁定书 [DB/OL].[2024-01-30].https://wenshu.court.gov.cn/website/wenshu/181107ANFZ0BXSK4/index.html?docId=bJZNHdNjlwdh3gDxVZAoCDRla6IIsO02nYvrBtrMLGcRXTBuCKP9Km29YNh4WsY4n8ogJOyN+bATWjM15GZuRTzBtGwuGvpKWllbczIKwermgzNJuW1FTvrQdfjtEAMs.

[3] 广东省广州市中级人民法院.广深珠高速公路有限公司、廖智娟劳动争议民事二审民事判决书 [DB/OL].[2024-01-30].https://wenshu.court.gov.cn/website/wenshu/181107ANFZ0BXSK4/index.html?docId=SLOmL5FWlp1CjDo6mhqbKmdukzQaqFGAltHkDCfTwmYTRzefCqiTsG29YNh4WsY4n8ogJOyN+bATWjM15GZuRTzBtGwuGvpKWllbczIKweqPBIPNRR4IpSDzdHsQtZvj.

[4] 江苏省淮安市中级人民法院.王桂余、涟水县铸造厂等劳动争议民事二审民事判决书 [DB/OL].[2024-01-30].https://wenshu.court.gov.cn/website/wenshu/181107ANFZ0BXSK4/index.html?docId=g/c5+2sulExXlziyFFtG0el14i3O77a6aob9yO50DyWF/uQrMroOr229YNh4WsY4n8ogJOyN+bATWjM15GZuRTzBtGwuGvpKWllbczIKwerEupVTws8pjkQYHm6HCPd7.

[5] 安徽省高级人民法院.陈安峰与濉溪县人力资源和社会保障局政府信息公开再审行政判决书 [DB/OL].[2024-01-30].https://wenshu.court.gov.cn/website/wenshu/181107ANFZ0BXSK4/index.html?docId=jE7iRRnAuVjTsjxOc6JPP6o8KP5STfGEpxoRpo1PCrDAl+3aXxWsSW29YNh4WsY4n8ogJOyN+bATWjM15GZuRTzBtGwuGvpKWllbczIKwere3zlkNSoigt1dEP4fngCV.

[6] 黑龙江省伊春市中级人民法院.黑龙江省森工丽林实验林场、于广珍劳动争议民事二审民事判决书 [DB/OL].[2024-01-30].https://wenshu.court.gov.cn/website/wenshu/181107ANFZ0BXSK4/index.html?docId=9F7s0sQN9haVbR5/RNogMWYYuYuvg8EpitzbZHqaSTcBCgciyAJ3jm29YNh4WsY4n8ogJOyN+bATWjM15GZuRTzBtGwuGvpKWllbczIKwep78Ux5uW7xH17QzEm7ATit.

[7] 四川省乐山市中级人民法院.张云清、夹江县教育局等劳动争议民事二审民事判决书 [DB/OL].[2024-01-30].https://wenshu.court.gov.cn/website/wenshu/181107ANFZ0BXSK4/index.html?docId=aHb5nMxOHbScS7Eanygg6O3J6Fy30vZJebmSD6F46i0gVTKR6SXG2229YNh4WsY4n8ogJOyN+bDJayBjbuf0G38Zy1LyIPJXpcK/Y2FWOBQsiOOfJn9n/78bp5vsWIYH.

[8] 广东省广州市花都区人民法院.曾文贤、广州市花都北兴经济发展公司劳动争议民事一审民事判决书 [DB/OL].[2024-01-30].https://wenshu.court.gov.cn/website/wenshu/181107ANFZ0BXSK4/index.html?docId=0iKNW5yGV8IjhLe2eVxmXTnwhlDim3mUno9AnFHrss9E8hkGExycr229YNh4WsY4n8ogJOyN+bDJayBjbuf0G38Zy1LyIPJXpcK/Y2FWOBQsiOOfJn9n/2P7KUjjkIjz.

[9] 辽宁省鞍山市中级人民法院. 张忠源与鞍钢集团众元产业发展有限公司劳动争议二审裁定书 [DB/OL].[2024-01-30].https://wenshu.court.gov.cn/website/wenshu/181107ANFZ0BXSK4/index.html?docId=AmRp3IYia0duMA+JZitSICeaSyM/iWm6cydWJFeImRfonlORz2CnAW29YNh4WsY4n8ogJOyN+bDJayBjbuf0G38Zy1LyIPJXpcK/Y2FWOBRdzSgTw3OyT4GY1OTAACTr.

[10] 柯友乐, 熊德中.《个人信息保护法》视域下人事档案遗失的法律救济——以 493 份司法裁判文书为样本 [J]. 档案学通讯, 2023(5): 61-69.

[11] 郑尚元. 企、事业单位人事档案纠纷之法律分析 [J]. 法学, 2007(10):24-30.

[12] 辽宁省沈阳市中级人民法院. 陈 × 国与沈阳 ×× 实业公司劳动争议二审裁定书 [DB/OL].[2024-01-30].https://wenshu.court.gov.cn/website/wenshu/181107ANFZ0BXSK4/index.html?docId=u7MEkIcusllQwV0L1PjMOTGb1RIRHdzEoJdg5yuJps5cekXg6Gfcmm29YNh4WsY4n8ogJOyN+bDJayBjbuf0G38Zy1LyIPJXpcK/Y2FWOBTj5gzJYATH4SBcK3AZVB3o.

[13] 杨利军, 萧金璐. 从制度层面看人事档案本人阅档权的实现 [J]. 档案学通讯, 2016(3):18-22.

[14] 孙振嘉. 人事档案的知情权问题研究 [J]. 档案学通讯,2010(5):44-46.

[15] 郑艳丽. 关于个人档案知情权问题的思考 [J]. 档案学研究,2005(3):33-34.

[16] 刘岁梅. 干部人事电子档案的价值实现与有效利用 [J]. 档案管理,2021(5):90-91.

[17] 王云庆, 李晓丽, 武丹. 关于创新人事档案管理制度与模式的探索 [J]. 中国人力资源开发,2007(4):61-64.

适应中国式现代化发展的
数字资源整理研究与路径探索

郭秀萍

甘肃省农业科学院

摘要：农业科研档案数字资源作为特殊的科技资源，在推进中国式现代化发展中具有重要作用。当前，网络、计算机、信息系统的广泛应用产生大量的农业科学技术研究数字资源，必将扩充丰富农业科研档案内涵。文章阐述适应中国式现代化发展的农业科研档案数字化转型和智能化变革的技术路径，构建数字资源整理并归档保存电子农业科研文件材料与提升服务质效的新模式、新机制，为推进农业科研档案管理现代化提供科技支撑。

关键词：农业科研档案；数字资源整理；创新技术功能；提升管理质效

0 引言

党的二十大报告指出"以中国式现代化全面推进中华民族伟大复兴"。[1] 中国式现代化离不开农业现代化。农业现代化的关键是农业科技现代化。农业科技现代化的根本出路在农业科技创新。[2] 近年来，我国农业现代化发展取得历史性巨变，农业科技创新不断加快。在提升耕地质量与保护能力、选育农作物优良品种与先进栽培技术、发挥农业产业优势，研究攻关具有颠覆性、原创性的农业重大科技，全面夯实藏粮于地、藏粮于技物质基础，提高土地产出率、劳动生产率和资源利用率等方面，都离不开农业科技关键支撑。

毋庸置疑，在推进中国式现代化科技创新中，不仅形成大量农业科研档案数字资源，同时也需要档案信息服务。因此，急需建立科学有效的农业科研档案数字资源整理并归档管理的新模式[3]，为实现减碳、绿色、优质的中国式现代化农业强国发挥档案作用。

1 管理理念变革

随着现代农业建设、乡村振兴、农业强国战略实施，为农业科研档案发展带来重要机遇，迎来了范围、内容的丰富扩充与种类、作用的结构优化契机。应及时将有保存价值的电子农业科研文件、数据、照片、视频等保存、管理好。但是，大多电子农业科研文件、数据等没经过整理，出现目录、题名等信息不准、存储无序、格式混乱等不良状况。长此以往，大量农业科研档案数字资源或流失、损坏，或被覆盖、篡改，管理与服务相脱节，严重影响国家档案资源体系建设发展。

观念决定思路，思路决定发展。农业科研档案数字资源如何整理，能否有序安全管理，能否持续有效利用服务，很大程度上取决于农业科研档案管理者的思想观念及其对现代化、信息化的认知和重视程度，取决于农业科研档案管理者接受新理念、开拓新思维、突破新局面、创造新方法的担当作为。

2 管理技术变革

传统农业科研档案管理，主要是手工式清点接收、逐一检查筛选、整理、编目、保管、查阅、鉴定、统计等，工作进度缓慢、质量参差不齐、服务效率低下。随着计算机的应用，虽然有所改进，但也只是利用计算机代替人工著录等少量工作。传统农业科研档案数字化数据、电子农业科研档案数据与管理系统等不能协同运行，不能提供精准、高效服务。

先进的管理理念与技术应用是农业科研档案管理变革的关键，开发自主可控的农业科研档案管理系统，创建接收、整理等功能模块，技术功能指向农业科研档案数字资源整理、分类、存储及其目录、全文信息的录入、挂接、修改、检索、浏览、导出与扩充、统计、打印等，达到农业科研档案目录与全文信息的独立著录、精准检索等目标，为农业科研档案数字资源管理现代化发展提供支撑。

3 农业科研档案整理变革

农业科研档案数字资源整理，是电子农业科研档案及其衍生数字资源在虚拟空间有序化、条理化的关键技术环节，是建立农业科研档案数据库秩序与检索服务的核心工作部分。

3.1 数字资源整理现状

当前，应用计算机管理系统，虽然提升了农业科研档案部分工作效率，但是，还存在不容忽视的问题。一是整理工作职责不清。大多电子农业科研文件材料、数据、照片、视频等形成部门，没有建立整理制度标准，疏于对处理完毕的电子农业科研文件材料、数据的整理与归档，出现元数据及衍生数据等信息不齐全、不完整。二是管理技术功能落后。大多计算机管理系统及操作技术不具先进性，整理组件、著录项目、分类架构、检测方法缺乏科学合理性，出现目录、题名、责任者信息错误，存储混乱，检索服务效率低下。三是整理成果不能共享。电子农业科研文件材料及其组件信息与电子农业科研档案著录信息不能共建共享，整理、归档与管理、服务协作性差，影响科学、有序一体化管理服务质效。

3.2 农业科研档案整理变革

当前，随着信息化发展，农业科研档案数字资源主要有传统载体数字化资源、电子农业科研文件材料与电子农业科研档案。农业科研档案数字资源整理工作的意义与价值，在于为整个农业科研档案数字资源管理建立严正有序、安全可靠、迅速检索的基础桥梁。

3.2.1 研制数字资源整理标准

面向适应现代农业发展服务需求，引导和规范农业科研档案数字资源整理、著录、存储与检索等基础工作，建立农业科研档案数字资源整理组合、目录格式及著录项目、内容描述、语义表达与排列秩序等技术标准，为不同时期、不同形式农业科研档案数字资源整理内容、组织原则、技术方法的科学性、规律性、通用性与效益性构筑机制保障，为农业科研档案数字资源及时整理、优化秩序、搜索查检一体运转提供科技支撑。

3.2.2 创建数字资源分类

农业科研档案数字资源分类是科学整理的前提，以其来源、内容、形式、背景及其形成过程、主题要素为主线，遵循运用农业学科与档案属性、运行轨迹与逻辑分析相结合等科学规律，从主题罗列、层级界定、类目清晰与科学适用、便捷先进的角度，将接收汇集的大量农业科研文件、数据等数字资源分门别类，固化操作序列，形成科学统一、简约集成、有序扩充的分类技术框架。

创建分类功能，主要在于引导和规范农业科研档案数字资源内容范围与分级类目，便于管理系统及操作人员理解、运用。研究采用"树"结构，依类目层次逐级分解，其中最上位的类目称为"根目录"，类目以下所设各级目录均为"子目录"，每个目录有一个"文件夹"，将相应数字资源目录与全文存储其中，有利于提高整理速度，并为新增数字资源建立可扩充、序列化关联技术路径。

3.2.3 规划数字资源著录项目

农业科研档案数字化资源与电子农业科研档案是农业科研档案数据库建设核心，其案卷目录、题名等著录信息是架设搜索、查找数据库数据的桥梁。因此，在农业科研档案管理系统中，设置农业科研档案案卷目录、卷内文件目录及其题名、责任者、形成时间、保管期限、密级与分类号、主题词、背景提要等著录项目，并与原始农业科研档案数字资源题名、目录等完全一致、准确，是提高检索服务精确率的技术保障。

3.2.4 开设数字资源技术鉴定功能

农业科研档案数字资源鉴定，是对其保存价值的分析、预测与保管期限的判断划定。数字资源技术鉴定功能，是引导与规范电子农业科研文件材料与电子农业科研档案去伪存真、有效可用技术鉴定。主要包括来源真实有效性鉴定、内容识别读取性鉴定、存储运行有无病毒鉴定、介质载体性能质量鉴定、数据安全备份鉴定等。为了防止误操作，在鉴定前先建立数字资源备份，待鉴定程序结束并确定无误后，将无用数据及备份删除清理，节约空间。同时，将检测有效的数字资源制作不同载体备份，保障安全。

4 农业科研档案服务变革

转变农业科研档案服务，赋能农业科技创新发展，应充分发挥农业科研档案数字资源管理系统、随时复用、空间传输等先进性、优越性，展现管理服务的新动能、新优势。

4.1 突破传统服务方式

突破传统，建设传统农业科研档案全文数字化资源，为计算机进行多种形式的信息服务创造条件，不仅可以提供目录检索及原件阅览，而且可根据查档者需求对其蕴藏的真实、可靠、准确、有效的信息进行分类、统计、汇总、打印、复制等，满足查档者的各种需求。据此，深耕挖掘，忠实于原件原文，增强数字化资源服务赋能。[4]

一是农业科研档案数字化服务存真。纸质农业科研档案原件是数字化主体，农业科研档案数字化资源与其原件内容应保持一致，忠于原文，维护真实，令查档者信服，保证农业科研档案的凭证价值。二是农业科研档案数字化服务求实。农业科研档案数字化应科学、严谨、准确，不得以技术手段或者现行的需要去改变原件中的原始数据、观点结论，违背历史事实。对于农业科研档案原文中存在的字迹模糊、书写不清楚、内容不完整等问题，确实无从考证或难以判断的，宁可存疑留待查档者研究解决，也要保持原始原貌，不能臆想编撰，保证农业科研档案参考利用价值。三是农业科研档案数字化服务注释。以农业科研档案数字化资源编纂文献成果，对其中难以理解、不易辨认的，应以注释说明，便于查阅利用者知悉哪些是原件原文，哪些是编撰补充，有利于查阅利用者斟酌参考，保证农业科研档案的史实价值。

4.2 创建现代服务机制

在数剧驱动发展的新时代[5]，农业科研档案信息服务应以新技术方法，提升服务价值。一是改进检索工具。当前，农业科研档案文字材料、试验数据、实景照片等记录已由纸质转向电子化，传统农业科研档案已趋于数字化，为建立农业科研档案数字资源分类目录、专题目录、责任者目录及其农业科研课题（项目）汇编目录、分类介绍、检索指南等检索工具的延续健全、形式多样化创造便捷技术条件。二是创新编研服务。面向查档者不同需求，按照一定的类目、主题、责任者将针对性、具体性的农业科研档案信息创编文献。或将查档者不易了解、不易接触到的农业科研档案信息编辑成系统化、专项化目录汇编。或创作农业科研档案微视频、剧集、慕课等方向性、品牌性、针对性文献。[6]比如，以不同时期、不同区域小麦新品种选育档案，创作小麦新品种选育、栽培技术研究系列微视频；以蔬菜育种育苗、栽培施肥、病虫害防控技术研究档案，创作蔬菜种植剧集慕课等，吸引服务受众，提升档案影响力。

4.3 增强电子农业科研档案安全保障

一是数字资源安全。主要开发农业科研档案数字资源在转换、保存、利用过程中的安全防护、检测及其他安全技术功能与质量要求。主要包括数字资源接收、迁移、检查、整理、备份、涉密及敏感信息风险防范等技术安全与数字资源管理全过程安全设防技术保障。二是管理系统安全。主要开发防范各类农业科研档案信息系统运行、升级、检测、监控及其他安全技术保障。三是构筑运维安全。主要开发防范农业科研档案信息系统的正常运行以及突发故障应急处理、异常情况处理等运行维护安全技术保障。四是监控网络安全。主要开发承载农业科研档案业务的通信网络的安全检测技术，以及相关网络产品的安全应用技术。五是增强服务安全。主要开发系统管理平台、服务端口与网络传输等服务的功能架构、链接与不同场景下农业科研档案数据流转、业务衔接及其权限访问、查阅利用、安全保密技术等。

5 培育农业科研档案发展机制与人才队伍

以适应中国式现代化农业科技创新发展为目标，面向农业科研档案前瞻性、特色性、效益性需求导向，统筹规划、建章立制，创新管理，培育人才，为加快推进农业科研档案现代化发展凝聚智慧力量。

一是构建农业科研档案数字资源体系。对现行农业科研文件、数据、照片、视频等应收尽收、及时整理、有序存储、分类管理，不留"空白"。二是优化农业科研档案数据库结构。不断开发农业科研档案数据库体系功能，优化改进目录及全文数据整理、著录、存储与管理、利用对等功能架构、协同关联技术、权限管理与加密技术，为查档者提供更多、更方便、更精准快捷的服务。三是提升农业科研档案创新管理能力。随着信息技术发展，需提高管理部门现代化领导水平，引导农业科研档案人员转变观念，善于学习思考，实施更新修订技术标准，健全完善制度，从消极的档案库房管理员转变为信息赋能的创造者。四是培育新型农业科研档案管理人才。面向新时代农业科研档案数字转型高质量发展需求，吸纳兼备信息技术、农业科研与档案工作经验的专业人才，培育结构合理、专业过硬、应对困难挑战的复合型农业科研档案管理人才队伍。

注释及参考文献

[1] 吴建华,周欣然,梅丽.中国式现代化背景下档案工作的方法论思考[J].中国档案,

2023(11):10-11.

[2] 张新仕,王桂荣,刘斐,等.农业科技现代化的内涵、外延、存在的问题与发展对策 [J].农业科技管理,2023(1):27-31.

[3] 赵跃,石郦冰,孙寒晗."档案数据"一词的使用语境与学科内涵探析 [J].档案学研究,2021(3):30.

[4] 邢富娟.数字技术赋能档案信息化战略转型的理论内涵与实践路径 [J].档案,2023(10):15-20.

[5] 马双双,谢童柱.数字中国建设背景下档案工作数字化转型:内涵、困境与进路 [J].档案学研究,2022(6):115.

[6] 郭秀萍.中国式现代化背景下农业科研档案资源建设开发现状与创新路径探索 [J].档案管理,2023(3):114.

历史档案开放审核的路径依赖与应对策略

王征

中国第一历史档案馆

摘要：档案开放审核是档案馆对社会公布馆藏档案的必要程序，也是档案资源及时面向社会利用和开放的重要前提。哪些档案可以对外开放，哪些档案需要划控延期，开放审核的质量和效率如何，都直接影响到档案开放的范围、数量和效果，也影响到社会公众对于档案开放的体验感和获得感。历史档案作为我国最先推行开放政策的档案资源，至今仍然距离社会需求存在一定差距，这与开放审核环节存在的一些困境不无关系。本文从档案开放审核工作高质量发展的角度，分析历史档案开放审核工作中存在的困惑和问题，阐释其路径依赖及具体表现，并尝试探讨应对相关问题的策略和方法。

关键词：开放审核；路径依赖；历史档案

0 引言

习近平总书记指出，档案工作要走向依法管理，走向开放，走向现代化。党的十八大以来，档案工作由封闭走向开放的转变成为新时代档案工作最重要的发展趋势。2021年1月1日起施行的《中华人民共和国档案法》明确指出"县级以上各级档案馆的档案，应当自形成之日起满二十五年向社会开放。"[1]2022年8月1日起施行的《国家档案馆档案开放办法》更是对档案开放的原则和要求、主体和范围、程序和方式、保障和监督、开放档案的利用和保护等都进行了具体的规定，其中明确指出"自形成之日起满二十五年的国家档案馆的档案，经开放审核后无需限制利用的应当及时向社会开放。"[2]历史档案因为其形成年代较为久远，相比于现行档案与现实生活中的人和事关联度较低、时效性较弱，因而成了最先推行开放政策的档案资源，在公众的认知中也应该是"更易于且快于"其他档案开放的[3]。但是，历经40余年的历史档案开放工作，目前仍然成效不够明显，距离社会公众需求依然存在一定差距，究其原因，档案开放审核是不得不考量的重要因素之一。

档案开放审核是档案馆对社会公布馆藏档案的必要程序，也档案资源及时面向社会开放和提供利用的重要前提。哪些档案可以对外开放利用，哪些档案需要划控延期，开放审核的质量和效率如何，都直接影响到档案开放的范围、数量和效果，也影响到社会公众对于档案开放的体验感和获得感。档案行业在我国具有悠久的历史，相应也形成了很多长期延续的行业观念和模式方法。在历史档案的存藏和管理单位，一些档案从业人员的观念和做法仍然难以脱离年深日久的模式与轨迹，从而一定程度上影响到了档案馆依法履行档案开放的公共职能，也为新时代档案事业高质量发展带来了困惑和阻碍。

1 历史档案开放审核工作的困境解读

1.1 社会需求与开放供给的矛盾

20世纪末21世纪初，随着党的开放历史档案方针的提出，历史档案编纂出版、开放利用、展览展示都呈现出繁荣景象，大量的历史档案原件被提供给公众翻阅摘抄或进行展示展览，档案复印件、目录资料、馆藏概述等被陆续公布和刊印。这一时期的档案开放审核与档案利用开发紧密结合，很大程度上简化了历史档案的公布程序，提高了专题档案的加工和开放效率，一定程度上加强了历史档案的开放力度。"一步式审核开发"结合了当时的社会需求和关注热点，受到了社会各界尤其是研究者们的极大欢迎，成了当时历史档案公布的主要方式。但是，随着历史档案原件在利用开发过程中的加速老化和损害，以及档案影印出版物被翻印和商业化带来的纠纷侵权，这种档案公布方式也受到了一定质疑。与此同时，随着档案数字化的全面推进，各级档案馆的原档逐渐不再提供使用，信息化平台成为档案开放和利用的主要方式，档案开放审核也逐渐与档案公布、档案开发剥离开来，单独成为开放前端的工作环节。这一变化理清了档案业务工作流程，但也一定程度上削弱了档案开放与公众需求之间的联系，加大了公众需求与档案供给之间落差，社会机构和个人亟需的专题档案难以被快速专门的审核开放的问题变得更加突出。尤其在当前我国加快构建中华民族现代文明和建设社会主义文化强国的大背景下，研究者和社会公众对于档案历史文化价值的挖掘、阐释、开发和传播需求爆发式增长，愈加凸显出历史档案的开放供给与社会需求之间的迫切矛盾。从档案工作高质量发展的要求来看，历史档案能否做到"能开尽开""快审快开"，进而摆脱开放程度不够、距离群众需求有差距的被动局面，是历史档案开放审核工作在新时代必须面对和解决的关键问题。

1.2 公布范围与利用范围的错位

历史档案的开放审核从程序上讲要先于档案的开放公布，完成开放审核且无须限制的档案原则上应该及时对外开放利用，但就目前而言，两者在覆盖范围上存在一定的错位。从档案公布开发的层面来看，历史档案已经初步形成了多层次、多形式、系列化的利用和开发模式，排印、影印、图录、数据库等公布方式，汇编、专题、摘编、精选等辑录形式，平装、线装、胶片、光盘等媒介载体，展览、会议、纪录片、社教活动、文化产品等传播途径，线上、线下、直播等交流平台，都极大地丰富和扩展了历史档案的公布和开放范围。但是，从历史档案开放利用的层面来看，无论档案曾经以何种形式公布或传播，在其进入正式开放利用环节之前，都必须经过开放审核的固有程序，才能从"未公布档案"甚至"已公布档案"成为"可利用档案"。尤其是在当前大多档案馆已经普及信息管理系统和电子阅览服务的情况下，如何将出版物、光盘、胶片、视频、直播等方式已经开发公布过的历史档案全部纳入利用查询平台，进而便利地提供给公众使用，成了一个突出的问题。虽然考虑到档案的开发常常以开放审核档案作为基础，两者之间存在着很大的交集，但不容忽视的是，仍有大量已经通过各种方式公布过的历史档案没有能够得到充分的利用。历史档案开放的质量和效率都还需要进一步加强。"听说过、见到过、没法用"的问题依然在历史档案的利用环节产生着负面影响，也给开放审核工作在档案开发利用全流程中的定位制造着困惑。

1.3 信息加工对开放审核的制约

随着历史档案信息化水平的不断提升，开放审核工作不但受限于馆藏体系、类项划分、原档及目录状况等现实条件，还依赖于档案数字化、信息加工等基础数据业务。这些数据加工一般都是基于馆藏体系分类而展开的，其先后次序、体量大小、效率效果都由数据加工部门的规划和进度决定，档案开放审核往往只能充当连接信息加工与开放利用的过渡环节，难以发挥承上启下、服务档案开放、贴合利用需求、调和供需矛盾的作用。甚至可能因为正在数据加工环节的档案难度较高、体量较大、周期较长，产生"无档可审""无档可开"的困扰，并且对于哪些档案"可以对外开放"或"优先对外开放"等问题更加难以产生实际影响。即便一些档案类项、案卷内的大部分档案已经不同形式地被公布过，但只要该类项档案没有整体被列入加工计划，或尚未整体完成所有加工环节，则这些档案依然不能脱离其原有类项和案卷而进入开放审核环节，进而难以推进其有效开放利用。另外，即使社会公众短期内对于某类档案题材内容的利用需求十分迫切，并且其中很多档案无须限制利用，开放审核工作亦无法有针对性地开展。档案开放审核工作的程式化一定程度上影响了公众利用历史档案的个体感受和效率效果。

2 历史档案开放审核工作中的路径依赖

2.1 政策依赖

1991 年起施行的《各级国家档案馆馆藏档案解密和划分控制使用范围的暂行规定》开列出二十种"应当控制使用"的历史档案 [4]，成了长期以来档案开放审核工作的重要依据。这一"暂行"30 余年规定显然无法与 2021 年起施行的《中华人民共和国档案法》、2022 年起施行的《国家档案馆档案开放办法》相关内容形成体系。但在执行层面，一些条款仍然被大而化之地执行。没有因地制宜的措施办法，缺乏公开明确的开放及审核规划，工作标准相对滞后，工作观念倾向保守，业务程序趋于烦琐，从业人员的审核尺度难以统一，权责划分难以匹配，监督保障难以到位，常态化、规范化的开放审核政策举措没有真正形成，再加之档案开放的"历史欠账"累积较多，社会公众多样化的档案利用需求难以得到充分满足。

2.2 机制依赖

历史档案开放审核工作具有单一性机制，从档案审核的范围、内容到工作的规划、标准、实施、时限等都由档案存藏主体来决定，开放审核的决策体现出的往往都是档案存藏主体的内部工作意愿，这就难免与社会公众及学界的查档用档需求和期望产生一定的差异。一些学者就曾指出"我国目前历史档案开放工作能见度相对较低"[5] 的问题。另一方面，"档案利用工作中的许多具体业务与档案开放存在着相互促进、彼此制约的关系"。[6] 历史档案开放进程缓慢、社会利用研究不够充分、档案开放与公众需求缺乏互动等问题，也都在一定程度上制约着历史档案开放审核工作本身的优化提升和高效运转。

2.3 人才依赖

参与历史档案开放审核工作的人员，一般都以工作在一线的档案从业人员及档案专家兼任，即成为其业务工作的一个部分，因此难以把全部精力投入档案开放审核工作之中，进度和效率都难以得到有效保障。与此同时，历史档案本身内容涉及广泛，繁体字、异体字大量存在，需要各方面的专业知识素养，审核人员对敏感词汇、划控内容的积累和把握对开放审核的质量和效率影响较大，政策性和专业性兼具的开放审核力量相对薄弱。这都造成历史档案的开放审核工作难以负荷社会需求量急剧增长带来的压力。

3 档案开放审核高质量发展的应对策略

3.1 科学精准和灵活划控是有效手段

守护国家安全和社会稳定是档案开放审核在高水平安全层面的意义所在，也是历史档案开放审核工作高质量发展的基本要求。历史档案一般不存在保管期限的问题，开放审核的核心是确认其是否符合法律规定的开放范围、是否需要控制利用，以有效保障国家、社会、集体和个人的利益。从这个意义上讲，应该在确保"应控尽控"的前提下妥善实现"应开尽开"，不必受限于档案的全宗、类项和目录体系，灵活而有针对性地划定控制范围，在安全可控的基础上增强一体化管理理念，强化开放意识，避免因为少量"应控"内容而泛化划控。同时，还要换位思考开放审核工作面对的公众立场，制定具体的审核和开放计划，尽可能向社会公开明确的"应开"标准和范围，努力将"应开""应控"的内容范围科学精确到文件级，进而最大限度地扩大历史档案的可利用范围，将"应审尽审""应开尽开"的档案开放审核理念进一步模式化、机制化、常态化。

3.2 加快审核和扩大开放是大势所趋

历史档案是中华文明和民族精神的重要载体，在中华历史文化传承和中华现代文明建设方面都具有独特的优势和价值。历史档案的广泛开放和有效利用是新时代档案事业高质量发展的应有之义。特别是在国家大力推进的文化数字化战略指引下，历史档案应该尽快转向高质量数字化发展的快车道，以新理念、新技术推动开放审核工作加快推进、加速开展，持续构建和提升便捷的查档用档系统平台，向社会公众提供越来越多的历史档案优质资源。同时，还要配合好历史档案编研、宣教等业务，及时审核所需零散档案。结合开放审核工作的评估和反馈，主动贴合国家、社会和个人有关政治、文化、学术等方面的利用需求，优先审核并加紧开放社会急需的历史档案资源，提高历史档案的利用效果和公众满意度。

3.3 流程优化和提质增效是必然要求

历史档案的存藏一般不会出现太大的增量，这就意味着高质量的开放审核工作要在档案存藏主体内部发力、基于存藏状况提速。一方面要有力保障历史档案数据加工基础业务工作的完成度，加快档案信息资源及其配套的利用系统平台建设；另一方面也要优化开放审核业务流程，设立专门的审核机构，培养专业人才队伍，建立完整的工作制度和顺畅的管理模式。同时，可以暂时搁置具有不确定性的个别档案，打破整体性开放惯例，尽快将不需要限制利用的历史档案优先完成审核鉴定、加快推进开放利用，并可适当引入智能化技术辅助手段，进一步提升历史档案开放审核的速度和效率，扩大可利用历史档案的范围和数量。

4 结语

历史档案的开放审核作为档案利用服务的前提基础工作，在国家档案馆公共能力建设的大背景下被社会各界寄予了更高的期望。《"十四五"全国档案事业发展规划》明确提出"实现档案开放审核工作法治化、规范化、常态化"[7]的要求。作为档案工作者，我们要着力突破现有困境和路径依赖，积极审慎地探索出高质量发展的档案开放道路，努力实现"更好地服务党和国家大局，服务人民群众"的目标任务。

注释及参考文献

[1] 袁杰.《中华人民共和国档案法》释义 [M]. 北京：中国民主法治出版社 ,2020:8.

[2] 中华人民共和国国家档案局 . 国家档案馆档案开放办法 [EB/OL].[2022-07-29]. https://www.saac.gov.cn/daj/xzfgk/202207/9dc96f7f635247c18ae1a9ec15c24dea.shtml.

[3] 陈永生 , 詹逸珂 , 王沐晖 . 从历史档案开放到档案开放——我国档案开放政策研究 [J]. 学术探讨 ,2023(1):27-30.

[4] 国家档案局 . 各级国家档案馆馆藏档案解密和划分控制使用范围的暂行规定 [EB/ OL].[2022-07-29].https://www.saac.gov.cn/daj/xzfgk/202112/6be633f92fd144ce95a59faa122e0 ce0.shtml.

[5] 陈永生 , 王沐晖 , 詹逸珂 . 语境与实践：历史档案开放的域外情形与现实思考 [J]. 档案管理 ,2023(5):44-46,52.

[6] 刘国能 , 王湘中 , 孙钢 . 档案利用学 [M]. 北京：中国档案出版社 ,1996:77.

[7] 中华人民共和国国家档案局 . 中办国办印发《"十四五"全国档案事业发展规划》 [EB/OL].[2021-06-09].https://www.saac.gov.cn/daj/toutiao/202106/ecca2de5bce44a0eb5 5c890762868683.shtml.

辽宁省档案馆档案解密和开放审核工作的实践探索

任婧

辽宁省档案馆

摘要： 档案解密和开放审核工作相较于其他档案业务工作，进展缓慢，甚至可以说是严重滞后，一直以来都是国家综合档案馆工作的难点和堵点。本文依托辽宁省档案馆多年来的档案解密和开放审核工作实践，从审核机制、审核流程、审核人员、审核现状、审核要求等方面谈了笔者的几点认识与思考。

关键词： 档案；解密；开放审核

档案解密和开放审核工作相较于其他档案业务工作，进展缓慢，甚至可以说是严重滞后，一直以来都是国家综合档案馆工作的难点和堵点。特别是随着现阶段审核级次从"卷"到"件"的改变，以及档案封闭期由三十年调整为二十五年，各省级国家综合档案馆的开放审核工作量基本都是以百万级甚至千万级为单位，我们辽宁省档案馆建国后档案开放审核的初审任务是 402万件，面对如此庞大的工作量，如果我们还按照以前传统的审核模式，仅凭档案利用中心的几个工作人员，即使不眠不休也至少需要 50 年。所幸的是，我们新一届馆领导班子做出了集中全馆力量打好"档案开放审核攻坚战"的总体布局，实实在在地解决了制约我馆档案事业发展的"瓶颈"问题。

1 聚力攻坚，成立档案开放审核百人团队

2023 年 6 月 14 日，我馆成立档案开放审核工作小专班，10 月 9 日成立档案开放审核工作大专班，随着人员的不断优化调整，最终形成了由 113 人组成的档案开放审核百人团队。馆领导亲自带头加班加点，百人团队队员辛

苦付出，明确每人每周工作量，时时公示工作进展情况，月末从数字档案馆藏系统后台统计每名队员当月完成总量，适时排名表彰。

鉴于部分队员首次从事档案开放审核工作，我馆集中举办了 3 期培训班，采取上机操作的形式，通过实例讲解档案开放审核工作相关法律法规、规范性文件和我馆《档案开放审核工作细则》，并有针对性地进行个别指导。同时，为便于审核人员理解和把握《档案开放审核工作细则》，避免出现工作尺度宽严不一的情况，我馆共编辑 7 期《档案开放审核工作问题解答》，通过一问一答形式，为审核人员答疑解惑，帮助解决工作中遇到的疑点和问题。而后，在开展辽东辽西档案开放审核工作时，我馆又提前制定了《辽东辽西档案开放审核工作细则》，举办 2 期培训班，重点讲解辽宁时期档案和辽东辽西时期档案在档案开放审核标准方面的不同之处。

在馆领导率先垂范的影响下，在档案开放审核百人团队每名队员的持续努力下，用时近一年，我馆终于拿下了建国后 402 万件档案开放审核的初审攻坚任务。这一重要决策，切实解决了制约我馆档案事业发展的"老大难"问题，也为国家综合档案馆树立了审核样板，提供了"辽宁经验"，更为重要的是锻炼了队伍，培养了人才，我们档案开放审核百人团队的每名队员经过近一年的锤炼，都能熟练地理解与把握现行档案的开放审核标准，这也成为下一步百人团队下到各立档单位进行业务指导的最大底气。

2 依法合规，建立健全档案解密和开放审核工作机制

在《中华人民共和国档案法》《中华人民共和国档案法实施条例》《中华人民共和国保守国家秘密法》及《国家档案馆档案开放办法》（国家档案局令第 19 号）颁布、实施的背景下，我馆积极调整原来由档案馆负责的单一的档案解密和开放审核工作模式，按照《档案法》第三十条"馆藏档案的开放审核，由档案馆会同档案形成单位或者移交单位共同负责。尚未移交进馆档案的开放审核，由档案形成单位或者保管单位负责，并在移交时附具意见"及《保密法》第十二条"机关、单位负责人及其指定的人员为定密责任人，负责本机关、本单位的国家秘密确定、变更和解除工作"等的规定，联合档案形成（保管）单位、档案行政管理部门及保密行政管理部门形成开放审核工作合力。我馆和档案形成单位作为这项工作的具体实施者既有分工又有协

作，档案行政管理部门与保密行政管理部门作为行政管理者分别履行相应的督导、指导、审批等职权。

3 有序推进，完善档案解密和开放审核工作流程

3.1 存量档案解密与开放审核工作流程

3.1.1 解密工作流程

依据《保密法》规定，档案解密工作由档案形成单位或者移交单位独自完成。

（1）筛选

我馆从馆藏档案管理系统中导出带有绝密、机密、秘密字样的涉密档案电子目录并刻录光盘，根据密级程序，按照保密规定，通过电子公文传输系统发给立档单位，或是通过机要交通、直接派专人专车将光盘发送给立档单位。我们在工作实践中出于绝对安全方面的考虑，一般都会选择面对面交接，因为保密局有规定，绝密级档案不能走公文传输系统，所以我们尽量选在年初召开档案解密与开放审核业务培训会时，面对面将任务目录交给立档单位档案员或者档案工作负责人。

（2）解密

立档单位在电子目录中的解密意见和保密期限著录项中逐件标注意见，可降密、可解密，也可维持原密级。其间，如有疑问，可到我馆查阅档案原文，各单位的解密结果返回我馆后，导入馆藏管理系统。

（3）确认

我馆根据立档单位解密意见，与开放审核意见一并制作档案解密和档案开放审核结果确认书，由我馆分管馆长和立档单位领导签字加盖公章进行结果确认。

3.1.2 开放审核工作流程

依据《档案法》《档案法实施条例》《国家档案馆档案开放办法》等规定，存量档案的开放审核工作由我馆联合档案形成单位或者移交单位共同负责。

（1）筛选

筛选是我馆为立档单位提供档案文件级机读目录而进行的一系列准备工作，是对馆藏中形成已满二十五年的档案进行开放审核的第一道工序，优

先选择利用率高、开放率高，或与民生密切相关的适宜开展开放审核工作的目录。

（2）初审

鉴于立档单位档案员兼职人员居多，档案专业知识相对缺乏，初审工作目前由我馆独自完成，我馆档案开放审核百人团队队员在馆藏档案鉴定系统中逐件逐页阅读档案原文，根据审核标准判定档案是否开放，控制档案注明控制原因。

（3）复核

初审结束后，我馆将初审结果电子目录以函的形式发给立档单位。立档单位进行复核，如有不同意见，在电子目录中进行修改，有疑义可以来馆查看档案原文，复核结果以书面形式返回我馆，修改后的电子目录由我馆工作人员导回馆藏档案鉴定系统。最早我们开展会同审核工作时，是立档单位进行初审，我馆进行复核，我们会先期对档案员进行培训，重点讲解审核标准与细则，这个模式试行了一段时间后，我们发现进展太慢了，各单位找各种理由拖着不干，有的单位尽管结果上来了，但质量又有待商榷，党组党委会议记录都给开放了，有的单位又走另一个极端，一条不开，开放率根本无从谈起。我们发现这种模式不行，得改变工作思路，经过研究，决定档案馆进行初审，立档单位进行复核，这番调整后，工作质效有了明显的提升。

（4）复审

复审工作由我馆档案开放审核委员会的各位委员承担，重点审核拟开放档案以及尚且存疑的问题，如果复审意见与初审意见有较大分歧时，复审委员与我馆开放审核工作人员进行沟通，形成明确的开放或控制使用意见。

（5）终审

复审工作结束后，形成结果提交给分管领导进行终审审批。

（6）确认

我馆开放审核工作人员根据终审结果形成档案解密和档案开放审核结果确认书，由省档案馆分管馆长和立档单位领导签字加盖公章进行结果确认。

3.2 增量档案解密与开放审核工作流程

3.2.1 解密工作流程

各立档单位按照《保密法》《国家秘密解密暂行办法》（辽保局 [2020]15号规定，进馆前独自完成档案解密工作，在移交时附具意见。

3.2.2 开放审核工作流程

依据《档案法》规定，尚未移交进馆档案的开放审核，由档案形成单位或者保管单位负责，并在移交时附具意见。

（1）前期指导

年初接收计划报省档案局审批通过后，我馆便会组织力量提前介入，对立档单位档案员进行开放审核业务知识的培训与指导，采取集中培训与个别指导相结合的方式。

（2）初审

由立档单位负责，在移交时附具意见，控制档案注明控制原因。在初审这个环节，我馆也会给立档单位提出一些建议，如可成立由分馆领导为组长的档案解密与开放审核工作领导小组，组员可以由各部门负责人和档案工作人员组成，该小组统筹安排各项事宜，根据审核时间要求，对审核工作的方案、流程、实施细则严格把关。当审核意见确定后，对拟开放和尚且存疑的问题，可以由领导小组开会议决，最终形成明确意见随移交清册报给我馆。

（3）复审

复审工作由我馆档案开放审核委员会的各位委员承担，对立档单位的初审结果进行全部复核，如果复审意见与初审意见有较大分歧时，复审委员与我馆开放审核工作人员进行沟通，形成明确的开放或控制使用意见。

（4）终审

复审工作结束后，形成结果提交给分管领导进行终审审批。

（5）确认

我馆开放审核工作人员根据终审结果形成档案解密和档案开放审核结果确认书，由我馆分管馆长和立档单位领导签字加盖公章进行结果确认。

4 严格把控，避免执行审核标准宽严不一

档案开放审核工作标准是判断档案内容是否适宜向社会开放的重要依据，是开展档案开放审核工作的操作指南。目前，我馆把《档案法》《档案法实施条例》《保密法》《国家档案馆档案开放办法》等全国统一的开放审核工作指导性文件作为总的原则和标准，然后结合自身实际，制定更为具体的、适合本馆的档案开放审核工作标准或细则。我馆为方便审核人员操作，针对馆藏辽宁档案，制定了《档案开放审核工作细则》；针对馆藏辽东辽西档案，

制定了《辽东辽西档案开放审核工作细则》。我馆档案开放审核百人团队队员在完成建国后 402 万件档案开放审核初审任务的过程中，严格把控标准，在保证档案信息绝对安全的前提下，尽量做到应开尽开、应鉴尽鉴。

5 正视问题，了解档案解密和开放审核工作现状

在联合立档单位会同审核及指导档案进馆前完成解密和开放审核工作过程中，我们发现以下几个问题，导致此项工作质效不高。一是各立档单位的重视程度还有待提高，有的单位年初发的函，中间催办多次，到年底才能勉强完成。二是搞"一刀切"，有的单位认为自己单位性质特殊，所有档案都不能开放。比如一些涉台部门、人防部门等，他们会反复强调，单位性质特殊，一条都不能开。其实再特殊的部门、再特殊的时期，也会有日常工作，也有能开放的档案信息。三是审核质量有待商榷，大部分单位都本着"一切从严"的原则，开放比例过低。档案开放率是档案开放审核工作永远绕不开的话题，虽然不能光从档案开放率这一项指标来评价和否定档案开放审核这项工作，这么做既不全面也不科学，但是档案开放率却是考察档案开放审核最简单也是最直观的指标。截至目前，无论是存量档案会同审核，还是增量档案进馆前完成审核，档案开放率普遍低下，这是个不争的事实，也是我们最头疼的问题。四是档案员更换频繁，个别单位甚至出现了一年更换三名档案员的情况。五是档案员鲜有专职人员，几乎都是办公室工作人员兼任，档案相关知识还需进一步提升。

6 明确要求，提高档案解密和开放审核工作质效

档案解密和开放审核工作的总体要求，即深入贯彻落实习近平总书记关于档案工作的重要指示批示精神，聚焦档案工作走向依法治理、走向开放、走向现代化，加大档案开放力度，满足社会各界档案需求，更好地服务党和国家工作大局，服务人民群众。在联合立档单位会同审核及指导档案进馆前完成解密和开放审核工作过程中，我馆还提出了一些具体要求。

6.1 正确理解开放与公布的关系

很多立档单位都会有这样的疑问，复核为开放的档案是不是就对外公布了，事实不是这样的，开放和公布是两个不同的概念，可以这样说，公布的档案肯定是开放的，但是开放的档案不一定能公布。开放档案受利用者身份的限制，不是任谁都能随便查看，开放档案一般只开放目录。而公布则不然，《档案法实施条例》规定：档案的公布是指通过下列形式首次向社会公开档案的全部或者部分原文：（一）通过报纸、期刊、图书、音像制品、电子出版物等公开出版；（二）通过电台、电视台、计算机信息网络等公开传播；（三）在公开场合宣读、播放；（四）公开出售、散发或者张贴档案复制件；（五）在展览、展示中公开陈列。也就是说，只要有查档意愿，公布的档案就连外国人都可以看。

6.2 开放率争取达到 40%

我们建议立档单位在档案开放审核过程中尽量做到"应鉴尽鉴""应开尽开"，开放率最好能达到 40%，但像文联、党校、科协等单位，开放率即使达到 60% 也不为过，尤其是增量档案进馆前完成审核，开放率更要达标，否则增量变存量，还要走一遍存量档案会同审核流程，无端浪费人力、物力、财力，这也是我馆不允许出现的情况。其实，从理论上讲，档案开放具有绝对性，对档案实施控制只是一种暂时现象，最终还要向社会开放，可以说，没有永远不开放的档案，只是控制时间的长短而已。

6.3 加大解密工作力度

我馆从 2017 年开始推行会同审核模式，从 7 年来的解密审核结果看，立档单位返回的结果 90% 都是维持原密级，我们还要建议立档单位加大解密力度，利用解密审核对档案内容的审查和价值辨析，将真正有价值的档案呈现在利用者面前，提高人民群众利用档案的满意指数，从而带动档案解密工作与档案服务利用体系的深度融合。

数据时代高速公路档案信息化建设的几点思考

吕娜

辽宁交投资源开发有限责任公司

摘要：高速公路建设，事关国计民生，做好高速公路建设档案管理工作至关重要。传统档案管理模式下，工作效率差，档案易丢失损坏，影响档案安全性和完整性。数据时代背景下，加快高速公路档案信息化建设至关重要，如何取得理想的高速公路档案信息化建设成效成为研究思考的关键问题。本文首先概述了高速公路档案管理特点；其次分析了高速公路档案信息化建设的意义；接着分析了高速公路档案管理现状与问题；最后探讨了数据时代高速公路档案信息化建设的对策。

关键词：数据时代；高速公路；档案；信息化建设

高速公路建设规模不断扩大的背景下，所涉及的档案资料越来越多，做好档案管理工作至关重要。数据时代的到来，为高速公路档案管理工作的开展提供了巨大的机遇，但同时也面临着诸多严峻的挑战。当前高速公路档案管理工作存在着诸多的问题，如：信息化建设意识不高、管理制度不完善等、信息化人才匮乏等，严重影响档案管理工作效率和质量。为更好地服务于档案储存、管理及利用，加快高速公路档案信息化建设势在必行。

1 高速公路档案管理特点概述

1.1 内容多且综合性强

高速公路档案内容繁多，如施工现场调查资料、项目可行性研究资料、现场勘查数据、设计与施工资料、工程竣工验收及交付使用资料等，不难看出，高速公路档案资料涉及工程项目建设全过程，档案内容多，且具有较强的综合性 [1]。

1.2 档案归档的周期长

高速公路建设，需要经历多个环节，如项目立项与规划、项目决策分析、项目施工建设、项目竣工验收等，整个施工建设时间长，一般需 1—2 年甚至更长，在这一过程中会产生大量的档案资料，导致无法及时、快速将档案资料归档，延长了档案归档周期。

1.3 项目建设涉及单位多

高速公路工程项目建设，需要多个部门的参与，如电力部门、设计部门、施工部门、市政部门等，各个部门在参与建设时，会产生诸多的信息资料，档案管理人员需及时将有效的档案资料整理归档，为高速公路项目建设提供重要的参考 [2]。

1.4 档案管理专业性强

高速公路工程建设时，往往会涉及隧道施工、桥梁施工等多项内容，各个项目的技术指标存在着一定的差异，并且档案归属流向较复杂，如建设单位、运营单位、投资单位等，这进一步增加了高速公路档案资料的专业性。

1.5 档案资料载体多样化

高速公路建设过程中，所产生的信息资料并不仅仅是纸质资料，同时也会产生图片、视频、图纸等多种载体形式的档案资料，这使得高速公路档案内容更加的多样化，对于管理工作提出了更高的要求。

1.6 信息化管理要求高

高速公路建设数量不断增加、规模不断扩大的背景下，档案数据资料内容增多，传统人工、纸质管理模式下，档案管理效率低，效果差，档案资料完整性得不到保障，因此对于信息化管理提出了更高的要求，加快建设统一化、规范化的高速公路档案数据库，成为一项关键性工作 [3]。

2 高速公路档案信息化建设的意义分析

2.1 提升档案管理效率

高速公路档案内容众多，数据庞大，传统人工管理模式和纸质管理模式下，档案资料管理难度大，需要耗费大量的人力、时间和精力，整体管理效率及效果差强人意，影响档案利用。通过加强高速公路档案信息化建设，发挥信息化技术优势，搭建档案信息化数据库，优化工作流程，缩短操作环节，借助计算机设备高效快速完成高速公路档案管理工作，促进档案管理效率的提升。

2.2 维护档案安全完整性

在过去，高速公路档案资料以纸质形式为主，受到人员移动、环境、火灾、水灾等诸多因素的影响，极易对档案资料安全完整性造成威胁。加强高速公路档案信息化建设，摒弃传统纸质档案管理形式，借助计算机设备及存储介质可出现对海量档案资料的储存管理，降低了因频繁移动所造成的档案损坏、丢失的几率，进而更好地保障高速公路档案的安全完整性[4]。

2.3 保证档案利用率

高速公路档案资料的储存管理的根本目的就是利用，传统管理模式下，档案利用率并不理想，极易造成档案资料浪费的现象。通过落实档案信息化建设工作，优化档案资源，搭建数据档案库，分类储存各类档案资料，便于快速查询利用，减少查阅时间，让档案资料更好地服务于高速公路项目领导决策及运营管理等各项工作中。

3 高速公路档案管理现状与问题分析

3.1 档案信息化建设意识低

高速公路档案信息化建设是一项投入大且见效慢的工作，受到历史文化、经济发展等诸多因素的影响，个别领导者并不重视该项工作，没有充分意识到档案信息化建设的必要性、紧迫性，依然采用传统人工、纸质管理模式，缺乏创新意识，在高速公路工程建设中将更多的注意力放在质量、进度、成本管理等方面，在一定程度上忽视了档案管理及信息化建设，导致档案信息化建设工作滞后，档案资源传输、共享缓慢，影响高速公路档案管理效率和质量[5]。

3.2 规范化建设程度不高

高速公路建设时，虽然部分企业意识到了档案信息化建设的意义，但是建设规范化程度却并不高，影响档案高效收集、归档和利用。在档案信息化建设时，缺乏科学系统的规划，没有设置统一的建设标准，各个部门彼此之间互联互通难度大，导致信息化建设水平有明显差异，整体规范化建设程度不高。如档案资料管理时没有进行分类管理，导致高速公路项目建设档案资料杂乱，增加了后期查询利用困难度，降低了档案规范化管理工作水平。

3.3 信息化制度建设滞后

高速公路档案信息化建设工作的有序开展，是建立在完善的信息化管理制度的基础之上的。当前，由于档案信息化建设意识薄弱，导致企业在档案管理时依然沿用传统管理制度，并没有及时更新对档案管理制度更新，或者有的企业虽然执行了档案信息化管理制度，但是却照抄照搬，不符合当前企业档案信息化建设与管理需求。

3.4 档案信息化建设人才匮乏

高速公路档案信息化建设中，信息化人才发挥着重要的作用，其自身专业能力及综合素质的高低，极大地影响着高速公路档案信息化建设成效。高速公路档案信息化建设，对于复合型人才的需求量较大，然而当前复合型人才却并不多，缺乏较高的专业能力、综合素养，工作态度不端正，对档案信息化管理流程不熟悉，对档案业务不精通，再加上忽视对档案管理人员的教育培训，人才引进不及时，导致档案管理人员综合素质参差不齐，不利于高速公路信息化建设工作的开展。

3.5 档案信息化管理风险突出

高速公路档案信息化建设与管理，可显著提升管理工作效率和质量。但在实践中，也面临着突出的风险问题。互联网时代，网络具有虚拟性、开放性的特征，风险重重，部分企业在档案信息化建设时不具备较高的安全风险意识，严重威胁档案资源安全性。部分企业所搭建的档案信息化管理系统、平台存在漏洞，极易导致黑客、木马病毒的入侵，进而导致高速公路项目档案资料被窃取、泄露、丢失、损坏，尤其是一些机密性档案资料，一旦丢失、泄露会对企业乃至国家造成巨大威胁和经济损失[6]。

4 数据时代高速公路档案信息化建设的对策探讨

4.1 提高档案信息化建设意识

数据时代，在高速公路档案管理工作中，领导者、管理者应充分意识到信息化建设的重要性和迫切性，与时俱进，开拓创新，摒弃传统落的思想观念，认真做好组织领导规划工作，将档案信息化建设工作提上重要议程，将高速公路档案管理工作和信息化技术深度融合，紧抓机遇，克服挑战，制定档案信息化建设工作规划，引领各个部门工作顺利有序进行，充分发挥出信息化技术的优势，提升档案信息化管理及利用意识，确保高速公路档案信息化建设工作顺利进行，确保满足数据时代高速公路档案管理工作需求。

4.2 规范档案信息化建设标准

为确保高速公路档案信息化建设工作的规范化进行，规范档案信息化建设标准至关重要。高速公路档案管理部门，应结合信息化管理要求，制定统一规范的档案信息化建设标准，促进档案管理质量的提升。依靠规范的档案信息化管理标准，严把档案质量关，落实领导负责制度，将管理责任和任务落实到位，并做好档案管理年终考核工作，提升档案管理积极性[7]。此外，在规范高速公路档案信息化建设标准的同时，要规范档案信息化管理过程，构建各部门联动机制，便于高效收集档案资料，保证档案的完整性。

4.3 健全档案信息化建设管理制度

数据时代，为保障高速公路档案信息化建设工作的顺利进行，要重视对档案信息化建设及管理制度的制定与完善，确保档案信息化管理工作的开展有章可循。首先，要制定《档案信息化管理办法》，明确档案信息化管理流程、内容，完善管理程序，高效开展档案信息化管理工作[8]。其次，要制定《档案分类方案》，结合档案构成的内容、特点进行统一分类，提高档案资源的条理性，避免档案混乱。再次，要制定《档案保密制度》，针对高速公路机密性的档案资料，应进行严格的保密管理，防止泄露。

4.4 构建严格完善的监管机制

高速公路档案信息化建设及管理时，做好监管工作非常重要。首先，应对工作几率予以明确，确保档案管理人员严格按照纪律和章程开展档案管理工作，防止出现违规操作的现象，否则要依法追究其相关责任，提升档案信息化建设及管理的规范性。其次，要重视对档案查阅权限的设置，严把"入口关"，防止闲杂人员访问查询高速公路档案信息资料，避免档案资料被伪造、篡改[9]。最后，应加强日常监督管理工作，健全日常监管制度，明确日常监管内容和重点，实施全方面的监督管理，保证高速公路档案资源的安全性和完整性。

4.5 组建高素质档案管理队伍

高速公路档案信息化建设及管理，离不开档案管理队伍的支撑，档案管理人员自身专业能力及综合素质的高低，会对档案信息化建设及管理成效造成极大的影响。为满足新时期档案信息化建设及管理需求，组建一支高素质的档案管理队伍极为迫切。一方面，要加强人才引入，面向社会及高校对口专业公开招聘优秀人才，严格考核应聘人员，确保其具有丰富的经验，扎实的理论知识，同时要综合考量其业务素质，应具备较高的计算机技术，通晓档案信息专业知识和法律，有较强的规划能力，能够承担多项专业工作任务，确保满足数据时代高速公路档案信息化建设及管理工作需求[10]。

4.6 加大档案信息化建设资金投入

数据时代高速公路档案信息化建设需要大量的资金投入，针对当前资金匮乏的问题，要引起足够的重视，高速公路档案管理部门应积极争取政策、资金等方面的支持，并将档案信息化建设资金列入财务预算工作中，设置专项资金，严格监管资金的使用情况，保证专款专用，防止出现擅自挪用资金以及贪污腐败的现象[11]。依靠充足的资金，及时研发一套适合高速公路档案管理工作的软件，定期做好软件更新、升级工作，完善软件功能。

4.7 加强档案信息化安全管理

数据时代，数据信息安全问题呈现出高发趋势，受到木马病毒、黑客攻击的影响，高速公路档案资源的安全性遭受着巨大的威胁，因此积极做好档案资源安全管理工作至关重要，这是保证高速公路档案资源安全的关键。信息时代，高速公路档案管理部门及人员应切实提高自身的安全意识，深入分析档案管理环节潜在的安全风险，进而制定针对性的安全防范措施，降低木马病毒入侵和黑客攻击的几率[12]。

5 结语

综上所述，高速公路工程建设中，档案管理是一项至关重要的工作，加快档案信息化管理意义重大。针对当前高速公路档案信息化建设所存在的诸多问题，要引起足够的重视，明确高速公路档案信息化建设的重要意义，制定针对性有效性的解决对策，提升档案信息化建设成效，提高档案管理工作效率和质量，推动高速公路建设事业高质量发展。

注释及参考文献

[1] 于珊 . 高速公路项目档案信息化管理模式探讨 [J]. 东方企业文化 ,2015(21):193-194.

[2] 梁华平 . 浅谈高速公路建设中档案管理信息化的应用现状与建设方向 [J]. 科技信息 ,2014(14):230.

[3] 蒋美飞 . 高速公路工程建设档案管理中的特点与对策研究 [J]. 办公室业务 ,2018(13):99.

[4] 蔡秀香 . 高速公路工程档案管理存在的问题与对策分析 [J]. 中国管理信息化 ,2018(6):168-169.

[5] 苏培新 . 高速公路建设项目档实信息化的实践与探 [J]. 广东公路交通 ,2016(4):61-62.

[6] 茅敏 . 高速公路建设项目档案信息化建设研究 [J]. 城建档案 ,2018(6):18-19.

[7] 易霞 . 数据时代高速公路档案信息化建设的几点思考 [J]. 城建档案 ,2017(12):21-23.

[8] 刘泽珊 . 数据时代高速公路档案信息化建设的几点思考 [J]. 黑龙江史志 ,2015(9):183.

[9] 易霞 . 数据时代高速公路档案信息化建设的几点思考 [J]. 城建档案 ,2017(12):21-23.

[10] 陈雯雯 . 数据时代高速公路档案信息化建设的几点思考 [J]. 文渊 (小学版),2021(1):92.

[11] 孙旻 . 数据时代高速公路档案信息化建设的几点思考 [J]. 文渊 (小学版),2020(10):103.

[12] 肖金平 , 冉国成 . 浅析大数据时代下高速公路建设项目档案信息化建设 [J]. 智库时代 ,2021(16):239-240.

《珍贵气象档案分级鉴定办法》解读与实践

——以天津市气象档案馆为例

梁健　任建玲　勾志竟

天津市气象信息中心（天津市气象档案馆）

摘要： 气象档案分级鉴定是气象档案管理的重要环节，对于评估档案价值、优化资源配置具有重要意义。本文基于《珍贵气象档案分级鉴定办法》的实施背景，讨论了本办法在职责分工、分级方法和鉴定程序等方面的具体规定以及天津市气象档案馆在实际鉴定工作中的应用效果。通过对政策解读和实践分析，本文旨在评估其对珍贵气象档案鉴定工作的系统性、科学性和规范性等方面的作用，为气象档案分级鉴定提供理论支持和实践指导，以期为相关领域的档案鉴定工作提供借鉴和参考。

关键词： 气象档案；分级鉴定；政策解读

0 引言

气象档案作为记录气象数据、事件和研究成果的重要载体，不仅承载着气象科学发展的历史脉络，更是预测未来气象趋势、应对极端天气事件的宝贵资源。气象档案分级鉴定正是对这些珍贵资料价值进行科学评估与认定的关键环节。气象档案的价值体现在其蕴含的永久保存价值和对气象事业发展的贡献上。它们或与历史上的重大气象事件紧密相连，或为气象科学的创新提供坚实支撑。因此，对气象档案进行分级鉴定，不仅是对其价值的认可，更是对气象事业发展的尊重与促进[1]。中国气象局于2020年颁布的《珍贵气象档案分级鉴定办法》（以下简称《办法》）更是为气象档案分级鉴定提供了明确的标准和程序。本文从天津市气象档案馆（以下简称"市气象档案馆"）珍贵气象档案鉴定过程中对于气象档案的价值原则甄选、专家鉴定划分等级以及鉴定结果等方面进行珍贵气象档案鉴定的政策解读和实践应用。

1 背景情况

《办法》的出台，为珍贵气象档案鉴定工作提供了明确的指导和规范。该《办法》主要从以下三个方面对珍贵气象档案鉴定进行了详细规定：

1.1 职责分工明确

《办法》明确了珍贵气象档案鉴定工作的职责分工。中国气象局层面负责监督指导和统筹协调，组织制定制度、标准和规范，并负责复核鉴定和建立鉴定专家库等工作。省级气象局层面则负责珍贵气象档案鉴定的具体实施和组织初审鉴定等工作。这种分工确保了鉴定工作的系统性和高效性。

1.2 分级方法科学

《办法》规定了参与鉴定的珍贵气象档案分级方法。首先，明确了珍贵气象档案所具有的价值原则，包括内容价值、高龄价值和稀有价值。这些价值原则为鉴定工作提供了科学的评估标准。其次，鉴定等级分为珍贵一级和珍贵二级，根据档案的价值大小进行划分。这种分级方法既体现了档案的珍贵性，又便于后续的管理和利用。

1.3 鉴定程序规范

《办法》详细规定了珍贵气象档案鉴定的程序流程。首先，省级气象局层面需要提交鉴定申请。然后，档案管理处室组织专家进行鉴定，专家根据价值原则和等级鉴定标准对档案进行认真评估。最后，形成初审鉴定结果[2]。整个鉴定过程严格遵循程序，确保了鉴定结果的公正性和准确性。

2 鉴定总体要求

2.1 职责分工方面

《办法》明确了各级气象部门在珍贵气象档案分级鉴定工作中的职责分工。中国气象局预报与网络司负责全国范围内的监督指导与统筹协调，组织制定相关制度和标准，并负责组织国家级珍贵气象档案的分级鉴定与复核工作。国家级气象档案馆则负责具体实施本馆珍贵气象档案的分级鉴定工作，并制定相关技术规范。省级气象局气象业务档案管理部门则负责组织和管理本行政区域内珍贵气象档案的初审鉴定工作。

以天津市气象局为例，其观测与预报处负责组织和管理珍贵气象档案的初审鉴定工作，确保珍贵气象档案得到妥善保存和合理利用。市气象档案馆在初审鉴定为珍贵二级的气象档案由市局将鉴定结果函报中国气象局预报与网络司备案，并颁发鉴定证书。初审鉴定中被鉴定为珍贵一级的气象档案，需由中国气象局预报与网络司进行复核鉴定，以确保鉴定结果的准确性和权威性。

2.2 分级方法方面

2.2.1 珍贵气象档案分级鉴定价值原则

首先，内容价值是气象档案的核心所在。它体现在档案内容对于气象事业发展的长远影响和重要性上，这些档案不仅记录了气象史上的重大事件和关键节点，还反映了档案责任者在气象领域中的权威地位和关键职能。正是这些内容的独特性和不可替代性，赋予了气象档案珍贵的价值。其次，高龄价值为气象档案增添了一层厚重的历史底蕴。那些形成于久远时代的气象档案能够真实、直接、可靠地再现当时的气象实况，为后人提供了宝贵的历史参考和科学依据。最后，稀有价值使得气象档案无论是载体特殊性还是记录内容的稀缺性都在全国或某一行政区域内独一无二。这些档案不仅具有极高的研究价值，更是气象文化传承和弘扬的重要载体 [3]。

市气象档案馆本次参加珍贵气象档案鉴定的档案为解放前珍贵气象档案，具有永久保存和利用的内容价值，最早的记录为 1887 年，记录内容均为代表天津城区唯一原始气象观测记录，能真实反映当时的气象实况，具有高龄价值和稀有价值，所以市气象档案馆本次参与珍贵气象档案分级鉴定的气象档案均符合珍贵气象档案鉴定三价值原则。

2.2.2 珍贵气象档案分级鉴定等级标准

珍贵一级气象档案应能够反映我国气象事业发展历程，具有特别重要保存及利用价值，且意义重大的原始记录；载体形式或记录内容较为珍稀的气象档案。珍贵二级气象档案应反映省级行政区域重要历史时期、重大事件、重要人物等与气象事业发展有直接关系的气象档案。

市气象档案馆本次所提交的珍贵气象档案经鉴定后，根据《办法》中第九条（一）中的"中国近代气象事业建立之前（1912 年前），形成具有代表性或重要价值的气象观测原始记录"之规定，共有 10 种档案推荐为珍贵一级。根据《办法》第九条（二）中的"中国近代气象事业建立时期至 1950 年前形成的有代表性或重要价值的气象观测原始记录"之规定，共有 58 种档案推荐为珍贵二级。下节将具体介绍珍贵气象档案省级初审、复审鉴定流程。

2.2.3 珍贵气象档案省级初审、国家级复审鉴定流程

省级珍贵气象档案分级初审鉴定流程：首先，省级气象档案馆需对馆藏的具有永久保存价值的气象档案进行梳理。当确定某份档案具备珍贵气象档案的特征时，便向省级气象局气象业务档案管理处室提交鉴定申请及相关说明文档。这一步骤是鉴定工作的起点，也是确保档案价值得到正确评估的基础。省级气象局气象业务档案管理处室在收到分级鉴定申请后，会适时组织气象档案馆成立鉴定专家组。这个专家组通常由七人及以上的单数专家组成，以确保鉴定的公正性和权威性。在初审鉴定过程中，专家组会对档案的真实性、准确性进行质询，并对鉴定申请材料进行审核，根据其价值大小被分为珍贵二级或珍贵一级，只有当三分之二及以上的专家表决通过后，形成珍贵档案鉴定初审鉴定结果。

以市气象档案馆为例，首先将本次整理好的珍贵气象档案通过气象档案业务系统"云历"向管理部门市局观测与预报处提交鉴定申请，上传相关文档，然后市局观测与预报处组织专家组实施初审鉴定，专家组对鉴定档案现状、档案的真实性、准确性进行质询，对鉴定申请材料进行审核，对于符合《办法》第九条规定的珍贵气象档案分级鉴定等级标准，将提交的档案鉴定为珍贵二级和珍贵一级。

国家级对省（区、市）气象局提交的珍贵一级气象档案申请进行复核鉴定的流程：中国气象局预报与网络司在收到省级复核鉴定申请后，会组织国家级气象档案馆对相关说明文档进行审查。通过审查后，将适时组织复核专家组对初审鉴定结果进行复核。复核专家组同样由七人及以上的单数专家组成，并需经三分之二及以上专家表决通过后方可形成复核鉴定意见。最终，中国气象局预报与网络司将参考复核鉴定专家组意见，形成档案复核鉴定结果。目前市气象档案馆正在进行珍贵气象档案复核鉴定的准备工作。

3 工作思考

3.1 提高档案管理效率

珍贵气象档案分级鉴定的实施，有助于对气象档案进行科学分类和有序管理。通过明确档案的价值等级，可以更加有针对性地制定档案保管、修复

和利用策略，促进珍贵气象档案开发利用 [4]。同时分级鉴定还有助于优化档案存储空间，降低管理成本 [5]。

3.2 面临的挑战与应对策略

在气象档案分级鉴定过程中，也面临一些挑战。一是由于气象档案的种类繁多、内容丰富，鉴定工作需要具备较高的专业性和技术性。因此，需要加强鉴定人员的培训和教育，提高其鉴定能力和水平。二是由于档案价值评估的主观性较强，需要建立科学、客观、公正的评估体系，确保鉴定结果的准确性和公正性。

针对这些挑战，可以采取以下应对策略：一是加强鉴定人员的培训和教育，提高其专业素质和鉴定能力；二是建立科学、客观、公正的评估体系，确保鉴定结果的准确性和公正性；三是加强与其他领域的合作与交流，共同推动气象档案分级鉴定工作的发展。

3.3 展望

珍贵气象档案分级鉴定是气象档案管理工作的重要组成部分，对于进一步开发和利用珍贵气象档案价值、促进气象事业发展具有重要意义。本文通过对天津市气象档案馆珍贵气象档案鉴定实践的研究，探讨了气象档案分级鉴定的政策背景、理论基础和具体实践，分析了其意义与挑战，并提出了相应的应对策略。同时，随着大数据、人工智能等新技术的发展和应用 [6]，气象档案管理和分级鉴定工作也将面临新的机遇和挑战。未来应积极探索新技术在气象档案鉴定中的应用，提高档案鉴定的智能化和自动化水平，为气象事业的发展提供更加有力的支持。

注释及参考文献

[1][2] 中国气象局 .《珍贵气象档案分级鉴定办法》(气办发［2020］35 号).

[3] 兰平 . 气象档案分级鉴定关键技术与策略分析 [J]. 兰台世界 , 2020(2):81–84.

[4] 中国气象局 .《珍贵气象档案管理办法 (试行)》(气发［2019］47 号).

[5] 鞠晓慧 , 王妍 , 李俊 . 珍贵气象档案数字化技术与应用 [J]. 气象科技进展 , 2023(3):69–72.

[6] 李剑锋 . 人工智能技术在数字档案鉴定中的应用与启示——以瑞士纳沙泰尔州档案馆 ArchiSelect 项目为例 [J]. 浙江档案 , 2022(10):36–39.

实然与应然：初探档案多维著录的转向逻辑

张昊　阿亚古孜·叶尔切特

上海大学文化遗产与信息管理学院

摘要：2016 年 9 月 ICA-EGAD 发布 RiC-CM，提出档案著录要从多级著录转向多维著录。使用内容分析法明确多维著录的内涵，并对其意义做出阐释，厘清了多维著录的概念实然。以发展的视角深入分析了多维著录的出现原因，从斯科特的文件系列思想到新来源原则对档案著录的批判和指导，再到文化遗产领域资源整合需求的共同影响，阐明了多维著录转向的应然缘由，从概念实然与缘由应然两方面深刻地把握了多维著录的转向逻辑。

关键词：多维著录；多级著录；内容分析法；文件系列；来源原则

0 引言

档案著录实质上是一种智力控制活动，体现了档案工作者对著录对象的全方位把握。2016 年 9 月 ICA-EGAD 发布的背景中的文件—档案著录概念模型（RiC-CM）中提出 RiC-CM 实现了档案多级著录向多维著录的转向[1]。然而，RiC-CM 中对多维著录的概念并未清晰解释，也并未从理论角度阐释这种著录转向的深层次原因，在一定程度上会阻碍新标准的推广可能。因此，笔者试图从多维著录的概念实然和著录转向的缘由应然出发，探索著录转向的逻辑，为档案著录的多维实践提供明确的理论解释。

1 多维著录的概念实然

多级著录被定义为从文件、案卷、类别到全宗分层级实施著录的方法[2]。多维著录的概念实然，就是要在厘清多维著录的内涵特征，然而对于档案多维著录的概念，RiC-CM 并没有给出明确的定义。以往的研究中也没有清晰的多维著录内涵。由此，本文首先在全面收集现有研究中对多维著录论述的基础上，采用内容分析法对论述中蕴含的经典特征进行解析，试图掌握多维著录的内涵特征，为后文研究提供概念基础。

1.1 资料来源与研究方法

本文查阅国内外政府档案网站、期刊论文、标准规范和政策文本、专家讲稿、报告等，以求全面系统收集多维著录相关论述。经对政府档案网站和 CNKI、WOS 等权威数据库以"多维著录""多维度著录""multidimensional description"为检索词进行全文检索、关键词检索等方式，并人工去重。截至 2024 年 3 月 1 日，共梳理出国内外共 11 个对多维著录的论述[3][4][5][6][7][8][9][10][11][12][13]。

本文使用内容分析法对 11 个文本进行系统分析，经 Nvivo 11 Plus 进行编码处理，通过标准提取、量化处理、信度分析和结果解释四个步骤得出多维著录的主要特征。

1.2 结果统计与呈现

经重测信度检验，综合一致性结果为 0.926，表明 19 个二级特征和 5 个一级特征具有很高的可信度，因此可以作为下文多维著录内涵辨析的前提。

1.3 多维著录内涵阐释及意义解析

1.3.1 多维著录的内涵阐释

多维著录与多级著录的一大区别在于著录维度的迥异，多维即是指档案著录的多实体。多维著录将多级著录的著录项有机地分割、补充与关联，弱化著录单元（文件资源）地位的同时增加了与之形成背景休戚相关的多个著录实体，继而跳脱出多级著录中对著录单元（文件资源）的强烈关注，转向"责任者""活动""实例"等维度的著录，凭借更加全局的、抽象的和灵活的著录方式回应理论的诉求。以 RiC-CM v1.0 为例，19 个著录实体见图 1，四个核心实体为责任者、文件资源、实例和活动。文件资源是由责任者在其生活或工作活动中产生或获取并保留下来的信息，实例化则描述了这些信息在特定介质上的具体表现，确保信息能够穿越时间和空间被保存和传递，责任者是指那些参与或影响文件生成和维护的个人或组织，而活动则是指导致文件产生的具体行为和过程。

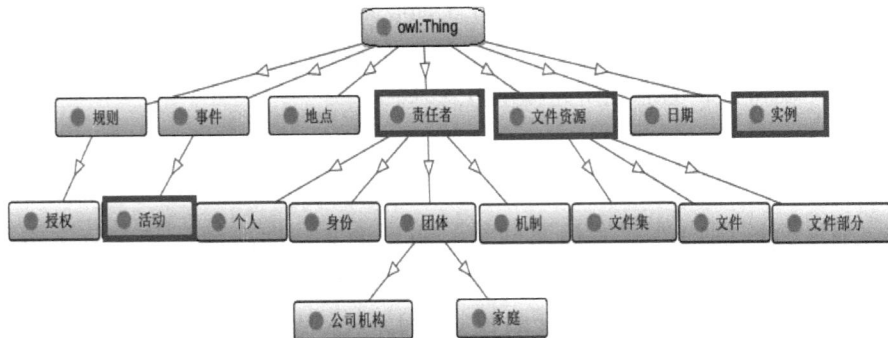

图 1 RiC-CM 的 19 个著录实体

　　若仅从核心实体来看，多维著录似乎仅为多级著录的著录项的分别著录，因为多级著录，如 ISAD（G），也并不缺少对责任者、文件资源、活动等的描述。然而，多维著录除了著录实体的增加，各维度之间的关联也成为其与多级著录的显著不同。多级著录是对"全宗—系列—案卷—件"的每一层级分别进行著录，下一层级可以"继承"上一层级的著录元素，因而形成的是全宗内部上下级之间的关联。多维著录仍然包含这种层级之间的关联，如图 1 著录实体上下级之间也存在继承关系，但是多维著录却要有意超越全宗内部的上下级联结，追求不同全宗各层级间的联系，而这正通过著录实体的属性和关系实现。属性的存在赋予档案工作者对著录实体更加全面和发散的判断，而关系的引入使得著录实体之间不是孤立存在而是可以相互关联，为更大范围内的资源交流和共享提供契机。而网状特征的呈现也成为其与多级著录的层次结构的最直观的形式化区别，这一结构试图对档案形成过程中多维来源以节点形式固定，实现看似分散、实则聚合的形式将来源明确划分，在著录层面打破了对档案形成中的单一来源的限制，以分面多维的形式反映档案形成的复杂背景。

1.3.2 多维著录的意义解析

　　一是对档案资源语义化描述的积极意义。学界对档案乃至文化遗产资源的语义化描述的研究日益深化，档案的语义是指所有档案本身的数据和描述档案的数据的含义，包括档案内容数据、背景数据和结构数据的含义[14]。如何实现档案的语义化描述进而实现与更广阔的文化遗产领域的资源共享和知识互联成为 ICA-EGAD 开发 RiC 标准的一个重要关切点。多级著录如《档案著录规则》（DA/T 18—2022）多使用主题词、分类号或摘要等项目描述档案内容特征，总体呈现为粗粒度的语义构建形态[15]，档案检索也就局限在了从相应层级的主题词检索上，而多维著录的不同的著录实体及其属性之间的相互联结构成的多维著录的网状结构，则成为档案数字资源走向更具细颗粒度化的数据资源趋势上的有力推手，档案内容可以被更加精确地规范控制，从而为应用关联数据、知识图谱等技术实现语义关联、语义检索甚至大数据时代的档案治理提供方便。

二是实现档案著录重心的迁移。诚如 ICA-EGAD 主席皮蒂（Daniel V. Pitti）所言，"档案著录将被视为一个庞大的社会文件网络"[16]。档案不再是被动地存储在档案馆中的静态记录，而是成了活跃在一个互联的信息网络中的动态资源。多维来源的冲击迫使档案工作者不得不关注更多的责任者以及档案生成过程中的多维化背景，否则只关注对档案本身单调的层级式著录将会在面对未来利用者更加多元化的利用需求时而手足无措。由此，多维著录实现了从传统的中心化档案著录方式向去中心化和网络化的转变，使得档案不再处于著录中心化的地位。也因此，多维著录的推广实际上是档案学领域对现代社会需求变化的一种积极响应，更是为了确保档案资源在现代社会中继续发挥其独特而重要的作用，在推动档案学自身的理论和实践一场创新。

2 著录转向的缘由应然

2.1 先声：斯科特的文件系列思想

包含多实体著录是档案多维著录的核心要素并且是"多维"的重要体现，其实践先声来源于澳大利亚著名档案学家斯科特的文件系列思想。文件系列在澳大利亚的实践对档案多维著录的产生起到开创性的影响，甚至库克评价斯科特为"世界档案思想中后保管革命的创始人"。

总的来说，这种影响主要体现在两个方面：一是文件系列开创了档案多实体著录模式，要求档案工作者不仅对文件资源本身进行描述，而且对产生文件的个人或机构、职能及其背景以及五者之间的关系进行说明和著录。一旦将著录的各部分分离开来，就可以利用这些组成部分来创建各种各样的搜索和检索系统，其使用前景将会倍增。多实体著录模式的确立与早期澳大利亚不断变动的政府职能关系颇大，当时虽处在纸质时代，但是一份文件却形成于多个政府部门，传统的档案全宗或文件组合与形成机关的一一对应关系被打破。虽然多形成机关的著录主要是为了对政府机关的问责，但是这一措施的确促进了档案多实体著录模式的产生。二是确立了将著录实体联系起来的"关系"的中心地位[17]。关系是指两个或多个实体之间的关联，仅仅是单独分散的著录实体并不能使档案的证据价值得到充分发挥，由各种关系和实体相互交织组成的复杂网络更能抽离出许多未经发现的概念全宗。也就是说，档案可以很容易地与多个形成者和职能联系起来，而且当某个形成者的档案实际分散在多个档案全宗时，这些档案可以在知识上重新组合起来[18]，为进一步实现跨全宗检索提供可能。

2.2 发展：新来源观对档案著录的批判与指导

作为后现代主义影响下的档案后保管范式体系结构的组成部分，新来源观也不可避免地带有了反传统的色彩，提倡将档案置于更广阔的历时性框架中加以理解和解释，因此对多级著录这一体现实体保管时代传统著录规则进行了批判。多级著录将一个形成机关、组织或个人的所有档案，从全宗自上而下四级的分层描述，是一种单一、自成一体的层级结构。这一仅仅针对全宗及其内部的档案管理的著录方式，淡化或忽视了档案形成过程中所涉及的活动、事件等实体所蕴含的背景信息，这在当下的档案学语境中是不可接受的。

而多维著录的出现恰恰满足了新来源观对档案形成背景和多维来源的期待，认为"文件起源于并继续存在于与其他文件、活动、个人和团体的动态关系的复杂网络中"[19]。虽然有些以多级著录为指导原则的著录规则为解决档案形成背景的缺失而添加了档案形成者的描述，如 ISAAR（CPF），试图为获取以及管理最有助于发现、利用和理解档案的背景信息提供一个有效而灵活的手段[20]，但是档案和背景"相隔太远"，无法展现多重实体之间复杂的关系网络，忽视了文件生成过程的动态性，仅是对档案的静态描述，最多可以看作新来源观在多级著录中的试探。此外，由于依然贯穿着历史主义"尊重客观、尊重历史"和"尊重有机联系"的基本精神[21]，新来源观就必须批判带有个人主观色彩的传统著录工作，用档案生成的历史背景去瓦解由档案工作者带来的偶然逻辑，转而寻求更符合客观性要求的著录方式，不仅局限于寻求档案本身的逻辑关联，还积极探索与更广泛世界中其他实体的相互联系[22]。就是在这种批判与指导的风潮中，档案多维著录应然出现。

2.3 高潮：文化遗产资源整合的要求

随着图书馆、档案馆、博物馆以及纪念馆所拥有的文化遗产的综合利用日益成为专业团体、政策制定者、资助机构和用户团体关注的焦点 [23]，这就要求档案著录不仅要满足档案管理的需求，还要与其他文化遗产机构的著录标准相互兼容，呼唤着一套融合互通的文化遗产数字资源描述标准体系的出现，以便更好地实现各种文化遗产资源的整合和共享，因此文化遗产各领域都在为之努力。

为了应对信息资源的海量增长和新的文献类型的推陈出新的压力 [24]，1998 年 IFLA 颁布了 FRBR，这一概念模型首次尝试用"面向对象"方法重新审视编目过程，试图建立起各书目记录之间、书目记录中各著录对象之间的关系 [25]。FRBR 使用概念模型来描述书目资源的这一创举，逐渐在图书馆学界不断迭代与更新，相继出现了 FRAD、FRSAD，2005 年 RDA 的出现也是脱胎于 FRBR 的编目理念。

以 FRBR 为代表的图书编目理念为文化遗产领域资源共享提供了新的努力方向，但在档案多维著录规范的制定上，档案领域并非落后于其他文化遗产领域，甚至以先国家后国际的模式呈现对档案资源描述的多维化的积极探索。仅在 FRBR 发布后的第二年，澳大利亚国家档案馆就颁布了《澳大利亚记录元数据模式》，凭借历史上斯科特文件系列的优势，率先开发出档案领域的第一个概念模型。在欧洲，2012 年西班牙档案著录标准委员会颁布了《档案文件描述、代理和功能基础》（NEDA-MC）概念模型，成为 RiC-CM 的主要参考模型之一；2013 年芬兰国家档案馆发布了《国家档案描述概念模型 0.1 版》草案。2016 年，ICA 颁布了 RiC-CM 的征求意见稿，标志着档案多维著录规范先国家后国际模式的形成。

行笔至此，笔者认为档案多维著录的出现并非直接受到图书编目的影响，也并非亦步亦趋地跟随其他文化遗产领域的脚步，而是以实现文化遗产领域资源共享的心态转换自身的实践范式。虽然档案著录规则有很多规定是承袭图书著录规则的观念 [26]，但档案多维著录应被视为档案领域的创新，因为从以上标准或规范制定时间来看，档案著录转向实质上是一种自发性基础上的借鉴式过程。FRBR 的出现为图书馆学界认清编目的对象提供了一个有效的参照系统：从注重文献的物理形式到注重著作的创作内容 [27]；档案著录目前也的确存在关注点从物理载体的保存到档案的内容开发上的现象，但这种共同趋势并没有完全成为图书和档案的编目 / 著录转向的共同原因：一方面与图书编目的共时性不同，档案对真实、完整性的特别强调，要求档案著录时不得不从历时性的角度出发不断去捕捉档案形成过程中的证据性变化；另一方面图书并没有类似于全宗及其内部的层级架构，但尊重全宗原则仍将为档案管理的至高原则，不同的分类方法论也决定了图书和档案不同的编目/著录思路，前者编目方式的转变是为了简化图书编目过程和满足用户更广泛的利用需求，后者则愈发强调在保留层级关系的同时开拓全宗间更全面的关联。因此，多维著录的仍是斯科特、库克等一批实务和理论家在回顾以往经验、环视现实情境时的清醒判断，也必然是在维护全宗完整性前提下克服了多级著录局限的创新，并非步其后尘。

3 结语

多维著录的核心内涵为多实体著录，档案著录经历了斯科特文件系列的先声、新来源观对档案著录的批判和指导以及文化遗产资源整合的需求下由多级著录到多维著录的转向，朝着更加全面和网络化的方向迈进。然而，本文并没有对多维著录在实践中应用成效进行测度研究，而是从理论上对多维著录的内涵和著录转向的缘由进行初探。未来对多维著录的研究应进一步深入其在实际档案管理中的应用效果与实施策略上，结合我国国情探讨我国多维著录的适用性问题，评估我国现有的档案管理体系和技术基础并对传统著录方法进行批判性分析和对多维著录特性的本土化调整。

注释及参考文献

[1][3][19][23]EGAD. Records in contexts－conceptual model[EB/OL].[2024-03-08].https://www.ica.org/resource/records-in-contexts-conceptual-model/.

[2] 中华人民共和国国家档案局.《档案著录规则》(DA/T 18-2022)[EB/OL].[2024-03-08].https://www.saac.gov.cn/daj/hybz/202206/beb7ba0f09ee4742ad4bb93bce2504b0.shtml.

[4] 段荣婷,马寅源,李真.档案著录本体标准化构建研究[J].档案学研究,2018(2):63-71.

[5] 王志宇,赵淑梅,王晓宇.数据管理视角下我国档案著录规则重构探析[J].档案学研究,2023(3):50-55.

[6] 段荣婷, 马寅源, 李真. 国际文件 / 档案著录标准化前沿与趋势展望——基于国际最新著录标准 ICA RiC 的研究 [J]. 档案管理 ,2018(1):28-35.

[7] 王晓宇. 国际档案理事会 RIC 档案著录标准及其功能研究 [D]. 沈阳市：辽宁大学 ,2022.

[8] 龙家庆, 王兴广. 国际档案著录系列标准《背景中的文件 (档案)》解析及启示 [J]. 中国档案 ,2022(3):80-81.

[9]Feliciati P. Archives in a graph. The Records in Contexts Ontology within the framework of standards and practices of Archival Description[J].JLIS.It,2021(1):92‐101.

[10][16]International Council on Archives,Experts Group on Archival Description.Records in contexts (RiC):An archival description draft standard[EB/OL].[2024-03-08].https://www. alaarchivos.org/wp-content/uploads/2018/01/2.-Gavan-McCarthy.pdf.

[11]Santamarí a A. Report on the work of CNEDA (2007-2012): Toward a conceptual model for archival description in Spain [EB/OL].[2024-03-08].https://www.cultura.gob.es/dam/ jcr:6c521d75-8ae1-43c3-90bb-4287c21622a4/reportcneda-11-07-2012.pdf.

[12]Padrón DL，Arce EOD de, Mugica MMM. Una mirada a los Modelos Conceptuales de Descripción Archivística desde una perspectiva comparative[J]. Boletim do Arquivo da Universidade de Coimbra，2021(2):27‐48.

[13] 西班牙文化部. 档案描述概念模型 : 实体、关系和属性 [EB/OL].[2024-03-11]. https://www.cultura.gob.es/dam/jcr:1158cc51-8174-497f-b6ed-78ffdee32cb1/20170831_ NEDA-MC_redux.pdf.

[14] 祁天娇, 冯惠玲. 档案数据化过程中语义组织的内涵、特点与原理解析 [J]. 图书情报工作 ,2021(9):3-15.

[15] 祝洁, 刘越男. 档案著录信息关联数据化：国际经验与中国路径 [J]. 山西档案 ,2024(2):12-17,34.

[17]Cunningham A, Millar L, Reed B. Peter J. Scott and the Australian "series" system: its origins, features, rationale, impact and continuing relevance[J].Comma,2013(1):121-144.

[18]MacNeil H. Trusting description: authenticity, accountability, and Archival Description standards[J].Journal of archival organization,2009(3):89‐107.

[20] 赵芳. 国际档案著录标准中的后保管思想 [J]. 档案学通讯 ,2010(4):22‐25.

[21] 黄霄羽. 魂系历史主义——西方档案学支柱理论发展研究 [M]. 北京 : 中国人民大学出版社 ,2006:208.

[22]MacNeil H. Trusting description: authenticity, accountability, and Archival Description standards[J].Journal of archival organization,2009(3):89‐107.

[24] 刘素清 .IFLA 书目记录功能需求 (FRBR) 初探 [J]. 大学图书馆学报 ,2004(6):65-69.

[25] 吴丽杰 .FRBR 理念及其对 RDA 的影响 [J]. 图书馆学刊 ,2007(2):130–131.

[26] 李郎达 . 档案编目与图书编目之比较 [J]. 情报科学 ,2002(3):241-243.

[27] 王松林 . 从 FRBR 看编目条例及机读目录格式的变革路向 [J]. 中国图书馆学报 ,2004(6):22-26.

淄博市红色档案资源利用和保护研究

李靖

山东省淄博市青少年宫

摘要：淄博地处黄河下游，区域内红色档案资源丰富。深入挖掘红色档案资源，需要广泛征集有效增量，锚点链接区域存量，建立完善红色档案资源库。通过整理分级化分类化，保护科学化智能化，加大对红色档案资源的保管力度和质量。实现红色档案育人功能，需要继续深化编研开发利用，推动各类教育活动亲民化长效化。用红色档案讲真、讲活、讲实、讲好黄河故事、淄博故事，是淄博主动融入国家和山东战略布局，推动黄河流域生态保护与高质量发展的客观需要和重要推动。

关键词：黄河流域；红色档案；利用；保护

0 引言

习近平总书记指出，要把蕴含党的初心使命的红色档案保管好、利用好，把新时代党领导人民推进实现中华民族伟大复兴的奋斗历史记录好、留存好，更好地服务党和国家工作大局、服务人民群众。红色档案资源是党领导人民革命和建设实践的珍贵记录，饱含着中国共产党人的初心和使命，也承载着深远的政治意义、强大的精神内核和精深的文化内涵。深入研究红色档案资源利用和保护，是做好新时代档案工作面临的重要课题。淄博地处黄河下游，区域内红色档案资源广博丰富。深入挖掘区域红色档案资源，强化对红色档案资源的收集保管力度和开发利用质量，用红色档案讲真、讲活、讲实、讲好黄河故事、淄博故事，是淄博聚力实现"3510"发展目标和"强富美优"城市愿景，主动融入国家和山东战略布局，推动黄河流域生态保护与高质量发展的客观需要和重要推动。

1 广泛征集有效增量，锚点链接区域存量，建立完善红色档案资源库

丰富可靠的馆藏资源，是开展红色档案资源利用保护和教育功能实现的前提基础。[1]

1.1 拓展征集广度，保障区域红色档案资源增量

要在摸清红色档案资源基本家底的基础上，遵循科学谋划、全面覆盖、真实准确、应收尽收的原则，最大限度留存展示红色档案的历史真实性、红色事件的风貌完整性和红色文化的历史延续性。

1.1.1 注重征集对象的广泛性

要广泛面向社会各界，面向单位和个人进行宣传教育、说服动员，最大限度地将征集工作做到位。如，淄博市档案馆面向社会专门开展红色"传家宝"专题征集宣传，收集到"传家宝"共计 1200 余件，进一步加强了红色档案资源建设。临淄区组织全区单位和个人开展革命历史红色档案资源征集活动，收集到各类档案资料 100 余件。

1.1.2 注重征集范围的破界性

要将与区域红色历史相关的史志、印刷品、族谱家谱、音画声像等史料，徽章印章、手札日记、凭票证照等实物，不拘泥于形式载体，都纳入征集范围。比如，张店区档案馆征集到的《淄博抗日英烈》，是在用档案资料充分佐证的基础上，采取亲历者口述形式，通过人物小传的方式，借助鲜活的语言、翔实的情节，展示了淄博人民不屈不挠、英勇抗日的历史。临淄区档案馆组织开展了历任区委书记口述历史采集工作，采集声像资料 420 分钟，全面展示全区在不同历史时期取得的发展成就；持续向抗战老兵采集口述历史，征集徽章书信等实物，取得了较好的成效。

1.1.3 注重征集工作的紧迫性

由于部分早期红色档案史料、实物距今历史久远，保护留存有难度。有的红色历史事件亲历者年事已高，不同程度存在记忆模糊。有的亲历者已经故去，亲属缺乏档案保护意识，红色史料实物散失难觅。有的史料实物因保管条件有限，保管方法不当，导致出现不可逆的受损。因此，为抢救和保护红色史料实物，要从提高重视程度、加大经费投入、确保征集效果等多方面入手，多措并举推进红色档案资源征集，对散存于社会的各类红色档案进行抢救性地征集、保管。

1.2 提升链接效度，统筹区域红色档案资源存量

要更加精准有效地链接黄河流域各省区资源，更加深入全面地链接全省兄弟城市特别是邻近地市相关资源[2]，更加切实有效地链接本地社会层面相关资源，围绕市档案馆这个中心链接点，建立红色档案资源联结网。

1.2.1 链接黄河流域九省区的红色档案资源

贯彻落实好黄河流域生态保护和高质量发展重大国家战略，把黄河档案真正保管好、切实利用好、忠实记录好、妥善留存好，是沿黄流域各地义不容辞的神圣使命，更需要沿黄流域各地的协同合作。

1.2.2 链接全省兄弟城市的红色档案资源

红色历史是全省不同城市共同经历的奋斗历程，红色历史事件往往发生、影响在多座城市特别是邻近城市。因此，红色档案资源在全省范围内的交流与整合，对于推动城市间的合作与发展具有重要意义。[3] 比如，各城市可以将本地的红色档案资源进行整理、分类和数字化，通过安全基础上的在线交流和共享，方便城市之间就红色档案资源领域进行交流和合作。

1.2.3 链接本区域红色档案资源

以淄博市为例，社会层面红色档案资源数量客观、种类丰富、覆盖全面。如，红色功勋药厂新华制药建立的展览馆以红色基因传承、国企改革发展为主线，以大量史料、实物再现了功勋国企的奋斗历程。再如，齐韵黄河文化展馆中收存的大量黄河文化、治黄成就等相关档案资料，也是全市红色档案资源的重要内容。

1.3 加强法理支撑，完善区域红色档案资源建设

贯彻落实红色档案资源相关工作的法规政策，细化工作标准，因地制宜地开展本区域红色档案资源相关工作。[4]《中华人民共和国档案法》中关于红色档案资源，并未以相关条款做出明确规定。《"十四五"全国档案事业发展规划》对红色档案资源的相关要求也不够全面、具体。《国家档案馆爱国主义教育基地工作规范》中对相关术语含义作出了修改。为做好红色档案资源相关工作，山东省档案馆也制定出台了《关于推进红色档案资源开发利用和宣传教育的工作方案》《山东省革命历史红色档案资源数据库建设方案》等一系列相关文件，使红色档案资源相关工作有了制度规定上的指导和保障。淄博市作为拥有立法权的"较大的市"，要以相关法律法规及通知要求为依据，聚焦本地实际，制定细化红色档案资源相关工作法规标准，明确档案及各相关部门在红色档案资源保护利用中的责任义务，规范相关工作开展。

2 整理分级化分类化，保护科学化智能化，丰富红色档案育人内涵

要对收集到的红色档案资源进行逻辑清晰、特色鲜明、科学合理的整理和保管。

2.1 梳理逻辑关系，分级分类整理红色档案资源

梳理建立本地红色档案目录，从利于保管、便于开发的角度，对本地红色档案资源进行深度整合[5]，梳理逻辑关系，通过按重要程度进行分级、按时间顺序进行分段、按专题内容进行分类、按类型形式进行分层等多种方式相结合，实现各门类红色档案资源的规范整理，构建起层次丰富、内容全面、结构合理的红色档案资源体系。[6]

2.2 突出区域特色，打造红色档案资源鲜明品牌

2.2.1 打造重要人物档案品牌

以"一马三司令"、焦裕禄、朱彦夫、李振华等英雄模范人物为代表，深情讴歌淄博儿女在党的领导下，恪守初心、奋斗不止的动人故事。

2.2.2 打造重要事件档案品牌

以中共一大代表王尽美、邓恩铭来淄领导工人运动、黑铁山起义、淄博第一个党支部成立、黄河滩区迁建等历史事件为代表，忠实记录淄博革命、建设和发展的光辉历史。

2.2.3 打造红色工业档案品牌

新中国成立后，淄博开展了大规模的工业建设，山东铝厂、新华制药厂等相继在淄落户，并连创了多项共和国第一。淄博为新中国实现迅速工业化所做出的重要贡献值得记录宣传。如，淄博市档案馆开展了"百年之光——党领导中国（淄博）工业百年"主题展，突出展示红色老工业基地的社会主义建设成就。

2.3 强化技术运用，科学有效保护红色档案资源

通过健全基础设施和提高运维水平，进一步提高档案实物和数据的安全水平。及时完善更新温度湿度控制系统、高压水雾灭火系统、脱酸、补洞等防护设备设施。加快红色档案数字化工作，积极推进"互联网 +"行动[7]，完善红色档案资源基本情况、保管状态和利用进展等内容，建立红色档案资

源数据库，进行数字化保存和保护。[8] 注重复制工作的安全性和仿真化，充分发挥新技术手段优势，最大限度地保护原件，减少原件耗损。

3 深化编研开发利用，活动亲民化长效化，落实红色档案育人功能

要坚持各方联动，积极营造红色档案开发利用良好氛围。要聚焦点、跟热点，注重红色档案编研开发利用质量。要接地气、聚人气，提高红色档案宣教活动质量。[9]

3.1 营造红色档案开发利用良好氛围

建立由档案部门牵头，各部门配合，社会力量参与的多方共建共用长效机制。[10] 拓宽资金来源，在确保各级财政投入的同时，积极吸引社会关注支持。比如，鼓励王术青等一批民间黄河文化史料收藏者，加入黄河流域红色档案资源开发利用工作中来；支持做好高青县第二届黄河文化文史展览等。融合新技术手段，通过全息影像、交互技术等新媒体手段展示红色档案资源，创作一批满足 Z 世代体验需求的红色档案文化产品和文创产品，消解红色档案资源在时空上的距离感，丰富红色档案资源表现形式和内容题材。坚持培训赋能，争取利用 1—2 年的时间，对全市相关单位和档案工作人员进行一遍主题轮训，提高红色档案开发利用工作意识和能力水平。注重人才培养，加强与淄博职业学院、淄博技师学院等高职院校的人才培养合作，选拔培养红色档案资源的宣讲人才、修复保护人才。借文旅发展之势，加强红色档案资源同周边美丽乡村建设、齐文化遗迹等资源的整合，健全红色档案相关旅游产业链，发展红色档案文化旅游产业，助推流域经济社会发展。

3.2 注重红色档案编研开发利用质量

在红色档案资源的整理编研工作中，建议打好"三张牌"：一是打好"联动牌"。要更加积极地融入沿黄河九省区"朋友圈"，拓宽资源渠道，扩大史料的选材范围，加强与上游、中游城市在红色档案资源保护利用方面的合作交流，通过互相补充、互为延伸 [11]，更加全面深刻地展示出黄河流域全境的历史沿革关系和经济社会发展状况，切实发挥黄河流域红色档案以史鉴今、

资政育人的作用。比如,借鉴"江河奔腾 红色追寻"长江黄河流域红色珍档联展的经验做法,开展黄河流域红色档案线上线下联展,形成动态更新的黄河流域红色档案资源库,为流域各地开展主题编研提供素材稿源。二是打好"焦点牌"。始终紧跟学术前沿,关注社会热点,贴近受众视角,优化选题内容。如组织编研《黄河文化与齐文化》《淄博治黄大事记》《黄河流域非物质文化记忆》等一系列体现当地特色的编研成果。再如,借助《追风者》的热播流量,深度开展北海银行档案编研,加大对北海银行创建发展光辉历程的宣教,使这一中国金融发展史的珍贵记忆得到更多人的关注和了解。三是打好"开放牌"。由档案部门牵头,从教育、文旅、民政、退役军人事务管理等多部门中,广泛吸收既懂档案又精于本领域业务的骨干力量,组建专兼职的编研工作团队,真正将红色档案中蕴含着的深刻的教育意义充分挖掘出来,通过解读、汇编、出版等多种形式,将红色档案转化为易于理解、便于传播的教育资源。

3.3 推动红色档案育人活动亲民化长效化

红色档案资源育人功能的实现,应避免盲目僵化的活动形式,立足红色档案开放利用的立体化和亲民化,创设开展常态化的红色档案育人活动。一方面,要围绕重大节庆日,创新活动载体形式。比如,在"6·9"国际档案日、国庆节、抗战胜利纪念日等,开展红色档案资源主题展览、红色档案资源在线大闯关、红色档案资源主题沙龙、红色档案资源"四进"等主题教育活动,探索以大众喜闻乐见的形式,提高红色档案资源的社会知晓率,架起社会大众了解红色档案资源的桥梁。[12]另一方面,要聚焦青少年群体,突出活动吸引力。针对不同年龄段青少年的身心特点,积极创设开展"红色档案故事我来讲"、红色档案实践体验活动、沿黄河九省区红色档案主题研学旅行、红色档案短剧演绎等多彩活动,贴合青少年兴趣点,切实做到教育实践活动有深度、有广度、有效度,确保活动提质增效。

注释及参考文献

[1] 王黎 . 用好红色档案资源 发挥资政育人作用 [J]. 中国档案 ,2021(9):30-31.

[2] 霍艳芳 , 张嘉玮 . 跨区域红色档案资源协作开发利用实践与研究——以川渝地区档案馆为例 [J]. 档案学研究 ,2023(2):87-94.

[3] 侍琴, 宋神恬, 卞晶晶, 等. 红色档案资源的保护与开发——以扬州市档案馆为例 [J]. 档案与建设, 2021(2):53-54.

[4] 华林, 刘凌慧子, 李浩嘉. 基于融合媒体的红色档案产品开发 [J]. 档案与建设, 2022(7):34-36.

[5] 张步东. 激活红色档案 传承红色记忆——常州市档案馆红色档案征集、保管与利用路径分析 [J]. 档案与建设, 2021(10):64-67.

[6] 周耀林, 张丽华, 刘红. 叙事传输视角下红色档案资源社会共建模式与实现路径研究 [J]. 档案学研究, 2023(1):82-90.

[7] 祝云. 红色档案资源传承发展的四川实践 [J]. 四川档案, 2023(6):4-7.

[8] 上海市档案局. 上海市红色档案资源管理办法 [EB/OL].[2024-01-01].https://www.archives.sh.cn/tzgg/202302/P020230210277144132713.pdf.

[9] 苏东亮. 关于发挥档案资源优势弘扬传承红色基因的调研报告 [J]. 山东档案, 2019(5):8-13.

[10] 孙玉霞. 红色档案资源深度保护与开发利用——以枣庄市档案馆为例 [J]. 山东档案, 2023(4):78-79.

[11] 冯惠玲, 梁继红, 马林青. 台州古村落数字记忆平台建设研究——以高迁古村为例 [J]. 中国档案, 2019(5):74-75.

[12] 赵红颖, 张卫东. 数字人文视角下的红色档案资源组织:数据化、情境化与故事化 [J]. 档案与建设, 2021(7):33-36.

档案征集工作的实践和利用探索

——以南京江北新区档案馆为例

刘广超　　赵冰玉

南京江北新区机关事务管理服务中心（南京江北新区档案馆）

摘要：档案征集是丰富馆藏、优化馆藏结构的有效途径，《"十四五"全国档案事业发展规划》《中华人民共和国档案法实施条例》对优化馆藏档案结构、加大档案征集力度、档案收集方式作出具体要求。本文以江北新区档案馆基于馆藏分析基础上开展档案征集实践情况为案例，深入研究档案征集重要意义、实践路径以及接收整理，探索征集档案利用方式并提出针对性的策略，希望本文的具体实践应用能为各档案馆档案征集工作提供理论参考和实践方向，共同实现对珍稀档案的有效保护和永续利用。

关键词：档案征集；档案利用；实践路径

档案征集是补充档案资源、实现馆藏结构多样性的重要方式。南京江北新区档案馆为全面贯彻落实党的二十大精神、习近平总书记对档案工作的重要指示批示精神，依据《江苏省档案征集管理办法》《江北新区档案事业发展2022—2025行动计划》的相关目标任务主动作为，2023年4月面向社会广泛征集具有保存价值的档案资料，本文将立足于此次实践，阐述档案征集工作实现流程以及对征集档案利用的思考，保存好、利用好江北新区高质量发展的奋斗史，为新区成为发展新质生产力的重要阵地贡献档案力量。

1 江北新区档案征集背景

南京江北新区作为第十三个、江苏省唯一的国家级新区，红色历史文化底蕴深厚。4000多年前，江北地区就出现了聚落和农业。清末民初，江北新区开启了近代工业化和对外开放的征程。随着贯穿中国南北的津浦铁路建成和开通营运、江北新区一跃成为交通枢纽，毛主席将其重要性比作"半个南京城"。南京第一个党组织浦镇党小组在此成立，以及浦镇机厂"中华工会"（南京首个现代产业工会）、中共九洑洲党支部（南京首个农村党支部）[1]，在党的领导下，江北人民为中国革命作出伟大贡献。浓郁的革命气息、丰富的历史遗存，已然成为江北新区红色文化代表符号，见证了新区发展历程。

2 档案征集的意义

档案征集是一项留住城市记忆、保护文化遗产、丰富馆藏资源、深度融合社会的档案工作[2]。档案工作通以党政机关、团体、企业事业单位的文书资料收集为主，具有政治属性，是档案馆馆藏的主体部分，但城市发的发展历程仅靠这部分基础性档案资料无法全面呈现，档案征集具有地方性，可以作为档案接收工作的有效补充，以此延伸和拓展城市发展记忆的纵深度与横向面。江北新区保留下来的红色资源、历史文化、工业遗产等资料，体现了江北新区的发展底蕴和人地互动的成果，但众多具有历史意义、保存价值的档案资料散存在社会各界，将这部分珍稀档案征集接收进馆，实现对历史文化的有效保护。档案征集为加强新区档案资源建设、优化档案馆馆藏结构、发挥档案存史资政育人、为江北新区将传统文化嫁接到现代城市建设中具有重要的现实意义。

3 江北新区档案征集实践情况

3.1 江北新区档案馆馆藏现状

江北新区采用集成式、集约化档案管理工作模式，每年对新区 17 个部局文书档案进行统一收集、统一保管、集中存储、集中利用，每年新增 2 万余件档案，截至 2023 年底，江北新区档案馆馆藏资料共 37891 卷，613470 件（见图 1），其中文书档案 414261 件，占比 67.53%，婚姻档案 172871 件，占比 28.18%，以及部分会计、公证、出生医学证明、基建、电子编研、疫情、扶贫档案和多媒体、实物档案，新区馆藏以机关单位文书档案为主，档案征集可以弥补地方性特色档案的空白，进一步丰富新区馆藏结构（见图 2）。

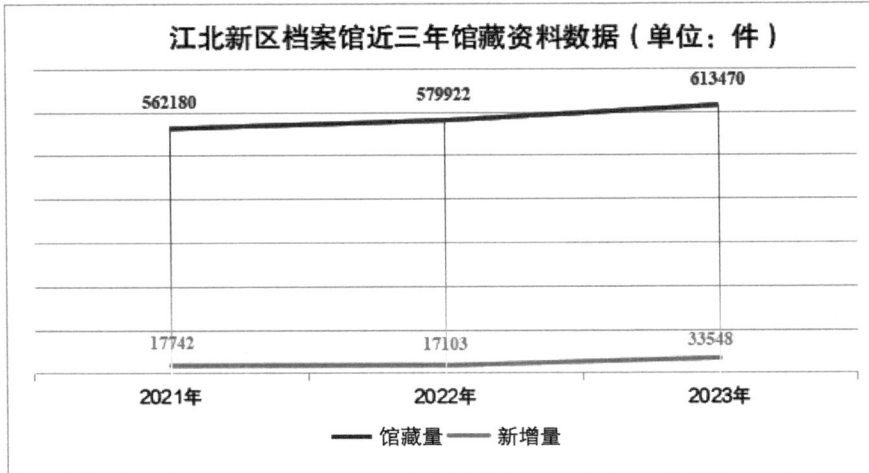

图 1　江北新区档案馆近三年馆藏资料数据

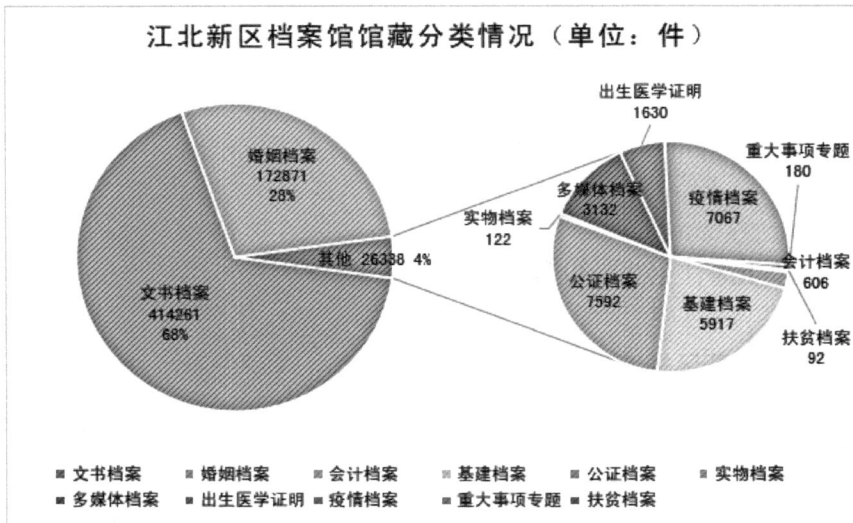

图 2　江北新区档案馆馆藏分类情况

3.2 档案征集方式、范围

江北新区档案馆档案征集采取自愿捐赠为主，范围为反映新区红色历史文化、经济发展、区划调整、生活习俗、人文风情、非遗、自然资源等方面具有地方特色或较高历史、文化、研究价值实物、图片、声像等资料[3]。

3.3 主要研究内容

3.3.1 档案文献资料

能够反映江北新区各个历史时期发展的档案资料，包括新区党组织发展和建设的重大事件、艰巨任务等档案资料；革命运动的旧报纸、书籍、手稿等红色党史资料；重大历史决策、事件相关人员的口述资料、采访记录等；非遗传承人、老职工相关的书籍期刊、新闻报道、笔记、信件、出版物以及个人回忆录等档案资料。

3.3.2 音像档案资料

能够反映江北新区城市建设和经济发展情况的音像档案资料，如新区红色革命的照片、视频、录音；工作、生活中产生的珍稀照片、视频、纪录片等声像资料；新区同一建筑或同一片区（如街道房屋、交通道路桥梁等方面）长期历史发展过程中对比的档案资料。

3.3.3 实物类档案资料

能够反映江北新区重大事件、重要活动的实物档案，包括铭文石碑、地形图、牌匾、旗帜、会标、口号等；由党政机关、部队颁发的奖章、证书、徽章等；优秀共产党员、英烈、企业家、非遗传承人的重要物件或者艺术作品等；建党以来发行的印章、股权证、油票、纸币、土地证等。

3.3.4 口述史采访及整理

邀请江北新区企业老职工、非遗传承人结合自身及亲人、同事的工作经历，讲述江北新区建设、发展壮大历程，以及在重大特殊时期面临的挑战和机遇。重温革命历史，感受红色文化。

3.4 征集档案整理进馆

江北新区档案征集工作获得广大市民的积极响应，累计征集富有新区特色的档案资料74套，内容涵盖江北新区的历史、民俗、工业、红色文化、自然资源等方面（见图3）。根据五大分类形成征集档案目录清单，包含档案名称、征集日期、形成日期、相关图片、数量、内容简介、档案类型等要素。

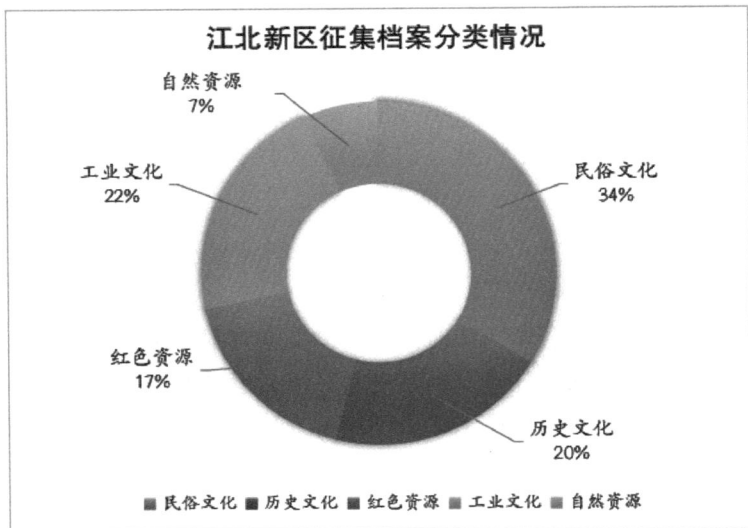

图 3　江北新区征集档案分类情况

3.4.1 红色资源

中国共产党在江北地区留下了一系列的奋斗足迹，遗留众多红色文化资源，包括中共南京市第一、二次代表大会遗址、两浦铁路工人"二七"大罢工指挥所旧址，两浦铁路工人"二九"卧轨斗争处旧址等，出现以王荷波和陈兆春等两浦英烈为代表的大量革命人物。

图 4　中共南京市委在浦镇附近山上召开全市第一次党代表大会旧址

本次征集的红色档案资料，主要包括全市第一次党代表大会旧址（见图 4）、"二七"大罢工指挥所旧址等照片、文字资料以及解放南京相关报道报纸、《百万雄师过大江》等实物档案。

3.4.2 工业文化

江北新区的四所极具工业代表性的企业：中石化南京化学工业有限公司、中石化扬子石油化工、中车南京浦镇车辆厂、南京钢铁联合有限公司，见证了江北新区近现代工业的发展，也赋予了江北新区独特的红色基因。

本次征集的工业类档案资源有《永利铔厂》、《南京永利化学工业公司铔厂的故事》、《南京工业遗存》、南京长江大桥等照片、文字资料；《南京长江大桥技术资料》、大桥红旗饰面砖、津浦铁路全图实物档案；浦镇车辆厂老职工口述史采访视频资料。

永利铔厂作为中石化南京化学工业有限公司的前身，是中国第一座化肥厂、彼时亚洲最大化工厂，贡献 30 多项中国化工第一，具有"远东第一大厂"称号（见图 5）。

图 5　1936 年的永利铔厂

我国首座自行设计和建造的特大型公路、铁路双层两用桥梁，在中国桥梁史乃至世界上具有重大政治、经济和战略意义，2018 年南京长江大桥纳入中国工业遗产保护名录（第一批）（见图 6）。

图 6　1968 年 10 月 1 日的南京长江大桥铁路桥通车典礼

3.4.3 民俗文化

江北新区蕴含丰富多彩、形式多样的传统民间文化，拥有众多省级非遗项目和市级非遗项目。

本次征集到的民俗文化类档案有清末年画、民国户籍卡、名人画像、非遗门笺、著名艺术家吴国亭绘画精品选、20 世纪 50 年代结婚证、民俗老物件等实物档案以及非遗传承人、著名收藏家陈西民先生口述历史及藏品照片。

3.4.4 历史文化

新区境内的营盘山、城子基、周小山等遗址，是江北新区先民的家园，营盘山出土的陶塑人面像被誉为"金陵始祖"。江北新区境内留下了众多与军事相关的文化遗产资源，如楚汉相争之时，项羽在此兵败，悲壮卸盔甲，留下卸甲甸等地名和历史传说。魏晋时期，长江边的古宣化渡，目睹帝王南逃。南朝梁时，禅宗始祖达摩北上少林，一苇渡江后，来到长芦寺，留下了达摩传说。

本次征集到金陵先祖面具复制件、营盘山壁画浮雕草图原件、定山寺达摩石像拓片、西周陶罐等实物档案以及《试论滁河流域的周代文化》《定山集》等电子档案。

3.4.5 自然资源

江北新区作为资源丰富的国家级新区，区内各类山水田园绿色资源富集，各类国家级、省级公园、风景区众多，有老山、八卦洲等丰富的自然空间资源。

本次征集到江苏公园林场扫描图、四方当代艺术湖区画册、《老山林场志》等电子档案以及福龙山图、《老山蝴蝶生态图鉴》等实物档案。

4 征集档案利用的思考和探索

《"十四五"全国档案事业发展规划》再一次凸显档案资源开发利用的重要性，强调要深入推进档案资源体系和档案利用体系建设 [4]。江北新区也将档案利用体系建设纳入《江北新区档案事业发展 2022—2025 行动计划》，进一步发挥档案在记录历史、见证社会发展、提供精神文明服务等方面的价值。

4.1 加强馆际交流，使重要珍贵档案得到充分利用

各地在不同的时期形成的大量的珍贵而又富有特色的档案资料，由于时代发展原因，会出现涉及本区域的档案资料留存在相邻地区的档案馆的情况。以江北新区为例，2015 年 6 月 27 日国务院批复设立，包括部分浦口、六合区域以及栖霞区八卦洲街道，反映江北地区地域特色文化的档案可能会分布在浦口、六合、栖霞区档案馆。因此要注重馆际间交流，涉及多馆共性内容的档案可做复制件在馆与馆之间交流或在保证档案安全的情况下跨馆利用，为有限的珍贵档案利用创造条件，同时加强与新区图书馆、美术馆等相关行业的联合与功能互鉴，充分利用相关行业与传统档案的信息资源互补，形成新区档案文化的产业优势。

4.2 老档案变新资源，充分发挥征集档案地方志作用

志书或者年鉴具有鲜明的地方性、时代性，对于城市的物质文明和精神文明建设具有重要的现实意义和历史意义。掌握大量且全面、准确的资料是志书、年鉴编纂的关键要素，利用征集档案进一步丰富档案资源库，同时充分利用征集档案的地方性，为新区年鉴、未来地方志编纂工作提供资料。

4.3 依靠技术支撑，数字赋能档案资源开发利用

充分利用现代信息技术，在建立局域网（档案馆内网）馆藏资源系统基础上，积极搭建新区的征集档案专题数据库，加快征集档案的数字化和挂接进程，为用户提供可视化、故事化的档案服务体验，使所有已公开的珍贵档案通过信息技术展现档案魅力，扩大社会影响。同时实现对新区全域内珍贵档案的全面管控，充分发挥档案资政的重要作用。

4.4 特藏室建设，加强档案保护与利用

开展特藏室建设，将征集到的珍贵档案纳入特藏，进行集中特别保管，最大限度地延长珍稀档案的使用寿命、整合档案资源，为中心工作和精神文明建设服务。妥善做好特藏档案的利用，开展形式多样的档案工作，通过举办馆藏珍品展览、结合重大活动以及重大事件等特殊事件节点，适时公布相关档案文献，向社会各界展示珍稀档案魅力，充分发挥特藏价值，使档案馆工作不断突破、不断创新、不断开拓新境界。

注释及参考文献

[1] 李子俊 . 厘清长江文化"家底"，让文脉通古今 [N]. 南京日报 ,2022-11-18(A07).

[2] 沈慧瑛 . 融合社会资源丰富历史记忆——谈做好档案征集工作的意义与方法 [J]. 中国档案 ,2018(10):34-35.

[3] 韩乐 .《档案征集工作规范》解读 [J]. 中国档案 ,2024(1):34-35.

[4] 陈慧 , 南梦洁 , 罗思静 , 等 . 档案学者纵论新时期档案资源开发利用——《"十四五"全国档案事业发展规划》解读 [J]. 山西档案 ,2021(4):5-14.

红色文化遗产"档案式"保护的理论基础与实现路径研究

朱佳煊　杨静　张洋

新疆军区档案馆

摘要：红色文化遗产是人类文明的结晶，既是中国共产党百年来奋斗历程和辉煌成就的重要印记，又是红色档案和红色资源的重要补充与重要组成部分。近年来，红色文化遗产保护意识逐步提升，"档案式"保护作为行之有效的一种方法助推红色文化遗产焕发活力。通过分析红色文化遗产保护的研究动态，从全宗理论、文件生命周期理论、档案价值鉴定理论、口述档案理论和隐性知识显性化理论等五个方面指导红色文化遗产"档案式"保护的实现。

关键词：红色文化遗产保护；红色资源；档案式保护

0 引言

2021年11月11日中共十九届六中全会通过的《中共关于党的百年奋斗重大成就和历史经验的决议》明确指出："实施中华优秀传统文化传承发展工程，推动中华优秀传统文化创造性转化、创新性发展，增强全社会文物保护意识，加大文化遗产保护力度。"红色文化遗产是民族文化和民族精神的集中体现，尤其是在中国共产党的带领下，形成和延续的革命历史文物颇丰，红色文化遗产资源数量巨大。然而，由于在很长一段时间内，红色文化遗产未受到很好的保护甚至被人为破坏，导致其数量和质量都"遇冷收缩"，这对于中华民族文化的完整和民族精神的传承都有影响。当前，随着党中央对红色遗产的密切关注，红色文化遗产的保护逐渐引起重视，档案部门发挥的作用也是不容忽视的。实现红色文化遗产档案化保护首先要实现红色文化遗产的档案化，但红色文化遗产的"档案式保护"不局限于其档案化，还涉及档案管理的理念和档案管理的整个流程，囊括档案管理基本理论指导、档案管理基本原理、基本方法等各个方面。

1 红色文化遗产保护的研究动态

目前，随着国家对红色档案和红色文化资源高度重视，红色文化遗产保护研究逐年增长，通过将文献数据库中上有关"红色文化遗产"与"红色文化遗产保护"的核心期刊为数据样本，结合定性分析与定量分析，发现红色文化遗产保护研究主要集中在：

1.1 红色文化遗产保护动因研究

禹玉环（2014）研究调查发现"当前红色文化遗产保护面临保护力度不够、保护意识不强、缺乏专业人才、保护与开发关系处理不当等问题，严重制约了红色文化遗产的可持续发展"。[1] 张海涛（2017）认为"用红色文化遗产汇聚奋斗力量要着重于对红色文化的挖掘，发挥红色文化遗产的效能"。[2] 林子（2018）以贵州省助推脱贫攻坚为例，利用红军文化遗产，走复合型、融合型发展之路，发展红色旅游，造福老区人民。[3] 文雯等（2021）以陕西省米脂县杨家沟村红色文化保护为例，认为"红色文化可持续发展的强大内驱力与其所处自然格局、街巷肌理、建筑院落、革命精神密不可分"。[4]

1.2 红色文化遗产保护法治研究

刘建平（2008）认为"红色文化遗产保护政策失效的主要原因是村民个体理性博弈行为受福利经济学原理支配，通过法律保护机制改善村民的博弈行为实现新农村红色文化遗产的保护顺利进行"。[5] 张海涛（2017）认为"要明确红色文化遗产开发利用的理念，推进红色文化遗产法制化管理，对红色文化遗产管理起到约束、指导作用，提升红色文化遗产保护的法治化保护水平"。[6] 邓凌月（2018）认为"红色文化遗产保护是系统性和整体性的工程，加快红色文化地方立法建设发展，发挥地方立法先行性、试验性优势，是区域协调发展和革命老区加快发展的重要战略举措"。[7]

1.3 红色文化遗产保护策略研究

刘建平（2009）认为"乡规民约对红色文化遗产的保护具有重要的作用，可通过制订保护原则、确定保护内容、明确保护要求、落实保护等措施实现乡规民约与红色文化遗产保护的同频互动与逻辑共鸣"。[8] 卢丽刚（2010）认为"要从保护力度、资金渠道、人才队伍建设、商标权以及专利权等方面保护和开发革命历史文化遗产"。[9] 黄明嫚（2010）以百色起义红色文化遗产为例，从档案管理的角度认为"红色文化遗产资源保护要从收集资料、建立档案、保管保护、开发利用等层面的档案管理模式出发"。[10] 王治涛（2014）提出"建立以政府为主导的多渠道融资体系，发展休闲产业，实现洛阳文化遗产保护和开发的良性循环"。[11]

1.4 红色文化遗产保护研究评价

从当前的研究来看，面临的主要问题有：一是理论研究深度不足，未能从基础理论角度全面分析红色文化遗产保护的方法与路径，对红色文化遗产保护的专业理论和指导路径等缺乏深层次的探讨，红色文化遗产保护理论有待探索；二是缺乏红色文化遗产保护整体性思考，大多数研究仅立足于地方小范围红色文化遗产的保护，完整、体系化的保护体系尚未建立。虽有提到档案模式保护，但缺乏系统认识和理论指导。

由此可见，开展红色文化遗产 "档案式" 保护理论基础和指导路径研究有着巨大潜力和现实需求。一是能拓展档案学研究思路。通过档案基础理论和红色文化遗产同频共振，从档案基础理论角度审视红色文化遗产保护，推动档案学基础理论与文学理论交叉渗透融合，拓展档案研究领域，促进红色档案数据资源建设与完善，丰富档案学研究内涵，为档案基础理论研究提供新思路、新路径。二是能开辟红色档案研究新领域。红色文化遗产作为党艰辛而辉煌奋斗历程的重要印记，迫切需要档案学基础理论的指导，对红色文化遗产的保护进行多维度思考和深层次审视，形成红色文化遗产档案式保护新范式，这也是贯彻习近平总书记对红色档案重要批示的要求。三是能提升红色档案保护力度。通过档案学基础理论指导红色文化遗产保护，着力探究红色文化遗产 "档案式" 保护的基础理论与指导路径，有效提升红色文化遗产保护力度，让红色文化遗产更加焕发活力。

2 红色文化遗产"档案式"保护的理论基础

2.1 全宗理论：红色文化遗产档案式保护的根本遵循

全宗理论是档案学基本理论中的核心理论，也是档案工作环节的理论基石。全宗理论强调同一全宗的档案不能分散，不同全宗的档案不可混淆，其实质在于遵循档案形成的规律，按照档案的来源进行整理、保存等，从而维护立档单位的历史原貌。红色文化遗产作为一种重要的历史文化财富，在很大程度上是由数量不等的社会活动主体围绕一个特定的社会活动客体进行社会活动而形成并传承的。同时，红色文化遗产是一个呈现成套性的、内部各要素密切联系不可分割的特点的有机整体，它一般情况下来源于一个特定的群体（如部队、民族、家族等），虽在发展的过程中并不局限于这一特定群体，还受到其他诸多因素的影响，但红色文化遗产建立客体全宗契合全宗理论的来源原则和事由原则。

2.2 文件生命周期理论：红色文化遗产档案式保护的指导原则

文件生命周期理论告诉我们：文件从产生到销毁或永久保存是一个完整的运动过程。红色文化遗产在初期的孕育形成过程中，其特性主要受红色文化遗产形成者的影响，其形成后在利用与传播的过程中受到或小或大的社会范围的影响，特性也变得更加丰富和多样，总体上是一个完整的运动过程。在长时间的传承与发展过程中，其封闭性越来越弱，文化性和社会性不断加强。同时，红色文化遗产具有阶段特性，其在形成和发展的各阶段，其特定的价值变化以及不同价值与具体保护行为之间存在对应关系。此外，红色文化遗产一般情况下体现着历史文化价值，但也可发挥现行作用，即红色文化遗产也可以在后一阶段体现出前一阶段所拥有的价值特性，这与新电子文件生命周期理论的阶段转化理念是相契合的。

2.3 档案价值鉴定理论：红色文化遗产档案式保护的核心支撑

档案价值鉴定工作主要是通过鉴定，将价值大的档案重点管理和保存，一些价值较小甚至没有价值的档案则可以短期保存或销毁。红色文化遗产是在长期的历史进程中形成的文化财富，但并非所有的历史文化积淀都能作为红色文化遗产进行保存和保护，一些封闭落后的文化应该被摒弃而消失于历史长河之中，真正有价值的红色文化和历史积淀才有必要给予重视并妥善保存和传承。然而,红色文化遗产保护工作全面展开之后,伪红色文化遗产事件也屡见不鲜。一些红色文化遗产中的传承人竟是开发商或相关部门的领导,还有一些特色红色文化村让不属于该村的村民进行冒充,有的甚至出现为惹人眼球和吸引投资做出污染红色文化遗产的行为。为此,正确的档案价值鉴定理论就成为红色文化遗产"去粗取精、去伪存真、取其精华、去其糟粕"的支持和指导。

2.4 口述档案理论:红色文化遗产档案式保护的重要补充

口述档案主要是通过当事人的口述如实记录形成的档案资料。红色文化遗产主要是一种以传承人为核心的活态传承,真正记载红色文化遗产信息的文件资料随着时间推移,逐渐相对缺乏,要实现红色文化遗产的档案化保护与流传,必须要通过对传承人的访问,将相关信息记录固化,展现红色历史的真实面貌。部分口述红色文化遗产文件资料虽是在"红色文化遗产"项目已经形成之后补录的,但也如实地反映了该红色项目或事件的历史真实面貌,同样具有原始记录性。同时,口述红色文化遗产与口述档案的特性不谋而合,不会影响其凭证价值,在一定程度上补充了官方保存的红色文化遗产的形式,通过多方数据资料的比对分析更能全面地反映和见证红色印记。

2.5 隐性知识显性化理论:红色文化遗产档案式保护的保障支撑

隐性知识是个人在特定语境相关的知识,很难形式化、记录、编码或表述,存储在人脑中。[12]隐性知识的外化是指借助于一定的环境,利用各种类比、隐喻和假设等方式,将个体的经验、灵感、诀窍等进行归纳整合,即对隐性知识进行编码处理,使其转化为外显知识。[13]红色文化遗产是存在非物质性的,更多的是属于隐性知识的范畴,但非物质性并不是说红色文化遗产与物质绝缘,在其生存或传承过程中还涉及物质,这些具有物质属性的红色文化遗产仍然属于隐性知识。同时,红色文化遗产强调更多的是精神层面,这种精神是一个民族、家族或者派系在长期历史发展过程中形成的,被视为该民族、家族或者派系的隐性知识。然而,红色文化遗产需要传承和弘扬,其存在的隐性知识能够且应该显性化为易于保存和继承的显性知识。

3 以档案基础理论指导红色文化遗产"档案式"保护的实现路径

3.1 以全宗理论为基础，设置红色文化遗产客体全宗

设立红色文化遗产档案客体全宗需要在统筹把握的前提下针对不同的情况具体分析处理，红色文化遗产档案客体全宗必须满足"质量统一"的要求，全宗档案不仅要具备一定的数量，形成相当的规模，而且必须具有独立完成一个或多个特定社会功能的能力。首先，一个红色文化遗产项目有且只有一个全宗，凡属于该红色文化遗产项目的文件材料均应属于这一客体全宗，不得分散保存，也不应重复保存。各级档案馆应将这一全宗作为"红色文化遗产"档案的第一层分类和管理单位。其次，红色文化遗产档案客体全宗内应形成有机联系、相互支撑的档案系统，使全宗成为材料齐全完备、内容紧密联系、结构系统完整的独立稳定的档案文件体系。最后，对于一些相关文件资料数量较少的红色文化遗产项目，在设置客体全宗时，出于便于管理和节约人力物力的考虑，可以通过组织全宗汇集的方式来形成一定规模的全宗。在保持红色文化遗产客体全宗相对稳定的基础上，随时代和具体条件的变化进行调整来适应新的情况，与时俱进。

3.2 以文件生命周期理论为原则，科学管理红色文化遗产档案

红色文化遗产档案的形成和管理过程中也需要利用文件生命周期理论来提升其效率和科学性。一是在红色文化遗产项目前期研究和酝酿期间，档案部门就应该关注该项目的文件资料和进展情况，对项目有较完备了解；在红色文化遗产项目启动之时及时建立该项目的档案管理机构并将管理向前延伸到前端管理之中，将前端控制纳入全过程管理之中，使档案管理的触角能够延伸至该项目的各个环节和机构，从根本上提升管理的质量。二是根据不同情况具体分析并进行阶段式管理。红色文化遗产项目酝酿期间，对相关的文件资料要总体了解并进行前期规划；红色文化遗产项目申请过程中，有关的文件资料要全面收集并进行科学地鉴定分析；红色文化遗产项目确立之后，所形成的文件资料已经转化为档案，即要按照档案管理方式进行保存、编研和利用等。三是建立红色文化遗产数字档案馆。红色文化遗产档案在数字化时代不应故步自封，而要顺应时代的潮流，通过利用现代科学技术，建立专门的红色文化遗产数字档案馆，革新管理和利用，进而促进保护与传承。

3.3 以档案价值鉴定理论为指导，确保红色文化遗产去伪存真

以档案价值鉴定理论为指导选择具有重要价值的红色文化遗产进行保存和传承。一是红色文化遗产的鉴定既要在总体上全面地了解遗产及相关文件资料的有关情况，还要具体问题具体分析，科学判定不同遗产的特定价值，在档案化保护的过程中选取有代表性的典型进行保护和管理。在鉴定内容及其相关档案的过程中重视满足社会和公众的需求，将遗产和档案的作用发挥至最大，更加注重遗产的文化性，以最小的成本完整准确地将红色历史真实面貌保存下来。二是从红色文化遗产的征集阶段就重视鉴定工作，形成前期控制，从源头提高鉴定工作质量。分阶段开展鉴定，对于没有价值的档案要敢于销毁，对价值重大的文化遗产要有针对地重点保存，不要机械地遵循传统的"就高不就低"的鉴定理念。三是将在实践中得到的经验和教训及时转化为理论研究和探讨，为"红色文化遗产"的档案式保护提供强有力的引领和支撑。同时，培养具有档案专业知识、业务能力超群和掌握新型鉴定理论和工具的高水平鉴定组织力量，提升红色文化遗产价值鉴定工作的质量和效率。

3.4 以口述档案理论为补充，弥补红色文化遗产档案不足

随着红色文化遗产保护工作的不断深入，口述档案成为红色文化遗产保护的重要形式之一，也是红色文化遗产项目传承和研究创新的一种重要媒介。一方面，红色文化遗产传承人口述档案要在形成过程中具有原始记录性，必须是第一手的资料，没有经过后来的加工修改。并且口述档案在形成后并非一成不变，而要随着红色文化遗产的继续发展，随着红色文化遗产传承人换代进行增加和丰富，保持活态性。同时，要有针对性对红色文化遗产有关的记忆和技术等来记录保存。另一方面，优先对高龄和年老体弱的红色文化遗产传承人进行口述资料的采集，从重要的核心人开始，通过访问来进行查漏补缺的丰富内容。在面向红色文化遗产传承人收集资料的同时，要多方面进行资料采集，通过多方资料的比对来提升口述档案的真实性。此外，要依据相关领导部门出台有关标准和指导意见，宏观上规范建档流程，微观上明晰建档流程的阶段性、细节性。加强宣传，吸引更多社会关注，为保障红色文化遗产口述档案质效提供强有力的支持和指导。

3.5 以隐性知识显性化理论为借鉴，实现红色文化遗产外化物质再现

红色文化遗产偏重于以非物质形态存在的精神领域的创造活动及其结晶，往往无法触摸，甚至易受到损坏而不被觉察。为此，将红色文化遗产从"非物质"到"外化物质再现"十分必要。[14] 档案可以被视为是显性知识的一种典型代表，档案界有着丰富的显性知识管理经验。首先，要把垂直管理变为扁平化管理，打破横向结构的壁垒，减少纵向结构的层次，从而形成扁平化、分布式的档案管理结构 [15]，促使红色文化遗产档案管理各部门和各成员将零星的知识加以整合，促进红色文化遗产实现隐性知识的显性化。其次，在创造扁平化的管理结构的同时，还应将红色文化遗产部门建设成为学习型组织，形成团队合力，通过整个部门的共同努力来弥补个人工作的不足，使部门成员不断学习进步，进行知识更新，从而为红色文化遗产的隐性知识显性化创造良好的氛围。最后，红色文化遗产档案管理部门要根据自身的任务和目标，统筹考虑技术和资金等条件，利用不同的专家系统和通信网络建立红色文化遗产隐性知识数据库等新兴辅助管理工具，提升隐性知识显性化的速度。

注释及参考文献

[1] 禹玉环 . 红色文化遗产保护探讨——以遵义市为例 [J]. 山西档案 , 2014(2):79–81.

[2][6] 张海涛 . 让红色文化遗产汇聚奋斗的力量 [J]. 人民论坛 , 2017(30):138–139.

[3] 林子 . 红军文化遗产保护利用与民族地区脱贫攻坚新路——以贵州省为例 [J]. 贵州民族研究 , 2018(1):179–183.

[4] 文雯 , 史怀昱 , 贾梓苓 , 等 . 新中国的曙光从这里升起——米脂县杨家沟红色历史文化名村保护的智慧内涵探析 [J]. 城市发展研究 , 2021(9):1–6.

[5] 刘建平 . 新农村建设中红色文化遗产法律保护的经济学分析 [J]. 经济地理 , 2008(6):1049–1052.

[7] 邓凌月 . 加强红色文化遗产保护地方立法研究 [J]. 理论学刊 , 2018(4):93–100.

[8] 刘建平 . 论乡规民约与乡村红色文化遗产的保护 [J]. 湘潭大学学报 (哲学社会科学版), 2009(6):89–93.

[9] 卢丽刚 , 易修政 . 江西革命历史文化遗产的保护与开发研究 [J]. 农业考古 , 2010(3):281–284.

[10] 黄明嫚 . 略谈红色文化遗产资源以档案管理模式保护——以百色起义红色文化遗产为例 [J]. 档案与建设 , 2010(9):43–45.

[11] 王治涛 . 洛阳红色文化遗产的分类和保护 [J]. 地域研究与开发 , 2014(1):68-71.

[12] 孙巍 . 基于隐性知识内部转化的知识创新研究 [J]. 情报杂志 , 2006(7):68-70.

[13] 刘乃美 , 张建青 . 高校外语教师学习共同体中隐性知识显性化研究 [J]. 外语教学 , 2016(4):51-55.

[14] 王杰 . 非物质文化遗产保护理念与方法 [J]. 人民论坛 , 2015(29):185-187.

[15] 覃凤琴 . 从"非物质"到"外化物质再现"——非物质文化遗产档案式保护及其价值考察 [J]. 山西档案 , 2007(5):22-24.